이 책의 한국어판 저작권은 EYA(Eric Yang Agency)를 통해 케임브리지대학교 출판부(Cambridge University Press)와 독점계약한 (주)소와당에 있습니다. 저작권법에 의하여 보호를 받는 저작물이므로 무단전재와 복제를 금합니다.

Korean translation copyright © 2021 by SOWADANG
Korean translation rights arranged with Cambridge University Press through EYA(Eric Yang Agency)

CAMBRIDGE WORLD HISTORY: Volume VII(PART 2)
Copyright © Cambridge University Press 2015

생산, 파괴, 접속 4
전쟁과 정보 혁명

존 로버트 맥닐·케네스 포메란츠 편집 / 류충기 옮김

기원후 1750년 – 현대

Cambridge World History
VOL. VII Part 2 Ch.12-21

소와당

케임브리지 세계사 시리즈 소개

케임브리지 세계사 시리즈는 활발한 연구가 펼쳐지고 있는 세계사 분야를 새롭게 개괄하는 권위 있는 개론이다. 세계사 및 지구사의 최근 연구 경향을 반영함으로써 포괄하는 시간적 범위를 확대했으며, 문헌 기록 이후의 역사뿐 아니라 인류의 전체 역사를 대상으로 했다. 국제적으로 다양한 분과 학문에서 선도적인 연구 업적을 내는 필자들을 섭외했고, 200명 이상의 저자들이 참여하여 오늘날까지 인류의 과거를 종합적으로 설명했다. 세계사는 다양한 방법론을 통해, 그리고 다양한 시공간적 범위에서 검토되어야 한다는 인식이 성장하고 있음을 감안하여, 시리즈의 각 권에서는 지역별 연구, 주제별 연구, 비교 연구의 성과를 수록했으며, 사례 연구를 더하여 넓은 시각의 연구를 깊이 있게 들여다볼 수 있도록 기획했다. 바로 이런 점이 케임브리지 세계사 시리즈의 특징이라 하겠다.

시리즈 편집 총괄
메리 위스너-행크스(Merry E. Wiesner-Hanks)
- Department of History, University of Wisconsin-Milwaukee

편집위원회
그레이엄 바커(Graeme Barker)
- Department of Archaeology, Cambridge University

크레이그 벤저민(Craig Benjamin)
- Department of History, Grand Valley State University

제리 벤틀리(Jerry Bentley)
- Department of History, University of Hawaii

데이비드 크리스천(David Christian)
- Department of Modern History, Macquarie University

로스 던(Ross Dunn)
- Department of History, San Diego State University

캔디스 가우처(Candice Goucher)
- Department of History, Washington State University

마니 휴스-워링턴(Marnie Hughes-Warrington)
- Department of Modern History, Monash University

앨런 캐러스(Alan Karras)
- International and Area Studies Program, University of California, Berkeley

베냐민 케다르(Benjamin Z. Kedar)
- Department of History, Hebrew University

존 맥닐(John R. McNeill)
- School of Foreign Service and Department of History, Georgetown University

케네스 포메란츠(Kenneth Pomeranz)
- Department of History, University of Chicago

베린 셰퍼드(Verene Shepherd)
- Department of History, University of the West Indies

산자이 수브라마니암(Sanjay Subrahmanyam)
- Department of History, UCLA and Collège de France

스기하라 가오루(杉原 薰)
- Department of Economics, Kyoto University

마르셀 판 데르 린던(Marcel van der Linden)
- International Institute of Social History, Amsterdam

에드워드 왕(Q. Edward Wang)
- Department of History, Rowan University

노먼 요피(Norman Yoffee)
- Departments of Near Eastern Studies and Anthropology, University of Michigan; Institute for the Study of the Ancient World, New York University

한국어판 영어판 분권 대조표

케임브리지 세계사 시리즈 영어판은 7권 9책으로 구성되어 있지만, 번역본 한국어판은 18권으로 출간한다. 그 이유는 분량 때문이다. 분량이 워낙 많은 데다 번역하는 과정에서 페이지 수가 더욱 늘어나 때로는 1000페이지가 넘는 경우가 생기므로, 부득이 영어판 각 1권을 한국어판 2권으로 나눴다. 다만 세계사 서술에서는 시대구분 문제가 중요한 주제 중 하나이며, 영어판의 구성 자체가 시리즈 기획자들의 의도를 담고 있으므로, 페이지 분량 문제로 한국어판에서 부득이 분권을 하더라도 영어판의 구성을 최대한 존중하고자 했다. 그리하여 각 권의 표지에서 영어판의 분권 체제를 명시했으며, 또한 아래와 같이 한국어판과 영어판의 분권 구성과 시대구분을 정리했다. ─ 옮긴이

영어판		한국어판
Cambridge World History Vol. I (to 10,000 BCE)	Part 1	케임브리지 세계사 01
	Part 2	케임브리지 세계사 02
Cambridge World History Vol. II (12,000 BCE~500 CE)	Ch.1~7	케임브리지 세계사 03
	Ch. 8~23	케임브리지 세계사 04
Cambridge World History Vol. III (4000 BCE~1200 CE)	Part 1~3	케임브리지 세계사 05
	Part 4~6	케임브리지 세계사 06
Cambridge World History Vol. IV (1200 BCE~900 CE)	Part 1	케임브리지 세계사 07
	Part 2	케임브리지 세계사 08

영어판		한국어판
Cambridge World History Vol. V (500~1500 CE)	Part 1~3	케임브리지 세계사 09
	Part 4~5	케임브리지 세계사 10
Cambridge World History Vol. VI (1400~1800 CE)	Part I Ch. 1~10	케임브리지 세계사 11
	Part I Ch. 11~18	케임브리지 세계사 12
	Part II Ch. 1~12	케임브리지 세계사 13
	Part II Ch. 13~18	케임브리지 세계사 14
Cambridge World History Vol. VII (1750~Present)	Part I Ch. 1~10	케임브리지 세계사 15
	Part I Ch. 11~23	케임브리지 세계사 16
	Part II Ch. 1~11	케임브리지 세계사 17
	Part II Ch. 12~21	케임브리지 세계사 18

케임브리지 세계사 VOL. Ⅶ 소개

1750년 이후 세계는 점점 더 긴밀하게 연결되기 시작했다. 생산과 파괴의 과정은 이제 육지나 바다의 교통과 통신 수단에만 국한되지 않았다. 《케임브리지 세계사》 VOL. 7(한국어판 15~18권)은 갈수록 밀접해지는 인류의 역사를 다양한 시각에서 조명한다. 제15~16권은 현대 세계가 만들어진 구조와 공간, 그리고 그 과정들을 다룬다. 여기에는 환경, 에너지, 기술, 인구, 질병, 법률, 산업화, 제국주의, 탈식민화, 민족주의, 사회주의뿐 아니라 주요 지역의 역사까지 폭넓게 포함된다. 제17~18권은 현대 세계의 변화가 과연 얼마나 전 세계적으로 공유되었는지 질문을 던진다. 이를 위해 도시화, 인구 이동(이주), 가족과 성(性)의 변화 같은 사회적 현상을 살펴본다. 또한 종교, 과학, 음악, 스포츠 등 다양한 문화적 교류도 중점적으로 다룬다. 세계화의 핵심 요소인 고무, 약물, 자동차 등과 같은 상품들에 대해서도 논의하며, 대서양 혁명에서 1989년에 이르는 중요한 역사적 사건들도 함께 다룬다.

책임 편집 / 존 로버트 맥닐(J. R. McNeill)
조지타운(Georgetown) 대학교 역사학 교수. 주요 저서로는 *The Atlantic Empires of France and Spain, 1700-1763* (UNC Press, 1985), *The Mountains of the Mediterranean World* (Cambridge University Press, 1992), *Something New Under the Sun: An Environmental History of the Twentieth-century World* (Norton & Company, 2000), *The Human Web: A Bird's-eye View of World History* (Norton & Company, 2003), *Mosquito Empires: Ecology and War in the Greater Caribbean, 1620-1914* (Cambridge University Press, 2010) 등이 있다.

책임 편집 / 케네스 포메란츠(Kenneth Pomeranz)
시카고(Chicago) 대학교 역사학 교수. 주요 저서로는 *The Great Divergence: China, Europe, and the Making of the Modern World Economy* (Princeton University Press, 2000), *The Making of a Hinterland: State, Society and Economy in Inland North China, 1853-1937* (University of California Press, 1993), *The World That Trade Created: Society, Culture, and the World Economy, 1400 to the Present* (공저, Routledge, 2012) 등이 있다.

17권 저자 목록
디르크 회르더(Dirk Hoerder), University of Arizona.
린 홀런 리즈(Lynn Hollen Lees), University of Pennsylvania.
피터 스턴스(Peter N. Stearns), George Mason University.

줄리 피크먼(Julie Peakman), University of London.

알레산드로 스탄지아니(Alessandro Stanziani), Ecole des Hautes Etudes en Sciences Sociales and Centre.

안토니아 피넌(Antonia Finnane), University of Melbourne.

페터르 판 데르 페이르(Peter van der Veer), Max Planck Institute.

제임스 매클렐런 3세(James E. McClellan III), Stevens Institute of Technology.

티모시 테일러(Timothy D. Taylor), University of California, Los Angeles.

수전 브라운넬(Susan Brownell), University of Missouri-St. Louis.

라리타 고팔란(Lalitha Gopalan), University of Texas.

18권 저자 목록

하이메 로드리게스(Jaime E. Rodríguez O.), University of California, Irvine.

리처드 오버리(Richard Overy), University of Exeter.

다니엘 사전트(Daniel Sargent), University of California, Berkeley.

캐롤 핑크(Carole Fink), Ohio State University.

니콜 레벡(Nicole Rebec), University of California, Irvine.

제프리 워서스트롬(Jeffrey Wasserstrom), University of California, Irvine.

대니얼 헤드릭(Daniel R. Headrick), Roosevelt University.

리처드 터커(Richard Tucker), University of Michigan and Oakland University.

윌리엄 맥앨리스터(William B. McAllister), Georgetown University.

베른하르트 리허(Bernhard Rieger), University College London.

토머스 자일러(Thomas W. Zeiler), University of Colorado Boulder.

케임브리지 세계사 시리즈 서문

케임브리지 역사 시리즈는 오래전부터 역사학의 특정 주제를 선정하여 권위 있는 개론을 제공해왔다. 전문가들이 각 장별로 집필을 맡아서 여러 권으로 구성된 시리즈를 제작하는 방식이었다. 이런 방식으로 만들어진 첫 번째 시리즈는 〈케임브리지 근대사〉였다. 액턴 경(Lord Acton)이 기획을 맡았는데, 그가 사망한 직후 1902년부터 1912년까지 14권으로 출간되었다. 이는 이후 시리즈 구성의 모범이 되었다. 후속 시리즈로는 7권으로 구성된 〈케임브리지 중세사〉(1911~1936), 12권으로 구성된 〈케임브리지 고대사〉(1924~1939), 13권으로 구성된 〈케임브리지 중국사〉(1978~2009) 등이 있었다. 이외에도 국가별, 종교별, 지역별, 사건별, 주제별, 장르별로 전문화된 시리즈가 있었다. 이러한 시리즈들은 〈케임브리지 중국사〉가 표방했듯이 해당 주제에 대해서 영어로 된 "가장 방대하고 가장 종합적인" 역사서였고, 〈케임브리지 정치사상사〉가 주장했듯이 해당 분야의 "주요 주제를 모두" 포괄하고자 했다.

〈케임브리지 세계사〉 시리즈는 위대한 선배들의 업적을 본받았지만 동시에 차이도 있다. "가장 방대하고 가장 종합적인" 세계사 시리즈로서 "주요 주제를 모두" 포괄하려면 적어도 300권 규모가 필요할 것이다(시간은 100년쯤 걸리지 않을까?). 그 대신 이번 시리즈는 세계사 중에서 활발히 논의되는 분야를 개괄하고자 했고, 전체는 7권(volume) 9책(book)으로 구성되었다. 시간 범위는 문자 기록이 발달한 이후로 한정하지 않고 인류의 역사 전체를 포괄했다. 이러한 범위 설정은 최근 세계사 연구 경향을 반영한 것이다. 이처럼 폭넓게 시간 범위를 설정하면 고고학과 역사학의 경계가 모호해지고, 인류의 과거를 밝혀내기 위해 두 학문이 서로 보충적 관계에 놓이게 된다. 그래서 시리즈 각 권의 책임 편집에는 역사학자뿐만 아니라 고고학자도 참여했다. 이들은 미국, 영국, 프랑스, 오스트레일리아, 이스라엘 등지의 대학교에 재직하는 학자다. 또한 저자들의 연구 분야 역시 지역 범위 못지않게 폭이 넓다. 역사학, 미술사, 인류학, 고전학, 고고학, 경제학, 언어학, 사회학, 생물학, 지리학, 지역학 전문가가 참여했다. 이들은 오스트레일리아, 영국, 캐나다, 중국, 에스토니아, 프랑스, 독일, 인도, 이스라엘, 이탈리아, 일본, 네덜란드, 뉴질랜드, 폴란드, 포르투갈, 스웨덴, 스위스, 싱가포르, 미국 등지의 대학교에 재직하는 학자다. 연구를 통해 세계사 분야를 형성하는 데 기여한 원로 학자도 포함되어 있으며, 중견 및 소장 학자는 앞으로 세계사 분야를 만들어갈 사람들이다. 저자들 중 일부는 독립된 학문 분과이자 교육 분과로서의 세계사를 구축하는 데 긴밀한 노력을 기울였다. 학계에서는 이들의 활동을 지구사(global history), 초국사(transnational history), 국제사(international history), 비교사(comparative history) 등으로 일컬었다. (이들 분야는 서로 겹치거나 얽혀 있고 때로는 경쟁 관계에 놓여 있다. VOL. I 에 이 분야의 발전을 추적하는 글이 몇 편 수록되었다.) 대부분의 저자는 자기 분야의 전문가일 뿐이라고 생각하지만, 편집자들이 보기에는 폭넓은 대중에게 해당 분야를 가장 잘 설명할 수 있는 전문가, 혹은 자신에게 익숙한 영역을 넘어 새로운 영역으로 나아갈 수 있는 학자다.

세계사에 접근하는 길은 여러 갈래가 있고, 시공간적 범위를 다양하게 설정해야 한다는 인식이 날로 심화되고 있다. 이를 반영해서 각 권에는 다양한 분야의 글이 수록되었다. 지역 연구, 주제 연구, 비교 연구뿐만 아니라 사례 연구도 포함되었다. 사례 연구는 세계사 특유의 폭넓은 시야에 깊이를 부여해줄 것이다.

VOL. I(한국어판 01~02권)에서는 핵심적인 분석의 틀을 소개한다. 시대를 관통하는 세계사를 어떻게 서술할 것인지, 가장 중요한 접근 방법과 주제는 무엇인지 등에 대한 내용이다. 그리고 인류 역사의 95퍼센트를 차지하는 구석기 시대부터 기원전 1만 년까지를 다룬다. 이후로 각 권이 포괄하는 시간 범위는 갈수록 줄어들 것이며, 각 권별로 시간 범위가 다소 겹칠 수도 있다. 여기에는 복잡한 시대구분 문제가 반영되어 있다. 진정으로 글로벌한 역사를 다루려면 시대구분 문제가 복잡할 수밖에 없다. 편집자들은 겹치는 시간 범위를 억지로 조정하지 않았고, (예컨대 고전기, 근대 등의) 전통적 시대구분에 얽매이지 않았다. 이는 기존의 시대구분에 도전하고자 하는 의미도 있다. 또한 각 권별로 시간 범위를 조금씩 겹치게 함으로써 다양한 지역 간의 고립과 불균형, 서로가 서로에게 영향을 미치는 방식을 강조할 수 있었다. 각 권은 고유의 주제, 혹은 일정한 범위 내의 주제에 집중한다. 주제 선정은 편집자들이 맡았는데, 각 권에서 포괄하는 시대의 핵심인 동시에 세계사 전체를 이해하는 데 기본이 되는 주제들이 선정되었다.

VOL. II(한국어판 03~04권) "농업과 세계사(1만 2000 BCE~500 CE)"는 신석기 시대 이전부터 시작해서 이후 농업의 기원과 세계 여러 지역의 농경 공동체를 살펴본다. 더불어 유목 경제와 사냥·어로·채집 경제 관련 이슈들도 검토한다. 농업을 통해 형성된 더욱 복합적인 사회 구조 및 문화 양식의 공통점을 추적하고, 세계 여러 지역을 개관하며, 해당 지역의 사례 연구를 제시한다.

VOL. Ⅲ(한국어판 05~06권) "고대의 도시들(4000 BCE~1200 CE)"은 초기 도시에 초점을 맞춘다. 도시는 인류 사회 변화의 원동력이었다. 도시 및 공통 이슈 비교 연구를 통해 행정 및 정보 기술의 탄생과 전승, 의례, 권력의 분배, 도시와 그 배후지의 관계를 추적한다. 세계 여러 지역을 대상으로 도시의 발전과 일부 도시가 제국의 수도로 전환되는 과정을 살펴보기 때문에, VOL. Ⅲ이 포괄하는 시간 범위는 매우 폭넓다.

VOL. Ⅳ(한국어판 07~08권) "제국과 네트워크(1200 BCE~900 CE)"는 대규모 정치 단위와 상호 교환 네트워크가 형성되는 과정을 분석한다. 여기에는 "고대 문명"이라고 일컬어지던 내용이 포함된다. 그러나 세계의 다른 지역까지 포함하다 보니 시간 범위가 더 넓어졌다. 노예, 종교, 과학, 예술, 성차별에 대한 장을 포함해 사회·경제·문화·정치·기술 발전의 공통점을 분석한다. 또한 지역별 개관을 제시하는데, 지역별로 한두 군데 사례 연구도 포함되어 있다. 이는 해당 지역을 보다 깊이 있게 들여다보도록 하기 위함이다.

VOL. Ⅴ(한국어판 09~10권) "교역과 분쟁(500~1500 CE)"은 당시 1000년 동안 특징적으로 나타났던 무역 네트워크 및 문화 교류의 확장을 조명한다. 여기에는 경전 중심 종교의 확장과 과학, 철학, 기술의 전파도 포함된다. 사회 구조, 문화 제도, 환경, 전쟁, 교육, 가족, 법정 문화 같은 의미 있는 주제들이 전 지구적 차원 혹은 유라시아 차원에서 논의된다. 그리고 아시아, 아프리카, 유럽, 아메리카의 정치 및 제국 연구에서는 VOL. Ⅳ에서 시작된 국가 형성에 관한 논의가 계속 이어진다.

이상 VOL. Ⅰ~Ⅴ는 모두 각 1책(book)이다. 그러나 VOL. Ⅵ~Ⅶ은 각 2책이다. 기존의 시대구분으로 보면 근현대에 해당하는 부분이다. 최근 500년에 해당하는 이 시대의 특징은 갈수록 복잡해졌다는 데 있다. 전례 없는 세계화가 진행되었기 때문이다. 뿐만 아니라 그리 멀지 않은 과거이기 때문에 자료도 풍부하고 연구 성과도 많이 남아 있다.

VOL. Ⅵ(한국어판 11~14권) "세계화의 시대(1400~1800 CE)"는 갈수록 확대되는 생물학적·상업적·문화적 교류를 추적하고, 정치·문화·지성의 발달을 살펴본다.

VOL. Ⅵ 제1책(한국어판 11~12권)은 갈수록 상호 의존성이 심화되는 세계가 어떻게 만들어지게 되었는지 그 기초를 살펴본다. 여기에는 환경이나 기술 혹은 질병 등의 주제, 카리브해나 인도양 혹은 동남아시아처럼 특히 교류가 집중되었던 지역, 해양 제국이나 러시아 같은 육지 중심의 제국, 이슬람 제국, 대륙과 해양 모두 진출한 이베리아반도의 제국(포르투갈과 스페인) 같은 대규모 정치 체제 등이 연구 대상에 포함된다.

VOL. Ⅵ 제2책(한국어판 13~14권)은 전 세계적 혹은 지역적 이주와 서로의 만남을 검토한다. 이주를 일으킨 경제·사회·문화·제도적 구조를 살펴보고, 또한 이주를 통해 이러한 구조가 어떻게 바뀌었는지 검토한다. 여기에는 무역 네트워크, 법, 생필품 유통, 생산 과정, 종교 체제 등의 논의가 포함된다.

VOL. Ⅶ(한국어판 15~18권) "생산, 파괴, 접속(1750~현재)"은 세계가 화석 연료 사용 단계로 접어드는 과정을 추적하고, 인구 폭발과 세계화 과정을 통한 활발한 교류의 시대를 다룬다.

VOL. Ⅶ 제1책(한국어판 15~16권)은 인구 과잉의 지구가 만들어진 물질적 조건에 대해 논의한다. 여기에는 환경, 농업, 기술, 에너지, 질병 등의 주제와, 국가주의, 제국주의, 탈식민화, 공산주의 등 현대 사회를 만든 정치적 흐름, 그리고 몇몇 핵심 지역 연구가 포함된다.

VOL. Ⅶ 제2책(한국어판 17~18권)은 앞에서 논의된 주제들을 다시 검토한다. 가족, 도시화, 이민, 종교, 과학 등의 주제뿐만 아니라 스포츠, 음악, 자동차 등 이 시대에 특징적으로 나타난 글로벌한 현상, 냉전과 1989년 같은 변화의 특별한 계기 등에 대한 연구가 포함된다.

〈케임브리지 세계사〉시리즈에는 모두 200여 편의 논문이 수록된 만큼 종합적이라고 할 수 있다. 그러나 결코 충분하지 않다. 각 권별 책임 편집자는 무엇을 포함하고 무엇을 배제할지 고심을 거듭했다. 이는 세계사 연구자라면 누구나 맞닥뜨리는 문제다. 2000년도 더 지난 과거에 헤로도토스(Herodotos)도 그랬고, 사마천(司馬遷)도 마찬가지였다. 각 권에서 논문의 배열 순서는 해당 시대의 특성을 고려하여 책임 편집자(들)가 판단했다. 그래서 각 권의 구성이 조금씩 다르다. 권별로 시대도 조금씩 겹치므로 어떤 주제는 여러 권에 걸쳐서 등장하기도 한다. 이는 각 권의 역사적 흐름을 이해하는 데 모두 중요하다고 판단되는 주제였기 때문이다. 특히 시리즈 편집자들은 중요한 요소의 발전 과정을 각기 다른 관점에서 살펴보는 것이 세계사 연구에 가장 적합한 방향이라고 생각했다. 각주는 다른 케임브리지 역사 시리즈들과 마찬가지로 상대적으로 가볍게 달았고, 처음 이 분야에 주목하는 독자들을 위한 배려로 각 장이 끝날 때마다 "더 읽어보기" 목록을 제시했다. 또한 이 시리즈는 이전의 시리즈들과 달리 전권이 한꺼번에 출간되었다(영어판의 경우 — 옮긴이). 시리즈를 출간하는 데 10여 년씩 걸리던 출판계의 여유로운 속도가 21세기 디지털 시대에 이르러 달라진 것인지도 모르겠다.

다시 말해 〈케임브리지 세계사〉 시리즈는 책이 기획 및 생산되는 시점의 시대상을 반영하고 있다. 〈케임브리지 근대사〉 시리즈도 이와 다르지 않았다. 케임브리지대학교 출판부의 설명에 따르면, 액턴 경이 기획한 것은 "세계사"였다. 그러나 실제로 그 시리즈에 수록된 수백 편의 글 중에서 주인공이나 사건 혹은 정치 단위가 유럽과 북아메리카를 벗어난 경우는 손에 꼽을 정도에 불과했다. 〈새로운 케임브리지 근대사〉(1957~1979) 시리즈도 마찬가지로 세계사를 자처했지만 지역 편중은 별로 개선되지 않았다. 이는 놀라운 일이 아니다. 1957년, 심지어 시리즈의 마지막 권이 출간된 1979년에도 유럽은 곧 "세계"였고, 근대의 모든 것은 유럽에서 비롯되었다고 믿었다. 이런 관점을 우리는 "유럽 중심주의"라 부른다. (다른 언어권에서도 세계사가 집필되는 해당 지역을 중심으로 세계를 바라보는 관점이 없지 않았다.) 20세기 중반에도 유럽 중심은 지속되었고, 세계사와 지구사 분야는 미약했다. 강연회, 학회, 학술지 등 신생 분야를 형성해간 주역들은 1980년대에 이르러서야 등장했다. 그중에는 시작된 지 10년도 안 지난 것들도 있다. 가령 〈세계사 저널(Journal of World History)〉이 1990년 처음 출간되었고, 〈지구사 저널

〈Journal of Global History〉〉이 2005년, 〈뉴 글로벌 스터디즈(New Global Studies)〉〉가 2007년 시작되었다.

세계사 혹은 지구사의 발전은 다른 모든 학문 분과에서 치열한 자기반성이 이루어지던 시대와 맥을 같이했다. 자신의 존재를 돌아보지 않고는 어떤 연구도 불가능했고, 기존의 모든 범주가 혼란스러워졌다. 포함과 배제, 다양성에 대한 우려가 역사학의 하위 분야에서 기본으로 자리 잡았고, 이러한 분위기에서 역사학 관련 교육이 이루어졌다. 그래서 이 시리즈의 편집자들은 균형을 추구하려고 노력했다. 전통적으로 세계사 분야에서 중점을 둔 것은 거대 규모의 정치·경제적 과정이었고, 정부나 경제 엘리트들이 주체가 된 역사였다. 이것과 문화적 요인, 사고방식, 의미 등 새로운 관심 주제들의 균형을 고려해야 했다. 뿐만 아니라 우리는 세계 여러 나라의 역사에서 중요한 주제들도 포함시키고자 노력했다. 저자의 구성에서도 지역적 안배와 세대별 안배를 고려했다. 〈케임브리지 근대사〉와 비교하자면 저자군의 지역적 범위가 훨씬 더 넓고, 저자의 성별도 더 균형이 맞는다. 그러나 우리가 원한 만큼 글로벌하지는 못했다. 현재 세계사와 지구사 연구는 영어권에서 압도적으로 많이 진행되고 있다. 그래서 학자들의 분포 또한 영국과 미국의 대학교에 편중되어 있다. 현대 세계의 여러 가지 불평등한 현실도 그렇지만, 세계사 연구의 이 같은 격차는 그야말로 이 시리즈에서 서술하는 세계사의 결과다. 그중 어느 시대가 핵심 요인이었는가, 그리고 어느 정도 비중으로 기원의 문제를 다룰 것인가 하는 문제는 저자마다 의견이 다를 수 있다.

나는 다만 이 시리즈가 액턴 경의 시리즈만큼 편차가 크지 않기를 바랄 뿐이다. 가능하면 2권으로 구성된 〈케임브리지 인도 경제사〉(1982) 정도였으면 좋겠다. 〈케임브리지 인도 경제사〉의 편집자들(Tapan Raychaudhuri, Irfan Habib)은 서문에서 이렇게 말했다. "우리는 감히 우리의 노력이 새로운 지식을 형성하는 데 촉매가 되기를 바랄 뿐이다. 그래서 머지않아 새로운 지식이 이 책에 수록된 내용을 대체할 수 있기를 기원한다." 세계사와 지구사는 활발한 분야라서 머지않아 틀림없이 새로운 지식이 등장할 것이다. 다만 우리의 시리즈가 21세기 초라는 시점에 한해서나마 세계사 분야로 들어가는 문이 되고 전체를 조망할 수 있는 유용한 개론이 되기를 기대해본다.

메리 위스너-행크스(Merry E. Wiesner-Hanks)

케임브리지 세계사 18 차례

케임브리지 세계사 시리즈 소개	4
한국어판 영어판 분권 대조표	7
케임브리지 세계사 VOL. Ⅶ 소개	9
케임브리지 세계사 시리즈 서문	12

PART 3 역사의 전환점

CHAPTER 12	대서양 혁명의 재해석	27
CHAPTER 13	세계대전, 1914-45년	71
CHAPTER 14	냉전	109
CHAPTER 15	1956년	157
CHAPTER 16	1989년	211

PART 4 세계화를 이끌어가는 힘

CHAPTER 17	교통과 통신	253
CHAPTER 18	고무 산업	293
CHAPTER 19	약물	335
CHAPTER 20	자동차	373
CHAPTER 21	세계화, 앵글로-아메리칸 스타일	413

케임브리지 세계사 17 차례

PART 1 사회적 변화

CHAPTER 1   이민

CHAPTER 2   도시화

CHAPTER 3   가족

CHAPTER 4   성적 행동의 지속성과 변화

CHAPTER 5   노예제 폐지

PART 2 문화와 연결

CHAPTER 6   백화점과 문화의 상품화

CHAPTER 7   종교

CHAPTER 8   자연과학

CHAPTER 9   음악 유행, 오브제에서 상품으로

CHAPTER 10 스포츠

CHAPTER 11 영화

그림 목록

15-1. 소련 공산당 서기장 흐루쇼프의 동독 방문   163
15-2. 이집트 대통령 나세르의 초상   181
16-1. 베를린 장벽 개방을 축하하는 동·서베를린 시민들   228
17-1. 오월의 아침 공원   257
17-2. 증기선 노스리버호의 실물 재현 모형   261
17-3. 포드의 자동차 모델 T   272
17-4. 플라이어 1호의 최초 비행   275
17-5. 고속열차 떼제베(TGV), 프랑스 파리   278

지도 목록

12-1. 대서양 권역 지도, 1826년-1830년   66
15-1. 수에즈 위기, 1956년   186

표 목록

20-1. 인구 10만 명당 교통사고 사망자 추정치(2006/7년)   407

그림 출처

〔그림 15-1〕 ⓒ INTERFOTO / Alamy. 〔그림 15-2〕 ⓒ World History Archive / Alamy. 〔그림 1-1〕16-1. ⓒ H.P. Stiebing / Bridgeman Images. 〔그림 17-1〕 Philadelphia Museum of Art, Pennsylvania, USA / Gift of William Alexander Dick, 1930 / Bridgeman Images. 〔그림 17-2〕 Detroit Publishing Company / Library of Congress. 〔그림 17-3〕 ⓒ Ewing Galloway / Alamy. 〔그림 17-4〕 Library of Congress. 〔그림 17-5〕 ⓒ imageBROKER / Alamy.

PART 3

역사의 전환점

CHAPTER 12

대서양 혁명의 재해석

하이메 로드리게스
Jaime E. Rodríguez O.

18세기 정치의 격변을 연구하는 역사가들은 미국과 프랑스에서 일어난 변화를 대서양 권역 민주 혁명의 일환으로 규정했다. 이후 아이티와 스페인어 권역에서 일어난 변혁도 그 과정의 일부로 포함시키는 연구자들도 있었다. 그러나 당시의 여러 정치 혁명은 갑자기 일어난 일이 아니었다. 혁명이 일어나기 전에 이미 국민주권(sovereignty of the people) 원칙을 토대로 대의 정치(representative government)가 수 세기에 걸쳐 발전하는 중이었다. 18세기의 정치 혁명은 그러한 발전의 정점에서 일어난 사건이었다. 사실 독립운동과 같은 정치 혁명은 16세기와 17세기에도 이미 여러 차례 발생한 적이 있었다. 하지만 당시 역사가들이 각 나라의 역사에만 집중했기 때문에 초기의 혁명적 변화들은 '대서양 혁명'이라는 더 넓은 역사적 맥락에서 인식되지 못했다.

공통의 정치 문화

중세 서유럽에서는 공통의 정치 문화가 발전했다. 당시 유럽에서 법률과 정치 문화의 기초가 된 학자들의 저술은 주로 라틴어로 쓰였다. 라틴어는 학문의 공통 언어였기 때문에 이 책들은 유럽 전역에 쉽게 퍼질 수 있었다. 이 저술 중에는 '혼합 정체(混合 政體, mixed government)' 이론을 발전시키는 데 중요한 역할을 한 책들도 있었다. 혼합 정체란 군주

(1명), 성직자와 귀족(소수), 시민(다수)이 서로 주권을 나누는 정치 체제였다. 이 이론은 고대 그리스와 로마, 중세 후기 유럽, 그리고 이탈리아 르네상스 시대 도시국가의 정치 문화에서 영향을 받아 발전했다. 혼합 정체는 한 사람이 독재하거나 특정 계층이 지나치게 많은 권력을 갖는 것을 막기 위한 방법이었다. 그래서 당시 사람들은 이를 가장 이상적이고 오랫동안 지속될 수 있는 정치 형태라고 생각했다.[1]

12세기에서 15세기 사이, 서유럽에서는 도시가 성장하고 상업이 발전했다. 이 과정에서 도시 주민들은 봉건 영주나 귀족과는 다른 새로운 사회 계층을 형성하게 되었다. 특히 12세기 이베리아반도에서는 그들이 정치적으로 중요한 세력으로 떠올랐다. 레온-카스티야(León-Castilla) 통합 왕국에서는 도시의 권력과 영향력이 점차 커졌는데, 이는 도시가 가진 경제적 자원과 군사적 자원(민병대)이 레콩키스타(이슬람으로부터 영토를 되찾는 과정)에서 왕실에 큰 도움을 주었기 때문이다.[2] 1188년, 레온의 레온 왕국의 왕 알폰소 9세(Alfonso IX)는 성직자, 귀족, 그리고 도시 대표들이 함께 모인 의회인 '코르테스(Cortes)'를 열었다. 흔히 영국의 마그나 카르타(Magna Carta, 1215년)가 최초의 대의 정부의 기초로 알려져 있지만, 실제 도시 대표까지 포함된 제대로 된 의회는 영국에서 1275년에야 처음 열렸다. 프랑스의 경우도 자치 법정인 파를르망(Parlements)이 몇몇 지역에 생겼지만, 실제로 성직자, 귀족, 평민의 대표

---

1 James M. Blythe, *Ideal Government and the Mixed Constitution in the Middle Ages* (Princeton University Press, 1992).
2 Joseph F. O'Callaghan, *The Cortes of Castile-León, 1188-1350* (Philadelphia: University of Pennsylvania Press, 1989).

가 모두 참여한 삼부회(États Généraux)는 1302년이 되어서야 처음 소집되었다. 이후 유럽 다른 지역에서도 이러한 대의제 의회가 설립되었다. 초기 의회는 주로 국왕이 조언을 구하거나 세금을 더 걷기 위해 필요할 때 가끔씩 소집되었다.[3]

16세기에 유럽 정치사상의 근본을 뒤바꾼 중요한 사건 세 가지 중 하나가 이베리아반도에서 일어났다. 바로 1518년에서 1521년 사이에 있었던 카스티야 코뮤니다데스 반란(Rebelión de las Comunidades de Castilla, 카스티야 도시들의 반란)이다. 이 사건은 카스티야의 자치 도시와 마을(코뮤니다데스, comunidades) 대표들이 중심이 되어 일으킨 정치 혁명이었다. 이들은 권력을 스스로 장악하여 새로운 헌법 질서를 세우려 했다. 반란 세력은 훈타 헤네랄(Junta General, 총위원회)을 결성하고, 도시들이 조국(patria)을 대표하며, 국왕은 그들의 봉사자이며, 자신들에게 코르테스(Cortes)를 정기적으로 소집할 권리와 필요할 경우 자유를 지키기 위한 무력 사용 권한이 있다고 주장했다. 그들은 통치자가 국민의 의지를 인정하고 피통치자의 동의를 얻어야 한다고 주장했다. 그들은 자유뿐만 아니라 민주주의도 요구했다. 이 운동은 "최초의 근대 혁명"으로 불리지만, 결국 1521년 4월 23일 비야랄 전투(Battle of Villalar)에서 왕권 세력에 의해 최종적으로 진압되었다.[4]

---

3 Jan Luiten Van Zanden, Eltjo Buringh, and Maarten Bosker, "The rise and decline of European parliaments, 1188-1789," *The Economic History Review* (2011), 1-28.
4 José Antonio Maravall, *Las Comunidades de Castilla: Una primera revolución moderna* (Madrid: Revista de Occidente, 1963); Stephen Haliczer, *The Comuneros of Castile: The Forging of a Revolution, 1475-1521.* (Madison: University of Wisconsin Press, 1981).

프로테스탄트 종교 개혁은 정치사상가들 사이에서 국민주권 개념의 확산에도 기여했다. 마르틴 루터가 교황의 유사한 주장에 반박하기 위해 '군주의 신성한 권리(divine right of princes)' 원칙을 주장했을 때, 루터의 주장에 대응하여 '포테스타스 포풀리(potestas populi, 국민주권)' 원칙을 내세웠던 살라망카(Salamanca) 학파가 있었다.(Diego de Covarrubias, Francisco de Vitoria, Juan de Mariana, Francisco Suárez, 그리고 가장 중요한 인물인 Fernando Vázquez de Menchaca) 쿠엔틴 스키너(Quentin Skinner)에 따르면, 살라망카 학파는 "17세기 소위 '사회계약론'의 이론적 기초를 마련하는 데 기여했다." 뿐만 아니라 "그들이 발전시킨 국민주권 이론은 스콜라 철학에 뿌리를 두고 있으며, 이후 칼뱅주의적 발전을 거쳤지만, 본질적으로 특정 종교 교리와 독립된 개념이었으므로, 가톨릭과 개신교 모두가 활용할 수 있는 이론이었다."[5] 히스패닉 신(新)스콜라 철학자들은 "이후 혁명가들이 활용할 수 있는 방대한 이념적 무기 창고"를 제공했다.[6] 히스패닉 사상가들의 이론, 특히 바스케스 데 멘차카(Vázquez de Menchaca)의 사상은 요하네스 알투시우스(Johannes Althusius)와 후고 그로티우스(Hugo Grotius)의 저작을 통해 영국과 프랑스의 정치사상에 영향을 미쳤다.[7]

이후 네덜란드의 북부 주(또는 지방)들은 이러한 정치 이론들과 기

---

5 Quentin Skinner, *The Foundations of Modern Political Thought*, 2 vols. (Cambridge University Press, 1978), II, pp. 159, 347.
6 Skinner, *Foundations of Modern Political Thought*, II, p. 114.
7 Annabel S. Brett, *Liberty, Right and Nature: Individual Rights in Later Scholastic Thought* (Cambridge University Press, 1997).

타 사상을 바탕으로 스페인 군주 펠리페 2세의 권위에 도전했다. 1579년 그들은 위트레흐트 동맹(Union of Utrecht)에 서명했으며, 연합 국가를 창설하여 서로 협력하기로 했다. 그들은 지나치게 높은 세금 부과나 프로테스탄트 박해에 반대했으며, 중세의 전통인 대의정치 구조도 지켜내자는 입장이었다. 이후 1581년, 그들은 펠리페 2세로부터 독립을 선언하며 〈거부 선언(Plakkaat van Verlatinghe)〉을 발표했다. 1588년에는 네덜란드 공화국(Dutch Republic)이 수립되었다. 반란 세력은 충성을 맹세했던 국왕에 대한 반란을 정당화하기 위해, 자결권, 종교적 자유, 그리고 대의 정부의 권리를 옹호하는 수많은 저작물을 남겼다.[8]

17세기 갈등의 시대, 특히 프랑스 종교 전쟁과 영국 내전 시기에 정치사상가들은 정부의 본질과 국민의 권리에 대한 개념을 심화시켰다. 강력한 국가의 중요성을 신봉한 프랑스와 영국의 사상가들은 왕권신수설(divine rights of kings) 원칙을 재차 강조했다. 자크 보쉬에(Jacques Bossuet) 주교는 세습 군주제가 성경에서 말하는 이상적인 정부 형태라고 주장했다. 장 보댕(Jean Bodin)은 라틴어 개념인 '포테스타스(potestas, 권력)'를 '주권(sovereignty)'으로 번역했으며, 이후 주권이라는 용어가 널리 사용되었다. 당시 스페인, 프랑스, 영국 등은 '복합 군주제'(composite monarchies)를 이루고 있던 시대였다. 즉 본국뿐만 아니라 유럽의 여러

---

8 Martin van Gelderen, *The Political Thought of the Dutch Revolt* (Cambridge: Cambridge University Press, 1992). See also his "'So merely humane': theories of resistance in earlymodern Europe," in Annabel S. Brett, James Tully, and Holly Hamilton-Breakly (eds.), *Rethinking the Foundations of Modern Political Thought* (Cambridge University Press, 2006), pp. 149-170.

공국(principalities)과 아메리카 및 아시아의 영토를 포괄하는 정치 체제였다. 그런 시대적 배경에서 장 보댕은 강력한 국가의 중요성을 강조했다.[9] 토머스 홉스(Thomas Hobbes)는 저서 《리바이어던(Leviathan)》에서도 강력하고 통일된 국가의 중요성이 강조되었다. 프랑스의 사상가들이 국왕이 통치권을 신으로부터 부여받았다고 주장한 것과 달리, 토머스 홉스는 정부가 자연 상태(state of nature)에서 발전한 사회의 산물이라고 보았다. 존 로크(John Locke)는 16세기 히스패닉 사상가들의 국민주권 이론을 더욱 정교하게 다듬었다. 그는 인간이 자연 상태에서 신으로부터 생명, 자유, 평등, 그리고 재산과 같은 권리를 부여받았다고 주장했다. 그 후 국민들은 자신의 권리를 보호하고 더 나은 삶을 보장할 정부에 이를 위임하였다. 로크의 가장 중요한 저작인 《통치론(Two Treatises of Government)》과 《관용에 대한 편지(Letter Concerning Toleration)》가 네덜란드 망명 시기(1679년-1681년)에 집필되었다는 사실을 간과해서는 안 될 것이다.[10]

17세기의 잉글랜드는 네 차례 무력 충돌을 겪었다. 그중 첫 번째(1642년-1646년), 두 번째(1648년-1649년), 세 번째(1649년-1651년) 전쟁은 영국 내전(English Civil War)이며, 의회파와 왕당파 간의 충돌이었다. 상원(House of Lords)과 하원(House of Commons)으로 구성된 영국 의회는, 스페인과 프랑스의 의회와 마찬가지로 국왕의 요청에 따라 소집되었으며, 주로 세금 승인 역할을 수행했다.[11] 찰스(Charles) 1세는

---

9 John H. Elliott, "A Europe of composite monarchies," *Past and Present*, 137 (November 1992), 48-71.
10 Skinner, *Foundations of Modern Political Thought*, II.

왕권신수설을 신봉했으며, 많은 이들의 눈에 그는 폭군으로 비쳤다. 그는 프랑스 가톨릭 공주와 혼인하여 왕위 계승자가 가톨릭 신자가 될 수 있다는 우려를 낳았고, 이는 영국 개신교도들의 반발을 샀다. 찰스 1세는 의회를 거의 소집하지 않았고, 소집 목적 또한 주로는 유럽, 스코틀랜드, 아일랜드에서의 군사 작전 자금 마련을 위한 세금 요구였다. 이러한 상황 속에서 그는 결국 의회파 군대에 패배했고, 폭정, 반역, 살인, '공공의 적'이라는 죄목으로 재판을 받고 유죄 판결을 받아 1649년 1월 30일 처형되었다. 그의 아들 찰스(Charles) 2세가 새 국왕으로 옹립되었으나, 아버지의 정책을 계승하자 곧 추방되었고, 이는 왕정복고 지지 세력과 의회 지지 세력 간의 세 번째 충돌을 야기했다. 그 후 잉글랜드 공화국(Commonwealth of England)이 1649년부터 1653년까지 통치를 맡았고, 이어서 호국경(Lord Protector)으로 임명된 올리버 크롬웰(Oliver Cromwell)이 1653년부터 1659년까지 독재 정치를 펼치다 왕정복고를 맞이했다.[12]

명예혁명(Glorious Revolution)으로 일컬어지는 네 번째 격변은 제임스(James) 2세(재위 1685년-1688년)의 시대에 일어났다. 가톨릭 신자였던 제임스 2세는 종교 관용 정책과 더불어 프랑스와 긴밀한 관계를 추구하였고, 이는 다수 개신교도의 불안감을 증폭시켰다. 왕권신수설을 신봉한 제임스 2세는 의회의 권위를 축소시키기도 했다. 그러던 중, 가톨

---

11 John Morrill, "The religious context of the English Civil War," *Transactions of the Royal Historical Society*, 5th. Ser., 34 (1984), 155-178.
12 Christopher Hill, *God's Englishman: Oliver Cromwell and the English Revolution* (London: Penguin Books, 1990).

릭 신자가 될 가능성이 있는 아들이 태어나면서, 개신교 신자인 딸 메리(Mary)의 왕위 계승권이 위협받게 되었고, 이는 심각한 위기를 초래했다. 메리는 네덜란드 총독(Stadtholder)인 오렌지 공 윌리엄(William of Orange)의 아내였다. 이에 제임스 2세에 반대하는 주요 개신교 인사들은 윌리엄에게 잉글랜드 침공과 더불어 자신과 그의 아내 메리가 공동 군주로 즉위하도록 요청했다. 1688년 11월, 윌리엄은 대규모 군대를 이끌고 영국 해협을 건넜으며, 영국 내 개신교 세력과 연합하여 12월 9일 레딩 전투(Battle of Reading)에서 제임스 2세를 꺾었다. 윌리엄과 메리는 가톨릭 신자의 왕위 계승을 금지하는 제한적인 권리장전을 수용한 후, 공동 통치자로 인정받았다. 국민주권을 대표한다고 주장했던 의회, 특히 하원은 정부 운영에서 더 큰 역할을 요구했다.[13] 1707년 잉글랜드와 스코틀랜드가 합병하여 형성된 그레이트브리튼(Great Britain)은 일종의 입헌 군주제를 확립했다. 이러한 맥락에서 영국 의회는 1519-21년 카스티야 도시 반란 세력이 요구했던 일부 목표를 달성한 셈이었다. 시간이 지날수록 의회는 점점 더 권한을 확대해 나갔다.

대서양 권역을 둘러싼 군주국의 갈등

18세기에는 영국과 프랑스 및 스페인이 모두 군주국이었다. 군주국 영국은 당시 대서양 권역의 통제권을 두고 스페인 및 프랑스의 군주와

---

13 Steve Pincus, *1688: The First Modern Revolution* (New Haven: Yale University Press, 2009); Edmund S. Morgan, *Inventing the People: The Rise of Popular Sovereignty in England and America* (New York: W.W. Norton & Co., 1988), pp. 17-121.

전쟁을 벌였다. 스페인의 군주 카를로스(Carlos) 2세는 후계가 없었다. 그가 사망하면서 스페인 왕위 계승 전쟁(1700-13년)이 벌어졌다. 이 전쟁을 종식시킨 조약이 〈위트레흐트(Utrecht) 조약〉이었다. 조약에 따라 프랑스의 군주 루이(Louis) 14세의 손자였던 필리프 드 부르봉(Philippe de Bourbon)이 스페인의 군주로 승인되어 펠리페 5세(Felipe V)가 되었고, 서유럽의 질서가 재편되었다. 이후 공식 및 비공식적으로 부르봉 가문 협약이 만들어지면서 프랑스와 스페인이 동맹을 결성하여 영국에 맞서는 형세가 구축되었다. 이에 따라 영국은 유럽에서 자국의 이익을 지키고 스페인 군주국으로부터 더 많은 무역 특권을 얻어내기 위해, 여러 차례에 걸쳐 스페인 및 프랑스와 전쟁을 벌였다.(1718-20년, 1727-29년, 1739-40년)[14]

유럽, 북아메리카 및 남아메리카, 그리고 아시아에서 벌어진 7년 전쟁(1756-63년)은 가히 세계대전이었다. 이 전쟁은 군주국 프랑스와 스페인에 치명상을 입혔다. 영국은 캐나다, 이스트 플로리다(East Florida), 웨스트 플로리다(West Florida)를 점령하고, 아바나(Havana)와 마닐라(Manila)를 함락시켰다. 1763년 〈파리 조약〉으로 아바나와 마닐라가 스페인에 반환되었고, 프랑스는 플로리다 상실에 대한 보상으로 루이지애나(Louisiana)를 스페인에 양도했다. 그러나 북아메리카에서 스페인 군

---

14 Christon I. Archer, "Reflexiones de una edad de guerra total: El impacto de la defensa marítima de Nueva España en la época revolucionaria, 1789 a 1810," in Manuel Chust and Juan Marchena (eds.), *Por la fuerza de las armas: Ejército e independencias en Iberoamérica* (Castelló de la Plana: Publicaciones de la Universitat Jaume I, Castellón, 2008), pp. 239-275.

주국에 대한 영국의 위협은 갈수록 커졌다. 1763년 프랑스가 북아메리카 대륙에서 철수하면서 스페인과 영국은 북아메리카의 통제권을 두고 경쟁하는 라이벌로 남게 되었다.[15]

미국 혁명

영국은 스페인보다 한 세기 늦게 북아메리카 식민지를 개척하기 시작했다. 7년 전쟁(1756-63년)이 끝날 무렵 영국은 현재의 캐나다에서 남아메리카와 카리브해에 이르는 26개 이상의 식민지를 보유하고 있었다.[16] 7년 전쟁에서 프랑스와 스페인을 상대로 승리한 영국은 북대서양 양측에서 영국적 정체성을 더욱 강화하게 되었다. 또한 적대 세력이었던 가톨릭 국가들과 대조적으로 대영제국의 개신교적 성격이 부각되었다. 해상 무역과 교류의 증가로 북아메리카 사회는 더욱 긴밀하게 연결되었고, 문화적 관습과 정치적 이념 면에서 유사성을 띠게 되었다. 북아메리카 해안을 따라 뉴햄프셔에서 조지아까지 이어진 13개 식민지는 본국과의 동일시를 통해 일종의 단결 의식을 형성하게 되었다. 이들 식민지는 광범위하고 비옥한 농지를 보유하고 있었다. 그곳은 해안 교통이 편리할 뿐만 아니라, 발달한 하천망 덕분에 서로가 더욱 긴밀하게 연결

---

15 Stanley J. Stein and Barbara H. Stein, *Silver, Trade, and War: Spain and America in the Making of Modern Europe* (Baltimore: Johns Hopkins University Press, 2000).
16 학자들마다 서로 다른 기준을 적용하여 영국의 식민지를 26개, 29개, 또는 32개로 구분한다. David Armitage, "The American Revolution in Atlantic perspective," in Nicholas Canny and Philip Morgan (eds.), *The Oxford Handbook of the Atlantic World, 1450-1850* (Oxford University Press, 2011), pp. 516-532.

될 수 있었다. 넓은 농지와 저비용의 효율적인 수로 교통 덕분에 대부분의 백인 영국계 아메리카인들은 토지를 소유할 수 있었으며, 다양한 농산물을 유럽과 서인도 제도로 수출할 수 있었다. 이러한 조건들은 훗날 왕실 개혁에 맞서 자신의 이익을 보호하고자 했던 지주 계층을 형성하는 데 기여했다. 18세기 말엽에는 원주민을 제외하고 약 550만 명의 인구가 이전의 영국령 북아메리카, 즉 미국에 거주하고 있었다. 그중 50만 명은 노예 신분의 흑인이었다. 흑인은 대부분 남부 식민지에 거주했다.

스페인계 아메리카와 마찬가지로 영국령 북아메리카 역시 "합의에 기반한 제국(a consensual empire)"의 일부였다. 그러나 영국령 북아메리카가 훨씬 더 큰 규모의 백인 정착민 인구를 보유했다는 점이 큰 차이점이었다. 미국 역사가들은 주로 백인 정착민들에 관심을 두었다. 13개 식민지의 권리와 기회를 논할 때는 주로 백인 정착민이 그 대상이었다. 원주민, 유색인종 자유민, 노예는 논의의 초점이 아니었다. 이렇게 논의 대상을 좁혀 놓고 보면, 영국계 아메리카 이주민이 다른 지역의 이주민들보다 더 큰 권리와 자유를 누렸다는 주장이 틀린 말은 아니다.

7년 전쟁은 영국 왕실에 막대한 부채를 안겨 주었다. 게다가 왕실은 식민지를 보호하고, 북아메리카에서 프랑스로부터 넘겨받은 광대한 영토를 관리해야 했다. 이에 영국 정부는 식민지 행정을 강화하려 했고, 영국 본토에 비해 훨씬 낮았던 식민지 세금을 인상하고자 했다. 이런 취지로 원주민의 영토에서의 무역과 정착을 제한하는 법률이 제정되었고, 설탕법(Sugar Act), 통화법(Currency Act), 병영법(Quartering Acts)과 같은 새로운 세금과 규제가 시행되었다. 1765년 영국 의회는 인지세(Stamp tax)를 식민지로 확대 적용했는데, 이는 대대적인 항의를 불러일으켰다.(인지세란 공식 문서에 인지를 붙이는 방식으로, 위조 방지와 세금 징수의 편의를 도모했던 법이다. 영국 본토에서는 1694년부터 시행되고 있었다. 1765년에는 이를 아메리카 식민지까지 확대 적용하려 했다가 반발을 불러일으켰다. – 옮긴이) 그래서 그 이듬해 해당 세금을 철회했지만, 그럼에도 불구하고 식민지에서 "모든 경우에 있어" 법률을 제정할 권한이 영국 의회에 있음을 재확인했다. 정부의 권위를 강화하기 위해 도입한 다른 법령들도 식민지 주민들의 분노를 더욱 자극했고, 일부는 폭력적인 저항에 나섰다. 1770년 3월, 겁에 질린 영국 군인들이 폭력 군중을 향해 발포하여 다섯 명이 사망하는 사건이 일어났다. 이후 1773년 12월에는 인디언 복장을 한 일단의 무리들이 보스턴 항구에 정박 중인 배에 올라 9만 파운드의 차(Tea)를 바다에 던져버렸다. 이는 차에 부과되는 세금(Tea tax)에 반대 의사를 표시하기 위한 시위였다. 영국 정부는 보스턴항을 폐쇄하고 지방 정부의 권한을 제한하는 보복 조치를 취했다.[17]

영국 군주의 권한을 둘러싼 갈등을 해결하기 위해, 식민지 지도자들은 1774년 9월 5일 필라델피아에서 대륙회의(Continental Congress)를 소집했다. 이 회의에는 13개 식민지 중 12개 식민지에서 온 56명의 대표가 참석했다. 참석자 대다수가 영국 왕실과의 관계 단절을 원하지 않았다. 따라서 그들은 국왕 조지(George) 3세에게 청원서를 제출하며, 영국인으로서 누려야 할 권리와 자유를 회복해 줄 것을 요구했다. 그러나 1775년 4월 19일, 매사추세츠의 도시 콩코드(Concord)에서 영국군

---

17 Pauline Maier, *From Resistance to Revolution: Colonial Radicals and the Development of American Opposition to Britain, 1765-1776* (New York: W. W. Norton, 1991).

과 현지 민병대가 충돌했다. 독립전쟁의 첫 번째 전투였다. 그럼에도 불구하고 1775년 5월 10일 열린 제2차 대륙회의는 여전히 화해를 모색했다. 회의에서는 국왕에게 "권리와 불만 선언(Declaration of Rights and Grievances)"을 보내, 권리 인정과 갈등 해결을 요청했다. 그러나 조지 3세는 청원서 접수를 거부했으며, 대신 북아메리카에서 반란이 발생했다고 선언하고 "반역자들(traitors)"을 체포해야 한다고 발표했다.[18]

영국계 아메리카인들이 새로운 조치에 그렇게 강하게 반발한 이유와, 영국 정부가 권위 강화를 고집한 이유가 완전히 밝혀지지는 않았다. 영국 왕실은 식민지 주민들의 요구가 받아들여질 경우 독립으로 나아갈 것을 우려했다. 한편 영국계 아메리카인들은 영국 정부의 개혁 조치들이 영국인으로서의 권리와 자유를 빼앗으려는 시도라고 확신했다. 혁명이 발생한 이유는 물론 당사자들이 새로운 영국 군주의 성격에 대해 합의하지 못한 데서 비롯되었다. 더불어 영국은, 나중에 스페인도 그랬지만, 훗날의 영연방(British Commonwealth)에 비견될 만한 해결책을 당시에는 받아들이려 하지 않았다.

프랑스와 스페인이 7년 전쟁의 패배를 설욕하고자 영국과 수륙 양면에서 싸우면서 미국의 독립 전쟁은 국제 분쟁으로 확대되었다. 전쟁이 치열해지자 프랑스는 1만 명 이상의 병력을 북아메리카에 파견했다. 스페인 군대는 뉴스페인(오늘날의 멕시코 및 미국 남서부) 국경을 따라 영국군을 괴롭히며 플로리다를 탈환했다. 프랑스와 스페인의 연합 해군은 해상에서 영국 함대를 무력화시켰다.[19] 외세의 개입 결과 미국은 1783

---

18 Morgan, *Inventing the People*, pp. 239-287.

년 〈파리 조약(Treaty of Paris)〉이라는 국제협약을 통해 독립을 쟁취했다.

신생독립국 건국자의 다수는 소수 지배 계층(oligarchy) 출신이었다. 독립 투쟁 과정에서 영국계 미국인 상류층과 중상류층은 보수적인 목표를 공유했다. 투쟁에 참여했던 다른 소수 집단들도 있지만, 이들은 엘리트 계층에 심각하게 도전하지 않았다. 엘리트의 이익을 위협하는 사회 혁명은 일어나지 않았다. 미국 독립전쟁은 몇 가지 예외를 제외하면 전통적인 군사 작전으로 이루어졌다. 엘리트 계층과 다른 목적을 추구하는 지역 반란군은 거의 없었다. 농촌 봉기 같은 일도 일어나지 않았다. 대부분의 흑인 노예들도 주인에 맞서 반란을 일으키는 일이 없었다. 원주민들은 빼앗긴 땅을 되찾을 기회를 잡지 못했다. 〈독립선언서〉에서 인류 보편적 가치를 표명했고, 연방 헌법에서도 '우리 국민(We the People)'이라는 포괄적 표현을 사용했지만, 미국 혁명은 실제로는 제한된 혁명이었고, 주로 성인 백인 자산 소유 남성(adult white property-owning men)을 위한 혁명이었다.[20]

독립 이후 여전히 지역별로 긴장이 존재했다. 최초의 미국 헌법인 〈연합규약(Articles of Confederation)〉(1781년 공식 발효)은 얼마 지나지 않아 보다 강력한 헌법으로 대체되었다.(1787년 기초, 1788년 비준) 이런 갈등 상황 속에서도 영국계 미국인 엘리트들은 새로운 국가의 기반을 만들어 나갔다. 유럽에서 25년이나 지속되었던 전쟁은 독립 이후 미국

---

19 Thomas E. Chávez, *Spain and the Independence of the United States* (Albuquerque: University of New Mexico Press, 2002).
20 Jack P. Greene, "The American Revolution," *American Historical Review* 105/1 (February 2000), 93-102.

의 경제적 번영에 도움이 되었다. 1789년 프랑스 혁명과 그 이후의 전쟁은 미국산 제품에 대한 엄청난 수요를 창출했다. 국가 경제의 번영 덕분에 신생독립국 내부적으로 존재했던 긴장도 다소 완화될 수 있었다. 요컨대 미국은 소수 지배층이 주도하는 공화국으로 출발했으며, 이후 서서히 다른 계층의 정치 참여를 이끌어냈다.[21]

더욱이 미국의 독립이 대영제국의 정치경제적 붕괴를 초래하지 않았다. 일시적이고 비교적 사소한 충돌이 있었지만, 이전의 모국과 식민지 간에 사회적, 문화적, 경제적, 외교적 관계는 독립 이후에도 지속되었다. 대영제국은 미국을 "비공식적 자치령(informal dominion)"으로 간주했다. 이것도 미국이 번영할 수 있었던 부분적인 이유가 되기도 했다.[22] 19세기 전반기의 신생독립국 미국은 세계 최고의 산업, 상업, 금융, 기술, 해군 강국인 대영제국의 보호, 지원, 원조로부터 혜택을 받았다. 만약 스페인이 패권을 달성하고 영국이 몰락했다면 미국의 역사는 상당히 달랐을 것이다. 언어, 종교, 문화가 다른 국가가 세계를 지배했다면 미국이 정치적으로 유리할 일은 없었다. 풍부한 천연자원의 활용도 그만큼 쉽지 않았을 것이며, 무엇보다 강력한 이웃 국가들과 경쟁에 몰두해야 했을 것이다. 물론 그러한 상황은 발생하지 않았다. 미국은 오히려 정복에 성공하여 영토를 확장했고, 경제를 확대했으며, 점차 포용성을 확장

---

21 Jack P. Greene, *Understanding the American Revolution* (Charlottesville: University Press of Virginia, 1995), p. 72.
22 이 용어는 텍사스대학교 오스틴캠퍼스의 월터 프레스콧 웹(Walter Prescott Webb) 석좌교수 앤서니 홉킨스(Anthony Hopkins)를 따랐다. 그는 미국이 1860년대까지 영국의 "비공식 자치령(informal dominion)"이었다고 주장한다.

하여 안정적 정치 체제를 유지했다.

프랑스 혁명

18세기 동안 프랑스 왕국은 상당한 인구 증가를 경험하면서 유럽에서 가장 인구가 많은 국가가 되었다. 프랑스의 인구는 1700년 약 2,000만 명에서 1789년에는 2,800만 명으로 증가했다. 또한 프랑스는 유럽에서 가장 넓고 비옥한 농경지를 보유하고 있었다. 국가 전체적으로는 농촌 지역이 우세했으나, 일부 지역에서는 산업화가 이루어졌고, 대서양 무역을 비롯한 상업 활동도 활발하게 전개되었다. 그러나 발전은 지역에 따라 매우 불균등하게 이루어졌다. 특히 프랑스 북동부는 급성장하는 섬유 산업을 중심으로 번영을 누렸던 반면, 남부와 중부, 서부 지역은 낙후된 농업 방식과 극심한 빈곤 탓에 미개발 상태로 남아 있었다. 당시 프랑스의 농업은 소수의 대규모 지주와 다수의 소규모 농민들로 구분되었고, 두 집단 간의 빈부 격차는 매우 컸다. 토지 이용 방식도 다양하여, 소작제(sharecropping), 임차제(tenant-farming), 개인 및 공동의 토지 소유 등 다양한 형태가 존재했다. 18세기 후반으로 갈수록 농촌 인구가 계속 늘어나면서 많은 농민이 농업만으로 자신과 가족을 부양하기 어려운 상황에 처했다. 더욱이 주기적으로 흉작이 발생하여 식량 가격이 급등했고, 기근과 전염병이 빈번히 나타나 농민들이 농촌을 떠나는 사례도 늘었다. 이 점에서 프랑스 혁명 직전의 대흉작은 특히 주목할 만한 사건이었다.[23]

---

23 C. E. Labrousse, "The crisis in the French economy at the end of the Old Regime,"

프랑스 사회는 성직자(clergy), 귀족(nobility), 그리고 주로 도시민을 대표하는 제3신분(third estate)의 세 가지 신분으로 구성되었다. 그러나 이러한 전통적인 구분은 18세기 후반 프랑스 사회의 현실을 제대로 반영하지 못했다. 특히 부르주아지(bourgeoisie)의 등장과 농민 내부에서 발생한 빈부 격차를 설명하지 못했다. 또한 가난한 성직자(cures)나 빈곤한 귀족(aristocrats)의 존재도 충분히 드러내지 못했다. 18세기 후반 프랑스에서는 귀족과 부르주아지 사이의 경제적 경계가 점점 모호해졌다. 두 집단 모두 대규모 토지를 소유하거나 상업 활동에 종사했으며, 특히 부유층에서는 막대한 재산을 소유한 경우가 많았다. 경제적 이해관계가 비슷했기 때문에 혁명 과정에서 이 두 집단 사이에 심각한 계급 갈등은 자주 발생하지 않았다. 실제로 혁명 이후의 시대에는 귀족과 비귀족을 포함한 부유층이 사회적 유력자(notables)로 부상하게 되었다. 한편, 프랑스 성직자 계급, 특히 고위 성직자(episcopate)는 대부분 귀족 출신이었지만, 일반 사제(priests)들은 비교적 가난했고 다양한 사회적 배경에서 나왔기 때문에 이들의 이해관계는 상당히 다양했다.

도시에는 부르주아지 외에도 다양한 장인(artisans)과 노동자(workers)들이 있었고, 이들은 도시 사회의 중요한 부분을 차지했다. 그러나 18세기 후반 프랑스의 도시에서는 사회의 주변부에서 살아가는 도시 빈민층(lumpen proletariat)이 증가하는 현상이 두드러졌다. 농촌 역시 비슷한 구조를 가지고 있었다. 대부분의 부재지주(absentee landlords)

in Ralph Greenlaw (ed.), *The Economic Origins of the French Revolution: Poverty or Prosperity?* (Boston: D.C. Heath and Company, 1958), p. 64.

는 주로 정부가 있는 도시나 주요 지방 도시에 거주하면서 대규모 토지를 소유했다. 중간 규모의 지주와 부유한 농민은 수가 그리 많지 않았지만 농촌 사회에서 중요한 연결 고리 역할을 수행했다. 또한 소작농(sharecroppers)과 임차농(tenants)은 농촌의 중간 계층을 형성했다. 마지막으로, 프랑스에는 토지가 아예 없거나 거의 없는 대규모의 농촌 프롤레타리아 계층(rural proletariat)이 존재했으며, 이들은 점점 더 사회적으로 소외되어 갔다.[24]

1733년부터 1770년까지 프랑스 경제는 지역에 따라 차이가 있었지만 전반적으로는 번영하는 듯 보였다. 그러나 물가가 임금보다 더 빠르게 오르면서 장인과 노동자들은 점점 더 심한 경제적 어려움을 겪었다. 1770년 이후 프랑스 경제는 침체되기 시작했다. 7년 전쟁과 미국 독립전쟁의 비용 부담이 커지면서 대규모 금융 투기가 일어났고, 이는 수많은 파산을 초래하여 경제 위기를 더욱 악화시켰다. 결국 경제 전반에 대한 신뢰가 크게 떨어졌다. 게다가 정부의 재정 위기 역시 프랑스의 불안정을 심화시켰다. 특히 국가 운영을 위한 자금을 차입금에 의존하는 경향이 점점 강해졌으며, 이는 경제적, 정치적 불안정성을 증폭시켰다. 프랑스 경제는 1780년대 중반에 잠시 회복하는 듯했으나, 1788년 발생한 흉작으로 다시 심각한 타격을 입었다. 이러한 상황 속에서 이미 어려운 생활을 하고 있던 도시와 농촌의 빈민층 상당수가 기아에 직면했다.

이와 함께 프랑스는 헌법적 위기를 맞게 되었다. 이 위기의 중심에는

---

24 Peter McPhee, "The French Revolution, peasants, and capitalism," *American Historical Review* 94/5 (December 1989), 1265-1280.

정부의 책임성, 특히 재정적 책임의 문제가 자리 잡고 있었다. 주요 쟁점은 파를르망(parlements, 프랑스의 고등법원)의 역할과 군주가 프랑스 사회에 대해 지니고 있는 의무였다. 첫 번째 위기는 귀족들의 완고한 태도 때문에 발생했다. 흔히 "귀족 반란(aristocratic revolt)"이라 불리는 이 사태는 파를르망을 장악하고 있던 귀족들이 세금 인상에 강력히 반대했기 때문에 벌어졌다. 결국 군주는 삼부회(États généraux)를 소집할 수밖에 없었다. 그러나 신분제 의회가 소집된 이후, 전통적인 귀족 계층은 지도력을 제대로 발휘하지 못했고, 결국 권력은 제3신분(Tiers état)과 일부 개혁적 귀족들이 연합한 세력에 넘어갔다. 이어진 정치적 투쟁 속에서 제3신분은 일부 성직자들과 개혁적 귀족들의 지지에 힘입어 1789년 신분제 의회를 국민의회(Assemblée nationale)로 전환시켰다. 이후 군주와 보수적 귀족 다수파는 제3신분이 주도한 변화에 수동적으로 대응할 수밖에 없는 상황에 처하게 되었다.

제3신분의 승리는 프랑스에서 정치적 변혁을 일으켰다. 군주제는 대의정부로 교체되었다. 〈인권 선언(Déclaration des droits de l'homme et du citoyen)〉과 1791년 헌법을 비롯한 여러 진보적 조치들은 도시 부르주아 계층의 승리를 나타냈다. 재산을 소유한 남성들은 모두 참정권을 얻게 되었다. 그러나 이 혁명은 정치적 변화에 그쳤을 뿐, 사회적 변혁까지는 이어지지 못했다. 농민과 노동자들도 불만을 충분히 해소하지 못했다.[25] 이 점에서 농민의 혁명은 중요한 시사점을 제공한다.

25 Timothy Tacket, "El proceso de la Revolución Francesa, 1789-1794," in Jaime E. Rodríguez O. (ed.), *Revolución, independencia y las nuevas naciones de América* (Madrid: Fundación MAPFRE/Tavera, 2005), pp. 21-40.

1789년 봄, 농촌에서는 연쇄적인 농민 반란(jacqueries)이 일어났다. 어떤 지역에서는 농민들이 영주의 저택을 습격하거나, 자신들이 영주에게 져야 했던 의무를 기록한 문서를 파괴했다. 또한 귀족과 비귀족을 포함한 특권층에 대한 적대감을 표출하며 그들을 모욕하거나 때로는 해치기도 했다. 또 다른 지역에서는 농민들이 곡물의 외부 유출을 막고, 자신과 가족을 위해 이를 탈취해 가는 경우가 종종 벌어졌다. 그러나 농민 반란에서 가장 두드러진 특징은 농촌 사회가 느꼈던 극도의 공포였다. 농민들은 도적떼의 습격, 귀족의 반혁명 음모, 기근 등에 대한 공포에 사로잡혔고, 이는 흔히 '거대한 공포(Grande Peur)'라 일컬어졌다. 결국 프랑스의 농민 혁명은 제한적인 성과에 그쳤다. 다만 농촌 봉기에 대한 공포가 도시의 부르주아 및 귀족 정치인들을 움직여 농촌의 특권을 폐지하도록 만들었으며, 이것은 분명 의미 있는 성과였다. 그러나 이것이 근본적인 사회 변혁을 뜻하는 것은 아니었고, 상대적으로 폭력의 정도도 심하지 않았다. 실제로 농민 혁명의 최대 수혜자는 결국 제3신분이었다. 혁명에 대한 위협이 여전히 존재했지만, 군주와 귀족은 사실상 부르주아 계층에게 패배를 인정했다.

프랑스 혁명은 영주제를 폐지하고 대중 정치 시대를 열었다. 그러나 1792년부터 1794년까지 진행된 급진적 정치를 사회적 관계의 근본적 변화로 혼동해서는 안 된다. 혁명의 과정에서 재산권은 대체로 침해되지 않았다. 1792년 8월 10일, 민중들이 튈르리궁에 난입해 "평등"을 외치며 "민중(nation)"의 이름을 내걸었지만, 민중 혁명은 결과적으로 중산층의 이익을 위한 것이었다. 물론 상퀼로트(sans-culottes, 급진적 민중 세력)가 루이 16세의 처형과 군주정 붕괴에 중요한 역할을 했지만, 대중 정치의 전면에 나서 권력을 잡은 자코뱅파 지도자들은 결국 부르주아였다. 막시밀리앙 로베스피에르(Maximilien Robespierre)와 공안위원회가 공포 정치를 이끌었으나, 그들이 기존의 사회 질서를 근본적으로 뒤바꾼 것은 아니었다. 결국 도시와 농촌의 빈민층 모두 자신의 불만을 해소하지 못했다. 1793년 헌법과 부르주아 계층이 주도한 대중 정치는 중산층의 정치적 권력을 공고히 했다. 로베스피에르의 몰락과 처형 역시 부르주아 집단 간의 정치권력 이전에 불과했다. 이어지는 테르미도르 체제(Régime thermidorien)와 집정(Directoire) 정부 역시 중산층의 정치적 성과를 더욱 굳건히 했다.(프랑스 혁명기에는 별도의 혁명달력을 채택했다. 그에 따라 7월 중순에서 8월 중순까지를 더위의 달이라는 의미에서 테르미도르라 했다. 1794년 로베스피에르 실각 이후 신정부가 들어선 날짜가 테르미도르 9일이라서 이를 테르미도르 체제라 한다. 이듬해인 1795년에 5명의 집정관이 정부를 이끄는 집정 정부가 수립되었다. — 옮긴이) 나폴레옹 보나파르트(Napoleon Bonaparte)는 정치 혁명의 과업을 완수했다. 프랑스 혁명의 중요한 성과 중 하나는 비교적 허약했던 구체제(ancien régime)를 대신해 강력한 중앙집권 국가를 수립한 것이었다.[26] 세기 말에 이르러 프랑스는 유럽 대륙의 상당 부분을 지배하는 제국으로 성장했다. 1804년, 보나파르트는 프랑스의 황제로 즉위했다.

---

26 François Furet, *Interpreting the French Revolution* (Cambridge University Press, 1981); John F. Bosher, *The French Revolution* (New York: W.W. Norton, 1988), pp. 6–157.

아이티 혁명

프랑스는 1763년 북아메리카의 영토를 상실했다. 그곳은 인구가 희박한 지역이었다. 7년 전쟁(1756년-1763년)의 결과로 영국은 캐나다를 차지했고, 스페인은 루이지애나를 획득했다. 그러나 경제적 가치가 매우 높았던 카리브해의 섬들은 여전히 프랑스령으로 남아 있었다. 17세기 후반, 프랑스에서 앙가제(engagés), 즉 3년 단위의 계약 노동자들이 모집되어 서인도제도로 파견되었다. 플랜테이션 경제가 커지면서, 값싸고 안정적인 아프리카 노예들이 대거 유입되어 점차 앙가제를 대신하게 되었다. 18세기 말에 이르면, 서인도 제도 중 생도맹그(Saint-Domingue, 오늘날의 아이티)의 플랜테이션 농장 소유주들은 노동력 수요를 맞추기 위해 매년 약 3만 명의 아프리카 노예를 수입했다.

착취당하는 다수의 노예들은 사회 계층 구조의 가장 아래층을 구성했다. 그 위에는 장 드 쿨뢰르(gens de couleur)라 불리는 자유 유색인 집단이 있었는데, 주로 혼혈인이며 소수의 흑인들도 포함되었다. 이들 중 일부는 프랑스와 긴밀한 관계를 유지하며 부유하고 세련된 엘리트 계층을 형성했다. 생도맹그의 유럽인들은 사회적으로 동질적인 집단이 아니었다. 그랑 블랑(grands blancs), 즉 플랜테이션 소유주, 고위 관리, 대규모 상인 등이 섬의 정치적·사회적·경제적 지배층을 이루었다. 반면 프티 블랑(petits blancs)은 주로 17세기 앙가제의 후손들로, 사회적으로 애매한 처지에 놓여 있었다. 그들은 스스로가 장 드 쿨뢰르 엘리트보다 우월하다고 믿었지만, 부나 교육 수준에서는 그들에게 미치지 못했다.

프랑스 식민지의 사회 구조는 착취적인 플랜테이션 사회의 성격을 그대로 보여주었다. 사람들은 인종과 사회경제적 지위에 따라 명확히 구분되었다. 그랑 블랑(grands blancs)은 프티 블랑(petits blancs)을 경멸했고, 프티 블랑은 경제적·문화적으로 우월했던 장 드 쿨뢰르(gens de couleur)를 두려워하고 혐오했다. 장 드 쿨뢰르는 프티 블랑을 무시하면서도, 착취당하는 노예들을 두려워하고 꺼렸다.

생도맹그는 히스파니올라섬의 서쪽 3분의 1만 차지하고 있었지만, 18세기 후반 서인도 제도에서 가장 생산성이 높은 식민지로 성장했다. 1780년대와 1790년대의 생도맹그는 프랑스 전체 해외 무역량의 약 40퍼센트를 차지할 정도였다. 이 작은 식민지의 해안 평야에서 세계 설탕 생산량의 40퍼센트가 생산되었으며, 산악 지역에서 재배하는 커피는 전 세계 커피 생산량의 절반을 넘었다. 이와 같은 높은 생산성은 생도맹그 주민 대다수를 착취의 운명으로 몰아넣었다. 사회 피라미드의 최상층에는 약 2만 5,000명의 백인이 지배층을 구성했고, 비슷한 수의 혼혈 자유인들이 중간 계층을 이루었다. 그리고 최하층에는 약 50만 명의 아프리카 출신 또는 아프리카계 노예가 자리 잡고 있었다.[27]

프랑스 혁명은 아이티 혁명의 성격과 과정에 큰 영향을 미쳤다. 1790년 생도맹그에서 일어난 폭력 사태는 백인들에 의해 촉발되었다. 그랑 블랑과 프티 블랑이 식민지 지배권을 놓고 싸우면서, 스스로는 물론 노예들에게까지 무기를 주어 전투에 이용했다. 프랑스 의회(Assemblée Nationale)가 장 드 쿨뢰르에게 참정권을 부여하자 백인들은 정치적 우위를 지키기 위해 일시적으로 단결했다. 이에 맞서 장 드 쿨

---

27 Laurent Dubois, *Avengers of the New World: The Story of the Haitian Revolution* (Cambridge, MA: Harvard University Press, 2004).

뢰르 역시 자신의 이익을 지키고자 노예들을 무장시켰다. 아이티의 자유민(백인과 유색인)이 자유와 평등을 위해 2년 동안 싸운 후, 마침내 노예들 스스로가 해방을 위한 반란을 일으켰다. 1793년 피에르-도미니크 투생 루베르튀르(Pierre-Dominique Toussaint Louverture)는 노예들에게 일시적 승리를 안겨주었으며, 프랑스 의회가 노예제를 폐지함으로써 그의 승리를 승인하는 듯했다. 하지만 투쟁은 이후 10년이나 더 지속되었다. 영국과 스페인, 심지어 프랑스까지 이 분쟁에 개입했지만, 투생 루베르튀르의 군대는 이들을 섬에서 몰아내고 내부 저항을 진압했으며, 스페인령 산토도밍고까지 점령하는 성과를 거두었다.

1801년 7월, 투생 루베르튀르는 자신을 종신 총독으로 선언했으나 독립을 선포하지는 않았다. 프랑스가 생도맹그 지배권을 다시 회복하려 시도하면서 결국 양측의 관계는 완전한 파국을 맞았다. 아메리카에서 프랑스의 힘을 회복하고자 했던 나폴레옹 보나파르트는 스페인으로부터 루이지애나를 차지한 후, 1802년 생도맹그의 질서를 바로잡기 위해 대규모 군대를 파견했다. 투생 루베르튀르는 결국 프랑스군에 붙잡혀 프랑스로 이송되었고, 감옥에서 생을 마쳤지만, 그가 추구했던 대의는 계속 살아남았다. 그의 뒤를 이은 장자크 데살린(Jean-Jacques Dessalines)은 프랑스군을 격파하고 1804년 1월 1일 아이티의 독립을 선포했다.[28]

아메리카의 다른 지역에서도 그랬듯이 아이티의 독립 또한 처음 시작할 때는 오랜 시간에 걸쳐 형성된 기존의 변화를 이어가는 과정이었

---

28 David Geggus, "The Haitian Revolution in Atlantic perspective," in Canny and Morgan (eds.), *The Oxford Handbook of the Atlantic World*, pp. 533-549.

다. 그러나 사회정치적인 측면에서 아이티는 훨씬 극적인 혁명을 겪었다. 생도맹그는 처음에는 프랑스 혁명의 흐름에 동참했으나, 그 과정에서 소외된 노예들이 자유와 평등을 강력히 요구하며 투쟁에 나섰다. 이를 실현하는 과정에서 많은 피를 흘리는 파괴적인 전쟁이 불가피했다. 아이티 사람들은 경제 구조도 바꾸었다. 대규모 플랜테이션 농업이 소규모 자급 농업 위주로 전환되었다. 생산 체계가 수출 중심에서 국내 시장 중심으로 전환되었지만, 일부 수출 부문은 여전히 유지되고 있었다.[29] 그러나 과거 노예였던 아프리카계 사람들이 일으킨 혁명은 아메리카와 유럽의 백인 사회를 공포에 빠뜨렸다. 유럽과 미국의 군대가 아이티를 진압하는 데 실패하자 이들은 아이티를 국제적으로 고립시켰다. 일부 아이티 사람들이 설탕 수출을 지속하려 했지만 대부분의 해외 시장은 이들에게 문을 닫았다. 대신 유럽 국가들은 수익성이 높은 열대 농업을 다른 카리브해 섬들로 이전했다. 결국 국제적으로 고립되어 빈곤한 나라가 된 아이티의 국민들은 경제적 번영과 정치적 안정을 이루는 데 큰 어려움을 겪게 되었다.

스페인령 아메리카의 독립

18세기 말 스페인 왕국은 아메리카 대륙에서 매우 큰 영토를 가지고 있었다. 당시 스페인의 영토는 서반구의 대부분을 차지했고, 태평양 연안을 따라 남쪽의 케이프 혼(Cape Horn)에서 북쪽의 알래스카까지 뻗어

---

[29] Franklin Knight, "The Haitian Revolution," *American Historical Review* 105/1 (February 2000), 103-115.

있었다. 동쪽 해안에서는 남아메리카 대륙을 브라질과 기아나(Guianas) 지역과 나누었으며, 중앙아메리카에서는 영국령 온두라스와 접해 있었다. 북아메리카에서는 미국과 캐나다가 대서양 연안의 좁은 지역에만 머물고 있어, 스페인의 영토와 맞닿았다. 카리브해의 주요 섬들도 대부분 스페인의 소유였다. 당시 사람들은 스페인이 가진 이 거대한 땅을 흔히 '아메리카'라고 불렀는데, 스페인령 인도제도(Spanish Indies, Las Indias)라는 이름으로 불리기도 했다. 여기에 필리핀과 태평양의 여러 섬들도 포함되었다.(Spanish West Indies는 주로 카리브해 지역을, Spanish East Indies는 주로 필리핀과 태평양 지역을 의미한다. - 옮긴이)

처음에는 누에바 에스파냐(Nueva España)와 페루(Peru)라는 두 개의 부왕령(副王領, virreinato, 영어로는 viceroyalty)으로 구성되었던 스페인령 아메리카는, 1739년과 1776년에 각각 누에바 그라나다(Nueva Granada)와 리오데라플라타(Río de la Plata) 부왕령을 신설하며 남아메리카 지역을 더욱 세분화했다. 그러나 행정구역 중에서 가장 오래 유지된 단위는 아우디엔시아(audiencia, 고등법원)였으며, 이들은 흔히 '레이노(reinos, 왕국)'라고 불렸다. 누에바 에스파냐의 아우디엔시아를 제외하면, 각 단위는 훗날 스페인령 아메리카의 독립 국가들이 되었다. 누에바 에스파냐에는 두 개의 아우디엔시아(Mexico, Guadalajara)가 있었다. 스페인령 아메리카의 다른 아우디엔시아로는 과테말라(Guatemala, 중앙아메리카), 산타페 데 보고타(Santa Fe de Bogotá, 누에바 그라나다), 카라카스(Caracas, 베네수엘라), 키토(Quito), 차르카스(Charcas, 알토 페루/볼리비아), 리마(Lima, 페루), 산티아고(Santiago, 칠레), 부에노스아이레스(Buenos Aires, 리오데라플라타), 산토도밍고(Santo Domingo, 카리브해)가 있었다. 1787

년에는 쿠스코(Cuzco)에 아우디엔시아가 설치되었지만, 독립이 이루어질 무렵까지 충분한 기간이 지나지 않아 해당 지역은 독자적인 정체성을 구축하지 못했다. 결국 이 지역은 페루 공화국의 일부가 되었다.

1800년 당시 스페인령 아메리카의 인구는 약 1,260만 명이었으며, 그중 절반 가까이가 누에바 에스파냐에 거주하고 있었다. 스페인령 아메리카는 다양하고 복잡한 특성을 가진 지역이었다. 일부 왕국은 다른 지역들에 비해 인구가 더 많고, 더 발전되고 번영했으며, 같은 왕국 내에서도 지역 간 발전 수준에 차이가 있었다. 스페인령 아메리카는 비록 대륙의 대부분을 차지하고 있었지만, 실제로 농경에 적합한 비옥한 토지는 매우 제한적이었다. 예컨대 오늘날 멕시코에 해당하는 누에바 에스파냐 지역에서 관개시설 없이 경작 가능한 토지는 전체 면적의 약 15퍼센트에 불과했다. 한편 오늘날 아르헨티나에 위치한 광활하고 비옥한 팜파스(Pampas) 지역은 북아메리카의 그레이트 플레인스(Great Plains)와 마찬가지로, 18세기 당시의 기술 수준으로는 경작이 불가능했기 때문에 사막과 다름없는 불모지로 여겨졌다.

18세기 스페인령 아메리카의 정착 지역, 곧 이 지역의 중심부는 거대한 산맥과 험준한 협곡, 광활한 사막, 울창한 열대우림 등으로 이루어져 있어 교통과 의사소통에 큰 어려움을 주었다. 스페인령 아메리카는 대륙의 양쪽에 걸쳐 긴 해안선을 가지고 있었으나, 양질의 항구가 부족하고 주요 인구 밀집지와 생산 중심지가 해안에서 멀리 떨어진 내륙 고지대에 위치하여 해상 운송이 원활하지 않았다. 정착 지역 중 배가 운항할 수 있는 하천이 있는 곳은 극히 드물었기 때문에, 일반적으로 육로 운송을 이용할 수밖에 없었다. 이는 수상 운송보다 비용이 더 높고 어려움이 컸다. 그래서 외부 무역은 몇몇 열대 농산물과 은과 같은 고가의 수출품에 국한될 수밖에 없었다. 하지만 이러한 지리적 장애에도 불구하고 스페인령 아메리카의 여러 왕국 사이에서는 활발한 내부 교역이 이루어졌다. 18세기를 거치는 동안 누에바 에스파냐 부왕령은 아메리카 대륙에서 인구가 가장 많고, 가장 부유하며, 가장 발전된 지역으로 자리 잡았다.

스페인령 아메리카의 지역적 경제 차이는 사회적 다양성을 형성하는 데 중요한 역할을 했다. 중심 지역에는 중요한 도시 집단이 존재했으며, 여기에는 정부 관리, 성직자, 전문직 종사자, 상인, 대·중규모 토지 소유자, 광산업자, 그리고 기타 기업가로 구성된 다양한 엘리트 계층과 더불어 장인 및 노동 계층이 포함되었다. 이 지역들에는 주로 원주민(인디오)을 중심으로 복합적인 농민 계층이 존재했으며, 메스티소(mestizos, 혼혈인), 크리오요(criollos, 아메리카 태생 스페인계), 흑인, 카스타(castas, 아프리카 혈통의 혼혈)도 함께 포함되었다. 이들은 소규모 토지 소유자, 소작인, 거주 노동자, 일용 노동자 및 공동체 마을 주민 등 다양한 신분으로 나뉘어 있었다. 중심 지역에서 원주민(인디오)은 인구의 대부분을 차지했지만, 그들 가운데 상당수는 조세 납부 의무가 있는 공동체 마을에 거주하는 원주민(이른바 juridical Indians)은 아니었다. 도시 중심부에서는 인구를 구분하는 기준이 점차 인종적 구분에서 계층적 구분으로 전환되었다.

농촌 지역도 사회 구조적 측면에서는 중심 지역과 대체로 유사했으나, 경제 구조가 비교적 단순하고 인구도 적었기 때문에 사회 구조도 복잡하지 않았다. 열대 지역은 흑인과 카스타가 다수를 이루고, 인디오, 메스티소, 크리오요가 소수를 차지하는 대규모 플랜테이션 노동력으로 유지되었다. 이 지역에도 도시 사회가 존재하였지만, 중심 지역과 비교하면 규모가 더 작았다. 여러 측면에서 열대 지역의 농촌 사회는 중심 지역에 비해 사회적 계층화가 덜 이루어진 편이었다. 변경 또는 변방 지역의 특징은, 주로 메스티소로 구성된 정착민 집단과 일반적으로 유목 생활을 하는 '야만적 인디오(barbarous Indians)' 사이에 뚜렷한 경계가 있었다는 점이다. 이 지역은 열대 지역에 비해 인구가 훨씬 적었으며, 사회적 분화도 더 약하게 나타났다.

인디오 사회는 인디오 공화국(república de Indios)의 체제 아래에서 토지, 언어, 문화, 법률 및 전통에 대한 권리를 보장받았으며, 흔히 레푸블리카(república)라 불리는 자치 정부를 운영했다. 이들 지역 정부는 스페인 도래 이전 시대부터 정착지에 존재해 왔으며, 행정의 중심지 역할을 하는 주요 도시인 카베세라(cabecera)와, 그 관할 아래에 있는 하위 마을인 푸에블로스 수헤토스(pueblos sujetos, 속촌)로 이루어졌다. 이러한 레푸블리카는 완전히 고립된 상태는 아니었다. 인디오 인구가 밀집한 지역에서도 이들 공동체는 스페인의 도시와 메스티소 및 물라토(mulatto, 흑백 혼혈) 마을, 그리고 다양한 형태의 농촌 영지와 함께 공존했다.

스페인 사람들의 레푸블리카(República de Españoles)는 시간이 지나면서 인구 증가뿐 아니라 혼혈(miscegenation)과 문화적 동화(acculturation)를 통해 더욱 확장되었으며, 수많은 대의 기관들이 갖추어졌다. 각 지역을 관장하는 시의회(ayuntamientos)를 비롯하여 대학, 대성당 참사회, 수도원, 광산 및 상인 단체, 그리고 여러 수공업 조합들은 각자 구성원들을 대표할 관리를 선출했다. 이러한 모든 조직들은 다른 레푸블리카(república)와 마찬가지로 폭넓은 자치권을 누렸으며, 자신의 의견을 아우디엔시아(audiencia)나 부왕(virrey) 등 상급 기관에, 때로는 직접 인디아스 위원회(Consejo de Indias) 및 국왕에게 전달했다.

7년 전쟁 이후 18세기 말, 영국과 마찬가지로 스페인 또한 아메리카 영토의 재정비가 필요했다. 스페인은 소규모 상비군과 대규모 지방 민병대를 조직했으며, 행정구역을 재편성하고 인텐덴시아(intendencias)라는 새로운 행정 제도를 도입했다. 또한 성직자의 특권을 축소하고, 무역 체계를 재구성했으며, 아메리카 출신 인물들의 지방 정부 고위직 임명을 제한했다. 스페인령 아메리카인들은 이러한 개혁에 불만을 품고 때로는 폭력적 저항을 벌이기도 했지만, 북아메리카 식민지 주민들처럼 독립을 향한 움직임을 보이지는 않았다. 스페인 왕실은 아메리카 식민지 주민들의 충성심에 충분한 신뢰를 가지고 있었기에, 영국과 북아메리카 식민지 간의 전쟁에서는 미국 편에 서서 영국과 맞서 싸웠으며, 1783년 〈파리 조약(Treaty of Paris)〉에 서명하여 미국의 독립을 공식적으로 승인했다.

스페인령 아메리카인들은 스스로에게 불리한 개혁에 반대했고, 상당수의 개혁을 자신들의 이익에 맞추어 변경하는 데 성공했다. 초기 개혁은 일부 지역과 집단에 피해를 주는 한편 다른 이들에게는 이익을 주었으나, 기존의 정치·행정 체제 안에서 충분히 협상을 통해 새로운 타협점을 찾고 균형을 재정립할 수 있을 것으로 보였다. 스페인 왕국의 헌정 위기는 아직 돌이킬 수 없는 수준까지 이르지는 않았다. 그러나 유럽에서 발생한 사건들이 질서 있는 개혁의 진행을 가로막았다. 프랑스 혁명이 촉발한 전쟁은 25년간 계속되었고, 의도치 않게 이 전쟁에 끌려 들어간 스페인은 더욱 불안정해졌다. 그 결과 18세기 말 스페인 왕국은 역사상 가장 심각한 위기를 맞게 되었다.

1808년 나폴레옹 보나파르트가 이베리아반도를 침공하여 스페인 군주가 퇴위하면서 스페인 왕정이 붕괴되었다. 이는 결국 세계 전역의 스페인령에서 대의 정부(representative government)가 수립되는 일련의 사건을 촉발했다. 변화의 첫 단계는 스페인과 아메리카에서 지방 정부 기구인 훈타(junta)를 구성한 것이었다. 이 훈타는 왕이 부재할 경우 주권이 국민에게 귀속된다는 스페인 법률 원칙을 근거로 한 것이었다.

스페인에서 벌어진 사건은 신대륙에도 막대한 영향을 미쳤다. 프랑스의 지배를 거부한 이베리아반도의 주민들은 침략자에 맞서 저항했다. 처음에는 각 지방이 분열되어 있었으나, 결국 스페인 전역의 지방들은 힘을 합쳐 1808년 9월 25일, 국가 방위를 위한 정부인 왕국 최고 중앙 훈타(Junta Suprema Central Gubernativa del Reino)를 결성하고 프랑스의 지배를 벗어나기 위한 해방 전쟁을 시작했다. 하지만 새롭게 수립된 스페인의 중앙 정부는 해외 영토의 협력 없이는 프랑스를 이길 수 없었다. 따라서 신정부는 아메리카에 있는 왕국들과 평등한 지위를 인정하였고, 1809년 이들에게 중앙 훈타(Junta Central)에 보낼 대표자를 선출하도록 요청했다.

비록 소수의 엘리트 계층만 참여할 수 있었지만, 이 선거는 지방 행정기관인 아윤타미엔토(ayuntamiento)의 정치적 역할을 강화했다. 또한 이후 일련의 선거를 통해 스페인령 아메리카의 사람들이 다양한 수준의 정부 활동에 참여할 수 있는 출발점이 되었다. 1810년 중앙 훈타(Junta

Central)는 국가 의회인 코르테스(Cortes)를 소집하면서, 다시 한번 아메리카 지역의 왕국들에 대표 파견을 요청했다. 코르테스 선거는 중앙 훈타 선거보다 정치 참여의 범위를 더욱 확대했다. 이에 따라 아메리카와 아시아에서 태어난 스페인인뿐 아니라, 원주민(인디오), 스페인-인디오 혼혈인(메스티소)에게도 정치 참여의 기회가 주어졌다.

1812년 3월, 스페인과 아메리카의 대표들이 제정한 스페인 군주국 정치 헌법(Constitución Política de la Monarquía Española, 약칭 카디스 헌법)은 히스패닉 세계를 근본적으로 바꾸어 놓았다. 카디스(Cádiz) 헌법은 단순히 스페인만의 문서가 아니라 아메리카의 헌법이기도 했다. 헌법 초안 작성 과정에서 코르테스에 참여한 아메리카 대표들의 역할은 핵심적이었다. 카디스 헌법은 봉건적 특권 제도, 종교재판소, 인디오에 대한 조세, 그리고 아메리카와 스페인 본토 모두에서 행해지던 강제 노동을 폐지했으며, 국가가 교회를 통제할 권리를 명확히 했다. 이 헌법은 스페인 군주국 전체에 동일한 법을 적용하는 단일 국가 체제를 확립했고, 국왕의 권한을 크게 제한하면서 코르테스에 실질적인 권한을 부여했다. 또한 아프리카 혈통을 가진 사람들을 제외한 모든 성인 남성에게, 문해력이나 재산 보유 여부와 관계없이 선거권을 부여했다. 이는 영국, 미국, 프랑스 등 당시 존재했던 어떤 대의 정부를 능가하는 수준으로, 대다수의 남성에게 정치적 권리를 보장하는 획기적인 조치였다.

카디스 헌법은 선거권을 확대했을 뿐만 아니라 정치 활동의 범위도 크게 넓혔다. 이 헌법에 따라 세 가지 차원에서 대의제 정부가 수립되었다. 도시 차원에서는 아유타미엔토(ayuntamiento constitucional), 주(州)의 차원에서는 디푸타시온(diputación provincial), 그리고 군주국 전체를 아우르는 국가적 차원에서는 코르테스(Cortes)가 설치되었다. 특히 아윤타미엔토는 인구 1,000명만 넘으면 도시나 마을 단위로 기관의 설립이 허용되었다. 그에 따라 정치 권력이 지역 사회로 이전되었고, 다수의 주민들이 정치 과정에 편입되었다. 스페인령 아메리카에서 진행된 대중 선거 연구 결과에 따르면, 정치권은 여전히 엘리트들이 장악하고 있었지만, 인디오, 메스티소, 흑인, 그리고 유색인 카스타(casta)를 포함하여 200만 명 이상의 중·하층 계급 남성들이 적극적으로 정치에 참여했다.

정치 시스템이 비견할 예가 없을 정도로 민주화되었음에도 불구하고, 스페인령 아메리카에서는 내전이 일어났다. 스페인의 통치권을 인정하지 않고 지방의 임시정부(junta)를 구성하려는 집단과, 반대로 본국(스페인 본토)의 새로운 정부를 인정하는 집단이 서로 대립했기 때문이다. 엘리트 집단 내부의 정치적 분열은 지역 간 반목에다 사회적 긴장과 맞물리며 갈등을 더욱 악화시켰다. 스페인령 아메리카에서 벌어진 이 투쟁은 제1차 헌정기(1810-14년) 동안 강약을 반복했다. 때로는 당국이 절제된 태도를 보이는 가운데 타협의 가능성이 나타나기도 했다.

1814년, 페르난도 7세가 프랑스 포로 생활을 끝내고 복귀하자 히스패닉 세계의 통합을 회복할 기회가 마련되었다. 그는 기존 헌법을 폐지했지만, 처음에는 온건 개혁을 수용할 것처럼 보였다. 그러나 결국 신대륙에서 왕권 질서 회복을 위해 무력에 의존하는 길을 택했다. 헌법의 제약에서 벗어난 왕실은 누에바 에스파냐, 베네수엘라, 누에바 그라나다, 칠레 등 신대륙 각지에서 벌어진 대부분의 자치 운동을 무력으로 진압했다. 다만 고립된 지역이었던 리오데라플라타(Río de la Plata)만이 쇠약해진 스페인 왕권의 영향력이 미치지 않는 곳으로 남아 있었다.

스페인 왕실의 탄압에 맞서 스페인령 아메리카에서 독립을 지지하던 소수의 정치 활동가들은 결단을 내리지 않을 수 없었다. 독립을 위한 유혈투쟁에 지도자로 나선 자칭 장군들은 막대한 권력과 명성을 얻었다. 아유타미엔토(ayuntamientos), 법원, 교구(parishes), 대성당 위원회(cathedral chapters) 등 기존의 민간 및 성직 기관들이 계속 운영되는 가운데 새로운 정부가 수립되었으며 선거를 통해 의회도 구성되었다. 그러나 독립운동 세력이 실질적 권력을 차지할 수 있었던 동력은 무엇보다 군사력의 우위였다.

1819년 무렵, 만약 아메리카에서 지배권을 유지하려면 본국에서 더 많은 병력을 보내야 하는 상황이 명백해졌다. 그러나 신대륙을 재정복할 새로운 원정군을 꾸리는 일은, 오히려 스페인 본토의 불만을 더욱 키우는 결과를 초래했다. 자유주의자들은 아메리카 전쟁을 거치면서 군대 내부에 퍼진 환멸감을 이용하여, 마침내 1820년 3월 왕에게 헌법 복원을 압박했다. 결국 헌법 질서가 회복되었고, 히스패닉 세계의 정치 체제는 불과 10년 만에 세 번째 변화를 맞이하게 되었다.[30]

헌법 정부의 복원은 스페인령 아메리카 각지에서 서로 다른 반응을 이끌어냈다. 1820년 5월, 누에바 에스파냐와 과테말라(중앙아메리카)에 이 소식이 전해지자, 주민들은 즉시 열성적으로 헌법 체제를 복원했다. 그 후 수개월 동안 이들은 수많은 아유타미엔토, 디푸타시온, 코르테스의 의원 선출을 위한 선거를 진행했다.

---

30 Jaime E. Rodríguez O., *The Independence of Spanish America* (Cambridge University Press, 1998).

그러나 지난 12년 동안 스페인 본토에서 지속되었던 정치적 불안정 때문에, 누에바 에스파냐의 많은 사람들은 스페인 왕국 안에서 신대륙의 자치권을 추구하는 것이 현명하다는 확신을 갖게 되었다. 자치주의자들, 즉 독립 이후 궁극적으로 권력을 장악한 국가 엘리트들은 입헌 군주제를 선택했다. 그들은 두 가지 방안을 모색했다. 하나는 스페인 왕국 내에서 자치를 확보하는 것이었고, 다른 하나는 독립 정부를 수립하는 것이었다.

1821년 스페인 마드리드의 코르테스에 파견된 누에바 에스파냐의 대표들은 신대륙 자치 계획을 제안했다. 신대륙에 세 개의 아메리카 왕국을 설립하여 스페인의 왕자들이 통치하는 방안이었다. 이 계획은 훗날의 영국 연방과 유사한 형태의 스페인 연방을 구성하는 것이었다. 실제로 제안의 지지자들은 미국의 사례를 따르지 않겠다고 분명히 밝혔으며, 오히려 캐나다와 같이 군주제 관계를 유지하고자 했다. 스페인계 아메리카인들은 1808년 이래 꾸준히 자치권을 요구해오던 중이었다. 그러나 스페인 국왕은 그들의 제안을 거부했다.

동시에 누에바 에스파냐의 자치주의자들은 저명한 왕당파 군인인 아구스틴 데 이투르비데(Agustín de Iturbide) 대령을 설득하여, 코르테스에 제출된 계획과 유사한 자치 계획을 수용하도록 설득했다. 결국 1821년 이투르비데와 그의 지지자들이 왕당파 군대의 대다수로부터 지지를 얻어냄으로써 독립은 확정되었다. 멕시코의 독립은 왕당파가 전장에서 패배했기 때문이 아니라, 누에바 에스파냐 사람들이 더 이상 정치적으로 왕권을 지지하지 않았기 때문에 가능했던 것이다. 중앙아메리카 또한 독립을 선언하고 신생 멕시코 제국에 합류했다. 그러나 1823년 제국

이 해체된 후 평화적으로 분리 독립하여 별개의 국가를 수립했다.[31]

새롭게 독립한 멕시코인들은 스페인 헌법 체제의 선례를 신중히 따랐다. 처음에는 제국을 수립했으나 1824년에 연방 공화국 체제로 전환했다. 최근 정치적 경험의 일부였던 히스패닉 헌법(카디스 헌법)을 토대로 그들의 새로운 헌법을 제정했다. 멕시코의 정치는 히스패닉 헌법의 전통을 따라 입법부가 강하고 행정부가 약했다. 멕시코의 연방주의는 이전의 정치적 경험에서 자연스럽게 형성되었으며, 기존의 지방 대표 기관들은 그대로 주(州) 정부로 전환되었다. 멕시코와 마찬가지로 신생 중앙아메리카 공화국 역시 히스패닉 헌법 전통을 기반으로 연방 체제를 구축했다.

한편 남아메리카에서는 스페인 헌법이 복원되자 독립운동가들이 대륙 해방 투쟁을 강화할 기회가 마련되었다. 남아메리카의 반란군은 누에바 에스파냐와는 달리 전쟁을 통해 왕당파를 물리치고 독립을 쟁취했다.

독립 시기를 거치는 동안 서로 대립하는 두 개의 정치 전통이 형성되었다. 하나는 10년이 넘는 전쟁을 거치며 형성된 전통으로, 강력한 행정부의 권한을 강조하는 경향을 보였다. 다른 하나는 시민 사회가 참여하는 의회 경험에 기반하여 입법부의 우위를 옹호하는 입장이었다. 이러한 두 전통은 정부의 성격에 대한 근본적인 갈등을 뚜렷이 보여주었다. 무력 충돌이 아닌 정치적 타협을 통해 독립을 달성한 누에바 에스파

---

31 Jaime E. Rodríguez O., *"We are Now the True Spaniards": Sovereignty, Revolution, Independence, and the Emergence of the Federal Republic of Mexico, 1808-1824* (Stanford University Press, 2012).

나가 시민 중심 전통의 대표적인 사례였다. 이곳에서는 히스패닉 헌법 체제가 우세를 점하는 가운데 지속적으로 발전을 거듭했다. 멕시코에서는 이후 군부 쿠데타가 발생했음에도 불구하고 정치계는 군부가 아닌 민간 정치인들이 주도권을 유지했다.

멕시코와 달리 콜롬비아, 페루, 볼리비아에서는 군부가 법조계를 압도했고, 히스패닉 헌법 전통의 영향력은 미미했다. 이 세 개의 새롭게 독립한 남아메리카 국가는 강력한 행정 수반과 상대적으로 취약한 입법부로 구성된 강력한 중앙 집권 정부를 수립했다. 1830년, 때로는 그란 콜롬비아(Gran Colombia)로도 불렸던 콜롬비아는 베네수엘라, 누에바 그라나다, 에콰도르의 세 나라로 분열되었다.

삼각형 모양의 남부 지역은 무력을 통해 독립을 쟁취했음에도 불구하고 군부의 통제 하에 놓이지 않았다. 이곳은 왕당파 세력과의 교전이 제한적으로 이루어졌으며, 대부분의 전투는 수도로부터 자치권을 확보하려는 지방과 중앙의 대립으로 발생했다. 칠레는 결국 강력한 중앙집권적 과두제 공화국을 수립했지만, 리오 데 라 플라타 지역에서는 여러 지방이 느슨한 연합체를 형성하는 데 그쳤다. 정치 체제의 성격에 상당한 차이가 존재했음에도 불구하고, 두 국가 모두 군부가 아닌 민간 세력이 정치를 주도했다.

스페인령 아메리카의 독립은 단순한 반식민주의 운동이 아니라, 히스패닉 세계 내부의 정치 혁명의 일부이자 스페인 군주제의 해체 과정의 일환이었다. 급진적 정치 혁명이 일어났지만, 이는 스페인령 아메리카 사회의 사회 구조를 근본적으로 변화시키지는 않았다. 아메리카 대륙에 복잡하게 얽혀 있던 사회-인종 집단의 구성원들은, 특정 인종이

[지도 12-1] 대서양 권역 지도, 1826년-1830년

나 민족 집단에 대한 소속감보다는 정치적, 경제적 이해관계를 바탕으로 독립 과정에 참여하였다. 모든 집단의 구성원들이 다양한 세력에 가담했으며, 상황 변화에 따라 주저 없이 동맹을 갈아치웠다. 많은 수의 원주민, 흑인(노예와 자유민 모두), 물라토, 메스티소, 크리올이 왕당파를 지지한 반면, 그들 중 일부는 다른 반란 세력을 지원했다. 이러한 가변적인 동맹은 명확하게 정의되지 않은 이질적인 사회·경제 계층이나 인종 집단의 이익을 증진시키기보다는, 특정한 사회적·정치적·경제적 이익을 보호하기 위해 형성되었다.

스페인령 아메리카의 해방은 단순히 본국과의 분리에서 그치지 않았다. 이는 미국의 경우와 달리, 많은 결점에도 불구하고 비교적 안정적으로 작동하던 광범위한 사회, 정치, 경제적 체제를 붕괴시키는 과정이었다. 거의 300년간 유지된 세계적 규모의 스페인 제국은 유연성을 갖추고 있었고, 사회적 갈등과 상충하는 정치·경제적 이해관계를 효과적으로 조정하는 능력을 보여주었다. 하지만 독립 이후, 과거 스페인 제국에 속했던 개별 지역들은 경쟁에서 불리한 위치에 놓였다. 이러한 점에서 19세기 스페인은 아메리카의 여러 신생 국가들과 마찬가지로 불확실하고 험난한 세계에서 자리를 찾기 위해 헤매던 또 하나의 신생 독립국일 뿐이었다.

1826년에 이르러 스페인 제국의 해외 영토는 쿠바, 푸에르토리코, 필리핀과 몇몇 태평양 섬들만 남게 되었다. 미국은 1783년에 독립을 쟁취한 결과, 1789년 프랑스 혁명 이후 25년 동안 지속된 유럽 전쟁의 와중에 자국 상품의 막대한 수출 효과를 누렸다. 이와 달리 스페인령 아메리카는 유럽의 전쟁이 모두 끝난 후에야 독립을 달성했다. 신생 독립국들은 파괴된 경제를 재건해야 했을 뿐 아니라, 자국 제품에 대한 국제적 수요 감소라는 문제에도 직면해야 했다. 오히려 서유럽과 미국의 상품들이 대량으로 히스패닉 아메리카의 시장에 쏟아져 들어왔다. 따라서 스페인으로부터 떨어져 나온 신생 독립국들은 미국처럼 독립 초기의 번영을 누리지 못했다. 오히려 제한된 자원을 가지고 심각한 내외부의 문제들에 맞서 싸워야 했다.

19세기 스페인과 히스패닉 아메리카의 경험은 독립의 대가를 극명하게 보여주었다. 이들 두 지역은 정치적 혼란, 경제적 쇠퇴, 경제적 제국주의, 그리고 외세의 개입을 겪었다. 스페인 본토와 신대륙의 여러 국가들 모두가 내전과 군부 쿠데타를 경험했다. 정치·경제적 위기를 극복하고자 스페인과 히스패닉 아메리카는 군주제와 공화제, 중앙집권제와 연방제, 대의정부와 독재정치 등 다양한 정치 체제를 실험했다. 그러나 전쟁으로 경제가 파괴되고 혁명으로 정치 체제가 붕괴된 나라에 단순하고 명쾌한 해결책 같은 것은 존재하지 않았다. 결국 옛 스페인 왕국에 속했던 국가들은 새로운 세계 질서에서 부차적인 역할을 받아들일 수밖에 없었다. 근대적 제도를 갖춘 군대가 아니라 군벌(military strongmen)이 자주 정치를 장악했지만, 그들조차도 카디스 헌법 기관인 코르테스(Cortes, 의회)에서 형성된 헌법적이고 자유주의적인 대의정부의 전통을 완전히 제거할 수는 없었다. 이러한 자유주의 전통은 민족(국민) 국가 형성과 더불어 스페인령 아메리카의 독립이 남긴 가장 중요한 유산으로 남아 있다.

더 읽어보기

Armitage, David. "The American Revolution in Atlantic perspective," in Nicholas Canny and Philip Morgan (eds.), *The Oxford Handbook of the Atlantic World, 1450-1850*. Oxford University Press, 2011, pp. 516-532.

Armitage, David and Sanjay Subrahmanyam, eds. *The Age of Revolutions in Global Context*. London: Palgrave Macmillan, 2010.

Bosher, John F. *The French Revolution*. New York: W.W. Norton, 1988.

Chávez, Thomas E. *Spain and the Independence of the United States: An Intrinsic Gift*. Albuquerque: University of New Mexico Press, 2002.

Chust, Manuel and Juan Marchena, eds. *Por la fuerza de las armas: Ejército e independencias en Iberoamérica*. Castelló de la Plana: Publicaciones de la Universitat Jaume I, Castellón, 2008.

Dubois, Laurent. *Avengers of the New World: The Story of the Haitian Revolution*. Cambridge, MA: Harvard University Press, 2004.

Furet, François. *Interpreting the French Revolution*. Cambridge: Cambridge University Press, 1981.

Geggus, David. "The Haitian Revolution in Atlantic perspective," in Nicholas Canny and Philip Morgan (eds.), *The Oxford Handbook of the Atlantic World, 1450-1850*. Oxford University Press, 2011, pp. 533-549.

Greene, Jack P. "The American Revolution," *American Historical Review* 105/1 (February 2000), 93-102.

Understanding the American Revolution. Charlottesville: University Press of Virginia, 1995.

Knight, Franklin. "The Haitian Revolution," *American Historical Review* 105/1 (February 2000), 103-115.

Maier, Pauline. *From Resistance to Revolution: Colonial Radicals and the Development of American Opposition to Britain, 1765-1776*. New York: W. W. Norton, 1991.

McPhee, Peter. "The French Revolution, peasants, and capitalism," *American Historical Review* 94/5 (December 1989), 1265-1280.

Morgan, Edmund S. *Inventing the People: The Rise of Popular Sovereignty in England and America*. New York: W.W. Norton & Co., 1988.

Pincus, Steve. *1688: The First Modern Revolution*. New Haven: Yale University Press, 2009.

Stein, Stanley J. and Barbara H. Stein. *Silver, Trade, and War: Spain and America in the Making of Modern Europe*. Baltimore: Johns Hopkins University Press, 2000.

Rodríguez O., Jaime E. *The Independence of Spanish America*. Cambridge University Press, 1998.

"We are Now the True Spaniards": Sovereignty, Revolution, Independence, and the Emergence of the Federal Republic of Mexico, 1808-1824. Stanford University Press, 2012.

Rodríguez O., Jaime E. ed., *Revolución, independencia y las nuevas naciones de América*. Madrid: Fundación MAPFRE/Tavera, 2005.

CHAPTER 13

세계대전, 1914-45년

리처드 오버리
Richard Overy

1914년부터 1945년까지 30년간 두 차례의 세계대전이 있었다. 이 기간 중 가장 눈에 띄는 점은 보잘것없는 시작과 엄청난 결과 사이의 뚜렷한 대조였다. 남동부 유럽과 동유럽의 두 나라 사이에서 시작된 소소한 정치적 갈등이 순식간에 전 세계적인 규모로 확대되었다. 1914년 7월, 세르비아와 오스트리아-헝가리 제국 사이에 갈등이 발발했을 때, 그것이 4년 만에 전 세계 대륙과 바다를 휩쓰는 전쟁으로 번질 것이라 상상한 사람은 아무도 없었다. 마찬가지로 1939년 8월, 단치히(Danzig) 자유시의 지위를 두고 독일과 폴란드 전쟁이 벌어졌을 때, 불과 3년 후인 1942년에는 알류샨 열도, 마다가스카르, 다카르(Dakar)와 같은 멀리 떨어진 곳까지 전 세계적인 싸움으로 번질 것이라고 예측한 사람은 거의 없었다.

두 차례의 세계대전은 모두 지역 갈등에서 시작해 더 넓은 지역 또는 국제 분쟁으로 이어졌다. 지역 전쟁이 세계대전으로 확대된 데에는 여러 요인이 작용했다. 19세기 후반 유럽에서는 민족 정체성과 국가의 이익이 강조되면서, 기존의 유럽 평화 질서를 지향하는 광범위한 공통 인식은 약화되었고, 결과적으로 강대국 중심 체제가 형성되었다. 근대 사회에서 국가 간 경쟁은 당연한 것으로 여겨졌다. 국가 간 경쟁은 결국 전쟁으로 이어질 가능성이 컸다. 근대적 과학 기술과 산업 발전으로 정밀한 무기가 생산되었고, 대규모 상비군이 확대되었다. 또한 대중적 민족주의(mass nationalism)가 유럽 정치 문화의 중요한 특징이 되었다. 이러한 요인들이 복합적으로 작용하는 상황에서 국제 위기가 발생했을 때, 각국의 자제력을 발휘하기가 더욱 어려워졌다.

국가 간 경쟁을 부추긴 또 다른 원인은 경제 문제였다. 19세기 중반, 영국은 산업과 무역에서 다른 나라들보다 앞서 나가면서 국제적 협력을 주도했다. 이에 따라 전 세계적으로 무역과 생산 분야의 규제가 점차 완화되었다. 당시만 해도 시장 경쟁이 국가 간 경쟁으로 곧바로 연결되지는 않았다. 그러나 19세기 말, 산업화가 유럽 전체로 확산되면서 상황이 변했다. 산업화된 도시에서는 노동자와 신흥 기업가들이 새로운 소비층으로 떠올랐고, 전체 소비자의 이익을 보호하라는 요구도 커졌다. 특히 국가 차원에서 이러한 압박이 강해졌다. 결국 유럽 각국은 다시 경제 규제를 강화하기 시작했다. 또한 각국 정부는 세계 시장과 자원 공급처를 직접 관리해야 할 대상으로 보기 시작했다. 각국은 자국의 시장과 자원을 국가적으로 보호하고 적극적으로 이익을 추구해야 국가의 번영을 유지하고 확대할 수 있다고 생각했다. 하지만 이는 필연적으로 다른 국가의 희생을 가져올 수밖에 없었다.

19세기 후반에는 '신제국주의'가 등장했다. 대표적인 국가는 독일, 이탈리아, 벨기에, 러시아, 미국 등이었다. 신제국주의의 부상을 역사 발전의 과정으로 설명할 수 있을지는 학계에서 오랫동안 논쟁거리였다. 하지만 제국주의 때문에 유럽 내부의 경쟁이 전 세계적인 긴장으로 확대한 것은 분명한 사실이었다. 레닌은 1917년 제국주의를 '자본주의의 최고 단계'로 규정하며, 그것이 제1차 세계대전의 원인이라고 지목했다.[1] 1870년대부터 1914년 제1차 세계대전 발발 직전까지 유럽 각국은 시장, 안전한 무역로, 교역 거점, 원자재, 군사 기지 확보를 위해 치열하게 경쟁했다. 이 시기 유럽 열강의 이해관계 확대 과정은 대단히 경쟁적이었다. 경쟁 과정에서 기존에 유럽 열강에 정복되지 않았던 전 세계의 많은 지역이 신제국주의 세력에 속속 넘어갔다. 제국과 경제적 이익의 연관성은 더욱 명확해졌다. 결국 아프리카에서 독립국으로 남은 곳은 에티오피아뿐이었고, 남아시아와 남태평양에서는 시암(현재 태국)만이 독립을 유지했다. 신제국주의의 물결은 기존 구제국(영국, 프랑스, 네덜란드, 스페인, 포르투갈)에도 이점을 가져다주었다. 그러나 구제국들은 경쟁 심화 속에서 기존 지배 영토의 경계를 명확히 해야만 했다. 이집트, 인도차이나(현재 베트남, 캄보디아, 라오스)와 같은 전략적 요충지에 대한 통제와 영향력도 강화했다. 새롭게 제국 건설에 나선 국가들(독일, 이탈리아, 벨기에)과 미국, 그리고 1898년 미국-스페인 전쟁 이후 아시아-태평양 지역으로 영향력을 확대한 러시아의 입장에서 구제국은 넘어야 할 장애물이었다. 신제국주의 세력은 식민지 곳곳에서 토착 사회와 끊임없이 충돌했다. 이러한 갈등은 유럽 열강 전체의 경쟁과 대립으로 확대되었다. 1914년 이전 수년간 잦았던 위기 상황은 이를 잘 보여준다. 결국 제국주의는 막대한 비용과 문제점에도 불구하고 국가 이익을 보호하고 국력을 과시하는 수단으로 여겨지게 되었다.[2]

---

1 Vladimir Ilyich Ulyanov (Lenin), *Imperialism: The Highest Stage of Capitalism* (London: Lawrence & Wishart, 1933).
2 John Darwin, *After Tamerlane: The Global History of Empire since 1405* (London: Bloomsbury, 2008); Victor Kiernan, *European Empires from Conquest to Collapse* (London: Fontana, 1982).

유럽 제국주의, 더 정확히는 제국주의에 대한 유럽인들의 환상은 국가 간 경쟁을 심화시키고 세계대전의 가능성을 높이는 데 지대한 영향을 미쳤다. 그 영향은 결코 과소평가할 수 없다. 새로운 영토 획득의 여지가 줄어들자 유럽 국가들은 다른 곳으로 눈을 돌렸다. 중국에는 기운을 잃어가던 청 제국이 있었고, 중동의 오스만 제국도 마찬가지였다. 1882년 영국은 이집트를 점령했고 프랑스는 알제리와 튀니지를 병합했다. 1911년에는 이탈리아-투르크 전쟁이 일어났다. 일련의 과정은 오스만 제국을 위기로 몰아넣었다. 한편 중국에서는 1840년대 아편전쟁이 일어났고, 1900년에는 의화단운동(義和團運動)이 진압되었다. 이 과정에서 유럽과 미국이 중국에 강력하게 개입했고 청 제국의 전통 체제는 급속도로 무너졌으며 외부 세력들에게 상업적 기회가 열렸다. 말하자면 유럽의 정치·경제적 이해관계가 전 세계로 확대된 것이 전통 제국과 정치 체제 위기의 원인이자 결과였다. 그러나 이러한 확장은 새로운 제국주의 열강의 안보를 강화하기는커녕, 오히려 본국의 힘이 제대로 미치지 못하는 불안정하고 취약한 안보 지대를 만들게 되었다. 이러한 상황은 1914년과 1939년의 지역 위기가 곧바로 세계 위기로 확대된 이유를 설명해 준다. 유럽 본토의 권력이 위협받자, 자치령, 이주민 정착 국가, 보호령, 식민지 등 전 세계에 걸친 네트워크가 자동적으로 분쟁에 휘말릴 수밖에 없었던 것이다.

제1차 세계대전뿐만 아니라 제2차 세계대전이 일어난 원인을 이해하자면, 제국주의는 핵심적 요인이었다. 1919년 연합국 강화 회담에서 영국과 프랑스는 평화 조약을 통해 제국주의적 이익을 지키고 확대하려 했다. 독일의 식민지와 오스만 제국의 영토를 차지했던 것이 대표적인 사례였다. 당시 이들은 국제연맹(League of Nations)의 '위임통치'라는 명분을 내세웠지만, 실제로는 제국의 욕심을 드러낸 것이었다. 그 결과 제1차 세계대전 이후의 평화 조약은 오히려 유럽 제국 간의 불안을 더 키우는 계기가 되었다.[3] 평화 조약에서는 '민족주의 원칙'이 강조되었는데, 이로 인해 유럽 열강의 식민지에서도 민족주의 운동이 확산되기 시작했다. 또한 1917년 러시아에서 볼셰비키 혁명이 일어나고 1922년에 소련이 등장하면서 공산주의 위협이 현실로 다가왔다. 영국과 프랑스는 국제연맹을 주도했지만, 지나치게 넓어진 제국 영토를 제대로 방어할 수 없었고, 유럽과 아시아 지역에서 위기에 제대로 대응하지 못했다. 1919년의 평화 조약(베르사유 조약) 체제는 일부 국가들 사이에서 큰 불만을 불러일으켰다. 특히 독일, 이탈리아, 일본은 1930년대 영국과 프랑스 중심으로 돌아가는 국제 질서에 강한 불만을 느끼며, 그들 또한 제국주의적 야욕을 드러냈다. 이 세 나라는 국제연맹에서 소외되어 있던 소련과 미국이 경제력과 군사력을 키우며 위협이 될 것으로 생각했고, 그보다 앞서 지역 패권을 장악하고자 했다. 결국 독일, 이탈리아, 일본은 각자의 지역에서 새로운 제국을 건설하려는 '신질서(New Order)' 구상을 발표하는 것으로 군사적, 경제적 야망을 드러냈다. 이는 1940년 9월의 삼국 동맹으로 구체화되었고, 이 동맹은 유럽과 지중해, 아프리카, 아시아를 각자의 지배 지역으로 나누려는 계획이었다. 이처럼 제국주의 경쟁은 제1차 세계대전 이후에도 사라지지 않았으며, 오히려 1919년 평화 조

---

3 Margaret Macmillan, *Peacemakers: The Paris Peace Conference of 1919 and the Attempt to End War* (London: John Murray, 2001).

약의 문제점과 함께 신제국주의, 급진적 민족주의 같은 새로운 요인이 더해지면서 제2차 세계대전이라는 더 큰 전쟁으로 이어졌다.

제1차 세계대전과 국제주의의 실패

1914년 8월, 유럽에서 큰 전쟁이 벌어졌지만 당시 국제 질서는 이를 막지 못했다. 전쟁을 막지 못한 이유나 전쟁이 쉽게 끝나지 않은 원인을 단순히 제국주의만으로 설명할 수는 없다.[4] 1914년 이전 세계 사람들은 진보에 대한 기대가 컸다. 하지만 그 이면에서는 불안정한 요소들이 빠르게 증가하고 있었다. 대중 교육이 확산되고 경제가 근대화하면서 새로운 정치·사회 세력이 나타났다. 이로 인해 유럽은 물론 전 세계의 기존 질서가 흔들리기 시작했다. 이러한 역사적 변화가 일으킨 불안정은 여러 사건에서 나타났다. 1908년 오랫동안 쇠퇴해온 오스만 제국에서는 근대화를 목표로 하는 청년 튀르크 혁명이 일어났다. 중국에서는 만주족이 세운 청나라가 무너지고, 1912년 손문(孫文, 쑨원)이 이끄는 민족주의 혁명이 일어났다. 러시아 제국에서도 1905년에 혁명이 발생했고, 이후 약 10년 동안 헌법 개혁 운동이 이어졌다. 1914년 이전, 다른 유럽 국가들에서는 혁명이 일어나지 않았다. 그러나 자유주의나 사회주의 같은 대중 정치 세력이 커지면서, 지배층에게 정치 개혁을 요구하는 압력이 점점 강해졌다. 지배층은 이러한 압력을 민족주의 감정으로 돌리기 위해 애국심과 제국주의적 상징을 강조하는 전략을 사용했다. 제

---

4 Christopher Clark, *Sleepwalkers: How Europe Went to War in 1914* (London: Allen Lane, 2012); Jay Winter and Antoine Prost, The Great War in History: Debates and Controversies 1914 to the Present (Cambridge University Press, 2005).

국주의와 민족주의를 앞세운 선전이 효과를 본 이유는, 사람들의 문맹률이 낮아지고 인구 이동이 활발해지면서 새로운 정체성을 찾고자 하는 욕구가 커졌기 때문이다. 기존의 보수적 질서는 이런 변화에 적절히 대응하지 못했다. 유럽의 귀족과 군사 엘리트 계층은 자신의 정치적, 사회적 권력을 최대한 지키려 했다. 그러나 국가주의와 제국주의를 지나치게 강조하면서 과장된 위기의식이 확산되었고, 그 결과 대중들이 민족주의적 열광에 쉽게 휩쓸리게 되었다.

1914년의 위기는 당시 구조적 문제와 불안정성을 뚜렷하게 보여줬다. 만약 그렇지 않았다면, 발칸반도의 작은 갈등이 불과 5주 만에 유럽 강대국을 모두 끌어들이는 대규모 전쟁으로 번진 이유를 설명하기 힘들다. 일반적으로 위기의 원인을 독일의 야망과 불안감에서 찾지만, 사실은 쇠퇴하던 오스트리아-헝가리(합스부르크) 제국과 노령의 황제 프란츠 요제프(Franz Joseph) 1세의 문제가 더 중요한 원인이었다고 보는 게 합리적이다. 오스트리아-헝가리 제국 또한 러시아나 오스만 제국처럼, 내부적으로 해결하기 어려운 문제들을 안고 있었다. 특히 1867년 헝가리가 반(半)자치권을 획득한 후, 다민족으로 구성된 오스트리아-헝가리 제국 내에서 다른 민족의 민족주의 열망을 억누를 정당성이 크게 약화되었다. 게다가 자유주의 헌정 개혁은 오히려 더 과격한 요구를 불러왔고, 보헤미아, 오스트리아령 폴란드, 슬로바키아, 남슬라브족 사이에 퍼진 민족주의는 제국 내 독일인들을 범게르만주의 운동으로 이끌었다. 반슬라브, 반유대주의 정서도 강하게 나타났다. 발칸반도에서 오스만 제국의 영향력이 약화되고 새로운 독립 국가들이 등장하면서 권력의 공백이 생겨났다. 이를 두고 오스트리아-헝가리 제국과 러시아 제국은 서로의 세력을 확장하려 했지만, 오히려 이는 오스트리아-헝가리 제국 내부의 혁명적 민족주의를 부추기는 역효과를 냈다. 1912년부터 1913년까지 오스만 제국과 발칸 국가들 사이에서 벌어진 전쟁으로 발칸반도 독립이 확실해졌고, 더욱 강력해진 세르비아가 오스트리아 내 남슬라브 민족주의 중심지가 되었다. 오스트리아-헝가리 제국은 세르비아를 가장 큰 위협으로 여겼고, 남슬라브 민족 문제를 해결해야만 오스트리아-헝가리 제국이 유지될 수 있다고 생각했다. 1908년 보스니아 헤르체고비나 합병이 첫 번째 단계였다면, 다음 단계는 세르비아에 대해 일종의 대부(代父)와 같은 보호 및 감독을 행사하는 것이었다. 1914년 6월 28일, 오스트리아-헝가리 제국의 황태자 프란츠 페르디난트(Franz Ferdinand)와 그의 아내 조피(Sophie)가 보스니아의 세르비아계 민족주의자에 의해 암살당하자, 오스트리아 군부는 이를 세르비아 감독 권한을 확대할 절호의 기회로 판단했다. 하지만 세르비아가 어렵게 얻은 주권을 침해할 수 있다는 이유로 오스트리아 관리들의 암살 사건 수사 참여를 거부하자, 오스트리아는 즉시 세르비아에 선전포고를 하기에 이르렀다.

이 전쟁은 발칸 지역의 작은 분쟁으로 끝날 수도 있었지만, 불행히도 유럽 각지의 불안 요소를 건드리면서 걷잡을 수 없이 커졌다. 당시 주요 강대국들은 서로를 직접적으로 공격하기보다는 동맹국들을 지원하는 형태로 느슨하게 연합했다. 따라서 한 곳에서 위기가 터졌을 때, 강대국들이 어떻게 나올지는 아무도 예측하기 어려웠다. 영국은 1907년 협상 이후 러시아와 모호한 관계를 이어갔다. 반면 프랑스는 급성장하는 러시아 경제와 긴밀한 금융 관계를 맺고 있어 러시아를 지원할 가능성이 더 높았다. 독일은 주요 동맹국인 오스트리아-헝가리 제국이 동남부 유럽에서 지나치게 공격적인 정책을 펼쳐 불안을 야기하지 않기를 바랐다. 특히 산업화를 통해 군사력을 키운 러시아가 여전히 불안정한 요소로 남아 있는 상황에서, 독일은 오스트리아가 이러한 점을 간과한 채 도발하여 사태가 악화될까 우려했다. 독일과 오스트리아에게 이탈리아는 원래부터 동맹 관계가 어색한 나라였다.[5] 이탈리아는 1914년 중립을 지켰지만, 1915년 연합국이 오스트리아 영토를 할양해 주겠다고 약속하자 연합국에 가담했다. 세르비아 위기는 유럽 주요국에서 집단적인 불안감과 위기감을 고조시켰고, 여느 외교적 위기와 마찬가지로 즉각적인 대중적 애국심을 불러일으켰다. 독일은 위기가 더 큰 전쟁으로 비화될 가능성이 보이자 오스트리아를 자제시키려 했지만, 독일 군부는 러시아와 프랑스가 이 기회를 틈타 독일의 힘을 약화시키려 들지 않을까 염려하고 있었다. 러시아 황제(차르)는 러시아가 세르비아를 보호하겠다는 의지를 더욱 분명히 밝혔다. 이로써 국내적으로 비판의 목소리를 잠재우고 국민들의 관심을 국제 문제로 돌리려 했다. 그는 위험 부담이 큰 군사 동원령을 승인했고, 러시아 지도부가 독일의 철군 요구를 거부하자 독일은 군대를 동원하여 프랑스와 러시아에 선제공격을 감행했다. 영국은 벨기에의 중립이 침해되자 단순히 벨기에를 보호하기 위해 전쟁에 개입했다. 뿐만 아니라 프랑스가 패할 경우 유럽의 세력 균형이 영국에게 불리해질 것을 우려하는 면도 있었다. 오스트리아-세르비아 위기

---

5 Sean McMeekin, *The Russian Origins of the First World War* (Cambridge, MA: Harvard University Press, 2011).

로 시작된 국지적인 갈등은 8월 4일 즈음에는 유럽 전면전으로 번져 있었다. 영국과 프랑스는 제국의 식민지 전역에서 병력을 소집했다. 1914년 10월, 오스만 제국은 최근에 세르비아, 그리스, 이탈리아에게 빼앗긴 영토를 되찾기 위해 독일, 오스트리아-헝가리 연합으로 구성된 중앙동맹국(Central Powers)에 합류했다. 이 때문에 중동 지역도 주요 전쟁터가 되었고, 영국과 프랑스는 이 지역에서 자국의 전략적 이익을 지키기 위해 개입할 수밖에 없었다.

두 번의 전투가 벌어졌던 1914년, 단 한 번의 군사 작전으로는 전쟁을 끝낼 수 없다는 사실이 명확해졌다. 1914년 9월 프랑스에서 벌어진 마른 전투(Battle of the Marne)에서 프랑스군은 빠르게 진격하던 독일군을 저지하며 프랑스 북동부에 길게 이어진 방어선을 구축했다. 이 방어선이 바로 서부전선(Western Front)이었다. 한편 동부전선(Eastern Front)에서는 1914년 8월 말, 러시아군이 탄넨베르크 전투(Battle of Tannenberg)에서 패배하면서 베를린 진격 시도가 좌절되었다. 동부전선은 서부전선에 비해 비교적 기동적인 양상을 보였지만, 이곳 역시 고착화된 방어선이 형성되었다. 1915년 5월 이탈리아가 연합국(Allies) 측에 합류하면서 이탈리아 북동부의 이탈리아-오스트리아 국경 지역에도 더 많은 참호가 만들어졌다. 이처럼 유럽 전역에서 전쟁이 교착 상태에 빠진 주요 원인은 방어에 유리한 군사 기술의 발전 때문이었다. 당시에는 기관총, 강력한 살상력을 가진 중포(重砲, heavy artillery), 그리고 독가스와 같은 무기들이 개발되어 있었다. 방어용 참호는 지뢰밭과 철조망으로 겹겹이 보호되었고, 이처럼 견고한 방어선을 돌파하려면 막대한 인명 손실을 감수해야 했다. 전쟁이 끝날 시점까지도 기술적 한계로 장갑

차는 거의 활용되지 못했으며, 항공기 또한 마찬가지여서, 공중전이 전황을 바꾸는 일은 없었다.

평화적인 합의를 통해 전쟁을 끝낼 가능성이 전혀 없었던 것은 아니다. 몇 차례 평화 협상이 시도되었지만, 양측은 완강하게 자기 입장만 고수하며 물러서지 않았다. 결국 협상은 결렬되고 말았다. 어느 쪽도 쉽게 양보하려 하지 않았고, 유리한 조건으로 합의하려는 미련을 버리지 못했다. 전쟁이 계속되면서 엄청난 수의 사람들이 죽거나 다쳤고, 모든 나라가 총력을 기울여 전쟁 물자를 생산해야 했다. 이렇게 되자 주요 국가들은 전쟁에서 겪은 막대한 희생을 어떻게든 정당화해야 했다. 뚜렷한 목표도 없이 시작된 전쟁이었지만, 내세울 명분이 필요했다. 서로에 대한 불신에서 비롯된 무분별한 충돌은 곧 생존을 위한 투쟁이라는 논리로 정당화되었다. 이러한 생각의 배경에 사회진화론(Social Darwinism)이 있었다. 사회진화론자들은 인간의 갈등을 자연 세계의 약육강식과 같은 생존 경쟁으로 보았다.[6] 당시 독일, 오스트리아, 오스만 제국은 스스로 살아남기 위해서는 반드시 연합국을 꺾어야 한다고 생각했다. 반대로 연합국은 중앙동맹국을 무너뜨려야 더 안정적이고 자유로운 국제 질서를 세울 수 있다고 믿었다. 전쟁이 격렬해지고, 전쟁에 참여한 모든 나라에서 좁은 의미의 민족주의, 심지어 인종주의와 같은 위험한 사상이 힘

---

6 Paul Crook, *Darwinism, War and History: The Debate over the Biology of War from the 'Origin of Species' to the First World War* (Cambridge University Press, 1994); Michael Hawkins, *Social Darwinism in European and American Thought 1860-1945: Nature as Model and Nature as Threat* (Cambridge University Press, 1997).

을 얻게 되면서, 이 전쟁은 가능한 한 모든 것을 쏟아부어 싸우는 '총력전'이 될 수밖에 없었다. 전쟁은 이제 걷잡을 수 없는 힘을 얻어 스스로 굴러갔고, 이전 시대의 가치나 이해관계와는 점점 더 멀어지면서, 잔혹하고 파괴적인 방향으로 치달았다.[7]

전쟁은 단순히 한 번의 충돌로 끝나는 것이 아니었다. 유럽의 주요 전선에서 대대적인 소모전이 벌어졌다. 방어선의 참호를 굳게 지키며 대규모 인명 피해가 발생했다. 이러한 양상은 1915년 4월부터 1916년 1월까지 영국이 오스만 투르크를 공격했던 갈리폴리(Gallipoli) 공세에서도 마찬가지였다. 같은 시기, 독일의 해외 식민지를 두고 세계적인 규모의 전쟁과 해전이 곳곳에서 벌어졌다. 영국의 동맹국이었던 일본은 태평양에서 전투를 수행했고, 대서양과 지중해에서는 영국, 프랑스, 이탈리아 해군이 활발하게 움직였다. 독일 식민지 대부분은 빠르게 연합군에 점령되었다. 그러나 동아프리카의 탕가니카에서는 독일군이 1918년 전쟁이 끝날 때까지 끈질기게 저항했다. 한편, 일본은 1914년에 중국 내 독일 조차지였던 교주만(膠州灣)을 점령했다. 뿐만 아니라 마리아나 제도, 마셜 제도, 캐롤라인 제도까지 장악하면서 태평양 중앙부에 거점을 마련했다. 해전에서 가장 중요한 전장은 대서양이었다. 독일 전투함대는 수적으로 우세한 영국 해군에 막혀 북해(North Sea)에서 움직일 수가 없었다. 그러나 독일 잠수함들은 대서양으로 나가 영국의 해상 무역을 공격할 수 있었다. 목표는 해외 물자 보급 차단이었다. 영국이 해외 물자에

---

[7] Daniel Pick, *War Machine: The Rationalization of Slaughter in the Modern Age* (New Haven: Yale University Press, 1996).

크게 의존하고 있다는 점을 파악한 독일은 보급로를 차단함으로써 영국을 전쟁에서 물러나게 만들고자 했다. 1917년 1월, 독일 황제 빌헬름(Wilhelm) 2세는 '무제한 잠수함 작전'의 도입을 승인했다. 이 작전으로 독일 잠수함들은 중립국인 미국의 배를 포함해 어떤 배든 가리지 않고 공격할 수 있게 되었다. 해상 공격과 더불어 같은 해 7월, 독일은 전쟁 사상 처음으로 개발된 중폭격기를 사용하여 런던과 해안 도시들을 폭격하기 시작했다. 유럽 전선을 벗어나 다른 곳으로 전쟁의 흐름을 바꾸려 했던 독일의 시도는 결국 실패로 끝났다. 폭격 자체도 큰 효과를 거두지는 못했지만, 이 사건을 계기로 영국은 왕립공군(Royal Air Force)을 창설하고, 1918년 여름부터 독일의 산업 도시들을 폭격하기 위한 준비를 서두르게 되었다. 한편 독일의 잠수함들이 수송선을 무차별 공격하자 중립국이었던 미국이 크게 분노했다. 원래 서방 연합국에 우호적이었던 미국의 여론은 이제 독일과의 전쟁을 요구하는 방향으로 기울었다. 결국 1917년 4월, 미국의 윌슨 대통령은 독일에 선전포고를 결정했다. 이로써 제1차 세계대전은 명실상부하게 전 세계적인 규모로 확대되었다. 이제 세계 최대의 산업 및 농업 생산국인 미국의 압도적인 경제력이 전쟁의 판도를 결정짓는 요소로 작용하게 되었다.

미국의 참전이 반드시 중앙동맹국의 패배로 직결된 것은 아니었다. 그러나 연합국의 승리 가능성을 현저히 높인 것은 분명했다. 독일과 오스트리아는 강력한 경제 봉쇄와 전쟁으로 인력과 산업 비용이 증가했지만, 그럼에도 불구하고 가능한 오래도록 전쟁을 지속했던 점은 놀라운 일이다. 전쟁은 심각한 사회적 부담을 가져왔고, 광범위한 기아, 건강 악화, 연료 부족, 그리고 암시장 확대 등의 문제를 일으켰다. 특히 산업 기반이 약하고 전쟁 운영상 부패하고 무능했던 러시아 제국으로서는 이러한 압박을 감당하기 어려웠다. 1917년 2월, 차르가 퇴위하고 혁명 정부가 들어섰지만, 불리한 조건으로 강화 조약을 맺는 것을 피하고자 전쟁을 계속했다. 하지만 혁명 정부도 엄청난 전쟁 비용을 감당할 수 없었다. 1917년 10월 말, 급진적인 마르크스주의 세력인 볼셰비키는 임시 정부를 무너뜨리고 권력을 잡은 뒤, 전쟁 종식 방안을 모색하기 시작했다. 결국 1918년 3월, 볼셰비키 정부는 불리한 조건 아래 독일과 브레스트-리토프스크(Brest-Litovsk) 조약을 맺었다. 이 조약으로 중앙동맹국은 우크라이나와 벨로루시의 넓은 지역을 차지했고, 그 지역에서 확보한 병력을 서부 전선과 이탈리아 전선으로 돌릴 수 있었다. 1918년 3월, 독일군은 서부전선에서 '미카엘 작전(Operation Michael)'을 시작했지만, 몇 주만에 실패로 끝났다. 이후 미군이 본격적으로 참전하면서 독일군은 서부전선에서 점차 밀려나기 시작했다. 같은 해 10월 말, 이탈리아 비토리오 베네토 전투에서 연합군이 승리하면서 오스트리아군의 저항도 무너졌다. 한편 팔레스타인과 시리아 전선에서도 오스만 제국군이 패배했다. 중앙동맹국이 전쟁을 계속할 수 있도록 뒷받침했던 지지 기반은 결국 무너졌다. 오스트리아-헝가리 제국은 민족별로 분열되었고, 독일에서는 노동자 계층의 투쟁이 기존 체제에 대한 공개적인 저항으로 번져나갔다. 1918년 10월 29일, 독일 해군에서 반란이 시작되었다. 결국 11월 9일, 독일 황제가 퇴위했고, 다음 날인 11월 10일 휴전 협정이 체결되었다. 휴전은 11월 11일 오전 11시에 발효되었다. 오스트리아-헝가리와 오스만 제국은 이미 몇 주 전에 각각 휴전 협정을 맺은 상태였다.

20년간의 휴전

제1차 세계대전은 20세기의 가장 중요한 사건 중 하나였다. 길고 잔혹했던 이 전쟁은 수많은 병사들의 삶을 앗아갔고, 군수 산업 노동자, 농민, 선원, 관료 등 수천만 명의 사람들에게도 직간접적으로 큰 영향을 미쳤다. 당시 유럽은 전쟁 이전에도 아이들과 젊은이들의 죽음이 흔한 시대였지만, 제1차 세계대전을 겪으며 이전에는 상상할 수 없었던 엄청난 상실을 경험해야 했다. 전쟁에 동원된 병력은 양측을 합쳐 6,500만 명에 달했으며, 이 중에는 여성도 일부 포함되어 있었다. 이 중 약 840만 명이 전사하고 2,200만 명이 부상을 입어, 전체 사상자 비율은 무려 47퍼센트에 달했다.[8] 정확한 숫자는 결코 알 수 없지만, 수백만 명의 민간인 또한 기아, 질병, 폭격과 포격, 인종 학살, 그리고 전쟁 중 벌어진 잔혹 행위로 목숨을 잃었다. 전쟁이 초래한 혼란과 단절은 정치, 사회, 경제, 문화, 인구 구조 등 모든 분야에서 분명하게 나타났다.[9] 그러나 1919년, 승전국들은 협력과 상호 존중을 바탕으로 더 나은 세상을 만들 수 있으리라는 희망을 품었다.(러시아는 당시 승전국에서 제외되었는데, 설령 초청을 받았더라도 공산주의 혁명가들이 주도하는 러시아가 자본주의 국가들의 평화 구축 방식에 동의하지는 않았을 것이다.) 이러한 희망은 '자유주의적 국제주의(liberal internationalism)'라는 이상으로 구체화되었고, 민족자결의 원칙(self-determination)을 통해 거대 제국들의 소수 민족 지배

---

8 H. P. Wilmot, *World War I* (London: Dorling & Kindersley, 2003), pp. 306-307.
9 Dan Todman, *The Great War: Myth and Memory* (London: Hambledon, 2005); Robert Gerwarth and John Horne, eds., *War and Peace: Paramilitary Violence in Europe after the Great War* (Oxford University Press, 2012).

를 끝내고 정치 민주화를 이루고자 했다. 1918년 1월 윌슨(Wilson) 대통령이 미국 의회에서 발표하고, 같은 해 9월 다시 강조한 '14개조 원칙(Fourteen Points)'의 핵심 내용이 바로 그 목표였다. 국제연맹(League of Nations)은 이상적인 세계 질서를 구현하기 위해 새로 창설된 기구였다. 이는 전쟁 중 영국과 미국이 동맹 체제, 경제 제재, 군비 경쟁의 위협을 극복하고자 구상한 이상주의의 산물이었다.

돌이켜보면 세계의 모든 문제를 해결하려던 희망은 부질없는 야망으로 보일 수도 있다. 그러나 전쟁은 정치, 지정학적으로 중요한 결과를 가져왔다.[10] 독일 제국, 러시아 제국, 합스부르크 제국, 오스만 제국은 전쟁의 결과로 모두 사라지고 그 자리에 공화국들이 세워졌다. 그러나 민주 공화국은 독일과 오스트리아뿐이었고, 그마저도 10년 정도밖에 유지되지 못했다. 중부 및 동유럽에서는 민족자결주의에 따라 일시적으로 민주 국가들이 등장했다. 예를 들면 오스트리아, 헝가리, 폴란드, 핀란드, 발트 3국, 체코슬로바키아, 유고슬라비아 등이다. 한편 오스만 제국이 무너진 뒤 팔레스타인, 시리아, 레바논, 트란스요르단, 이라크, 사우디아라비아가 새로 생겨났다. 그러나 아라비아 반도를 제외한 대부분 지역은 영국과 프랑스의 지배를 받았고, 민주주의와는 거리가 멀었다. 이러한 변화는 오늘날 유럽과 중동 지역의 지도 형성에 결정적인 영향을 주었다.

1919년 베르사유에서 연합국 회담이 열렸다. 이 회담에서 국제연맹

---

10 Zara Steiner, *The Lights that Failed: European International History 1919-1933* (Oxford University Press, 2005).

(League of Nations) 설립과 세계 군축 합의가 이루어졌고, 이는 그해 6월 연합국과 독일 사이에 체결된 베르사유(Versailles) 조약에 명시되어 공식화되었다. 이후 생제르맹 조약(Treaty of St. Germain, 오스트리아), 트리아농 조약(Treaty of Trianon, 헝가리), 세브르 조약(Treaty of Sèvres, 터키) 등이 잇따라 체결되면서 동유럽과 중동 지역의 전후 질서가 구체화되었다. 세브르 조약은 1923년 로잔 조약(Treaty of Lausanne)으로 대체되었고, 로잔 조약은 아나톨리아 지역에 새로 수립된 터키 공화국의 주권을 인정했다. 국제연맹은 1920년 런던에서 첫 회의를 연 뒤, 상설 본부를 제네바로 이전했다. 국제연맹의 규정에 따르면, 회원국 간 분쟁은 무력 사용 대신 토론을 통해 합리적이고 공정한 해결책을 찾도록 했다.

전쟁으로 정치적, 사회적 격변기를 거치면서 수많은 문제가 해결되지 못한 채 남아 있었다. 이는 평화조약 당사국과 국제연맹 관계자들이 얼마나 현실과 동떨어진 생각을 하고 있었는지를 분명히 보여준다. 전쟁 이후의 시기는 끊이지 않는 폭력 사태로 얼룩졌다. 영국 정부는 1922년 아일랜드의 자결권을 마지못해 승인했다. 그리스와 터키 사이에도 격렬한 전쟁이 벌어졌고, 러시아에서는 제1차 세계대전에 못지않은 대규모 병력이 동원되었던, 매우 잔혹하고 오랜 내전이 벌어졌다. 적군(Red Army)과 반혁명 세력인 백군(Whites) 간의 치열한 전투는 1920년대와 30년대 소련의 발전에 깊은 상처를 남겼고, 군국주의적이고 폭압적인 독재 체제가 들어서는 원인이 되었다. 1920년, 승기를 잡은 적군이 폴란드를 침공했지만, 바르샤바 외곽에서 간신히 격퇴되었다. 중국에서는 제국 체제가 붕괴되면서 국토가 군벌들의 세력 다툼으로 분열되었다. 일본은 북부 지역 경제 개발에 점차 깊숙이 관여하기 시작했다. 중국의 불안한 상황은 1914년 이전과 마찬가지로 유럽과 미국 상인들의 표적이 되었다. 그들은 다양한 특혜를 차지하기 위해 경쟁적으로 중국에 뛰어들었다.

국제연맹은 이러한 갈등을 해결할 능력이 없었다. 1920년, 국제연맹 창설을 주도한 윌슨 미국 대통령의 노력에도 불구하고, 미국 의회는 베르사유 조약 비준에 실패했다. 미국이 국제연맹에 참여하지 못하게 되자 국제연맹은 즉각적인 타격을 받았다. 결국 국제연맹은 영국과 프랑스의 이해관계에 좌우되는 기구라는 비판을 받았다. 주요 강대국들의 참여도 불안정했다. 독일은 1926년에 가입했지만 7년 뒤인 1933년에 탈퇴했고, 소련 역시 1934년에 가입하여 5년 만인 1939년에 국제연맹을 떠났다. 일본은 1933년 3월에, 이탈리아는 1937년 12월에 이미 국제연맹에서 탈퇴했다. 결국 주요 강대국 중 영국과 프랑스만이 지속적으로 회원국으로 남게 되면서, 국제연맹이 추구했던 원대한 정치적 목표는 달성하기 어렵게 되었다. 더욱이 국제연맹의 주축이었던 영국과 프랑스조차 자유주의적 국제주의(liberal internationalism)의 이상적인 국가라고 보기도 어려웠다. 국제연맹은 군비 축소를 약속했지만 제대로 지켜지지 않았다. 영국과 프랑스는 1920년대와 1930년대에도 계속해서 군사력을 강화했다. 그러나 독일에 대해서는 수년간 재무장을 금지하는 이중적인 태도를 보였다. 제1차 세계대전 당시 영국과 프랑스의 식민지와 보호령, 그리고 인도는 전쟁에 필요한 병력과 물자를 지원했다. 하지만 전후 민족자결의 원칙은 이들에게 적용되지 않았다. 유럽의 민족주의가 식민지 지역으로도 확산되면서 식민지의 독립과 자치를 요구하는 목소리가 높아졌고, 제국의 지배는 부당하고 억압적인 것으로 인식되기 시작했다. 식민지 해방을 주장하는 정치인들은 세계대전이 자유를 위한 전쟁이었다는 점과, 자신들이 여전히 식민 지배 하에 있다는 현실 사이의 모순을 지적했다. 1919년, 전후 세계 경제 질서를 논의하는 과정에서 자유무역 정책이 거론되었지만, 영국과 프랑스는 여전히 무역 규제를 유지했다. 또한 전쟁 이전의 번영했던 무역 및 금융 시스템을 회복하는 데에도 적극적인 노력을 기울이지 않았다. 1920년대 유럽의 경제 안정은 미국의 공헌이 컸다. 미국은 1923-24년 독일과 중부유럽의 통화 위기를 수습하고, 유럽의 경제 성장을 돕기 위해 막대한 차관을 제공했으며, 전쟁 중 제공했던 차관의 전액 상환도 요구하지 않았다.[11]

이러한 경제, 정치적 구조의 결함들은, 자유주의 세력이 무역과 정치 협력을 더 적극적으로 추진하고, 우연히 형성된 영국과 프랑스 지배의 모순을 제대로 해결했더라면, 어쩌면 극복될 수도 있었을 것이다. 하지만 상황은 그렇게 흘러가지 않았다. 자유주의적 재건의 가능성에 더 큰 타격을 준 또 다른 전쟁의 유산들이 여전히 남아 있었다. 전쟁 막바지에 독일, 이탈리아, 오스트리아, 헝가리 등지에서 볼셰비키의 영향을 받아 일어난 혁명 운동은 극심한 이념 대립을 낳았다. 중국에서는 1920년대에 군벌들의 갈등이 장개석(蔣介石, 장제스)이 이끄는 국민당과 중국공산당 사이의 첨예한 대립으로 좁혀졌다. 일본 정부와 군부는 공산주의에 대해 극심한 반감을 품었다. 그 결과 일본은 1919년 시베리아에 개입하여 적군(赤軍, Red Armies)을 공격했다. 1920년대는 소비에트 연

---

11 Patricia Clavin, *The Great Depression in Europe, 1929-1939* (Basingstoke: Macmillan Press, 2000).

방과 1919년 모스크바에서 결성된 코민테른(Communist International)이 혁명 운동을 전 세계로 확산하고자 시도했고, 이에 맞서 초기적 형태의 냉전이 시작된 시기였다. 급진 좌파에 대한 가장 뚜렷한 반작용은, 1920년대에 제1차 세계대전에서 귀환한 참전 용사 중심의 급진적 민족주의(radical nationalism)의 부상이었다. 이들은 공산주의와의 싸움이 국가의 생존과 정체성을 위한 문제라고 믿었으며, 자신들의 희생이 좌파의 국제주의와 평화주의 때문에 폄하되었다고 생각했다. 이러한 참전 용사들은 대개 종교적 색채를 띤 전쟁 당시 의례를 모방하고, 정치적 제복과 직함을 사용했으며, 일상적인 거리 폭력을 행사하고, 우익 내 다른 정당과의 협력을 거부했다. 이러한 급진적 민족주의는 독일, 이탈리아, 오스트리아 등 전쟁과 그 여파로 전통적 보수 세력이 약화된 환경에서 가장 맹렬하게 확산되었다.[12] 강력한 온건 보수 세력이 부재한 상황에서, 공산주의를 두려워하며 여전히 전쟁 시기의 격렬한 애국주의에 이끌리는 사람들은 참호에서 귀환한 혁명적 민족주의자들을 지지했다. 전쟁이 만들어낸 환경과 그로 인해 깊이 뿌리내린 증오와 두려움이 없었더라면, 1922년 베니토 무솔리니(Benito Mussolini)의 이탈리아 파시스트당(Italian Fascist Party)이 정권을 잡거나, 1933년 독일에서 아돌프 히틀러(Adolf Hitler)의 국가사회주의당(National Socialists)이 집권하거나, 1934년 오스트리아에서 엥겔베르트 돌푸스(Engelbert Dollfuss)의 유사 파시스트 성향의 조국전선(Fatherland Front)이 등장하는 일은 아마 없었을

---

12 E. R. Dickinson, 'Biopolitics, facism, democracy: some reflections on our discourse on "modernity"', *Central European History* 37 (2004), 1-48; Emilio Gentile, *The Origins of Fascist Ideology* (New York: Enigma Books, 2005).

것이다.[13] 일본에서는 제1차 세계대전의 유산과 전후 처리 과정에서 비롯된 서구 열강의 아시아 지배 야욕에 대한 반감이 높아졌다. 그게 아니었다면 1930년대 일본의 젊은 군국주의자들이 일본 내 반공주의 및 제국주의의 핵심 세력으로 부상하는 일 또한 없었을 것이다.

제1차 세계대전을 직접 경험한 세대가 1930년대에 이르러 정치와 군사 분야의 핵심 인물이 되었던 것은 매우 중요한 사실이다. 예컨대 무솔리니는 전투 중 부상을 입었고, 히틀러는 독가스에 노출되었으며, 돌푸스(Dollfuss)는 포로 생활을 했었다. 이들은 1930년대에 정치가, 관료, 그리고 고위 장교로 권력을 잡았다. 이들의 사고방식은 전쟁과 그 후유증에서 큰 영향을 받았으며, 동료에 대한 헌신, 그리고 사회 전체에 퍼진 편견과 원망 역시 그 시기에 형성된 것들이었다. 히틀러는 이미 1920년에 유럽에서 유대인을 없애야 한다는 주장을 펼쳤다. 당시 그는 유대인들을 제1차 세계대전 막바지에 독일을 배신하고 '등에 칼을 꽂은 자들'이라고 비난했다. 그리고 20년 후, 계획적 유대인 집단 학살을 자행하기 직전까지도 같은 주장을 되풀이했다. 제1차 세계대전 전후 처리를 위한 베르사유 회의에 일본 대표로 참석했던 고노에 후미마로(近衛文麿)는 1918년 논설에서, 일본의 이익이 무시당한 것에 불만을 드러내며 '영미 중심의 평화'를 거부해야 한다고 주장했다. 그리고 20년 후, 일본의 총리대신이 된 그는 중국에서 서구 열강을 몰아내고 일본의 영향력을 확대하기 위한 아시아 '신질서(New Order)'를 선포했다.[14] 독일, 이탈리아,

---

13 Roger Griffin, ed., *International Fascism: Theories, Causes and the New Consensus* (London: Arnold, 1988).

일본 등지에서 나타난 급진적 민족주의는, 세계대전의 여파로 만들어진 혼란이 오히려 국내 정치와 국제 질서를 새롭게 바꿀 기회라는 믿음 속에서 자라난 것이었다.

연합국 사령관이었던 프랑스의 페르디낭 포슈(Ferdinand Foch)는 베르사유 조약이 20년간의 휴전의 의미일 뿐 다시 전쟁이 일어날 것이라고 경고했다. 그의 예측이 결코 피할 길 없는 필연은 아니었다.[15] 하지만 시간이 흐르면서, 1930년대 말에 이르러 결국은 제2차 세계대전으로 향하게 된 상황을 설명할 때, 제1차 세계대전이 남긴 혼란스럽고 폭력적인 영향과, 전쟁이 남긴 심리적, 이념적 유산의 부정적인 힘을 무시할 수 없다는 점이 분명해졌다. 심지어 1920-30년대 전쟁 반대 운동을 펼쳤던 영국과 프랑스의 평화주의자들조차도, 문명의 힘으로는 어찌할 수 없는 거대한 힘에 휩쓸려 새로운 전쟁으로 나아갈 수밖에 없다는 비관적인 전망을 내놓았다.[16] 새로운 전쟁의 가능성은 1929-30년의 경제 위기로 더욱 증폭되었다. 이는 1920년대에 자유로운 무역과 금융 질서를 제대로 회복하지 못했고, 전쟁으로 인한 경제적 피해를 제대로 복구하지 못한 결과였다. 특히 독일과 오스트리아의 경우에는 가혹한 평화 조약 또한 큰 영향을 미쳤다. 영국과 프랑스는 독일과 일본처럼 수출 시

---

14 Aaron William Moore, *Writing War: Soldiers Record the Japanese Empire* (Cambridge, MA: Harvard University Press, 2013).
15 'This is not a peace: it is an Armistice for twenty years', cited in Leopold Schwarzschild, *World in Trance: From Versailles to Pearl Harbor* (London: Hamish Hamilton, 1944), p. 50.
16 Richard Overy, *The Inter-War Crisis 1919-1939*. 3rd edn (Harlow: Longmans, 2007).

장과 개방적 무역에 의존했던 국가들보다 경제 대공황을 더 효과적으로 견뎌냈다. 다자간 경제 협력이 실패하면서 전 세계 실업자 수가 4,000만 명에 달했고, 약소국 경제는 극심한 빈곤으로 빠져들어갔다. 영국, 프랑스, 미국의 보호 무역 정책 앞에서, 외부의 시선은 서구 경제 시스템이 붕괴했다고 확신했다. 거대 식민지를 유지하는 영국과 프랑스의 이기적 국익 추구는 다른 민족의 자존감을 가로막는 장애물로 보였다. 결국 이런 인식은 서구 지배에 도전하고, 전쟁과 그 여파로 억눌린 민족적 자존감을 표출하기 위해, 정치적, 경제적 '신질서(New Order)'를 모색하는 방향으로 이어졌다.[17]

'신질서'는 사실상 새로울 것이 전혀 없었다. 오히려 낡은 중상주의 경제사상과 제국주의적 팽창 야욕에 뿌리를 둔 구시대의 산물이었다. 새로운 시대와는 거리가 멀었고, 오히려 1914년 이전의 세계와 훨씬 더 밀접하게 연결되어 있었다. 1930년대 일본, 이탈리아, 독일과 같은 '주축국(Axis states)'에서 나타난 야망은 분명 제국주의적 이념과 닿아 있었다. 이미 식민지를 보유하고 있던 일본과 이탈리아는 자신의 제국을 더욱 공고히 하고자 했다. 그래서 영토를 확장하여 군수 물자 생산을 위한 경제적 자급자족을 달성하고, 더불어 국제적 위상을 높이고자 한 것이었다. 1931년 일본군은 중국 북부의 만주를 강제 점령한 뒤 본격적으로 영토 팽창에 나섰다. 결국 1941년 12월, 태평양과 동남아시아에서 전쟁을 개시하면서, 서구 열강에 맞설 수 있는 새로운 아시아 제국에 필요

---

17 Randall Schweller, *Deadly Imbalance: Tripolarity and Hitler's Strategy of World Conquest* (New York: Columbia University Press, 1998).

한 자원을 추가로 확보하려 했다.[18] 이탈리아에서는 1926년경 무솔리니가 개인 독재 체제를 확립했다. 이후 서구의 쇠퇴를 기회 삼아 아프리카와 지중해 지역에서 이탈리아 제국의 힘을 키우려 기회를 엿보고 있었다. 그 첫 단계가 1935년 10월부터 1936년 5월까지 이어진 에티오피아 전쟁이었다. 1940년 6월, 이탈리아는 영국과 프랑스에 선전포고를 하고 수에즈 운하를 위협했으며, 영국령 소말릴란드(Somaliland, 아덴만 근처)에서 영국군을 몰아낸 뒤, 같은 해 10월 그리스와 전쟁을 시작했다. 히틀러 역시 제국 문제에 깊이 빠져 있었다. 영국과 프랑스 제국의 인구와 영토 규모를 정확히 꿰고 있을 정도였다. 유라시아 대륙을 정복하려는 그의 야망은 전형적인 제국주의적 성격을 띠었다. 1941년 8월에 히틀러는 "영국에게 인도가 있다면, 우리에게는 러시아 영토가 있을 것"이라고 공언했다.[19] 독일은 오스트리아, 체코 지역, 그리고 1939년 폴란드까지 차례로 점령하며 중부 유럽에서 세력을 확장했다. 그 목적은 동유럽에 독일 중심의 제국을 건설하고, 식민지 형태의 통치를 도입하여 '광역 경제권'을 구축, 경제적 자원을 마음껏 확보하려는 계산이었다.[20] 하지만 이들 세 나라의 '신질서'는 기존 질서를 유지하려던 국가의 희생을 강요하는 방식으로만 가능했다. 결국 1930년대 중반부터 각국은 1914년 이전과는 비교할 수 없을 정도로 대규모 군비 경쟁에 박차를 가하게 되었

---

18 Rana Mitter, *China's War with Japan 1937-1945: The Struggle for Survival* (London: Allen Lane, 2013).
19 Hugh Trevor-Roper, ed., *Hitler's Table Talk 1941-44* (London: Weidenfeld & Nicolson, 1973), p. 24 (entry for 8-9 August 1941).
20 Chritian Leitz, *Nazi Foreign Policy 1933-1941* (London: Routledge, 2004).

다.[21] 1914년 당시 대부분 국가의 군사비 지출은 국민총생산(GNP)의 3-5퍼센트 수준이었지만, 1939년 독일은 30퍼센트, 영국은 22퍼센트, 프랑스는 23퍼센트까지 치솟았다. 세 나라 모두 1936년과 1937년을 기점으로 본격적으로 군비 경쟁에 돌입했다. 소련 역시 비슷한 흐름을 보였고, 중립과 고립주의 정책을 고수하던 미국조차 1938-9년 사이 루스벨트(Roosevelt) 대통령의 설득으로, 의회가 최소한의 군비 재정비를 승인하기에 이르렀다.

제2차 세계대전: 신질서에서 또 다른 질서로

독일이 폴란드를 침공하자 영국과 프랑스는 이를 즉각 중단하라고 요구했다. 독일이 최후통첩을 묵살하자 이틀 뒤인 1939년 9월 3일, 제2차 세계대전이 일어났다. 일본은 1937년 7월 중국을 침략하여 전쟁을 일으켰다. 당시 중국은 국민당 정부가 통치하던 중이었다. 곧 전선은 중국 북부, 중부, 동부 전역으로 확대되었다. 1938년과 1939년에도 일본은 소련의 영향력 아래 있던 몽골과의 불안정한 국경 지대에서 소련군과 대규모 교전을 벌였다. 1940년 5월과 6월 유럽에서 독일이 프랑스군과 영국군을 상대로 압도적인 승리를 거두자(1914년에 독일이 실패했던 계획이 이번에는 성공했다) 일본은 이를 기회로 삼아 프랑스령 인도차이나로 세력을 확장했다. 또한 남쪽으로 진출하여 동남아시아의 유럽 식민지로부터 석유, 고무, 주석, 보크사이트와 같은 자원 확보 계획을 구체화

---

21 Joseph Maiolo, *Cry Havoc: How the Arms Race Drove the World to War* (New York: Basic Books, 2006).

했다. 무솔리니(Mussolini)는 1939년 4월 알바니아를 점령했고, 리비아에 이탈리아군을 증강한 후, 1940년 9월에는 약화된 영연방의 방어선을 공격했다. 히틀러는 1939-40년 동유럽에서 세력을 확장하고 프랑스를 굴복시켰으며, 1917년에도 시도했던 것처럼, 해상 봉쇄와 폭격으로 압박해 영국을 협상 테이블로 끌어내고자 했다. 1940년 9월 27일, 주축국 세 나라는 베를린에서 삼국 동맹 조약(Tri-Partite Pact)에 서명했다. 도쿄에서도 별도의 서명식이 열렸다. 그리고 각국이 제국주의적 이해관계가 걸린 지역에 '새로운 질서(New Order)'를 구축할 것을 천명했다.

이 모든 상황은 종결되지 않은 문제가 되살아난 것이었다. 놀랍게도 제1차 세계대전과 제2차 세계대전은 여러 면에서 매우 유사했다. 1914년 독일의 슐리펜 계획(Schlieffen Plan)은 프랑스를 먼저 공격하여 빠르게 점령한 뒤 러시아를 공격하는 것이었다. 1941년에 다시 이 작전이 등장했다. 1941년 6월, 주축국과 동맹국의 400만 대군이 러시아를 침공했을 때, 초기 단계에서 슐리펜 계획은 상당히 성공적으로 보였다. 그해 가을까지도 히틀러는 러시아가 곧 무너질 것이라고 믿었다. 독일 잠수함은 다시 한번 영국 해상 봉쇄를 시도했고, 영국 왕립해군 역시 이에 맞서 독일과 독일 점령하 유럽 지역에 봉쇄 작전을 펼쳤다. 다시 한 번 독일은 폭격으로 영국을 전쟁에서 이탈시키려 했고, 영국 또한 1918년과 마찬가지로 독일의 주요 산업 도시에 대규모 폭격으로 맞대응했다. 이번엔 이탈리아의 침략으로 중동 지역이 영연방군의 주요 전장으로 떠올랐다. 독일군은 또다시 무제한 잠수함 작전을 감행하여 미국 선박을 공격했다. 이러한 독일의 행동은 미국을 움직이기에 충분했다. 프랭클린 루스벨트 대통령은 연합국에 경제적, 재정적 지원을 제공하기로 했다.

전쟁 지휘부와 참모진을 포함한 많은 사람들에게 이번 전쟁은 마치 과거 세계대전의 구도를 반복하는 것처럼 보였다. 오직 터키만이 지난번 세계대전과 같은 참화를 겪지 않고 전쟁을 피하는 데 성공했다.

그러나 중요한 차이가 있었다. 독일은 인종적, 이념적 편견에 사로잡혀 있었다. 그래서 소련과의 전쟁을 과거 무너져가던 러시아 제국과의 전쟁처럼 쉽게 끝낼 수 있을 것이라고 예상했다. 하지만 이는 완전한 오판이었다. 독일군과 주축국 군대는 말 그대로 진흙탕에 빠져 오도가도 못하고 극도로 소모적인 장기전에 휘말리고 말았다. 독일은 새로운 제국 건설이라는 야망을 품고 점령지 후방 지역에서 광범위한 인종적, 정치적 숙청을 자행했다. 주된 희생자는 히틀러와 그의 추종자들이 세계의 적으로 여긴 유대인이었다. 또한 독일인 정착민을 위한 공간을 확보한다는 명목으로 폴란드인과 체코인을 강제로 이주시켰다. 우크라이나인, 벨라루스인, 러시아인 또한 굶주림에 시달렸으며, 강제 노동에 동원되거나 파르티잔 협력 혐의로 처형되는 등 가혹한 탄압을 피할 수 없었다.[22] 1941년 이후 독일이 소위 '신질서(New Order)'를 강요한 모든 지역에서 유대인은 살해, 강제 추방, 게토(유대인 강제 거주 지역) 격리, 노예 노동 등 온갖 박해의 대상이 되었다. 국가사회주의(National Socialist) 이념에 따라 나치는 세계의 유대인 세력과 '또 다른 전쟁(a second war)'을 벌여 반드시 승리해야 한다고 믿었다. 집단 학살(genocide)은 나치의 확고한 신념을 반영한 것이었다. 그 결과, 총살과 가스 학살, 심지어 굶

---

22 Timothy Snyder, *Bloodlands: Europe between Hitler and Stalin* (London: BodleyHead, 2010).

주림으로 570만 명에 달하는 유럽 유대인이 목숨을 잃었다.

독일이 잔혹한 식민 지배 계획을 추진하던 시기에, 놀랍게도 스탈린 치하의 소련은 산업화를 통해 군사력을 효율적으로 재건할 수 있었다. 점령지에서 독일군이 자행한 무자비한 폭력은 오히려 소련인들의 강력한 저항과 광범위한 파르티잔 테러를 초래했다. 러시아 제국의 차르 체제와 달리 스탈린 독재 체제는 중앙집권적인 군사·경제 동원 체계를 구축했다. 또한 스탈린은 붉은 군대(Red Army)의 작전 교리와 전술, 그리고 군사 기술을 혁신해야 할 필요성을 인지하고 적극적으로 개혁을 추진했다. 이러한 변화를 통해 스탈린은 독일 침략자에 맞서는 "성전"에 민중의 지지를 효과적으로 결집할 수 있었다. 1941년 12월, 독일군의 모스크바 진격이 좌절되면서 히틀러가 소련의 저항 능력을 심각하게 과소평가했다는 사실이 명백히 드러났다. 동부전선은 대부분 교착 상태에 빠졌다. 1942년 주축국 군대는 캅카스 지역의 풍부한 석유 자원을 확보하고, 볼가강의 주요 무역로를 차단하기 위해 대규모 군사 작전을 감행했다. 그러나 이들의 야심 찬 계획은 스탈린그라드(현재 볼고그라드)에서 처참한 실패로 막을 내렸다. 이후 독일군은 새롭게 강화된 소련군 전력에 밀려 서서히, 그러나 끈질기게 후퇴할 수밖에 없었다.

일본이 점령한 동아시아 지역에서도 비슷한 일이 벌어졌다. 일본도 처음에는 아무런 준비가 되어 있지 않은 열등한 적과 손쉬운 싸움을 할 생각이었다. 그러나 막상 일본군 역시 독일군과 마찬가지로 척박하고 낯선 땅에서 큰 손실을 보며 끝없는 소모전에 휘말렸다. 중국에서는 파르티잔, 군벌, 공산주의 세력, 또는 소련의 붉은 군대와 같은 강력한 반격은 없었다. 그러나 일본군은 결코 패배를 인정하지 않았던 국민당 군대의 저항에 시달려야 했다.[23] 동방과 서방 양쪽에서 벌어진 아시아 전쟁은 모두 극도로 잔혹했다. 일상적으로 잔혹 행위를 저질렀고, 전쟁 포로를 인간 이하로 취급했으며, 민간인을 가리지 않고 무차별적으로 살상하는 극악무도함이 드러났다. 소련과 중국에서는 식량 약탈, 교통망 파괴, 의료 시스템 붕괴로 기근과 질병을 이기지 못한 수많은 사람들이 목숨을 잃었다. 민간인 사망자는 소련에서만 약 1,600만 명에 달했으며, 중국에서는 그와 비슷하거나 훨씬 더 많은 사람들이 희생된 것으로 추정된다.

영국, 영연방, 미국을 포함해 1942년 1월부터 유엔(United Nations)으로 알려진 30여 개 연합국은, 공학, 과학, 생산기술을 극대화한 무기와 장비를 사용하여 이전과는 다른 방식으로 전쟁을 수행했다. 서방 연합군은 특히 해군력에 크게 의존했다. 이 전쟁이 진정한 의미에서 세계적 규모로 확대될 수 있었던 이유는 연합군 해군이 주요 대양에서 구축한 해상 수송 및 보급망 덕분이었다. 특히 1941년 3월부터 시행된 렌드리스법(Lend-Lease, 무기대여법)에 따라 미국이 중국, 소련, 영국에 보낸 필수 물자가 큰 역할을 했다. 독일, 이탈리아, 일본의 세 주축국에 맞서 영국과 미국이 가장 효과적으로 사용할 수 있는 전력은 해상 및 공중 전력이었다. 서방 연합군의 전력은 여기에 집중되었다. 태평양 전선에서 일본군은 새롭게 확장된 일본 제국의 주변 섬에 소수의 병력을 배치했다. 일본군은 끈질기게 싸웠고, 물자만 충분하다면 효율적으로 저항했다. 하지만 1942년 6월 초 미드웨이 해전(Battle of Midway)에서 일

---

23 Mitter, *China's War*; Moore, *Writing War*.

본 항공모함 전력이 궤멸되자, 이후에는 미 해군, 육군, 해병대의 압도적인 전력을 감당하기에 역부족이었다. 대서양 전선에서는 고도의 비밀 정보 작전과 레이더, 장거리 항공력이 결합해 독일 잠수함의 위협을 무력화시켰다. 독일 잠수함은 위협이 정점에 이른 1942년 한 해 동안 연합국의 선박 780만 톤을 격침시킨 바 있다.[24] 유럽의 독일 점령지를 상대로 두 차례에 걸쳐 대대적인 공습이 펼쳐졌다. 두 번 다 영국이 공군기지 역할을 했다. 첫 번째는 1940년 5월부터 1945년 4월까지 밤중에 이루어진 영국 공군(RAF) 폭격사령부(Bomber Command)의 공격이었고, 두 번째는 영국 내 기지에서 출격한 미 제8공군(US Eighth Air Force)과 이후 이탈리아에서 합류한 미 제15공군(Fifteenth Air Force)의 공격이었다. 두 차례의 공습으로 1944년 독일 공군의 전력과 석유 보급 능력이 크게 약화되었다. 결과적으로 모든 전선에서 독일의 패배가 앞당겨졌다. 1943년 7월 시칠리아 상륙작전, 같은 해 가을 이탈리아 본토 침공, 1944년 6월 노르망디 상륙작전과 같은 주요 상륙작전이 성공할 수 있었던 핵심 요인은 해상 및 항공 전력이었다. 프랑스에서 독일군을 격퇴할 수 있었던 것도 막강한 항공 전력과 해상 보급으로 물자 및 병력이 연합군 지상군에게 지속적으로 보충될 수 있었기 때문이다.[25]

    제1차 세계대전 때와 마찬가지로, 평화로 가는 쉬운 길은 없었다. 독일은 1940년 여름에 영국, 1941년 가을에는 소련이 먼저 휴전을 제안할 것이라고 예상했지만, 결과는 정반대였다. 영국과 소련 모두 매우 불

---

24 Stephen Roskill, *The War at Sea 1939-1945*, 3 vols. (London: HMSO, 1961), Vol. III (Part 2), p. 479, appendix ZZ.
25 Richard Overy, *Why the Allies Won*. 2nd edn (London: Pimlico, 2006).

리한 상황에서도 계속 싸울 힘이 있었고, 무엇보다 독일의 지배를 받는 것보다 전쟁을 계속하는 편이 낫다고 생각했다. 결국 각국에서는 국민들이 전쟁을 계속 받아들일 수 있도록 설득해야 했다. 특히 소련은 식량난이 심각해서, 먹을 것이 없어 일을 못 하는 사람들이 굶어 죽는 경우가 많았다. 이는 전쟁 중에도 오히려 소득이 증가하고 식량이 풍족했던 미국과는 매우 다른 상황이었다. 주축국의 항복을 이끌어내는 일 역시 쉽지 않았다. 다만 이탈리아는 예외였다. 1943년, 전쟁에 지친 이탈리아 국민들은 계속되는 패전에 불만을 터뜨렸다. 7월에는 군부와 파시스트당 지도부가 무솔리니를 몰아내라는 압력을 받았다. 결국 이탈리아는 1943년 9월 8일 항복을 선언했다. 반면 독일과 일본은 패전 후에 벌어질 일들을 두려워했다. 엎친 데 덮친 격으로 1943년 1월 카사블랑카 회담에서 연합군은 루스벨트 대통령의 주도로 '무조건 항복'을 요구했다. 독일과 일본은 패배를 늦추기 위해 더욱 필사적으로 싸웠다. 독일과 일본 국민들 역시 패전 후 찾아올 평화가 어떤 모습일지 불안해했고, 정보기관은 패배주의적인 말이나 정부를 비판하는 사람들을 엄하게 처벌했다. 1944년 7월, 독일군 장교 일부가 히틀러 암살을 시도했지만 실패하여 처형당했다. 비밀경찰 보고서에 따르면, 많은 독일 사람들은 히틀러가 살아남은 것에 안심했고, 암살 가담자 처벌을 당연시했다. 1945년 5월에는 독일, 8월에는 일본이 각각 항복을 선언했다. 당시 두 나라의 도시는 이미 폐허가 되어 있었다. 재래식 폭격으로 약 50만 명의 민간인이 목숨을 잃었고, 원자폭탄 공격으로도 약 20만 명의 민간인이 희생되었으며, 교통망은 마비되었다. 군인 사망자는 독일군이 약 500만 명, 일본군이 약 300만 명으로 추정된다.[26]

제2차 세계대전은 전후 처리 과정에서 제1차 세계대전 때와 같은 실수를 되풀이하지 않았다. 그러나 1945년 이후에도 그리스, 우크라이나, 폴란드, 중국 등 여러 지역에서 내전이 끊이지 않았다. 또한 인도네시아, 인도차이나, 말라야, 인도, 버마에서는 영국, 프랑스, 네덜란드의 제국주의 세력이 과거의 제국 체제를 되살리려 했다. 그러나 현지 주민들과의 갈등으로 뜻을 이루지 못했다.[27] 1945년 무렵, 대부분의 제국은 이미 몰락했거나 회복 불가능한 쇠퇴기에 접어들었다. 독일, 이탈리아, 일본이 시도했던 전통적 영토 제국주의 최후의 발악은 자신의 패배뿐만 아니라 향후 20년간 유럽의 다른 제국들의 해체를 앞당기는 결과를 낳았다. 일본의 패망은 여러 측면에서 훨씬 중대한 사건이었다. 일본의 패배로 아시아의 낡은 국제 질서가 허물어지고 세계를 향한 새로운 발판이 마련되었다. 그 위에서 미국, 공산 중국, 인도, 전쟁 후 새로 태어난 일본 등의 활약이 펼쳐졌다. 이들에게 아시아, 태평양 지역을 넘어 세계 정치 무대에서 중요한 역할을 할 수 있는 길이 열렸다. 유럽에서는 두 차례의 세계대전이 남긴 증오가 완전히 사라지지 않았다. 그러나 제1차 세계대전보다 훨씬 더 파괴적이었던 제2차 세계대전의 충격과, 전후 미국과

---

26 여기서 말하는 민간인 사망자 약 70만명(재래식 폭탄 50만, 원자폭탄 20만) 중에는 독일인과 독일 내 외국인 노동자 약 35만 5,000명, 소이탄 폭격으로 사망한 일본인 20만 명, 원자폭탄 투하로 사망한 일본인 최대 20만 명이 포함된다. 여기에 더해 유럽에서는 영국인 6만 명, 프랑스인 5만 4,000명, 이탈리아인 6만 명, 네덜란드인 1만 명, 벨기에인 1만 8,000명이 폭격으로 사망했다. 이를 모두 합하면 전 세계적으로 공습에 의한 희생자는 거의 100만 명에 이른다.

27 Ben Shepard, *The Long Road Home: The Aftermath of the Second World War* (London: Bodley Head, 2010); William Hitchcock, *The Bitter Road to Freedom: A New History of the Liberation of Europe* (New York: Free Press, 2008).

소련이라는 초강대국이 유럽을 장악하는 새로운 국제 질서가 형성되면서 상황은 달라졌다. 극단적인 민족주의는 점차 힘을 잃었고, 극단주의 세력들은 정치권에서 주변부로 밀려났다. 더욱이 그들의 지도자들은 대부분 사망하거나 감옥에 갇히는 신세가 되었다.

미국은 지속적으로 세계 평화에 기여하고자 적극적으로 노력했다. 물론 지역 분쟁은 이후에도 국제 정치에서 고질적인 현상으로 남아 있었다. 당시 미국은 전쟁으로 경제가 파탄난 아시아나 유럽과는 비교할 수 없을 정도로 경제적으로 매우 부유했다. 그래서 미국은 IMF와 세계은행을 통해 각국이 금융, 통화, 무역 정책에 대해 합의하고 경제 위기에 공동으로 대처할 수 있는 새로운 경제 질서를 구축하는 데 주도적인 역할을 하고자 했다. 1949년, 동독부터 북한에 이르는 넓은 지역으로 세력을 확장한 공산주의 진영은 자본주의 진영을 깊이 불신했다. 그러나 다행히 제3차 세계대전으로까지 확대되지는 않았다. 핵무기가 전쟁을 억제하는 효과도 있었고, 곧이어 주요 공산 국가들 사이에서 벌어진 내부 분열 때문이기도 했으며, 한편으로는 자본주의 체제가 결국 스스로 무너질 것이라는 믿음도 있었다.

세계대전의 시대는 기존 세계 질서의 근간이었던 전통적 구조의 쇠퇴와 붕괴, 급격한 경제 발전과 도시화에 따른 사회정치적 혼란을 반영한 것이었다. 러시아가 자원과 영토를 찾아 시베리아로, 미국과 캐나다 정착민들이 북아메리카 대륙으로 뻗어 나간 것처럼, 유럽 역시 급격한 사회정치적 변화에서 비롯된 문제들을 해결하기 위해 제국주의적 팽창과 경쟁을 선택했다. 1914년 이전, 각국은 정치적 변화를 억압하면서도 경제와 기술 경쟁에서 뒤처지지 않으려고 했고, 새로운 국가 정체성을 원하는 국민들의 열망까지 충족시키려 했다. 이러한 노력에도 불구하고 강대국들 사이의 협력만으로는 통제하기 어려운 불안정한 상황이 만들어졌다. 1914년 7월의 위기는 결국 막지 못했고, 곧 벌어진 전쟁은 이전에는 상상할 수 없을 정도로 전 세계로 퍼져나갔다. 특히 문명을 앞장서서 이끈다고 자부하던 유럽 지역에서 벌어진 이 전쟁은, 1919년 이후 최전선에서 폭력과 가난을 경험한 많은 사람들에게 극복하기 어려운 이념적 갈등을 남겼다. 많은 사람들에게 전쟁은 현대 사회에서 흔히 일어나는 일처럼 여겨졌고, 이는 이념적인 대립뿐 아니라 민족과 국가 사이의 갈등에서도 마찬가지였다. 더욱 심각한 문제는, 근대화 과정에서 생긴 모순 때문에 발생한 위기를 과거로 돌아가는 제국주의적 팽창 정책으로 해결할 수 있다고 믿는 정치 지도자들이 존재했다는 점이다. 결국 제2차 세계대전이 일어났고, 이 전쟁으로 오랜 제국주의 시대가 마감되었지만, 그 대가로 5,500만 명에서 8,000만 명에 달하는 엄청난 인명 피해가 발생했다.

더 읽어보기

Bessel, Richard. *Nazism and War*. London: Weidenfeld & Nicolson, 2004.

Clark, Christopher. *Sleepwalkers: How Europe Went to War in 1914*. London: Allen Lane, 2012.

Clavin, Patricia. *The Great Depression in Europe, 1929-1939*. Basingstoke: Macmillan Press, 2000.

Crook, Paul. *Darwinism, War and History: The Debate over the Biology of War from the 'Origin of Species' to the First World War*. Cambridge University Press, 1994.

Darwin, John. *After Tamerlane: The Global History of Empire since 1405*. London: Bloomsbury, 2008.

Dickinson, E. R. 'Biopolitics, fascism, democracy: some reflections on our discourse on "modernity"', *Central European History* 37 (2004), 1-48.

Garside, W. R., ed. *Capitalism in Crisis: International Responses to the Great Depression*. New York: St. Martin's Press, 1993.

Gentile, Emilio. *The Origins of Fascist Ideology*. New York: Enigma Books, 2005.

Gerwarth, Robert and John Horne, eds. *War in Peace: Paramilitary Violence in Europe after the Great War*. Oxford University Press, 2012.

Gregory, Adrian. *The Last Great War: British Society and the First World War*. Cambridge University Press, 2008.

Griffin, Roger, ed. *International Fascism: Theories, Causes and the New Consensus*. London: Arnold, 1998.

Hawkins, Michael. *Social Darwinism in European and American Thought 1860-1945: Nature as Model and Nature as Threat*. Cambridge University Press, 1997.

Hitchcock, William. *The Bitter Road to Freedom: A New History of the Liberation of Europe*. New York: Free Press, 2008.

Imlay, Talbot. *Facing the Second World War: Strategy, Politics and Economics in Britain and France 1938-1940*. Oxford University Press, 2003.

Leitz, Christian. *Nazi Foreign Policy 1933-1941*. London: Routledge, 2004.

Kiernan, Victor. *European Empires from Conquest to Collapse, 1815-1960*. London: Fontana, 1982.

Macmillan, Margaret. *Peacemakers: The Paris Peace Conference of 1919 and the Attempt to End War*. London: John Murray, 2001.

Maiolo, Joseph. *Cry Havoc: How the Arms Race Drove the World to War*. New York: Basic Books, 2006.

McDonough, Frank, ed. *The Origins of the Second World War: An International*

Perspective. London: Continuum, 2011.

McMeekin, Sean. *The Russian Origins of the First World War*. Cambridge, MA: Harvard University Press, 2011.

Mitter, Rana. *China's War with Japan 1937-1945: The Struggle for Survival*. London: Allen Lane, 2013.

Moore, Aaron William. *Writing War: Soldiers Record the Japanese Empire*. Cambridge, MA: Harvard University Press, 2013.

Overy, Richard. *The Inter-War Crisis 1919-1939*. 3rd edn. Harlow: Longmans, 2007.

Why the Allies Won. 2nd edn. London: Pimlico, 2006.

Pick, Daniel. *War Machine: The Rationalization of Slaughter in the Modern Age*. New Haven: Yale University Press, 1993.

Schweller, Randall. *Deadly Imbalances: Tripolarity and Hitler's Strategy of World Conquest*. New York: Columbia University Press, 1998.

Shephard, Ben. *The Long Road Home: The Aftermath of the Second World War*. London: Bodley Head, 2010.

Snyder, Timothy. *Bloodlands: Europe between Hitler and Stalin*. London: Bodley Head, 2010.

Steiner, Zara. *The Lights that Failed: European International History 1919-1933*. Oxford University Press, 2005.

The Triumph of the Dark: European International History 1933-1939. Oxford University Press, 2011.

Stevenson, David. *The First World War and International Politics*. Oxford University Press, 1988.

Todman, Dan. *The Great War: Myth and Memory*. London: Hambledon, 2005.

Welch, David and Jo Fox, eds. *Justifying War: Propaganda, Politics and the Modern Age*. Basingstoke: Palgrave, 2012.

Wilmot, H. P. *World War I*. London: Dorling Kindersley, 2003.

Winter, Jay and Antoine Prost. *The Great War in History: Debates and Controversies 1914 to the Present*. Cambridge University Press, 2005.

CHAPTER 14

냉전

다니엘 사전트
Daniel Sargent

남반구 사람들이 가장 늦게 사망했지만, 그들 또한 죽음을 피할 수 없는 운명이었다. 남반구와 북반구의 바람이 만나는 수렴대를 통과한 방사능은 케이프혼(Cape Horn)과 희망봉 쪽으로 퍼져나갔다. 마지막 인간은 정확히 어디에서 숨을 거두었을까? 아무도 모를 일이다. 어쩌면 파타고니아였을까? 아니면 남극의 과학기지였을까? 분명한 것은 역사의 종말뿐이다. 역사의 끝은 열핵폭발이 아니라 방사능에 노출되어 생긴 질병 때문이었다.

냉전 시대는 마치 이와 같았다. 말하자면 끝없이 반복되는 종말 같은 것이었다. 위의 시나리오는 네빌 슈트(Nevil Shute)의 소설《해변에서(On the Beach)》(1957년)의 줄거리지만 이와 비슷한 설정은 무수히 많았다.[1] 냉전 시대는 핵전쟁이라는 악몽이 마음속 깊이 자리잡은 시기였다. 네빌 슈트의 소설 속 인물들이 죽고 나서 30년 뒤에 제작된 애니메이션 영화《바람이 불 때(When the Wind Blows)》에는 짐과 힐다 보그스가 영국인 부부로 등장한다. 영화 속에서 이 부부는 핵전쟁에서는 살아남았지만, 이후 닥쳐온 핵겨울(nuclear winter)을 이기지 못하고 결국 목숨을

---

1 Nevil Shute, *On the Beach* (New York: Random House, [1957] 2010). On the genre, see Paul Brians, *Nuclear Holocausts: Atomic War in Fiction, 1895-1984* (Kent State University Press, 1987).

잃는다. 이런 시나리오가 실제로 일어날 가능성은 얼마나 될까? 현실에서는 다행히 아무 일도 일어나지 않았다. 그러나 원자폭탄을 만든 과학자들은 언제나 그와 같은 가능성을 두려워했다. 마치 경고라도 하듯이, 미국의 〈핵과학자회보(Bulletin of the Atomic Scientists)〉에서는 세계 종말의 위기를 나타내는 '운명의 날 시계(Doomsday Clock)'를 만들어 공개했다. 이 시계는 자정에 가까워질수록 인류 종말이 임박했다는 의미를 담고 있었다.[2] 1950년대에는 대부분 자정 2분 전을 가리켰다. 1960년대와 1970년대에는 재앙의 위험이 다소 줄어들었지만, 1980년대 초에 다시 급격하게 높아졌다.

현실에서 냉전은 평화적으로 막을 내렸다. 1980년대 후반, 소련은 마르크스-레닌주의를 버리고 정치와 경제 개혁을 받아들였다. 그 결과 냉전은 누구도 예상치 못했던 방식으로 종식되었다. 미사일이 쏟아지는 전쟁이 아니라 정상들의 악수와 경제 전문가들의 대륙 간 이동이라는 모습으로 나타났다. 이는 군사적인 승리라기보다는 이념적인 승리였다. 이를 두고 미국의 정치학자 프랜시스 후쿠야마(Francis Fukuyama)는 '역사의 종말(the end of history)'을 선언했다.[3] 후쿠야마는 공산주의와, 특히 그들의 핵심 원칙이 역사적으로 정당성을 잃었다고 주장했다. 핵심 원칙이란 공산당 독재와 혁명적 전위의 통치, 산업 국유화와 중앙집중식 계획 경제, 경제적 평등주의 추구 같은 것들이었다. 반면 미국이 대표

---

2 On the Doomsday Clock, see www.thebulletin.org/content/doomsday-clock (accessed February 18, 2012).
3 Francis Fukuyama, *The End of History and the Last Man* (New York: Free Press, 1992).

하는 자유주의적 자본주의(liberal capitalist) 체제가 남았다. 이 체제는 정치적 다원주의, 대의 민주주의, 사적 소유권, 그리고 공적 규제가 조화를 이루는 자유 시장에 기반을 둔 자본주의 경제 체제, 개인의 권리 보호를 기본 가치로 삼고 있다. 소련이 공산주의를 포기한 순간, 이념 간의 경쟁으로서의 역사는 끝났으며, 자유와 자유 시장(free markets)의 승리로 귀결되었다.

결말이 의미를 규정한다면, 역사학자들은 냉전의 종식이 필연적으로 그런 모습일 이유는 없었다는 점을 기억해야 할 것이다. 만약 냉전이 미사일의 포화 속에 끝났다면, 냉전을 기록할 역사가들이 살아남았다고 가정할 때, 그들은 이념투쟁보다는 군사적 측면을 더 강조했을 것이다. 다행히 냉전은 평화롭게 마무리되었고, 그 의미에 대해 충분히 논의할 여지는 남아 있다.

냉전은 과연 무엇이었을까? 단순히 두 군사 진영 간의 지정학적 갈등이었을까? 아니면 군사적 충돌보다는 이념의 경쟁, 즉 사상 전쟁에 가까웠을까? 사실 냉전은 지정학적 측면과 이념적 측면이 복잡하게 얽혀 있는 갈등이었다. 1980년대 이념 대립이 심화되면서 냉전 종식이 빨라진 것은 사실이다. 하지만 그렇다고 해서 냉전이 처음부터 이념적인 이유만으로 시작된 갈등이었다고 단정할 수는 없다. 냉전의 명분과 이유는 시대에 따라 바뀌었고, 이념적인 요소와 지정학적인 요소가 복합적으로 작용하면서 냉전 특유의 갈등 양상이 나타났던 것이다.

한편 냉전을 세계사적인 관점에서 보면 또 다른 질문이 떠오른다. 정말로 냉전은 네빌 슈트의 소설에 묘사된 핵전쟁의 악몽처럼 세계를 통째로 집어삼킨 사건이었을까? 교과서에서 흔히 보듯이, 냉전을 제2차 세계대전 이후 국제 사회의 모든 사건과 동일시하는 경향이 있다. 하지만 정말로 "45년 동안 전 세계가 숨을 죽이고 있었다"고 말할 수 있을까?[4] 물론 냉전 시대 양 진영의 지도자들은 자신의 대립을 세계사적으로 매우 중요한 사건이라고 여겼을 수 있다. 그러나 냉전이 전후 세계사에서 실제로 그만큼 중요한 비중을 차지했는지는 단정하기 어렵다. 다만 분명한 것은, 냉전의 강도와 성격이 시대와 지역에 따라 매우 다양했다는 사실이다.

냉전 구도의 형성

"전자의 핵심 원리는 자유(freedom)이며, 후자의 핵심 원리는 예속(servitude)이다."[5] 1835년, 알렉시 드 토크빌(Alexis de Tocqueville)은 미국과 러시아를 두고 이렇게 두 나라를 대비했다. 토크빌은 사회 현상을 분석하여 일반적인 특징을 제시했을 뿐만 아니라, 미래에 대한 예측도 덧붙였다. "이 두 나라는 마치 신의 섭리에 따라 지구를 절반씩 다스리도록 운명이 정해진 것만 같다." 어디서나 자주 인용되었던 토크빌의 이 말은 냉전 시대에는 마치 예언자의 말처럼 들렸다. 냉전 종식 이후 토크빌의 통찰력은 다소 빛이 바랜 감이 있지만, 여전히 냉전의 본질을 이해하는 데 중요한 실마리를 제공한다. 토크빌에 따르면, 미국과 러시아의 갈등은 국제 질서상 힘의 균형뿐만 아니라 문화, 제도, 역사적 배경에서 비롯된 이념적 차이 때문에 필연적으로 발생할 수밖에 없는 것이었다.

---

4 Jeremy Isaacs and Taylor Downing, *Cold War: For Forty-Five Years the World Held its Breath* (London: Abacus, 2008).

5 Alexis de Tocqueville, *Democracy in America* (New York: Penguin, [1835] 2003).

다시 말해 냉전은 이념적 요인과 지정학적 요인이 복합적으로 작용한 결과였다.

권력 구조나 사상의 대립만으로는 '왜'라는 질문에 어느 정도 대답할 수 있을지는 모르지만, '언제' 그리고 '어떻게' 냉전이 시작되었는지 구체적인 과정을 설명하기에는 부족하다. 냉전의 기원을 제대로 파악하려면 20세기, 특히 두 차례의 세계대전과 대공황이라는 역사적 배경 속에서 살펴보아야 한다. 제1차 세계대전은 19세기 말부터 발전해 왔던 세계화 경제 체제를 완전히 무너뜨렸다. 전쟁 후 유럽의 강대국들은 전쟁 이전의 체제로 되돌아가려 했지만, 미국은 이를 개혁하고자 했다. 한편 러시아에서는 블라디미르 레닌(Vladimir Lenin)이 권력을 잡고 '위로부터의 혁명'을 추진했다. 레닌은 정치권력을 장악해야만 사회·경제적 변화를 이끌어낼 수 있다고 보았다. 당시 사회는 프롤레타리아 혁명이 자연스럽게 일어나기 어려운 상황이었지만, 레닌은 볼셰비키 당을 통해 마르크스가 예상했던 이상적 공산주의 사회를 건설할 수 있다고 믿었다. 이러한 과정을 거쳐 탄생한 것이 바로 소련, 즉 소비에트 연방과 마르크스-레닌주의(Marxism-Leninism)였다. 이는 마르크스의 역사 이론을 현실 역사 속에서 실현하려는 사상적 기획이었다.

1914년 이전의 국제질서를 다시 만들려는 시도는 오래가지 못했다. 대공황이 세계 경제를 강타하자, 여러 나라들은 급히 새로운 해결책을 찾아 나섰다. 이탈리아, 일본, 그리고 독일은 자유주의를 버리고 민족주의 정치와 자급자족(autarky) 경제 체제를 선택했다. 영국과 미국은 금본위 제도를 포기하고 보호무역주의로 돌아섰다. 1920년대 내내 개방과 폐쇄 사이에서 방향을 잡지 못했던 소련 역시 제1차 5개년 계획(1928

년-1932년)을 통해 자급자족 경제를 택했다. 독일과 일본의 지정학적 야심은 1930년대의 세계적인 위기를 결국 거대하고 파괴적인 재앙, 제2차 세계대전으로 몰고 갔다. 제2차 세계대전은 전 세계 인구의 1.25퍼센트에 달하는 엄청난 인명 피해를 낳았을 뿐 아니라, 일본과 독일의 제국주의 체제를 무너뜨리면서 권력 공백 상태를 만들어냈다. 특히 유럽의 입장에서 이 전쟁은 돌이킬 수 없는 몰락을 의미했다. 산업 혁명 이후 세계 권력의 중심이었던 유럽은 종전 후 완전히 파괴되고 황폐해졌으며, 미래를 예측하기 어려울 정도로 암울한 상황에 처하게 되었다.

유럽의 재앙, 즉 제2차 세계대전은 세계가 강대국(great powers)의 시대에서 초강대국(superpowers)의 시대로 넘어가는 중요한 변곡점이었다. '초강대국'이라는 용어는 1943년에서 1944년 사이에 처음 사용되었는데, 원래는 미국, 영국, 소련 세 나라를 가리키는 말이었다.[6] 하지만 영국은 초강대국으로서의 입지가 흔들리면서 결국 미국과 소련, 두 나라만 남게 되었다. 그렇다고 해서 미국과 소련이 완전히 동등한 위치에 있었다는 뜻은 아니다. 소련은 영토는 더 넓었지만 경제력과 기술력 면에서는 미국에 미치지 못했다. 특히 1945년 7월, 미국이 원자폭탄 실험에 성공하면서 군사 기술에 있어서는 미국의 우위가 더욱 확고해졌다. 제2차 세계대전 당시 미국과 소련은 독일이라는 공동의 적에 맞서 힘을 합쳤지만, 전쟁이 끝난 후에는 두 나라 사이의 긴장 관계가 계속 이어졌다.

1945년까지 이오시프 스탈린(Joseph Stalin)은 약 20년간 소련을 통

---

6 William T. R. Fox, *The Super-Powers: The United States, Britain, and the Soviet Union* (New York: Hartcourt, Brace & Co., 1944); and Nicholas Spykman, *The Geography of the Peace* (New York: Harcourt, Brace & Co., 1944).

치했다. 소련의 정치와 외교에서 절대적 권력을 휘두른 스탈린은 자본주의 세계를 깊이 불신했다. 러시아 내전(1917-22년) 시기 영국과 미국의 개입으로 불신의 골은 더욱 깊어졌다. 스탈린은 국내의 반대 세력, 즉 '일탈주의자', '트로츠키주의자', '파괴분자' 등이 외부의 적들과 연결되어 있다고 믿었다. 이러한 생각은 그의 대외 불신을 더욱 키웠다. 하지만 스탈린은 민족주의 성향도 가진 공산주의자였기 때문에, 굳이 무력을 사용해서 공산주의 혁명을 전 세계로 확산하려는 생각은 없었다. 스탈린의 관심은 전쟁으로 무너진 소련을 재건하고, 안보를 확보하는 데 있었다. 당시 전쟁으로 소련에서는 약 2,300만-2,400만에 달하는 사람들이 목숨을 잃었다. 스탈린이 전후에 가장 중요하게 생각했던 것은 동유럽에 완충 지대를 만드는 것이었다. 1914년과 1941년에 독일이 소련을 침략할 때 동유럽이 주요 침투 경로로 사용되었기 때문이다.[7]

제2차 세계대전에서 승리한 여러 나라 중에서도 미국은 가장 큰 승리를 거둔 나라였다. 미국은 유럽과 태평양 두 전선에서 모두 승리했고, 1945년 당시 세계 강대국 중 유일하게 세계적인 군사력을 가진 나라로 부상했다. 더욱이 미국은 원자폭탄까지 독점하고 있었다. 하지만 미국의 압도적인 힘은 다른 무엇보다 경제력에서 나왔다. 전쟁이 끝날 무렵, 미국의 생산량은 산업화된 전 세계 생산량의 60퍼센트에 달했다. 해

---

7 스탈린의 동기에 대해서는 다음을 참조. Vladimir Pechatnov, "The Soviet Union and the world," in Melvyn Leffler and Odd Arne Westad (eds.), *The Cambridge History of the Cold War*, 3 vols. (Cambridge University Press, 2010), Vol. 1, pp. 90-111; and Vojtech Mastny, *The Cold War and Soviet Insecurity* (Oxford University Press, 1996).

리 트루먼(Harry Truman) 대통령은 1945년 8월, 미국을 가리켜 "아마도 역사상 가장 강력한 국가"라고 선언했다.[8] 누구도 트루먼의 말에 반박하기 어려웠을 것이다. 하지만 미국은 그 막강한 힘으로 무엇을 이루려고 했을까? 이미 전쟁이 한창이던 시기부터 프랭클린 루스벨트(Franklin Roosevelt) 대통령의 정책 입안자들은 전후 세계 질서를 구상하고 있었다. 그들은 1930년대에 붕괴되었던 국제 질서를 재건하고 안정시키면서 개혁하는 방안을 모색했다.[9] 미국이 설계한 전후 구상은 바로 직전 시대의 역사에서 얻은 교훈을 반영한 것이었다. 1930년대 경제 보호주의와 국제 분쟁의 밀접한 관계를 목격한 미국은 자유무역을 복원하고자 했지만, 동시에 국제통화기금(IMF) 같은 새로운 국제기구를 설립하여 국제 경제를 안정화하고자 했다. 과거 국제연맹(League of Nations)의 실패를 거울삼아 탄생한 유엔(United Nations)은 집단 안보를 담당하되, 미국을 포함한 주요 강대국들에게 평화 유지에 대한 특별한 책임을 부여했다. 종합적으로 보면, 미국의 계획은 자유주의적 방향을 추구했지만, 맹목적인 이상만을 고집하지는 않았다. 개방적인 세계 경제 회복을 최우선 목표로 삼았지만, 민족 자결주의, 개인 인권 존중, 그리고 루스벨트의 뉴딜 정책으로 상징되는 복지 국가의 경제적 필요성 또한 간과하지

---

8 Truman, "Radio Report to the American People on the Potsdam Conference," American Presidency Project, online at www.presidency.ucsb.edu.
9 미국의 전후 구상에 대해서는 다음을 참조. G. John Ikenberry, *Liberal Leviathan: The Origins, Crisis, and Transformation of the American World Order* (Princeton University Press, 2011); and Robert Latham, *The Liberal Moment: Modernity, Security, and the Making of Postwar International Order* (New York: Columbia University Press, 1997).

않았다.[10] 그러나 이러한 원대한 구상은 결국 제2차 세계대전이 남긴 현실적 여건 속에서 추진될 수밖에 없었다.

제2차 세계대전이 끝나기도 전에 이미 냉전의 경계선이 만들어지기 시작했다. 1945년 2월, 얄타(Yalta)에서 스탈린을 만났을 때 프랭클린 루스벨트와 윈스턴 처칠(Winston Churchill)은 전쟁 이후 동유럽에서 소련의 영향력을 인정했다. 이것은 현실적인 전략이었을 뿐이다. 루스벨트는 인권과 민족 자결주의를 중심으로, 자유주의적 평화라는 이상을 가지고 있었다. 그의 이상과 그가 인정한 동유럽의 현실이 조화로울 수는 없었다. 루스벨트는 1945년 4월에 사망했고, 그의 뒤를 이은 해리 트루먼(Harry Truman)은 루스벨트처럼 서로 다른 생각을 동시에 받아들이는 능력이 부족했다.[11] 솔직한 성격의 해리 트루먼은 한때 모자 가게를 운영하다 실패한 적이 있었지만 미국 상원의원으로는 성공한 인물이었다. 그는 소련과 좋은 관계를 유지하고자 했다. 그러나 미국과 소련 사이의 갈등은 1945년에 들어서면서 점점 더 심각해졌다. 스탈린이 소련군 점령 하의 폴란드에서 자유 선거를 거부하자 미국은 격노했다. 1945년 9월, 미국 의회가 소련에 대한 전시 원조를 중단하자 스탈린은 이를 적대

---

10 Elizabeth Borgwardt, *A New Deal for the World: America's Vision for Human Rights* (Cambridge, MA: Harvard University Press, 2005) 참조. IMF의 복지국가 수용에 관해서는 다음을 참조. John G. Ruggie, "International regimes, transactions, and change: embedded liberalism in the postwar economic order," *International Organization* 36/2 (1982), 379-415.

11 세계대전에서 냉전으로 전환되는 문제와 관련해서 권위 있는 최신의 연구 성과는 다음을 참조. Frank Costigliola, *Roosevelt's Lost Alliances How Personal Politics Helped Start the Cold War* (Princeton University Press, 2011). 보다 오래되었으나 이 주제의 기초적 연구로는 John L. Gaddis, *The United States and the Origins of the Cold War, 1941-1947* (Oxford University Press, 1972)를 참고하라.

적 행동으로 받아들였다. 1945년 12월, 소련이 전쟁 중 설립된 국제 경제 기구에 참여하지 않겠다고 선언하면서 결정적인 균열이 시작되었다. 이는 미국이 만들고자 하는 자유주의적 세계 질서에 소련은 참여하지 않겠다는 입장을 분명히 보여준 것이었다. 불과 몇 달 만에 양측 지도자들은 분열을 공개적으로 언급하기 시작했다. 1946년 2월, 스탈린의 '선거 연설'은 1930년대 반자본주의 이념으로 복귀했음을 확실하게 보여 주었다. 이듬해 3월, 윈스턴 처칠은 유럽 대륙에 '철의 장막(iron curtain)'이 드리웠다고 선언했다. 철의 장막은 무너진 히틀러의 제국 위에 동쪽에서 진격해 온 소련군과 서쪽에서 진입해 온 영미 연합군이 그은 유럽 분할 경계선과 거의 일치했다.

그러나 분단되었다고 해서 곧바로 양쪽이 적대 진영으로 나뉘는 것이 필연적인 결과는 아니었다. 변화는 점진적으로 진행되었고, 1940년대 내내 계속되었다. 1947년에 발표된 마셜 플랜(Marshall Plan)은 국제 정치에서 '서방(the West)'이라는 동맹과 진영을 만드는 결정적 계기가 되었다. 약 130억 달러에 달하는 미국의 지원, 즉 마셜 원조는 경제적 목적과 전략적 목적을 모두 달성했다. 마셜 플랜은 막대한 달러를 투입하여 유럽의 대서양 무역 적자를 해결했고, 국제 경제가 다시 움직이도록 했다.[12] 또한 마셜 플랜은 유럽의 분열을 더욱 뚜렷하게 만들기도 했다. 마셜 플랜에 대한 반발은 서유럽 공산당 세력을 약화시켰다. 더불어

---

12 Michael Hogan, *The Marshall Plan: America, Britain, and the Reconstruction of Western Europe, 1947-1952* (Cambridge University Press, 1987)를 보라. 경제적 효과에 대한 회의적인 견해로는 Alan Milward, *The Reconstruction of Western Europe, 1945-1951* (Berkeley, CA: University of California, 1984)를 참고하라.

동유럽 국가들의 원조 수령을 스탈린이 가로막으면서 유럽의 분단은 더욱 확고하게 고착되었다. 이후 분열은 더욱 깊어졌다. 소련군이 영향력을 행사하는 지역에서 모스크바는 동유럽을 소비에트 체제로 만들었다. 대표적인 예로 1948년 2월, 소련이 체코슬로바키아에서 연립 정부를 무너뜨리고 스탈린주의 정권을 세운 사건을 들 수 있다. 미국 또한 유럽 국가들의 정치 상황에 개입하기 시작했다. 미국 중앙정보국(CIA)은 이탈리아 반공주의 정당에 자금을 지원했다. 이는 강력한 지지를 받았던 이탈리아 공산당이 1948년 4월 선거에서 패배하는 데 영향을 미쳤다. 이처럼 냉전은 유럽에서 정치적 다양성을 축소하는 결과를 가져왔다. 동유럽에서는 모스크바의 지원을 받는 공산당이 정권을 장악했다. 반면 서유럽에서는 기독교민주당과 사회민주당이 선거에서 경쟁하면서도, 반공주의라는 공통된 목표 아래 단결했다. 공산주의 세력과 직접 대립했던 좌파 인사들이 오히려 더 강경한 반공주의자가 되는 경우도 있었다. 영국의 외무장관이었던 어니스트 베빈(Ernest Bevin)이 대표적인 인물이었다. 냉전 시기, 양 진영이 완전히 단절되었던 것은 아니며, 진영을 이탈하는 경우도 있었다. 대표적인 예가 카리스마 넘치는 공산주의 지도자 요시프 브로즈 티토(Josip Broz Tito)였다. 유고슬라비아의 지도자였던 그는 1948년 스탈린과 결별하고 서방 세계와 관계를 맺기 시작했다. 그러나 전반적으로 냉전의 기본적인 틀은 크게 변함없이 유지되었다.

유럽 냉전의 중심축은 패전 후 점령 지역으로 분할된 독일이었다. 1947년부터 미국과 영국은 점령 지역을 서방 진영으로 편입시키려는 움직임을 보였다. 이에 스탈린은 1948년 봄, 소련 점령지 안에 고립되어 있던 서베를린으로 통하는 도로를 봉쇄하며 보복에 나섰다. 베를린 위기는 유럽의 분열을 심화시켰지만, 강대국들이 쉽게 군사력을 사용하지 못한다는 사실이 드러나는 계기가 되었다. 미국은 무력을 동원해 봉쇄를 뚫으려고 하지 않았다. 대신 비행기를 이용해 서베를린에 물자를 실어 날랐다.(베를린 공수 작전) 그럼에도 불구하고 베를린 위기는 냉전을 군사적으로 강화시키는 결과를 초래했다. 1949년 초, 서방 국가들은 나토(NATO), 즉 북대서양 조약 기구를 결성했다. 이는 일시적 조직이 아니라 항구적인 군사 동맹이었다. 같은 해 연말에는 독일연방공화국(Federal Republic of Germany, 서독)이 탄생했다. 서독은 서방 진영에 확고히 자리를 잡았다. 1955년 서독이 공식적으로 나토에 가입하자 동구권에서는 이에 대응하여 바르샤바조약기구(Warsaw Pact)를 결성했다. 이렇게 해서 무장 군사블록화된 양대 냉전 진영이 유럽에 구축되었다.

유럽의 분단은 비교적 평화롭게 진행되었다. 그러나 동아시아는 상황이 전혀 달랐다. 동아시아에서는 일본이 수십 년 동안 일부 지역을 지배했고, 일본 제국이 붕괴한 후에는 권력의 공백을 차지하기 위한 복잡한 투쟁이 벌어졌다. 특히 일본 제국이 유럽 세력을 몰아냈던 동남아시아 지역이 더욱 혼란스러웠다. 민족주의 세력들뿐만 아니라, 과거 식민지를 되찾으려는 유럽 국가들까지 권력 투쟁에 뛰어들었기 때문이다. 예컨대 프랑스는 인도차이나에서, 네덜란드는 인도네시아에서 다시 식민 통치를 회복하고자 했다. 미국과 소련, 두 강대국은 모두 동아시아가 냉전의 격전지로 변하는 것을 원치 않았다. 그래서 일촉즉발의 위험 지역을 중립화하는 선에서 만족하려 했다. 특히 미국은 1946년에 필리핀의 독립을 허용하여, 식민 지배에 미련을 버리지 못했던 유럽 국가들과는 뚜렷한 차이를 보였다. 하지만 이러한 노력에도 불구하고 초강대국들은 의도와 달리 동아시아 문제에 깊숙이 개입하게 되었다. 현지 지도자들이 냉전을 주도한 측면도 강했다. 이는 중국과 한국의 사례를 통해 분명하게 확인할 수 있다.

1945년 당시 중국은 복잡한 분열상에 빠져 있었다. 제2차 세계대전 종전 후 중국은 국민당(國民黨) 장악 지역과 공산당(共産黨) 장악 지역으로 나뉘어 있었다. 일본 점령지였던 대만, 만주, 동부 연안 지역은 국민당 지역이었고, 광대한 내륙 지역은 공산당 지역이었다. 두 세력은 10년간 내전을 벌였다. 그러나 1937년 중일전쟁(中日戰爭)이 발발하자 양측은 공동의 적에 맞서 손을 잡았다. 그러나 공동의 적이 사라지자 연합은 금세 깨지고 말았다. 일본 패망 후 국민당과 공산당은 다시 무기를 들고 서로에게 총구를 겨누었다. 공산당의 지도자 모택동은 공산주의자였고, 국민당의 지도자 장개석은 미국과 긴밀한 관계를 맺고 있었다. 초강대국 미국과 소련은 중국 내전에 직접 개입을 자제했다. 소련은 국민당과 실무적 관계를 유지했고, 미국 또한 장개석을 지원하면서도 공산당에 대한 직접적 군사 개입은 피했다. 결국 중국의 운명은 중국 내부의 두 세력, 국민당과 공산당 스스로의 힘으로 결정될 수밖에 없었다. 모택동이 이끄는 공산당의 군대는 국민당의 군대보다 조직력이 우세했다. 전세는 긴박하게 돌아가 공산당에 유리하게 전개되었다. 1949년 공산당은 중국 본토를 완전히 장악했고, 국민당은 대만으로 쫓겨났다. 같은 해 10월, 모택동은 전 세계에 중화인민공화국(中華人民共和國) 수립을 선포했다. 모택동의 승리는 역사적 전환점이 되었다. 1950년 2월 중국과 소련이 공식 동맹을 맺으면서 냉전의 지정학적 구도 또한 새로운 국면을 맞이하게 되었다.

　중국과 소련의 동맹은 공산주의 진영을 강화했을 뿐만 아니라, 북한의 공산주의 지도자 김일성(金日成)을 부추겼다. 그는 무력으로 한반도를 통일하려는 야망을 키웠다. 양대 초강대국은 반 세기 동안 일본의 지배를 받았던 한반도에 큰 관심을 두지 않았다. 그러나 일본이 패망한 뒤 미국과 소련이 한반도를 분할 점령하면서 상황이 달라졌다. 소련은 북한을, 미국은 남한을 각각 지원했고, 각각의 지역 정권을 후원했다. 김일성은 망설이는 스탈린을 설득해 결국 지지를 얻어냈고, 1950년 6월 전쟁을 일으켰다. 미국은 한국을 돕기 위해 국제 사회의 개입을 주도했다. 이 전쟁으로 약 250만 명의 인명이 희생되었고, 희생자의 대부분은 한국인이었다. 몇 달간 전투가 이어지다가 중공군이 북한을 돕기 위해 개입하면서 결국 전쟁은 교착 상태에 빠졌다. 한국의 상황은 유라시아 대륙의 반대편, 유럽의 분단을 떠올리게 했다. 그러나 이곳에서는 유럽보다 더 많은 피를 흘려야 했다. 한국전쟁은 소규모 전쟁을 넘어 냉전의 성격 자체를 바꾸어 놓았다. 이를 계기로 중소 동맹은 더욱 굳건해졌고, 패전국 일본이 다시 일어서서 서방(the West) 동맹에 합류하는 계기가 되었다. 또한 미국은 대만 방어를 약속하고, 호주, 뉴질랜드와 안보 조약(ANZUS)을 맺었으며, 동남아시아 조약 기구(SEATO)를 창설하는 등 여러 군사적 약속들을 구체화했다. 1953년까지 계속된 한국 전쟁은 세계의 분단 구조를 고착화시켰다. 이후 냉전은 군사 중심의 대립이 되었다. 그러나 소련은 전쟁에 직접 개입을 주저했고, 미국 또한 핵무기 사용을 고민하다 결국 사용하지 않았다. 한국전쟁을 통해 냉전의 한계가 분명히 드러난 셈이었다.

한국전쟁이 끝날 무렵, 냉전은 단순히 강대국과 동맹국 간의 갈등을 넘어, 국제 관계를 규정하는 하나의 틀로 자리 잡았다. 적어도 초강대국들에게 있어 양극체제는 국제질서의 안정성을 보장하는 요소가 되었다. 하지만 한반도와 같이 냉전의 주변부에 놓인 지역에서는 불안정과 폭력이 만연했다. 냉전 체제에는 국내 정치와 국제 정치가 모두 밀접하게 연결되어 있었다. 제2차 세계대전 이후의 세계 질서를 형성할 때 냉전은 결정적인 역할을 했다. 이런 점에서 냉전 질서는 이전 시대의 전쟁 후 질서와 비교해볼 가치가 있다. 구성원들이 공유하는 가치를 기반으로 결속했던 1815년(나폴레옹 전쟁 이후)이나, 비교적 성공적이지 못했던 1919년(제1차 세계대전 이후)의 전후 질서와 냉전은 성격이 달랐다.[13] 미국 전략가들은 경제 통합과 정치적 민족 자결이라는 자유주의적 가치에 기초한 전후 질서를 구축하려 했다. 그러나 현실에서는 전혀 다른 결과가 나타났다. 다시 말해, 1945년 이후 계획된 결과가 아니라, 우발적으로 형성된 적대적 균형(antagonistic equilibrium)이 세계 질서를 구성하게 된 것이다. 이러한 우발적이고 불안정한 균형이 결국 세계 평화의 기반이 되었다.

냉전의 대립과 경쟁

한국전쟁 이후 미국과 소련의 군비 경쟁이 가속화되면서 양대 초강대국 사이의 충돌 위험은 점점 더 심각해졌다. 핵무기의 파괴력도 빠르

---

13 1815년 합의에서 공유된 약속의 역할에 대해서는 Paul Schroeder, *The Transformation of European Politics, 1763-1848* (Oxford University Press, 1994)를 참고하라.

게 증가했다. 소련은 히로시마를 파괴했던 폭탄을 모방하는 데 4년이 걸렸다. 그 과정에서 일정 수준의 스파이 활동도 있었다. 1950년대 중반이 되자, 두 나라는 히로시마 원자폭탄보다 훨씬 강력한 수소폭탄 실험을 시작했다. 곧이어 대륙간탄도미사일(ICBM)에 수소폭탄 탄두가 장착되기 시작했다. 이런 무기는 일단 발사되면 막을 방법이 없었다. 유일한 방어책은 상대방의 보복 공격을 두려워하는 것뿐이었다. 하지만 상호 억지(mutual deterrence), 즉 서로 공격을 억제하는 논리가 갑자기 만들어진 것은 아니었다. 또한 이 논리는 말처럼 완벽하게 균형을 이루는 것도 아니었다. 냉전 초기 15년 동안은 비대칭 균형의 시기였다. 미국은 풍부한 핵무기, 즉 전략무기를 앞세워 소련의 강력한 재래식 군사력을 견제했고, 반대로 소련은 기술 발전을 통해 미국의 전략무기 개발을 자극했다. 핵무기의 보유는 초강대국과 다른 국가들을 구별 짓는 기준이 되었다. 다만 자체적으로 핵실험에 성공한 일부 국가들(영국 1952년, 프랑스 1960년, 중국 1964년, 인도 1974년)은 예외였다. 미국과 소련 두 나라가 보유한 핵무기의 양이 다른 모든 나라를 압도하는 한, 핵무기는 냉전 시대 국제 질서 속에서 초강대국의 특별한 지위를 누구도 넘볼 수 없게 만드는 역할을 했다.

미국과 소련의 적대적 관계는 매우 특이했다. 예컨대 과거 영국과 독일의 해군 군비 경쟁은 제1차 세계대전의 계기가 되기도 했지만, 미소 군비 경쟁은 오히려 전쟁을 막는 데 도움이 되었을 수도 있다. 핵무기로 인한 양측의 교착 상태는, 역사가 존 개디스(John Gaddis)가 말한 것처럼 '오랜 평화(long peace)'를 가져왔다.[14] 그러나 전쟁의 위험이 완전히 사라진 것은 아니었다. 한국 전쟁은 어쩌면 결과가 달라질 수도 있었다. 만약 맥아더 장군이 계획대로 중국 본토까지 진격했다면, 전면전으로 확대되어 핵무기가 사용될 가능성도 충분히 있었다. 아마 가장 위험했던 순간은 소련이 1962년에 쿠바에 핵미사일을 배치하기로 했을 때였다. 당시 미국이 전략 무기에서 소련을 압도하던 상황에서, 소련은 핵전력의 격차를 줄이고자 쿠바에 중거리 미사일을 배치하려 했다. 소련의 입장에서는 나름대로 합리적인 판단이었다. 소련 지도부는 미국의 강력한 반발, 혹은 자신의 선택이 제한되리라는 예상을 하지 못했다. 미국의 케네디 대통령은 긴장을 고조시키는 대신 양측 모두 군비를 축소하는 타협안을 제시했다. 만약 케네디 대통령이 강경파 참모들의 의견을 따랐다면 핵전쟁이 일어날 가능성이 매우 컸고, 어쩌면 피할 수 없었을지도 모른다. 이렇게 가까스로 재앙을 피한 경험은 양측 모두에게 중요한 교훈이 되었다. 쿠바 미사일 위기 이후 양국 지도자들은 안정이라는 공통된 목표를 추구하기 시작했다. 1963년에 크렘린궁과 백악관 사이에 설치된 통신선(상징적으로 'red telephone'이라 불렸지만 실제 빨간 전화기는 아니었다)이 양국의 달라진 분위기를 보여주었다. 이는 향후 군비 경쟁을 억제하고 냉전 체제를 안정시킬 협력의 상징이 되었다.

    벼랑 끝에서 물러섰다고 해서 냉전이 종식된 것은 아니었다. 오히려 핵전쟁 공포는 초강대국 경쟁의 새로운 면모를 보여주었다. 공산주의와 자유주의적 자본주의 이념 갈등뿐만 아니라 제3세계를 둘러싼 주도권 경쟁도 점점 더 중요해졌다.[15]

---

14 John Lewis Gaddis, *The Long Peace: Inquiries Into the History of the Cold War* (Oxford University Press, 1987), esp. pp. 215-246.

이념 투쟁은 여러 차원에서 전개되었다. 국제적인 관점에서 볼 때, 냉전은 미국이 추구한 개방적이고 자유주의적인 국제 질서를 소련이 거부하면서 시작되었다. 시간이 지날수록 이념 갈등의 중심은 이미 나뉘어 버린 국제 질서뿐 아니라, 각 사회의 미래를 놓고 벌이는 싸움으로 옮겨갔다. 냉전은 국가 간의 경쟁만큼이나 각 나라 내부에서도 중요한 문제였다. 그렇다면 냉전 시대에 양대 진영을 나누는 기준은 무엇이었을까? 미국식 자유주의는 자유로운 시장 경제, 개인의 재산권, 그리고 대의 민주주의를 중요하게 여겼다. 반면에 소련식 공산주의는 국가의 계획 경제, 공산당의 권력 독점, 궁극적으로 사회 구성원의 평등주의를 목표로 삼았다. 이념 투쟁을 단순히 개인주의와 집단주의라는 두 가지 극단적인 대결로만 보는 것은 지나친 단순화일 수도 있다. 그러나 실제로 당시의 자유주의와 공산주의는 각각 개인주의와 집단주의라는 극단적인 방향으로 나아가려는 경향을 보였다. 서로 다른 점이 많았음에도 불구하고, 자유주의와 공산주의는 근본적으로 같은 점도 가지고 있었다. 자유주의와 공산주의는 서로 적대적인 관계였지만, 계몽주의 사상의 영향을 함께 받은 '형제'와도 같았다. 모두 이성적인 사고, 세속적인 가치관, 물질적인 풍요를 중요하게 생각하는 경향은 공통이었다. 무엇보다 양측 모두 역사가 자기편이라고 믿었다. 소련의 지도자들은 마르크스주의의 역사적 결정론을 받아들여, 역사의 흐름이 객관적으로 자신에게 유리하게 작용할 것이라고 확신했다. 자유주의자들의 역사 이론

---

15 이러한 주제들에 대해서는 Odd Arne Westad, *The Global Cold War: Third World Interventions and the Making of Our Times* (Cambridge University Press, 2005)를 주목하라.

은 마르크스주의만큼 체계적이지는 않았지만, 그들 역시 역사가 자기편이라고 생각했으며, 미래는 자신의 것이라고 굳게 믿었다. 핵무기가 냉전 체제의 안정화에 기여했다면, 양측의 이념적 확신은 이를 더욱 안정시키는 효과가 있었다. 장기적으로 어차피 자신이 승리할 것이기 때문에, 굳이 위험한 군사적 행동을 해서 미래를 불안하게 만들 필요가 없었던 것이다.

그럼에도 냉전의 이념적인 측면은 고정된 것이 아니었다. 마치 핵무기 경쟁처럼 시간이 흐르면서 계속 변했고, 그 의미 또한 상황에 따라 달라졌다. 자유주의는 공산주의만큼 체계적으로 조직된 이념은 아니었지만, 미국은 소련보다 먼저 자신의 이념을 해외로 확산하고자 노력했다. 미국은 유럽과 일본을 대상으로, 자유주의, 자본주의, 민주주의를 묶어 '삼각 타협(triangular compromise)'이라는 형태로 제시했다. 이는 자유시장의 효율성을 활용하면서 동시에 민주주의의 안정과 개인의 권리도 보장하려는 계획이었다. 여기서 무엇보다 중요한 것은 경제 성장을 전략적으로 관리하는 것이었다. 미국의 정책 결정자들은 미국의 역사에서 얻은 교훈을 바탕으로, 경제가 풍요로워지면 사회 내부의 분배 갈등을 극복할 수 있다고 믿었다. 이러한 노력은 일본과 유럽에서 큰 성공을 거두었고, 1960년대에 이르러 미국의 핵심 동맹국들은 전장 패배의 충격을 딛고 번영과 사회적 안정을 누리게 되었다.

하지만 미국의 이념적 냉전은 다른 지역에서는 훨씬 더 큰 혼란을 야기했다. 문제는 1949년 트루먼 대통령이 발표한 '포인트 포 프로그램(Point Four Program)'부터 시작되었다. 트루먼은 "과학 발전과 산업 진보의 혜택"을 세계의 "저개발" 지역 주민들과 공유하기 위한 "대담하고 새로운" 노력을 구상했다. 이후 인도, 이집트, 동남아시아 등지에서 지원 프로그램이 시행되었고, 라틴 아메리카에도 제한적으로나마 지원이 이루어졌다. 저개발 국가에는 '전통' 사회에서 '근대' 사회로 변화했던 서구의 경험에서 일반적인 교훈을 얻을 수 있다고 믿는 경제학자 및 사회학자들이 있었다. 이들의 아이디어와 미국의 노력이 합쳐져 '근대화(modernization)'라는 특별한 목표를 형성하게 되었다. 냉전 시대의 미국은 저개발국이 자유주의를 받아들이고, 시장 경제를 중심으로 발전하는 것, 그래서 공산주의를 따르지 않도록 하는 것에 중점을 두었다. 그러나 실제로는 미국이 저개발국의 여러 비민주적 정권들과 협력하는 경우가 많았고, 자유주의적 근대화라는 이상은 공산주의 확산 저지라는 또 다른 정치적 목표와 복잡하게 얽혔다.[16]

한편 소련은 이념 체제의 모범을 제시하는 데 다소 소극적이었다. 1950년대 소련의 개발 지원은 주로 중국에 집중되었다. 중국의 제1차 5개년 계획(1953년-1958년) 기간 동안 소련의 기술과 자원이 대량으로 중국에 투입되었다. 스탈린이 국제 정세에 신중하게 접근했던 것과는 달리, 그의 사망(1953년) 이후 집단 지도 체제를 거쳐 등장한 후임자는

---

16 근대화, 발전, 냉전에 관한 문헌은 풍부하다. 개괄적인 내용으로는 David Ekbladh, *The Great American Mission: Modernization and the Construction of An American World Order* (Princeton University Press, 2010); and Michael Latham, *The Right Kind of Revolution: Modernization, Development, and U.S. Foreign Policy From the Cold War to the Present* (Ithaca, NY: Cornell University Press, 2011); 더 세부적으로 다룬 연구는 Nils Gilman, *Mandarins of the Future: Modernization Theory in Cold War America* (Baltimore, MD: Johns Hopkins University Press, 2007); and Michael Latham, *Modernization As Ideology: American Social Science and "Nation-Building" in the Kennedy Era* (Chapel Hill: University of North Carolina Press, 2000)를 보라.

그에 못지않게 대담한 지도자였다. 니키타 흐루쇼프(Nikita Khrushchev)는 마르크스-레닌주의 신념이 확고한 인물이었다. 그는 소련이 '사회주의' 체제를 구축하고 있으며, 이는 결국 마르크스가 꿈꾼 '공산주의' 이상향을 향해 나아가는 과정이라고 보았다. 이상향에 도달하면 누에가 고치를 벗듯이 국가는 사라지고 인간은 평등하게, 그리고 풍족하게 살게 될 것이라고 주장했다. 흐루쇼프의 신념은 냉전 시대에 다양한 영향을 미쳤다. 그것은 때로는 강경하게, 때로는 개혁적으로 행동으로 나타났다. 1956년 2월 비밀 연설에서 스탈린의 정치적 범죄를 공개적으로 비판하며 스탈린 체제의 일부를 해체한 점에서 흐루쇼프는 긍정적인 평가를 받았다. 그럼에도 불구하고 흐루쇼프는 국제무대에서 마르크스-레닌주의를 열정적으로 옹호하며 소련이 결국 서방을 '매장'하게 될 것이라고 호언장담했다. 그러나 그것은 전쟁을 의미하는 것이 아니라, 사회주의가 평등과 물질적 풍요를 바탕으로 경쟁에서 우위를 점할 것이라는 자신감의 표현이었다. 이를 위해 흐루쇼프는 소비재와 식량 생산 중심으로 계획 경제를 재편했다. 그러나 흐루쇼프의 개혁 노선은 모택동과 갈등을 심화시켰다. 모택동은 스탈린의 노선을 따라 중국 혁명을 이끌어왔다. 흐루쇼프는 다른 곳에서 새로운 동맹을 모색했다. 1959년 쿠바에서 혁명으로 권력을 잡은 피델 카스트로는 소련에 우호적이었다. 흐루쇼프는 그를 적극적으로 끌어들였고, 카스트로는 제3세계 혁명의 핵심 인물로 부상했다.

　1959년, 모스크바 세계 박람회에서 흐루쇼프는 미국식 모델의 주방을 둘러보던 중 리처드 닉슨(Richard Nixon) 미국 부통령과 즉석에서 토론을 벌였다. 격렬하게 손짓과 몸짓을 섞어가며 서로의 체제가 더 낫다는 주장이 오갔다. 그러나 양측 모두 경쟁은 평화적으로 이루어져야 한다는 점에 동의했다. 그러나 현실은 이상과는 달랐고, 특히 개발도상국에서는 상황이 더욱 복잡했다. 두 초강대국은 두려움과 함께 기회주의적인 계산 때문에 온갖 방식으로 개입할 틈을 찾았다. 흥미롭게도 양쪽의 개입 방식은 서로 비슷한 점이 많았다. 그렇다고 해서 두 초강대국의 개입이 완전히 똑같았다는 의미는 아니다. 미국이 더 빠르고 적극적이었다. 실제로 미국은 1953년 이란과 1954년 과테말라에서 쿠데타를 사주하여 민주 정부를 무너뜨렸다. 그 자리에는 반민주적이긴 하지만 친서방 정권이 들어섰다. 이때 미국은 반동 세력과 손을 잡았다. 이와 같은 미국의 개입 방식은 이후 다른 개입의 사례에서 전형이 되었다. 1950년대와 60년대는 미국의 개입주의가 최고조에 달했던 시기였고, 소련의 개입주의가 정점에 달한 것은 이보다 나중의 일이었다. 미국의 개입 방식은 나라마다 달랐다. 과테말라와 이란에서 미국은 비밀스럽고 냉정하게 개입했다. 반면 남베트남에서는 응오딘지엠(Ngo Dinh Diem) 정권을 지원하여 공산주의에 맞서는 현대 국가를 건설하려 했다. 그러나 베트남은 결국 미국에 커다란 재앙이 되었다. 1960년대 초부터 미국은 베트남 내전에 깊숙이 개입했고, 이 전쟁으로 미국인 6만 명과 베트남인 최대 100만 명이 목숨을 잃었다.[17] 베트남 전쟁, 혹은 베트남인들이 '미국

---

17 베트남 전쟁 사망자 추정치는 다양하다. 베트남 정부는 1945–75년 사이 전쟁 관련 사망자가 310만 명이라고 주장한다. Charles Hirschman et al.은 전후 인구조사 데이터를 근거로 같은 수치를 88만 2,000명으로 추산한다. "Vietnamese casualties during the American War: a new estimate," *Population and Development Review* 21/4 (1995), 783–812 참조.

전쟁'이라 부르는 이 전쟁은, 냉전 시대 미국 개입주의의 정점을 보여주는 사건이었다. 이후 미국은 직접적 군사 개입 대신, 반공 진영의 대리 세력들에게 물질적 지원과 군사 원조를 제공하는 방식으로 전략을 바꾸었다. 반대로 소련 지도부는 개발도상국들이 자신의 편으로 기울고 있다고 판단하고, 개입의 수위를 점차 높여갔다.[18]

1953년 3월, 스탈린이 사망하자 동유럽에서는 반공을 외치는 파업과 시위가 연이어 발생했다. 특히 동독에서 시위가 거세게 일어났고, 소련 정부는 붉은 군대를 동원해 이를 강경하게 진압했다. 3년 후, 흐루쇼프가 스탈린을 비판하면서 동유럽에서 다시 한번 소요가 일어났다. 폴란드와 헝가리에서 대규모 시위대가 결집했다. 헝가리에서는 개혁파 지도자였던 임레 너지(Imre Nagy)가 1956년 10월 말 정권을 잡았다. 너지 수상은 처음에는 소련과 반공 혁명 세력 사이에서 중재자 역할을 하려고 노력했다. 중재가 실패하자, 그는 결국 민중의 편에 서서 유엔(UN)에 도움을 요청했다. 소련의 흐루쇼프는 헝가리가 동유럽 공산 진영에서 이탈하는 것을 절대로 용납할 수 없었다. 그는 다시 붉은 군대를 투입하여 혁명을 무자비하게 진압하고, 너지를 포함한 수만 명의 헝가리 시민을 체포했다. 공교롭게도 비슷한 시기에 미국도 국제 사회에서 힘을 과시하고 있었다. 이집트가 수에즈 운하를 국유화하려 하자, 영국은 프랑스, 이스라엘과 함께 이집트를 침공했다. 이에 미국은 강력하게 반발했다. 아이젠하워(Eisenhower) 대통령은 영국과 프랑스 군대가 수에즈 운

---

18 Westad, *Global Cold War* 외에도 Christopher Andrew and Vasili Mitrokhin, *The World Was Going Our Way: The KGB and the Battle for the Third World* (New York: Basic Books, 2005)를 참고하라.

하 지역에 상륙했다는 소식을 듣고 크게 분노했다. 아이젠하워는 영국이 노골적인 식민주의적 행태를 보이면 제3세계 국가들이 서방 세계로부터 등을 돌릴 것을 우려했다. 그는 재무장관에게 영국 파운드화 채권(sterling bonds)을 매각하라고 지시했다. 영국에 재정적인 압박을 가해 영국과 프랑스를 철수시키기 위한 방안이었다. 흐루쇼프의 무력 진압보다는 나았지만, 미국의 이러한 방식 역시 강대국 간의 힘의 불균형을 보여주는 사건이었다. 그럼에도 불구하고 미국의 국제적 영향력은 단순히 군사력이나 경제력에만 기반한 것은 아니었다. 재즈나 청바지와 같은 미국의 문화적 요소들은 활기차고 밝은 현대성을 상징했다. 미국은 냉전 시대의 장벽을 넘어 유럽과 전 세계 사람들이 동경하는 매력적인 모델이 되었다.

1940년대 말부터 1960년대까지가 냉전의 절정기였고, 양대 초강대국의 힘이 그 시대의 특징이었다. 1960년대 말과 1970년대 초는 또 하나의 전환점이었다. 미국에서는 베트남 전쟁 때문에 냉전 시대 외교 정책의 기반이었던 정치적 합의가 깨져버렸다. 냉전에 대한 국민적 지지가 약화되면서, 1969년에 출범한 닉슨 행정부는 냉전이라는 무거운 짐을 어떻게 계속 짊어질 것인지 심각한 고민에 빠졌다. 서유럽에서는 베트남 전쟁 때문에 미국의 리더십이 흔들리기 시작했다. 특히 파리, 런던, 서베를린 등지에서 학생 시위대가 미국의 역할에 강력한 의문을 제기했다. 시위는 동유럽에서도 일어났는데, 특히 체코슬로바키아에서 더욱 심각했다. 1968년 '프라하의 봄'은 1956년 헝가리 봉기와 마찬가지로 민중의 저항과 '개혁 사회주의' 시도였다. 이는 동유럽 사회주의 국가들의 결속력을 약화시켰다. 모스크바는 다시 한번 붉은 군대를 투입했다. 그러나 이 때문에 동유럽에서 소련의 권력이 얼마나 불안정했는지가 다시 한번 드러나고 말았다. 그러나 이보다 더 중요했던 사건은 중소 관계의 악화였다. 이는 결국 양국 관계의 결정적인 분열로 이어졌고, 1969년 3월에는 우수리(Ussuri River) 강에서 무력 충돌까지 발생했다. 역사가들은 중소 분쟁의 원인이 이념적인 갈등인지, 아니면 지정학적 이해관계 때문인지 논쟁하지만, 그 결과가 매우 컸다는 점에는 이견이 없다.[19] 공산 진영의 분열과 함께, 핵무기 통제를 중심으로 미국과 소련 간의 협력이 서서히 나타나기 시작하면서, 냉전 시대의 국제 질서도 점차 흔들리는 모습을 보였다.[20]

냉전의 종료

냉전은 1960년대 후반을 지나 그 후 20년 동안 계속되었다. 그러나 1970년대에 접어들면서부터는 냉전의 성격이 바뀌기 시작했고, 어쩌면 끝날 기미를 보이기 시작했다. 양측 진영의 지도자들은 각자의 이익을 추구하는 가운데, 냉전 체제가 안정적으로 유지되는 방안을 모색했

---

19 Lorenz Luthi, *The Sino-Soviet Split: Cold War in the Communist World* (Princeton University Press, 2008)는 이데올로기를 강조하는 반면, Sergey Radchenko, *Two Suns in the Heavens: The Sino-Soviet Struggle for Supremacy, 1962-1967* (Palo Alto, ca: Stanford University Press, 2009)는 지정학적 요소를 우선시한다.
20 예컨대 Kenneth Waltz, "The politics of peace," *International Studies Quarterly* 11/3 (1967), 199-211; Marshall Shulman, *Beyond the Cold War* (New Haven, CT: Yale University Press, 1966); and Paul Seabury, *The Rise and Decline of the Cold War* (New York: Basic Books, 1967)를 참고하라. 1960년대의 핵심 주제를 냉전 질서에 대한 젊은 세대의 도전으로 독창적으로 해석한 연구로는 Jeremi Suri, *Power and Protest: Global Revolution and the Rise of Detente* (Cambridge, MA: Harvard University Press, 2003)를 보라.

다. 베트남 전쟁이 미국에 타격을 주었다고 판단한 소련의 지도자들은 제3세계에서 소련의 이익을 확대하고자 했다. 반면 닉슨 대통령의 안보보좌관이었던 헨리 키신저(Henry Kissinger)는 중국과의 관계 개선을 주장했다. 그렇게 하면 미국에 유리한 쪽으로 냉전의 판도를 바꿀 수 있고, 남베트남을 비롯한 제3세계 동맹국들에 지원해야 할 군사적 부담을 줄일 수 있다는 계산이었다. 1972년 닉슨 대통령의 중국 방문이 성사되었다. 이로써 냉전 시대의 삼각 구도(triangulation)가 만들어졌다. 이는 매우 중대한 분기점이었다. 이때를 계기로 중국은 동유럽 국가들과 멀어지기 시작했으며, 나아가 1980년대 미국 주도 세계 경제 시스템에 중국이 다시 들어올 수 있게 되었다.

중국과 미국의 관계가 개선되자 미국이 소련에 대응할 지렛대가 마련되었다. 뒤이어 미국과 소련 간의 직접 협상이 이루어졌다. 당시의 대화를 흔히 데탕트(détente)라 하는데, 긴장 완화를 의미하는 프랑스어였다. 협상의 성과는 실로 괄목할 만했다. 1972년에는 전략무기제한협정(SALT)이 체결되어, 미국과 소련이 핵무기 수량을 제한하는 데 합의했다. 그러나 기존에 보유하고 있던 핵무기를 줄이는 수준까지는 이르지 못했다. 그럼에도 이 협정은 미국이 중요하게 여겼던 군비 지출을 억제하는 데 도움이 되었다. 1964년 흐루쇼프가 축출된 후, 레오니트 브레즈네프가 소련의 최고 지도자가 되었다. 그는 데탕트를 통해 소련이 미국과 동등한 초강대국으로 인정받기를 원했다. 1973년 기본원칙협정과 1975년 유럽안보협력회의(CSCE)는 소련의 위상을 공식적으로 인정하는 계기가 되었다. 1973년의 기본원칙협정은 초강대국 간의 관계에서 지켜야 할 행동 규범을 만들었고, 1975년 회의에서는 냉전으로 분단된 유럽의 현실을 인정하면서 서방 세계가 동구권의 정당성을 암묵적으로나마 인정하는 계기가 되었다. 결과적으로 1972년부터 1975년까지 이어진 여러 협상과 합의를 통해 냉전 체제는 안정화되었고, 미국과 중국의 화해로 냉전의 국제 정치 구도 또한 변화의 길로 접어들었다. 1960년대 말, 초강대국들의 권위가 흔들리는 듯했던 상황을 감안하면, 이러한 체제 안정화는 매우 놀라운 결과였다.

1972년 《원자과학자회보(Bulletin of the Atomic Scientists)》는 데탕트의 성과를 평가하며 '지구 종말 시계'의 바늘을 자정 12분 전으로 늦췄다. 초강대국 간 전쟁 가능성은 1950년대 지구 종말 시계가 자정 2분 전을 가리켰을 때보다 훨씬 낮아진 것으로 평가되었다. 이것이 바로 데탕트의 성과였다. 그러나 여기에는 아이러니한 측면도 있었다. 닉슨과 브레즈네프가 냉전을 안정화시킨 것은 분명한 사실이다. 그러나 이 때는 이미 국제관계를 설명할 때 냉전이라는 틀이 한계를 드러내던 시점이었다. 오히려 초강대국의 대화가 냉전을 더욱 고착화시킨 면도 있었다. 세계 정치 현실은 양극 체제를 이미 벗어나고 있었다. 청년들은 기성세대의 권위에 저항했고, 경제적 세계화가 시작되었으며, 탈식민지 운동은 역사상 최고조에 다다르고 있었다.[21] 탈냉전 시대가 이미 다가오고 있었다. 그러나 초강대국의 지도자들은 여전히 냉전 구도에 몰두하고 있었

---

21 이러한 주제에 대해서는 Richard Cooper, *The Economics of Interdependence: Economic Policy in the Atlantic Community* (New York: Council on Foreign Relations, 1968); Daniel Philpott, *Revolutions in Sovereignty: How Ideas Shaped Modern International Relations* (Princeton University Press, 2001), 특히 8-12장을 보라. 또한 Suri, *Power and Protest*를 참고하라.

다. 새로 다가오는 세계의 특징은 무엇이었을까? 그것은 탈식민주의 세계인 동시에 국가 간 상호의존성이 심화된 세계였다. 그것이 바로 오늘날 다시 부상하는 세계화(globalization)의 초기적 모습이었다. 마르크스의 표현을 빌리자면, 냉전이라는 상부구조는 그대로 유지되었지만, 하부구조는 변화하고 있었다. 경제, 기술, 사회, 이념적 변화가 국제 관계를 근본적으로 변화시키고 있었다. 이러한 변화와 데탕트의 성과가 맞물려, 1980년대 냉전 종식을 위한 조건이 형성되었다.

그렇지만 1970년대 말의 시점에서는 냉전 종식을 쉽게 예상할 수는 없는 일이었다. 당시의 상황에서 보자면, 데탕트가 초강대국 간의 평화를 가져왔다기보다, 냉전의 갈등을 제3세계로 옮겨 놓은 것 같았다. 새로운 냉전의 무대는 계속 확산되고 있었다. 1970년대의 아프리카는 강대국들이 맞붙는 새로운 갈등의 무대가 되었다. 1974년 앙골라에서 포르투갈의 식민 통치가 끝나자, 소련, 미국, 중국은 각기 다른 세력을 지원하며 앙골라의 권력 투쟁에 뛰어들었다. 1977년 소말리아가 에티오피아를 공격하며 '아프리카의 뿔(Horn of Africa)' 지역도 분쟁 지역으로 변했다. 여기에 소련이 개입했고, 미국에서도 냉전적 사고가 다시 강화되었다. 쿠바 또한 '형제의 지원'이라는 명분 아래 아프리카에 발을 담갔다. 앙골라와 에티오피아에 파견된 쿠바 병력이 수만 명에 달했다. 라틴아메리카 역시 폭력에 휩싸였다. 이곳에서는 이념 갈등이 국가 간의 대립이 아니라 국내 문제로 나타나 그 여파가 국경을 넘는 양상이 벌어졌다. 1964년 브라질, 1973년 칠레, 1976년 아르헨티나에서 잇달아 쿠데타가 일어나 권위주의 정권이 들어섰다. 미국의 지원을 등에 업은 이들은 좌익 반군은 물론 비무장 진보 세력까지 탄압했다. 니카라과에서는 반대의 상황이 나타났다. 소모사(Somoza) 대통령이 이끌던 독재 정권이 1979년 무너지고 좌파 정당 산디니스타(Sandinista)가 정권을 잡았다. 이후 우익 세력은 콘트라(Contras)를 결성하여 무장 투쟁을 본격화했다. 1980년 로널드 레이건(Ronald Reagan) 대통령이 당선된 후, 미국은 국내법을 어겨가면서까지 반산디니스타 세력인 콘트라를 대대적으로 지원했다. 결국 중앙아메리카는 냉전 말기의 가장 처참한 전쟁터로 변모했다. 역사가 아른 베스타(Arne Westad)는 냉전 시기 제3세계를 둘러싼 투쟁을 '글로벌 냉전(Global Cold War)'이라 했다. 그 그림자는 미국 정치계에까지 드리워져, 워싱턴의 일부 인사들은 데탕트를 포기하고 과거의 강력한 반소 정책으로 돌아가야 한다고 주장하기도 했다.[22]

냉전의 중심부에서는 데탕트, 즉 긴장 완화 분위기가 이어지는 동시에 제3세계에서는 갈등이 격화되고 있었다. 그런데 1970년대로 접어들면서 서구 세계에서는 예상치 못한 주제가 외교가의 우선순위로 떠올랐다. 그것은 바로 '인권(human rights)' 개념이었다. 놀라울 정도로 유연하게 적용되는 것도 인권 개념의 특징 중 하나였다. 인권 개념의 기원은 단순하지 않았다. 우선 수많은 비정부기구(NGO)들이 인권 침해를 호소하며 국제적으로 활동 범위를 확대해 나갔다. 한편 베트남 전쟁 이후 미국의 카터 행정부는 외교 정책의 기조를 인권외교로 설정했다. 인권운동가들은 기존의 미국 외교 정책을 강력히 비판했다. 소련의 인권 탄압에도 불구하고 소련과 데탕트 분위기를 연출한 것은 그 자체로 도덕성을 저버린 야합이라는 비난이었다. 제3세계의 억압적 권위주의 반공정

---

22 Westad, *Global Cold War*.

권과 미국이 손을 잡았던 것도 질타의 대상이 되었다. 이러한 인권 개념은 냉전 시대의 전개에 심대한 영향을 미쳤다. 미국의 카터 대통령은 미국과 소련 간의 외교 관계에도 인권 문제를 도입하려 했다. 그러나 이런 시도는 양측의 갈등만 키웠을 따름이다. 그럼에도 성과가 없지는 않았다. 1975년에 개최된 유럽안보협력회의(CSCE)에서 최종 협상 결과로 이른바 '헬싱키 의정서 최종안(Helsinki Final Act)'이 채택되었는데, 여기에 인권 관련 조항을 포함시키는 데 성공했다. 동유럽의 반체제 인사들은 여기에 크게 고무되었다. 그로부터 2년 뒤 체코슬로바키아에서는 극작가 바츨라프 하벨(Vaclav Havel)을 비롯해서 지식인 그룹이 반체제 운동인 '시민 선언 77(Charter 77)'을 조직했다. 체코슬로바키아의 공산당 정부도 헬싱키 의정서에 동의했던 만큼, 인권 보장 약속을 이행하라고 촉구하는 내용이었다. 더 큰 파장을 일으킨 것은 폴란드의 '연대 운동(Solidarity)'이었다. 1979년 폴란드 출신의 반공주의자 요한 바오로(Ioannes Paulus) 2세가 교황에 즉위했다. 기존의 세계 운동과 교황의 지지에 고무된 폴란드의 노동조합 연대는 1980-81년 전국적으로 총파업에 돌입했다. 결국 폴란드 전역이 멈추어 섰고, 공산 정권은 계엄령을 선포했다. 폴란드 연대의 저항은 과거 동유럽에서 공산당이 쿠데타를 일으켜 권력을 장악하던 때와는 다른 양상이었다. 노동조합 연대는 비록 권력을 장악하는 데는 성공하지 못했지만 국민의 폭넓은 지지를 얻었다. 이후에도 공산 정권이 계속 유지되었지만 소련을 포함한 공산권 국가 내부에서 반체제 운동이 서서히 고개를 들기 시작했다. 소련의 반체제 인사들, 예컨대 안드레이 사하로프(Andrei Sakharov)나 알렉산드르 솔제니친(Aleksandr Solzhenitsyn) 같은 인사들도 즉각적인 영향력은 미미했다. 그러나 1970년대에 공산 정권을 상대로 인권 문제를 제기했던 그들의 메시지는, 1980년대 공산 국가가 감당해야 할 체제 정당성의 위기를 예고하는 것이었다. 공산주의 통치자들이 내세우는 이상과 그들이 만들어낸 초라하고 억압적인 현실의 괴리가, 관심 있는 사람들의 눈에는 점점 더 뚜렷하게 드러났다.

　사회주의 체제가 해결해야 할 문제는 인권뿐만이 아니었다. 볼셰비키 혁명의 지도자들은 사회적 평등의 증진과 더불어 소련을 생산적이고 근면한 사회로 만들고자 했었다. 1930-60년대까지 그들의 목표는 성공하는 듯 보였다. 노동력과 자본을 강제로 투입하면서 눈부신 산업 성장을 이루어냈다. 그러나 1960년대 후반에 이르러 소련의 성장 모델은 한계를 드러내기 시작했다. 기초적인 산업화의 단계에서는 계획 경제가 성장 동력을 성공적으로 만들어갈 수 있었다. 그러나 중공업 분야에서 더 이상 성장의 여력이 고갈되고, 더불어 잉여 노동력도 부족해지고, 시민들이 석탄이나 철이 아니라 식량과 질 좋은 소비재를 요구하기 시작했을 때, 계획 경제는 난항을 겪게 되었다. 시장 인센티브가 없는 상황에서 국영 기업 경영자들은 신상품 개발이나 기존 제품 개선에 나설 이유가 없었다. 그들에게 중요한 것은 소비자의 만족이 아니라 중앙에서 주어진 목표의 달성이었다. 민간 기업 활동이 법으로 금지된 상황에서 기업가 정신을 발휘할 여지는 거의 없었다. 소련이 기댈 수 있는 것은 천연자원뿐이었고, 그마저도 장기적 안목이나 지속가능성에 대한 고려 없이 함부로 채굴되었다. 1970년대에 세계 시장에서 원자재 가격이 급등하자 소련은 특히 석유 수출로 큰돈을 벌었고, 그 돈으로 사회주의 체제의 근본적인 실패를 은폐할 수 있었다. 동유럽 사회주의 경제권은 훨씬 더 암울했다. 석유 같은 자원이 없었던 그들은 빚을 내어 서방 자본주의 국가로부터 소비재를 수입할 수밖에 없었다. 이는 정치적 안정을 유지하는 데는 도움이 되었지만, 근본적인 재정 적자 구조로 이어지고 말았다. 결국 동유럽 공산주의 정권은 자본주의 진영에 빚을 갚아야 할 처지로 내몰렸다.[23]

그러나 서방 국가들도 1970년대에 마냥 번영을 구가한 것은 아니었다. 오히려 불황과 실업, 물가 상승이 겹치며 어려움을 겪고 있었다. 1973-4년 석유 위기는 경제 문제를 더욱 악화시켰다. 동유럽과 마찬가지로 서구 또한 에너지 소비가 많은 산업이 중심이었다. 에너지 가격이 상승하면서 서유럽의 경제도 성장의 한계에 부딪히고 있었다. 1950년대와 60년대의 높은 경제 성장률은 기술 혁신의 성과가 아니었다. 오히려 자동차 공장 같은 기존의 대량 생산 시스템이 다른 분야로 확산된 효과가 나타난 것이었다. 1960년대 후반이 되자 '외연적 성장(extensive growth)'으로 경제를 키우는 방식이 점점 더 어려워졌다.(참고로 '외연적 성장'은 생산 요소의 양을 늘려 성장을 추구하는 방식이다. 반대로 기존 생산 요소의 효율성을 높여 성장을 꾀하는 방식을 '내포적intensive 성장'이라 한다) 특히 1970년대 중후반의 불황기에 실업률이 급등했다. '탈산업화

---

[23] 사회주의 경제에 대한 개괄과 서구와의 비교는 Barry Eichengreen, *The European Economy Since 1945: Coordinated Capitalism and Beyond* (Princeton University Press, 2008)를 보라. 특히 동유럽에 관해서는 T. Iván Berend, *From the Soviet Bloc to the European Union: The Economic and Social Transformation of Central and Eastern Europe Since 1973* (Cambridge University Press, 2009)가 유용하다. 계획경제의 구조적 실패를 보여주는 동독 사례에 대한 통찰력 있는 연구로는 Charles S. Maier, *Dissolution: The Crisis of Communism and the End of East Germany* (Princeton University Press, 1997)를 참고하라.

(deindustrialization)' 현상은 미국의 주요 공업 지역에 깊은 상처를 남겼다. 결국 경제를 다시 성장시키려면 혁신과 신기술 개발이 필수적인 상황이었다. 혁신과 기술 개발이라면 동유럽보다 서방 국가들이 좀 더 유리한 입장이었다.

산업화 다음 단계의 경제(후기 산업 경제, post-industrial economy)는 뿌리가 깊었지만 본격화된 시기는 1970년대였다. 애플(1977년)이나 마이크로소프트(1975년) 같은 새로운 회사들이 잇따라 설립되었다. 산업의 변화는 냉전 시대에도 영향을 주었다. 소련의 계획경제(command economy)는 중공업 시대까지는 서방과 견줄 만했으나, 서구 기업들이 주도한 탈산업 기술의 흐름에는 제대로 대응하지 못했다. 1970년대는 자본주의가 후기 산업화 시대(postindustrial age)로 접어든 중요한 시기였다. 이는 세계 경제에도 큰 영향을 미쳤다. 통신 위성이나 대형 여객기 같은 새로운 기술(혹은 기존 기술의 발전)이 널리 보급되자 통신이나 여행 비용이 크게 줄었다. 이러한 발전은 세계 경제의 통합을 가속화했고, 새로운 세계화(globalization) 시대를 열었다. 냉전으로 세계는 나뉘어 있었지만, 자본주의 세계 경제는 스스로 변화하고 있었다. 글로벌 경제 시스템이 떠오르면서, 소비자 중심의 첨단 기술 상품들이 유통되었다. 서구 사회는 이전과는 다른, 탈산업 시대의 새로운 현대(postindustrial modernity) 사회로 접어들고 있었다.

냉전은 계속되었고 일부 지역에서는 오히려 더 심해지기도 했다. 특히 미국은 중동에 집중했는데, 서방 국가들이 중동의 석유에 크게 의존했기 때문이다. 1970년대 초부터 미국은 사우디아라비아, 이란과 군사 동맹을 맺어 소련의 영향력 확대를 저지하려 했다. 그러나 동맹을 통해 간접적으로 지역 안보를 관리하는 전략은 1979년까지가 마지막이었다. 그 해 이슬람 근본주의 세력이 친서방 세력이었던 이란의 왕정을 전복시켰기 때문이다. 급진적 이슬람주의자들도 문제였지만 미국이 더욱 우려했던 것은 소련의 영향력 확대였다. 이는 다소 과장된 우려이기도 했지만 근거가 없지 않았다. 소련은 이미 아프리카의 뿔(Horn of Africa) 지역 분쟁에 개입하고 있었다. 그곳은 마음만 먹으면 아덴만을 통과하는 유조선을 차단할 수도 있는 전략적 요충지였다. 1979년 말에 소련이 아프가니스탄을 침공하자, 미국은 소련의 중동 정책이 본격화된 것으로 판단했다. 1980년 1월 미국의 카터 대통령은 '카터 독트린(Carter Doctrine)'을 선언했다. 외부 세력이 페르시아만을 공격할 경우 미국은 이를 무력으로 저지하겠다는 천명이었다. 이는 미국이 중동 정세에 깊숙이 개입하는 계기가 되었다. 사실 미국은 소련의 아프가니스탄 침공 의도를 오해하고 있었다. 소련의 침공은 특별한 중동 전략이 아니었다. 마치 미국이 베트남에서 경험했던 것처럼, 소련 또한 스스로 시작했으나 통제할 수 없었던 불안정의 악순환 속에서, 아프가니스탄 지역 정치에 깊숙이 휘말리게 된 것이었다.

냉전의 역사에서 1979년은 매우 중요한 전환점이었다. 그 해 1월, 미국과 중국이 공식적으로 국교를 정상화했다. 이후 중국이 자유 진영의 시장 경제로 빠르게 복귀했고 서방 국가들과 무역이 늘어나면서 중국 경제도 급성장했다. 이미 1972년 모택동(毛澤東)과 닉슨(Nixon)이 길을 열어두었지만 본격적인 추진은 등소평(鄧小平)의 업적이었다. 모택동은 외교적으로 신중한 균형 노선을 유지했지만 등소평은 서방과 적극 협력하여 사실상 소련에 맞서는 동맹을 구축하고자 했다. 등소평은 공산당의 통제 아래 경제 개방 계획을 추진하여, 무역, 투자, 기술 이전을 이끌었다. 등소평은 "일부 사람들을 먼저 부유하게 만든다(让一部分人先富起来)"는 유명한 말을 남겼다고 전해진다. 권력은 여전히 공산당이 독점했지만 시장 개혁과 세계 경제에 참여하면서 중국의 냉전 구도는 변화를 맞이했다. 결국 중국도 일정 부분 미국이 주도하는 자유주의 진영에 합류했으며, 소련은 국제 사회에서 고립되는 방향으로 나아갔다.

한편 소련의 아프가니스탄 침공 이후 미국과 소련의 냉전은 더욱 격화되었다. 책임은 양측 지도자 모두에게 있었다. 소련 측에서는 레오니트 브레즈네프(Leonid Brezhnev)와 그의 측근들, 그리고 후임자들이 보수적인 입장을 고수했다. 냉전 시대에 성장한 이들은 냉전적 사고방식에 얽매여 국내 비판 세력을 탄압하고, 아프가니스탄에서 잔혹한 전쟁을 벌였다. 반면, 로널드 레이건(Ronald Reagan)은 냉전 시대 미국의 대통령 중에서도 매우 특이한 인물이었다. 그는 대단히 이념적인 지도자였으며, 이념에 관한 한 흐루쇼프를 떠올리게 할 정도였다. 레이건에게는 소련뿐 아니라 공산주의 자체가 적이었다. 레이건은 강경 노선을 채택했다. 그는 니카라과와 아프가니스탄의 무장 반군을 지원했다. 레이건은 그들을 '자유의 투사'라고 일컬었으며, 반대로 소련은 '악의 제국'이라고 비난했다. 또한 레이건은 소련의 미사일로부터 미국을 지키기 위해 미사일 방어 시스템을 구축하겠다고 약속했다. '전략방위구상(Strategic Defense Initiative, SDI)'으로 알려진 이 계획은, 수십 년간 핵전쟁을 막아왔던 상호 억제(deterrence) 체제를 무너뜨릴 수 있는 위험한 발상이었다. 레이건은 상호 억제 논리를 완전히 부정하며 기존의 생각을 뒤집었고, 비판론자들을 불안에 떨게 했다. 《원자과학자회보》는 지구 종말 시계를 자정 4분 전으로 설정했다가 다시 3분 전으로 앞당겼다. 서유럽에서는 반미 감정이 커지면서 대규모 반핵 시위가 일어났다.

레이건은 급진적이면서도 동시에 유연한 면을 보여주었다. 공산주의를 적으로 여겼지만, 기존의 이념을 다시 생각해 볼 의향이 있는 소련 지도자와는 언제든 대화할 준비가 되어 있었다. 1980년대 중엽, 마침 그런 지도자가 나타났다. 그는 바로 소련 정치국 최연소 위원이었던 미하일 고르바초프(Mikhail Gorbachev)였다. 젊은 시절 흐루쇼프의 '해빙기'를 겪었던 고르바초프는 1980년대 중반, 부인에게 "이대로는 더 이상 살 수 없어."라며 절박한 마음을 털어놓는 적이 있다고 한다.[24] 1985년 이후 고르바초프는 소련을 세계 경제체제로 재편입시키고 서방과 더욱 개방적인 관계를 구축하는 쪽으로 방향을 잡았다. 또한 다른 나라들의 변화, 특히 1970년대 중반부터 포르투갈에서 필리핀에 이르기까지 권위주의 정권들이 무너지는 민주화의 흐름을 보면서 큰 자극을 받았다.[25] 특히 스페인이 프랑코의 독재를 끝낸 뒤 민주주의 국가로 전환하는 과정은 그에게 큰 영향을 주었다.[26] 고르바초프는 대외적으로는 세계와의 관계를 조정했으며, 국내의 억압 기구를 철폐하고 본격적인 개혁을 추진했다. 그의 주요 업적 중 하나는, 선출된 의원으로 입법 기구를 만들고, 대통령제를 도입한 것이었다. 1990년 최초의 대통령 선거가 실시되었고, 고르바초프가 초대 대통령으로 선출되었다. 고르바초프는 레

---

24 Mikhail Gorbachev, *Memoirs* (New York: Doubleday, 1996), p. 165.
25 Samuel Huntington, *The Third Wave: Democratization in the Late Twentieth Century* (Norman, ok: University of Oklahoma Press, 1991).
26 Archie Brown, *The Gorbachev Factor* (Oxford Univeristy Press, 1996), p. 116.

이건 대통령을 만나 냉전 종식을 위해 협력하기로 했다. 두 정상이 합의한 목표를 모두 이루지는 못했지만 1988년 중거리 핵미사일 폐기에 합의하는 성과를 거두었다. 경제 개혁은 훨씬 더 어려운 일이었다. 등소평은 처음부터 시장 경제로 전환을 시작했지만, 고르바초프는 그와 달리 계획 경제의 틀 안에서 개선을 해보려 했다. 경제 성장의 속도를 높인다는 취지에서 이를 가속화(ускорение, uskorenie) 정책이라 한다. 틀을 바꾸지 않는 개혁 정책은 곧 한계에 이르렀다. 더 근본적인 개혁이 필요하다는 사실을 깨달았을 때는 이미 공산당이 만들어놓은 경제, 사회, 국제 질서가 모두 무너지는 중이었다.

붕괴는 동유럽에서 시작됐지만, 결정적인 계기는 고르바초프의 선택이었다. 1988년 12월 유엔 연설에서 고르바초프는 소련이 더 이상 동유럽 정권 유지에 개입하지 않겠다고 선언했다. 고르바초프의 대변인은 이제 동유럽이 스스로 자신의 길을 선택할 수 있다고 덧붙였다. 공산주의로 포장된 동유럽의 허울이 무너지기까지 그리 오랜 시간이 걸리지 않았다. 1989년이 채 끝나기 전에 폴란드에서는 자유선거를 실시했고, '자유노조(Solidarność, Solidarity)'가 정권을 잡았다. 체코슬로바키아에서도 '시민 선언 77(Charter 77)'의 주역들이 정권의 주도권을 잡았고, 바츨라프 하벨(Václav Havel)이 대통령에 당선되었다. 폭력 혁명이 일어났던 루마니아를 제외하면 동유럽의 변화는 대개 평화로운 과정이었다. 이는 역사의 행운이기도 했지만 1970년대부터 지속된 동서 간의 교류 덕분이기도 했다. 양 진영 간의 경제적 관계는 국가 폭력을 억제하는 데 도움이 되었다. 동독 공산당 지도부가 시위대를 학살하지 않았던 이유는, 스스로가 서방 국가의 자본에 얼마나 의존하는지 잘 알고 있었기 때문이다. 1989년 11월 9일, 비무장 시민들이 삽과 해머로 30년 된 베를린 장벽을 허물기 시작했을 때 동독 정권은 속수무책으로 이를 지켜볼 수밖에 없었다. 바츨라프 하벨이 언급했던 것처럼, 이는 '힘없는 자들의 힘(power of the powerless)'을 분명히 보여준 사건이었다.

동구권 붕괴와 함께 냉전의 시대가 막을 내렸다. 1990년, 동독은 서독에 흡수 통합되면서 역사 속으로 사라졌다. 더욱 놀라운 사실은 소련조차 오래가지 못했다는 점이다. 1991년 여름, 쿠데타가 일어나 고르바초프를 제거하려 했지만 쿠데타는 실패로 끝났다. 결국 그해 연말 소련이 해체되었다. 1991년 막바지, 발트 3국부터 러시아에 이르기까지, 각 공화국의 지도자들은 소련 연방 해체를 결의했다. 이로써 소련 또한 역사의 뒤안길로 사라졌다. 공산당의 힘을 견제하고자 개혁을 추진했던 고르바초프는 결국 '국가 없는 지도자'가 되었다. 돌이켜보면 소련을 개혁하여 국제 사회의 일원으로 재편입하려 했던 그의 시도는 놀라울 정도로 빠르게 진행되었다. 결국 그가 구원하고자 했던 소련은 체제 자체의 소멸로 사라지고 말았다.

결론

냉전의 기원은 2차 세계대전 직후로 거슬러 올라간다. 스탈린은 미국이 주도하던 개방적이고 자유주의적인 국제 질서에 동참하지 않았다. 대신 소련만의 다른 노선을 만들었다. 이것이 냉전의 시작이었다. 고르바초프 시대의 소련은 다시 자유주의 진영에 통합을 시도했다. 그래서 냉전도 막을 내렸다. 냉전이 끝나는 과정에서 이른바 사회주의적 근대성이라고 하는, 허울뿐인 '포템킨 마을(Potemkin village)'도 무너졌다.(포템킨 마을은 전설 속에 등장하는 마을이다. 개발 책임을 맡은 러시아의 장군 포템킨이 시찰을 나온 러시아의 황제 예카테리나 2세에게 번영의 모습을 과시하기 위해 허울 좋게 가짜 마을을 만들었다는 이야기다. — 옮긴이) 지난 40년 동안 미국과 소련은 불안정하지만 힘의 균형을 유지했다. 덕분에 냉전은 적어도 두 강대국 사이에서는 비교적 평화롭게 유지되었다. 1962년 쿠바 미사일 위기처럼 미국과 소련이 파국 직전까지 치달았던 위험한 순간들도 있었지만, 전면전으로 확대되지는 않았다. 아이러니하게도 냉전의 폭력은, 지정학적 갈등의 중심지에서 멀리 떨어진 아프리카, 라틴 아메리카, 동남아시아 등 세계의 분단에 책임이 없던 지역에서 더욱 심각하게 나타났다. 권헌익 교수는 이를 '또 다른 냉전(the other Cold War)'이라고 명명했다. 다른 지역에서 분쟁의 시작은 미소 대립에서 비롯되었지만, 그 자체로 또 다른 냉전의 양상을 띠었다.[27] '또 다른 냉전'이 초래한 피해 규모를 정확히 파악하기란 여전히 어려운 과제다. 아프리카, 한국, 베트남에서 벌어진 전쟁으로 수백만 명이 목숨을 잃었고, 부에노스아이레스, 프놈펜, 테헤란 등지에서는 수많은 사람들이 고문으로 고통을 받았다. 이들을 냉전의 직접적인 희생자로 단정할 수 있는지에 대해서는 여전히 논란의 여지가 있다. 물론 그들의 비극은 냉전의 영향에서 비롯된 측면도 있지만, 탈식민지 시대의 권력 투쟁, 전통 사회의 근대화 과정, 그리고 인간 내면에 잠재된 야만성 등 복합적인 요인이 작용한 결과이기 때문이다. 어떻게 평가하든, 냉전의 아이러니는 이것이다.

---

27 Heonik Kwon, *The Other Cold War* (New York: Columbia University Press, 2010).

즉 유럽 안에서 직접적인 전쟁이 일어난 적이 없었는데, 엉뚱하게도 제3세계가 후폭풍을 맞았다는 사실이다.

냉전은 끝났다고 말할 수 있지만, 그 영향은 아직도 남아 있다. 냉전 시대를 연구하는 역사학자들에게는 남아 있는 냉전이 여전히 풀리지 않는 숙제와 같다. 냉전의 역사 연구는 계속 발전하면서 역동적이고 혁신적인 분야로 성장해 왔다. 2010년에 발간된 《케임브리지 냉전사(Cambridge History of the Cold War)》(전3권)는 이러한 연구가 얼마나 깊어졌는지를 잘 보여준다.[28] 역사학자들에게 냉전의 종식은 중요한 전환점이었다. 1989년부터 1991년 이전, 즉 냉전이 끝나기 전에는 역사가들이 주로 냉전의 시작 원인과 책임 소재를 밝히는 데 집중했다. 소위 "정통주의" 역사학자들은 냉전이 시작된 원인이 소련의 팽창 정책 때문이라고 주장했다. 반면 이에 반박하는 "수정주의" 역사학자들은 미국의 경제적 야심을 비판했다.[29] 1970년대 이후 이러한 논쟁은 잦아들었고, "탈수정주의"라는 종합적 해석이 등장했다. 탈수정주의는 냉전의 기원을 서로에 대한 오해, 양립 불가능한 전략적, 이념적 기대에서 비롯되었다고 본다. 이러한 시각은 1991년 이후 냉전의 역사 연구가 발전하는 데

---

28 Leffler and Westad, *Cambridge History of the Cold War*.
29 냉전의 기원에 대한 고전적 해석으로는 Herbert Feis, *From Trust to Terror: The Onset of the Cold War, 1945–1950* (New York: W.W. Norton, 1970)를 참고하라. 영향력 있는 수정주의적 견해는 William Appleman Williams, *The Tragedy of American Diplomacy* (New York: W.W. Norton, 1972); and Gabriel Kolko and Joyce Kolko, *The Limits of Power: The World and United States Foreign Policy* (New York: Harper & Row, 1972)를 보라. 저명한 후기 수정주의 이론으로는 Gaddis, *Origins of the Cold War*와 더 최근 연구인 Melvyn Leffler, *A Preponderance of Power: National Security, the Truman Administration, and the Cold War* (Palo Alto, CA: Stanford University Press, 1992)를 참고하라.

중요한 토대가 되었다. 그 후 역사학자들은 더 다양한 주제를 탐구하기 시작했다. 변화의 결과는 《케임브리지 냉전사》에 잘 나타나 있다. 수많은 냉전사 연구가 꽃피었지만, 가장 중요한 발전은 냉전 연구의 세계화였다. 냉전사 연구는 이제 초강대국에 국한되지 않고, 유럽 각국을 독립적인 역사의 행위자로 간주하며, 냉전의 제3세계 확산을 깊이 연구하고, 다양한 자료를 활용하여 동구권 내부 정치를 정교하게 재구성하고 있다. 이제 냉전을 소련과 미국 간의 대립으로만 설명하는 것은 어렵게 되었고, 대신 냉전의 세계적 측면과 그로 인한 범지구적 결과를 강조하고 있다. 그러나 동시에 영향력 있는 학자들은 여전히 소련과 미국 간의 대립을 냉전 연구의 핵심 주제로 제시하고 있다.[30] 바로 이 지점에서 냉전사 연구가 직면한 가장 시급한 해석상의 난제가 발생한다. 즉 냉전을 과연 어느 정도로 '세계적인(global)' 차원에서 바라볼 것인가 하는 문제다.

이 문제를 깊이 생각할 때, '냉전의 역사(history of the Cold War)'와 '냉전 시대의 역사(history of the Cold War's era)'는 분명히 구분해야 한다. 이 둘은 의미가 전혀 다르다. 과연 20세기 후반을 '냉전의 시대'라고 부를 수 있을까? 이는 결코 쉽게 대답할 문제가 아니다. 냉전을 미소 양대 강국(superpower dyad)의 대결 구도 이상으로 확장하면 냉전 후반기 극심했던 '글로벌 냉전(global Cold War)'의 폭력성까지 이해의 폭을 넓힐 수 있다. 그러나 냉전의 역사와 전후(postwar) 세계의 역사를 동일시해서는 안 된다. 만약 둘을 동일시한다면, '전 세계가 숨죽였던 시대'라는 뻔

---

30 여기에는 냉전 연구의 비공식적 원로인 John Gaddis가 포함된다. 그의 저서로는 *We Now Know: Rethinking Cold War History* (New York: Oxford University Press, 1998); 더 최근의 저술로는 *The Cold War: A New History* (New York: Penguin, 2005)가 있다.

한 생각에 갇혀 분석이 단순해질 수 있다. 그리고 냉전 때문에 큰 피해를 입었던 아르헨티나, 캄보디아, 콩고민주공화국 같은 나라들과, 인도, 서아프리카, 스칸디나비아처럼 비교적 영향이 덜했던 지역의 경험적 차이를 무시하게 된다. 또한 냉전과는 독립적으로 존재하면서도 냉전과 교차하는 주제들이 있다. 이런 경우 냉전이 실제로 어떤 영향을 미쳤는지 명확히 파악하기가 쉽지 않다. 예를 들면 팔레스타인-이스라엘 분쟁이 바로 그런 사례다. 냉전과 전후 세계사를 동일시하는 관점의 두 번째 위험성은, 전후의 모든 역사를 냉전으로 설명해서, 다른 역사적 사건이나 흐름의 연결고리를 간과하는 것이다. 냉전과 상관없이, 냉전 이전부터 시작되어 냉전 이후까지 이어진 과정들도 있었고, 그것이 냉전의 흐름에 영향을 주기도 했다. 탈식민주의와 세계화가 대표적인 주제다. 이를 냉전의 역사에 포함된 작은 부분으로 다룬다면, 그 중요성이 제대로 드러나기 어려울 것이다.

이는 냉전이 실체 없는 허상이었다는 말이 결코 아니다. 냉전은 당대의 국제관계를 결정짓는 매우 심각한 대결 구도였기에, 냉전 그 자체를 시대 전체와 동일시하려는 유혹이 지금도 강하게 남아 있다. 그러나 우리는 라인홀드 니버(Reinhold Niebuhr)가 강조했던 역사적 관점의 중요성을 되새길 필요가 있다. 1952년에 그는 "아무리 강력한 국가나 동맹이라 할지라도 역사라는 드라마를 구성하는 수많은 힘 가운데 하나에 지나지 않는다"는 사실을 지적했다. 모든 형태의 결정론을 경계하며, 역사를 마치 일관된 의지나 목적, 논리를 지닌 어떤 것으로 규정하는 오만함과 경솔함을 경고하는 메시지였다. 대신 역사는 "수많은 의지와 목적이 서로 뒤엉킨 갈등의 장"이며, "뚜렷한 의미를 발견하기 어려운 기묘한 무늬"라고 보아야 한다는 것이 그의 주장이었다.[31] 냉전 종식 후 수십 년이 지난 지금, 이보다 더 적절한 전후(戰後) 시대의 비명(碑銘)은 찾기 어려울 것이다.

---

31 Reinhold Niebuhr, *The Irony of American History* (University of Chicago Press, 2008), p. 141.

더 읽어보기

Andrew, Christopher and Vasili Mitrokhin. *The World Was Going Our Way: The KGB and the Battle for the Third World.* New York: Basic Books, 2005.

Berend, T. Iván. *From the Soviet Bloc to the European Union: The Economic and Social Transformation of Central and Eastern Europe Since 1973.* Cambridge University Press, 2009.

Cooper, Richard. *The Economics of Interdependence: Economic Policy in the Atlantic Community.* New York: Council on Foreign Relations, 1968.

Costigliola, Frank. *Roosevelt's Lost Alliances How Personal Politics Helped Start the Cold War.* Princeton University Press, 2011.

Eichengreen, Barry. *The European Economy Since 1945: Coordinated Capitalism and Beyond.* Princeton University Press, 2008.

Ekbladh, David. *The Great American Mission: Modernization and the Construction of An American World Order.* Princeton University Press, 2010.

Feis, Herbert. *From Trust to Terror: The Onset of the Cold War, 1945-1950.* New York: W.W. Norton, 1970.

Fink, Carole. *Cold War: An International History.* Boulder, CO: Westview Press, 2013.

Gaddis, John L. *The Cold War: A New History.* New York: Penguin, 2005.

The Long Peace: Inquiries Into the History of the Cold War. Oxford University Press, 1987.

The United States and the Origins of the Cold War, 1941-1947. Oxford University Press, 1972.

We Now Know: Rethinking Cold War History. Oxford University Press, 1998.

Gilman, Nils. *Mandarins of the Future: Modernization Theory in Cold War America.* Baltimore, MD: Johns Hopkins University Press, 2007.

Hogan, Michael. *The Marshall Plan: America, Britain, and the Reconstruction of Western Europe, 1947-1952.* Cambridge University Press, 1987.

Ikenberry, G. John. *Liberal Leviathan: The Origins, Crisis, and Transformation of the American World Order.* Princeton University Press, 2011.

Kolko, Gabriel and Joyce Kolko. *The Limits of Power: The World and United States Foreign Policy.* New York: Harper & Row, 1972.

Kwon, Heonik. *The Other Cold War.* New York: Columbia University Press, 2010.

Latham, Michael. *Modernization as Ideology: American Social Science and "Nation-Building" in the Kennedy Era.* Chapel Hill: University of North Carolina Press,

2000.

The Right Kind of Revolution: Modernization, Development, and U.S. Foreign Policy From the Cold War to the Present. Ithaca, NY: Cornell University Press, 2011.

Latham, Robert. *The Liberal Moment: Modernity, Security, and the Making of Postwar International Order.* New York: Columbia University Press, 1997.

Leffler, Melvyn. *A Preponderance of Power: National Security, the Truman Administration, and the Cold War.* Palo Alto, CA: Stanford University Press, 1992.

Leffler, Melvyn and Odd Arne Westad, eds. *The Cambridge History of the Cold War*, 3 vols. Cambridge University Press, 2010.

Luthi, Lorenz. *The Sino-Soviet Split: Cold War in the Communist World.* Princeton University Press, 2008.

Mastny, Vojtech. *The Cold War and Soviet Insecurity.* Oxford University Press, 1996.

Milward, Alan. *The Reconstruction of Western Europe, 1945-1951.* Berkeley, CA: University of California Press, 1984.

Philpott, Daniel. *Revolutions in Sovereignty: How Ideas Shaped Modern International Relations.* Princeton University Press, 2001.

Radchenko, Sergey. *Two Suns in the Heavens: The Sino-Soviet Struggle for Supremacy, 1962-1967.* Palo Alto, CA: Stanford University Press, 2009.

Sargent, Daniel J. *A Superpower Transformed: The Remaking of American Foreign Relations in the 1970s.* Oxford University Press, 2015.

Seabury, Paul. *The Rise and Decline of the Cold War.* New York: Basic Books, 1967.

Suri, Jeremi. *Power and Protest: Global Revolution and the Rise of Détente.* Cambridge, MA: Harvard University Press, 2003.

Westad, Odd Arne. *The Global Cold War: Third World Interventions and the Making of Our Times.* Cambridge University Press, 2005.

Williams, William Appleman. *The Tragedy of American Diplomacy.* New York: W.W. Norton, 1972.

CHAPTER 15

1956년

캐롤 핑크
Carole Fink

먼 나라를 굴복시키기도 어렵지만, 현지인들의 의지와 저항에 맞서 지속적으로 지배하는 것은 더욱 불가능한 일이다.

에드워드 기번(Edward Gibbon), 《로마제국 쇠망사(The Decline and Fall of the Roman Empire)》 제4권.

여기에 이 시대의 비극이 있다. … 사람은 사람에 대해 너무나도 모른다는 것이다.

듀보이스(W. E. B. Du Bois), 《흑인의 영혼(The Souls of Black Folk)》.

정치·사회·경제·문화 등 인간사의 복잡한 변화를 하나의 날짜나 연도로 모두 설명할 수는 없다. 의학·과학·기술이나 기후·환경과 같이 더 세밀한 영역의 발전을 특정한 시점으로 나타내는 것도 어렵다. 그럼에도 불구하고 어떤 해는 사람들의 기억에 강하게 남아 역사적 전환점으로 기억되곤 한다. 냉전 시대에 그런 특별한 한 해가 있었다면, 바로 1956년이었다. 그해에는 실제로 세계사에 큰 영향을 미친 사건들이 가득했다.[1]

1 *Das Internationale Krisenjahr 1956*, ed. Winfried Heinemann and Norbert

그중에서도 세계를 놀라게 한 두 가지 사건이 있었다. 하나는 소련이 헝가리 혁명을 무력으로 진압한 것이고, 다른 하나는 영국, 프랑스, 이스라엘이 이집트를 공격했다가 실패한 수에즈 전쟁이다. 비슷한 시기에 벌어진 이 두 사건은 국제 정치에 큰 변화를 가져왔다. 헝가리 혁명 진압 이후 유럽 공산주의 국가들 사이에서는 혼란과 불안이 커졌고, 결국 소련과 중국이 갈라서는 계기가 되었다. 이는 전 세계 마르크스주의 운동에도 큰 영향을 미쳤다. 수에즈 전쟁은 미국과 소련이 중동 지역에 본격적으로 개입하는 계기가 되었다. 이 사건을 통해 국제 사회는 석유의 중요성을 절실히 깨닫게 되었으며, 핵전쟁의 위협도 한층 높아졌다. 또한 영국과 프랑스가 이집트에서 물러나면서 아프리카와 아시아의 식민지 독립운동도 더 빨라졌다. 수에즈 위기를 겪은 뒤 서유럽 6개국은 서로 협력하기 위해 공동시장(Common Market)을 창설하게 되었다.

헝가리 사태

1953년 3월 이오시프 스탈린(Joseph Stalin)이 사망하고 6개월도 되지 않아 소련 공산당은 니키타 흐루쇼프(Nikita Khrushchev)를 새 지도자로 맞았다. 흐루쇼프는 당의 조직을 장악하고 정치적 경쟁자들을 제거한 뒤, 소련이 겪던 정치적·경제적·군사적 부담을 덜기 위해 정책 방향을 바꾸었다. 1955년 흐루쇼프는 눈에 띄는 화해의 신호로 유고슬라비아의 수도 베오그라드를 방문했다. 마치 참회의 순례와도 같았던 이 방문을 통해 흐루쇼프는, 스탈린이 1948년에 축출하려 했으나 실패했

Wiggershaus (Munich: Oldenbourg, 1999).

던 요시프 브로즈 티토(Josip Broz Tito)와 관계를 회복했다. 흐루쇼프는 같은 해에 중요한 외교적 결정 세 가지를 실행했다. 첫째, 오스트리아를 영구 중립국으로 만드는 조건으로 연합군이 오스트리아에서 철군하는 데 합의했다. 둘째, 중국과 핀란드에 소련이 점령했던 군사 기지를 돌려주었다. 셋째, 서독(독일연방공화국)과 외교 관계를 맺고, 소련에 억류되어 있던 독일군 포로 1만 명을 본국으로 돌려보냈다. 또한 1955년, 제2차 세계대전 이후 마지막으로 열린 1945년 연합국 정상 회담 이후 10년 만에 처음으로 열린 제네바 4대국 회담에서 흐루쇼프는 '평화 공존(peaceful coexistence)'이라는 표현을 최초로 사용했다.[2]

1956년에는 더욱 놀라운 사건이 벌어졌다. 2월 25일 자정을 조금 넘긴 시각, 흐루쇼프는 스탈린 사후 처음 열린 소련공산당 제20차 당대회에서 무려 네 시간이나 이어진 이른바 '비밀연설(Secret Speech)'을 했다. 이 연설은 전 세계 공산주의자들에게 엄청난 충격을 주었다. 흐루쇼프는 무거운 목소리로 스탈린의 범죄 행위를 하나하나 비판했다. 그는 스탈린이 레닌주의의 핵심 원칙인 '집단적 지도력'을 무시하고 자기 자신을 우상화했으며, 개인숭배를 강요했다고 지적했다. 또한 정치적 반대자들을 폭력과 공포로 다스렸고, 제2차 세계대전(대조국전쟁) 기간 동안 심각한 실책을 저질렀다고 폭로했다. 뿐만 아니라 전쟁 후에도 끔찍한 숙청을 계속했으며, 전체 당과 인민에 대해 "의심과 오만함(suspicion and haughtiness)"으로 가득 차 있었다고 비난했다. 한때 스탈린의 측근이었

---

2 Aleksandr Fursenko and Timothy Naftali, *Khrushchev's Cold War* (New York and London: W.W. Norton, 2006), pp. 15-82.

던 흐루쇼프가 이 연설에서 밝힌 내용은 빠르게 퍼져 나갔다. 동유럽 사람들은 이를 계기로 더 많은 자유가 찾아올지도 모른다는 기대감을 품기 시작했다.[3]

소련이 동유럽에 세운 제국은 냉전의 주요 원인이었다. 냉전 초기에 서방 진영은 소련이 동유럽 사람들의 자유를 억압하는 현실에 맞서 다양한 대응을 시도했다. 처음에는 외교적 방법과 비밀 요원을 통해 대응했고, 이후에는 미국의 소리(Voice of America), 자유유럽방송(Radio Free Europe), BBC와 같은 방송 매체를 이용해 대대적인 선전전을 펼쳤다.[4] 그러나 1953년 무렵 미국의 지도자들은 소련이 이미 핵무기를 갖고 있었기 때문에 유럽에서 기존의 상황을 바꾸는 것이 현실적으로 어렵다는 점을 깨달았다.

크렘린은 동유럽의 절대적 지배자로서 폴란드, 헝가리, 동독, 루마니아에 군대를 주둔시켰으며, 수천 명의 군사 및 정치적 '고문단'을 전역에 배치하였다. 모스크바는 1947년에 설립된 공산당 정보국(Cominform)을 통해 동유럽 각국의 공산당 활동을 지휘했고, 1949년 창설된 경제상호원조회의(Comecon)를 통해 이들 나라의 경제를 소련에 맞추어 통제하였다. 1955년 체결된 바르샤바 조약(Warsaw Pact)은 서독의 재무장에 맞서 크렘린이 취한 조치로, 이를 통해 발트해에서 흑해와 아드리아해에

---

3 Nikita Khrushchev, "Speech to a closed session of the CPSU Twentieth Party Congress," Feb. 25, 1956, in Thomas P. Whitney (ed.), *Khrushchev Speaks!* (Ann Arbor, mi: University of Michigan Press, 1963), pp. 259-265.
4 Stephen A. Garrett, *From Potsdam to Poland: American Policy toward Eastern Europe* (New York: Praeger, 1986).

[그림 15-1] 소련 공산당 서기장 흐루쇼프의 동독 방문
쇠네펠트 공항, 1963년

이르는 7개 동유럽 위성국에 확고한 지배력을 구축했다.[5]

1956년 2월 흐루쇼프는 비밀 연설을 통해 동유럽 예술가와 지식인들에 대한 공산당의 통제를 완화했다. 4월에는 공산당 정보국을 해체했고, 6월에는 유고슬라비아의 지도자 티토를 모스크바로 초청했다. 이러한 일련의 행동은 소련이 동유럽 위성국에 대한 통제를 전반적으로 완화하려는 신호로 받아들여졌다. 그러나 흐루쇼프는 위성국의 독자적인 움직임을 허용할 생각은 전혀 없었다. 그는 비밀 연설에서 "사회주의로 가는 길은 다양할 수 있다"고 말했지만, 티토가 모스크바를 방문하자 오히려 레닌주의 원칙을 강조하며 유고슬라비아를 다시 '통일된 공산주의 진영'으로 끌어들이려 했다. 이를 위해 흐루쇼프는 소련의 경제적 우월성을 적극 과시했다.[6]

흐루쇼프의 외교 능력이 처음 시험대에 오른 곳은 폴란드였다. 1956년 6월부터 10월 사이 폴란드 전역에서 소련에 반대하는 대규모 시위가 벌어졌다. 그와 동시에, 과거 스탈린에 의해 축출되었던 브와디스와프 고무우카(Wladyslaw Gomulka)가 다시 권력의 중심에 오르자, 흐루쇼프는 처음에는 소련군을 보내 사태를 진압하려 했다. 하지만 그는 곧 생각을 바꾸었다. 고무우카가 폴란드 공산정권의 권력구조를 유지하고, 폴란드가 앞으로도 소련에 충성스러운 동맹국으로 남겠다고 약속했

---

5 V. M. Zubok, *A Failed Empire: The Soviet Union in the Cold War from Stalin to Gorbachev* (Chapel Hill: University of North Carolina Press, 2007), pp. 94-123.
6 Andrey Edemskiy, "Tito and Khrushchev after the 20th Party Congress: the new nature of Yugoslav-Soviet relations," in Carole Fink, Frank Hadler, Tomasz Schramm (eds.), *1956: European and Global Perspectives* (Leipziger Universitätsverlag, 2006), pp. 122-126.

기 때문이다.[7]

10월 중순 무렵 헝가리에서는 노동자, 학생, 군인, 작가들이 중심이 되어 대규모 반소련 시위가 벌어졌다. 이 시위로 헝가리 공산 정권의 통제력이 붕괴되었다. 새로 임명된 총리 임레 나지(Imre Nagy)는 온건한 성향의 공산당원이었다. 그러나 폴란드의 고무우카처럼 정치적으로 능숙하지 못해 혁명의 흐름을 제대로 통제하지 못했다. 흐루쇼프는 처음에는 군사 개입을 망설였다. 그러나 임레 너지가 갑작스레 다당제 도입과 바르샤바 조약기구 탈퇴를 선언하자, 결국 군사적 대응으로 입장을 바꿀 수밖에 없었다.[8]

모스크바가 처한 위험은 분명했다. 만약 헝가리가 공산당이 아닌 세력에 의해 해방되고 독자적인 군대를 갖게 된다면, 소련이 동유럽에 구축한 지배 체제에 실질적인 균열이 생길 수 있었다. 헝가리가 무너지면 인근 나라들도 잇따라 공산권에서 벗어나려 할 가능성이 컸고, 이렇게 되면 연쇄적으로 도미노 현상이 일어나 소련 본토마저 위협받을 수 있었다.[9] 또한 이런 상황은 소련이 늘 비난해왔던 제국주의 세력에게 큰 홍보 효과를 가져다주어 선전전에 치명적 패배가 될 수 있었다. 특히 당시 흐루쇼프가 지원하던 이집트는 이스라엘과 영국, 프랑스의 압박을

---

7 Pawel Machcewicz, *Rebellious Satellite: Poland, 1956*, trans. Maya Latynski (Washington, DC: Woodrow Wilson Press/Stanford University Press, 2009).
8 *The Hungarian Revolution of 1956: Reform, Revolt and Repression 1953-1956*, ed. György Litván et al. (New York: Longmans, 1996).
9 Johanna Granville, *The First Domino-International Decisionmaking during the Hungarian Crisis of 1956* (College Station, tx: Texas A & M University Press, 2004).

받으며 위태로운 상황에 처해 있었기에 위험은 더욱 컸다. 실제로 10월 31일 영국과 프랑스가 이집트 공군기지를 폭격한 사건은 흐루쇼프가 헝가리에 군사 개입을 결정하는 데 중요한 명분이 되었다.[10]

흐루쇼프가 군사 개입을 결정한 데는 정치적인 이유와 개인적인 동기가 강하게 작용했다. 만약 소련이 헝가리를 잃는다면, 정치국(Politburo), 국가보안위원회(KGB), 군 지도부는 그 책임을 흐루쇼프에게 돌릴 것이 분명했다. 이들은 흐루쇼프가 추진한 '탈스탈린화(de-Stalinization)' 정책과 위기 상황에서 그가 보여준 우유부단한 태도를 비판할 것이 확실했다.[11] 또한 우크라이나 공산당 서기 출신인 흐루쇼프는 이전부터 필요할 때 무력 사용을 주저하지 않았다. 결국 흐루쇼프는 크렘린 강경파 다수는 물론, 중국의 모택동(毛澤東), 유고슬라비아의 티토(Tito), 심지어 폴란드의 고무우카의 지지까지 얻어냈다. 이들 모두 헝가리를 방치하면 공산주의 체제와 자신의 미래까지 위험해질 수 있다는 위기감을 공유했다. 이에 따라 흐루쇼프는 10월 31일 밤 헝가리에 군대를 투입하기로 결정했고, 공산당의 통치를 회복하여 소련군 주둔을 계속 유지하기로 했다.[12]

---

10 10월 31일에 열렸던 중요한 주석단 회의에서 흐루쇼프는 이렇게 선언했다. "만약 우리가 헝가리에서 물러난다면, 그것은 미국, 영국, 프랑스 등 제국주의자들에게 크게 힘을 실어줄 것이다. … 당은 이를 용납하지 않을 것이다. 제국주의자들은 이집트에 그치지 않고 헝가리까지 추가할 것이다. 우리에게 다른 선택지는 없다." Fursenko and Naftali, *Khrushchev's Cold War*, p. 130에서 재인용.
11 Veljko Mičunović, *Moscow Diary* (Garden City, NY: Doubleday, 1980), p. 134.
12 Johanna Granville, *In the Line of Fire: The Soviet Crackdown on Hungary, 1956-1958* (Pittsburgh: The Carl Beck Papers in Russian & East European Studies, Vol. 1307, 1998).

이는 이른바 '피로스의 승리(Pyrrhic victory)', 즉 상처뿐인 승리였다. 헝가리 혁명을 진압한 덕분에 소련은 이후 30년 넘게 동유럽에서 스탈린 시대의 지배 체제를 유지할 수 있었지만, 그 대가는 매우 컸다. 무엇보다 많은 인명 피해가 발생했다. 소련군은 약 640명이 사망하고, 1,251명이 부상을 입었다. 헝가리의 피해는 더욱 심각했다. 약 2,000명이 목숨을 잃었고, 수만 명이 다쳤으며, 3만 5,000명이 체포되었고, 이 중 2만 2,000명이 처벌받았다. 또한 처형된 사람도 200명에 달했는데, 이들 중에는 1958년 처형된 임레 나지(Imre Nagy)도 포함되어 있었다. 게다가 헝가리 전체 인구의 2퍼센트에 달하는 20만 명 이상이 국외로 탈출했다.[13] 이 사건으로 흐루쇼프의 위상은 소련 안팎에서 크게 추락했다. 뿐만 아니라 소련은 군사 점령을 유지하면서 불만이 가득한 헝가리 사람들과 다른 동유럽 국가의 주민들을 달래기 위해 정치적, 경제적으로 큰 부담을 지게 되었다. 그래서 등장한 것이 이른바 '굴라시 공산주의(goulash communism)'였다. 기존의 엄격한 통제를 완화하고, 소비자 중심의 경제 정책을 추구하는 체제였다. 그러나 하필이면 이 시기는 소련이 서방 국가들과 비용이 막대한 핵 경쟁 및 글로벌 경쟁을 시작하던 때였다. 한편 소련 내부에서는 '해빙기 세대'가 나타났다. 이 세대는 흐루쇼프의 스탈린 비판과 간헐적인 개혁 시도를 경험하며 자랐다. 이 시기의 개혁은 식량, 주거, 임금 및 사회 서비스의 개선으로 이어졌고, 그 결과

---

13 Csaba Békés, "New findings on the 1956 Hungarian Revolution," *Cold War International History Project*, cwihp.si.edu; Mark Kramer, "The Soviet Union and the 1956 crisis in Hungary and Poland: reassessments and new findings," *Journal of Contemporary History* 33/2 (1998), 210.

해빙기 세대는 이전 세대보다 사회주의에 대한 열정이 낮아진 대신 생활 수준에 대한 기대는 더욱 높아졌다.[14]

서방 세계는 헝가리에서 전해진 소식에 큰 충격을 받았다. 제2차 세계대전이 끝난 지 불과 11년 후에 소련군 탱크가 유럽의 유서 깊은 역사 도시에서 민중 봉기를 무력으로 진압하는 장면이 언론 보도를 통해 널리 알려졌기 때문이다. 하지만 당시 냉전이라는 시대적 분위기 속에서 서방 사람들은 소련이 동유럽을 지배하는 상황을 두고, 그들이 북아프리카, 중동, 아시아, 아프리카에서 제국주의적 방식으로 통치하고 있는 현실이나, 또는 미국이 라틴 아메리카에서 영향력을 행사하고 있는 현실과 비교하여 생각하지는 못했다. 서유럽의 지식인들은 냉전으로 인한 억압과 핵전쟁의 위협, 자국 경제와 문화가 미국화되는 현상에 대해 비판적이었다. 이러한 상황에서 흐루쇼프가 공개한 보여주기식 재판과 정치범 수용소(굴라크, gulags)의 실상 폭로, 뒤이어 헝가리 민중 봉기에 대한 소련의 무자비한 탄압까지 벌어지자, 사람들은 철의 장막 뒤의 세상이 생각보다 훨씬 더 참혹하다는 사실을 새삼 깨닫게 되었다. 프랑스의 정치철학자 레이몽 아롱(Raymond Aron)은 실망한 급진주의자들을 조롱하면서, 1956년 10월 당시 소련 체제를 "결국은 실패할 수밖에 없는 장기 독재 체제(long-term despotism)"에 불과하다고 평가했다.[15]

---

14 *Russia's Sputnik Generation*, ed. and trans. Donald J. Raleigh (Bloomington and Indianapolis: Indiana University Press, 2006), pp. 1-23.
15 Tony Judt, *Postwar: A History of Europe since 1945* (London: Heinemann, 2005), p. 322; Georges Soutou, La guerre de cinquante ans: Le conflit Est-ouest, 1943-1990 (Paris: Fayard, 2001), p. 335.

헝가리에서 벌어진 유혈 사태는 겉으로 보기엔 미국에 선전전의 승리를 안겨준 듯 보였다. 실제로 미국은 약 3만 5,000명의 헝가리 난민을 신속히 받아들였다. 그러나 미국은 여러 해 동안 동유럽에서 공산주의 세력을 축소하는 이른바 '롤백(rollback)' 정책을 공식적으로 내세워 왔으며, 중앙유럽에서 운영하던 미국의 라디오 방송 역시, 헝가리 혁명가들에게 외부의 지원이 곧 도착할 거라는 무모한 희망을 끝까지 불어넣었다. 결국 미국도 이러한 행동 때문에 정치적, 도덕적 책임에서 벗어날 수 없게 되었다.[16]

1944년 노르망디 상륙작전(D-Day)에서 연합군 최고사령관으로 작전을 지휘했던 드와이트 아이젠하워(Dwight Eisenhower) 대통령은 유럽에서 대립보다는 평화를 추구하는 인물이었다. 1956년 재선을 위한 그의 대통령 선거운동이 막바지로 접어들 무렵, 수에즈 위기가 고조되었다. 여기에는 가장 가까운 동맹국인 영국과 프랑스가 연루되어 있었다. 비슷한 시기에 헝가리 위기가 발생했다. 아이젠하워는 헝가리 문제로 미국이 핵전쟁의 위험까지 무릅쓸 생각이 없다는 점을 분명히 했다. 소련이 헝가리를 침공하기 전부터 미국은 모스크바에 이런 신호를 보냈고, 유엔에서도 큰 문제로 만들지 않으려 했다. 헝가리 봉기가 소련군에 의해 진압된 후 대통령 재선에도 성공한 아이젠하워는 헝가리 국민들의 비극에 깊은 유감을 표했다. 그러나 동시에 유럽의 분단이 바꿀 수 없는 현실임을 받아들이고, 유럽에서 안정된 질서를 유지하는 것이 더 중요

---

16 Charles Gati, *Failed Illusions: Moscow, Washington, Budapest, and the 1956 Hungarian Revolt* (Washington, DC: Woodrow Wilson Press/Stanford University Press, 2006), pp. 69-112 and passim.

하다고 생각했다. 결과적으로 이러한 현실적인 판단은 동유럽을 해방시키겠다는 비현실적 기대를 접게 만들었고, 오히려 이후 동서 간 긴장을 완화하는 데탕트(détente)의 길을 여는 계기가 되었다.[17]

냉전의 핵심 현안이었던 독일 분단 문제는 1956년 당시에는 언론의 관심을 거의 받지 못했다. 그로부터 1년 전 소련의 흐루쇼프는 서독의 나토(NATO) 가입과 재무장을 목전에 둔 현실을 받아들일 수밖에 없었다. 제네바 정상 회담에서 미국은 '독일 전역에서 총선거를 실시하고 통일된 독일이 나토에 가입하되, 소련에 대한 안전보장과 비무장지대 설치를 포함한다'는 방안을 제시했다. 그러나 소련 협상단은 이를 거부했고, 결국 어려운 처지에 몰렸다. 스탈린이 원했던 '오스트리아식 중립과 비무장 독일'이라는 목표가 완전히 무너지자, 흐루쇼프는 1955년 말 중대한 결정을 내렸다. 그는 충동적으로 동독의 독립과 존속을 소련이 책임지고 보장하겠다고 약속한 것이다. 과거 스탈린에게 동독은 단순히 냉전 협상의 수단에 불과했다. 그러나 흐루쇼프의 호언장담 때문에 소련은 이후 30년 넘게 동독 문제를 짊어지게 되었다. 다시 말해 소련은 정치적으로 약하고 국민적 지지도 낮지만 경제적으로는 쓸모가 있었던 동독을 계속해서 지원하는 부담을 떠안게 되었다. 게다가 옛 독일 제국의 수도였고 동독 영토 내에 110마일이나 깊숙이 위치한 분단 도시 베를린 문제는, 그 후 15년 동안 동서 진영 사이에 긴장을 더욱 높였다.[18]

---

17 Jeno Györkei and Miklós Horváth, eds., *1956: Soviet Military Intervention in Hungary* (Budapest: Central European University Press, 1999), p. 114.
18 Gerhard Wetting, *Bereitschaft zu Einheit in Freiheit? Die sowjetische Deutschland-Politik 1945-1955* (Munich: Olzog, 1999).

그럼에도 불구하고, 1956년 이후 유럽의 냉전은 적어도 한 가지 측면에서 다소 완화되었다. 이념적 대립이 이전보다 덜 공격적인 양상으로 변한 것이다. 1956년 2월 소련 공산당의 제20차 당대회에서 흐루쇼프가 다시 강조한 '평화 공존(peaceful coexistence)' 원칙 덕분에 동서 간의 문화 교류가 활발해졌다.[19] 서방 국가에서는 점차 '철의 장막' 너머에서 만들어진 영화, 문학, 음악, 미술, 학술 연구를 접할 수 있게 되었다. 한편 소련과 동유럽 국가의 시민들도 서방에서 온 방문객과 다양한 사상을 접하면서 억압이 덜한, 좀 더 인간적인 사회주의 사회를 기대하게 되었다.[20]

격동적이었던 흐루쇼프의 1956년은 유럽 밖에도 큰 영향을 미쳤다. 특히 중국과 소련의 관계에 변화가 시작되었다. 당시 중국 지도자 모택동은 한국전쟁 당시 스탈린이 보여준 이중적 태도에 불만을 가지고 있었다. 전쟁 이후 소련의 경제적, 군사적 지원 또한 부족하다고 느꼈다. 그래서 모택동은 소련에 의존하지 않고 독자적인 길을 걷기로 결심했다. 이에 따라 1954년 중국은 중립국 인도와 협정을 맺었다. 이 협정은 '평화공존 5원칙'을 바탕으로 하는 것이었다. 즉 체제가 다른 국가들도 평화롭게 공존할 수 있다는 내용이었다.[21] 그리고 이듬해인 1955년 중

---

19 Yale Richmond, *Cultural Exchange and the Cold War: Raising the Iron Curtain* (University Park: Pennsylvania State University Press, 2003).
20 Zubok, *Failed Empire*, pp. 167-73; James H. Satterwhite, *Varieties of Marxist Humanism: Philosophical Revision in Postwar Eastern Europe* (University of Pittsburgh Press, 1992).
21 영토 주권의 상호 존중(互相尊重主權和領土完整), 상호 불가침(互不侵犯), 내정 불간섭(互不干涉內政), 평등과 상호 이익(平等互利), 그리고 평화 공존(和平共處).

국은 중요한 국제회의였던 반둥회의(Bandung Conference)에 초청을 받았다. 이 회의에서 중국 외교부장 주은래(周恩來, 저우언라이)는 본격적으로 비동맹 국가들을 중국의 편으로 끌어들이기 시작했다.[22]

1954년, 소련과 중국의 관계는 잠시 개선되는 듯했다. 그해 7월, 양국은 인도차이나 문제를 논의하기 위해 열린 제네바 회담에 협력했다. 한 달 뒤 흐루쇼프는 중화인민공화국의 건국 5주년 기념식 참석을 위해 북경을 방문했고, 중국에 정치적·경제적으로 넉넉한 양보를 제공했다. 하지만 화해 분위기는 불과 1년 만에 다시 냉각됐다. 모택동은 비동맹 진영에서 소련이 중국과 경쟁할 가능성을 우려했다. 또한 흐루쇼프의 외교 정책을 깊이 의심했는데, 소련이 '평화 공존'을 이유로 중국의 이익을 희생하면서까지 서방에 양보할 수 있다고 생각했기 때문이다. 한편 흐루쇼프도 모택동이 대만을 '해방'시키겠다는 집착 때문에 미국과 무력 충돌도 마다하지 않으려는 태도에 공감하지 못했다.[23] 이처럼 두 공산주의 지도자는 서로 잘 맞지 않는 파트너였다. 1954년 당시 모택동은 소련에서 온 손님 흐루쇼프를 무례하고 어리석다고 생각했다. 반대로 흐루쇼프는 모택동의 완고한 이념과 동양식 궁정 예절을 전혀 이해하지 못한 채 모스크바로 돌아갔고, 중국과의 갈등이 피할 수 없다고 확신하게 되었다.[24]

---

22 Lorenz M. Lüthi, *The Sino-Soviet Split: Cold War in the Communist World* (Princeton University Press, 2008), pp. 36-40.
23 Odd Arne Westad, "The Sino-Soviet Alliance and the United States," in Odd Arne Westad (ed.), *Brothers in Arms: The Rise and Fall of the Sino-Soviet Alliance, 1945- 1963*(Stanford University Press, 1998), pp. 170-171.

1956년 2월 25일 이후 중국 지도부는 흐루쇼프의 비밀 연설을 주의 깊게 분석했다. 이 연설은 그 내용보다는 오히려 예상 밖의 상세함과 깊이 때문에 중국 지도부를 놀라게 했다. 특히 모택동은 마르크스주의 핵심 원칙을 흐루쇼프가 함부로 바꾸려 했다는 사실에 큰 충격을 받았다. 더욱 걱정스러웠던 점은 흐루쇼프가 스탈린의 개인숭배를 강력히 비판하며, 경제와 군사 정책에서 여러 가지 실패를 신랄히 비판한 것이었다. 과거 스탈린의 독선으로 피해를 본 적이 있었던 모택동도 민중의 지도자(vozhd, 스탈린의 칭호 – 옮긴이)가 중대한 실수를 저질렀다는 점은 인정할 준비가 되어 있었다. 하지만 모택동은 스탈린의 독재적 성격을 비판하면서도 동시에 그가 남긴 뛰어난 업적 또한 강조하며, 한꺼번에 스탈린을 전부 부정하는 것은 위험하다고 경고했다. 당시 중국 공산당 내부에서는 레닌의 '집단 지도 체제'를 다시 도입하려는 정치 세력이 있었다. 모택동은 흐루쇼프의 스탈린 비판이 자신의 경쟁자들의 손에 무기를 쥐어주는 것으로 생각했을 수도 있다.[25]

흐루쇼프는 "스탈린 시대처럼 형제국을 지배하는 일은 더 이상 없을 것"이라고 공언했다. 폴란드와 헝가리에서 일어난 봉기는 흐루쇼프의

---

24 William Taubman, *Khrushchev: The Man and His Era* (New York and London: Norton, 2003), p. 337. CIA 역시 1년 전 같은 예측을 했다: Phillip Bridgham, Arthur Cohen, Leonard Jaffe, "Mao's road and Sino-Soviet Relations: a view from Washington, 1953," *China Quarterly* 52 (Oct. 1972), 670–698.

25 Mao Zedong, *On Diplomacy* (Beijing: Foreign Languages Press, 1998), pp. 185–186; Lüthi, *Sino-Soviet Split*, pp. 48–53. 실제로 같은 해 북한의 지도자 김일성은 독재에 반대하는 내부 반란을 진압했다. *North Korean Communism: A Comparative Analysis*, ed. Chong-Shik Chung, Gahb-chol Kim (Seoul: Research Center for Peace and Unification, 1980), pp. 77–78.

다짐을 다시 시험대에 올렸다. 이 과정에서 중국도 유럽 문제에 개입하게 되었다. 폴란드 사태 당시 모택동은 소련의 군사 개입을 강하게 반대했다. 다만 흐루쇼프가 막판에 입장을 바꾼 것이 중국의 압력 때문이었다고 볼 확실한 증거는 없다.[26] 헝가리 사태에서는 상황이 조금 달랐다. 당시 모택동은 부다페스트 현지 상황을 정확히 파악하지 못한 상태였다. 이 때문에 소련의 군사 개입을 한동안 고민하다가 결국 찬성하는 쪽으로 입장을 정리했다. 중국이 소련의 최종 결정에 얼마나 큰 영향을 주었는지는 분명하지 않지만, 이 과정에서 드러난 모택동의 의견 표명 자체가 공산 진영 내에서 그의 영향력을 뚜렷이 보여주었다.[27]

동유럽 사태는 흐루쇼프에 대한 중국 지도자들의 불만을 더욱 키웠다. 흐루쇼프가 추진했던 어설픈 '탈스탈린화(de-Stalinization)' 정책은 동유럽 공산주의자들에게 혼란만 가져왔다. 특히 흐루쇼프는 폴란드와 헝가리의 위기에 제대로 대응하지 못하여 상황을 더욱 악화시켰다. 당시 공산주의 진영에서 중국은 세력이 그리 강하지 않았다. 중국이 소련의 지도력에 공개적으로 도전하거나, 소련이 서방과 추진 중인 긴장 완

---

26 Lüthi, *Sino-Soviet Split*, pp. 54-57. Yinghong Cheng, "Beyond a Moscow-centric interpretation: an Examination of the China connection in Eastern Europe and North Vietnam during the era of de-Stalinization," *Journal of World History* 15 (2004), 487-518.

27 Chen Jian, *Mao's China and the Cold War* (Chapel Hill: University of North Carolina Press, 2001), pp. 156-157에서는 모택동의 영향력이 결정적이었다고 본 반면, János Rainer and Bernd-Rainer Barth, "Ungarische Revolution: Aufstand-Zerfall der Partei- Invasion," in B. András Hegedüs and Manfred Wilke (eds.), *Satelliten nach Stalins Tod* (Berlin: Akademie Verlag, 2000), p. 254에서는 그것이 여러 요인 중 하나에 불과했다고 주장한다. Cf. Nikita S. Khrushchev, *Khrushchev Remembers* (Boston: Little Brown and Co., 1970), pp. 418-419.

화(détente) 정책을 정면으로 비판할 만한 힘이 없었다. 그러나 1956년 말부터 중국은 소련과 이념적으로나 정치적으로 거리를 두기 시작했다. 이런 변화는 1년 뒤 모택동이 '백화제방(百花齊放), 백가쟁명(百家爭鳴)' 이라는 구호 아래 진행하던 정치적 자유화 정책을 갑자기 철회하면서 더욱 뚜렷해졌다.[28]

1956년은 전 세계의 마르크스주의자들에게 혼란스러운 해였다. 흐루쇼프가 스탈린의 범죄를 폭로한 사건은 일본과 멕시코의 공산당에는 별다른 영향을 미치지 않았지만, 라틴 아메리카의 공산당들은 이 때문에 분열을 겪었다. 한편 당시 88세였던 아프리카계 미국인 정치철학자 듀보이스(W. E. B. Du Bois)는 여전히 스탈린을 높이 평가했다. 듀보이스는 스탈린이 "세계 최초의 사회주의 국가를 세웠고, 쿨라크(kulak, 부농) 세력을 무너뜨렸으며, 히틀러를 물리쳤다"고 주장했다. 그는 스탈린 말년의 과도한 행동에 대해 유감을 표하면서도("스탈린이 인류 역사상 처음으로 등장한 폭군도 아니고 마지막 폭군도 아닐 것") 흐루쇼프의 비판에 대해서는 "무책임하고 혼란만 불러일으킨다"고 비판했다. 또한 소련의 체제를 "위대하고 진보적"이라고 평가하면서, 폴란드에서 일어난 혼란은 "미국이 매수한 옛 지주들과 군부 세력 때문"이라고 주장했다.[29]

---

28 Nick Knight, "Mao Zedong and the Chinese road to socialism," in Colin Mackerras and Nick Knight, *Marxism in Asia* (New York: St. Martin's Press, 1985), pp. 94-123. Details in Lüthi, *Sino-Soviet Split*, pp. 57-70.
29 Letter to Anna Melissa Graves, July 8, 1956, in Herbert Aptheker (ed.), *The Correspondence of W. E. B. Du Bois*, Vol. 3 (Amherst, MA: University of Massachusetts Press, 1978), pp. 402-403. Also see Du Bois' eulogy, "On Stalin," National Guardian, Mar. 16, 1953, reprinted in David Levering Lewis (ed.), *W. E. B. Du Bois: A Reader* (New York: Henry Holt, 1995), pp. 796-797.

하지만 유럽의 공산주의자들은 거센 역풍에 직면했다. 스탈린이 저지른 범죄와 헝가리에서 벌어진 유혈 사태로 강한 반발과 위기를 마주해야 했다. 이탈리아 공산당 지도자 팔미로 톨리아티(Palmiro Togliatti)는 코민테른에서 활동한 경험 많은 공산주의자였다. 그는 '다원주의(polycentrism)'라는 새로운 개념을 제시하며, 과거 스탈린의 냉전 정치 공작으로 어려움을 겪었으나, 이제는 크렘린(소련 정부)과 거리를 두고 독립적인 길을 걸어야 한다고 주장했다. 그의 전략은 2년 후 이탈리아 공산당이 선거에서 좋은 성과를 거두는 데 큰 역할을 했다.[30] 반면 프랑스 공산당의 지도자 모리스 토레즈(Maurice Thorez)는 오랫동안 스탈린과 긴밀히 협력한 인물이었다. 그는 흐루쇼프가 시작한 탈스탈린화 정책을 비판했고 여전히 모스크바를 지지했다. 그러자 프랑스 공산당 내부에서도 갈등이 일어났다. 게다가 당시 프랑스는 알제리 식민지 전쟁 문제로 심각한 위기를 겪고 있던 때여서, 당의 내분은 더욱 심각한 결과를 가져왔다.[31]

흐루쇼프가 내세운 '평화공존' 정책은 전 세계에 큰 충격을 주었다. 특히 아시아와 아프리카, 라틴 아메리카에서 활동하던 공산주의 무장 세력은 위축되었고, 이들이 벌이던 사보타주(파괴 공작), 체제 전복 활동, 무장 투쟁과 같은 과격한 행동들도 크게 줄어들었다. 흐루쇼프는 인

---

30 Aldo Agosti, *Palmiro Togliatti: A Biography* (London and New York: I. B. Tauris, 2008).
31 Jean-François Paroz, "La Critique du PCF face au Phénomène Stalinien," *Annals of International Studies* 15 (1986), 139-169, and, esp., Aimé Césaire, *Lettre à Maurice Thorez* (Paris: Présence Africaine, 1956).

도네시아, 인도, 버마, 이란, 이집트 등 여러 국가가 자본주의도 공산주의도 아닌, 제3의 방식인 '비자본주의적(non-capitalist)' 발전 모델의 선택을 지지했다. 각국에서 힘겹게 투쟁하던 공산주의자들의 사기는 크게 떨어졌다. 또한 흐루쇼프가 반제국주의 투쟁에서 부르주아 민족주의 세력과의 협력을 강조하면서, 아프리카 공산주의 운동의 독자성 역시 약화되었다. 이후 중국과 소련의 분쟁(중소분쟁)이 가까워지자, 북한과 북베트남의 공산주의자들은 소련과 중국 사이에서 미묘한 균형을 잡아야 하는 어려운 처지에 놓였다.[32]

1956년의 정치적 충격에도 불구하고 공산주의 운동은 흐루쇼프나 모택동이 예상치 못한 곳에서 계속 살아남았다. 어떤 지역에서는 민족주의 운동과 결합했고(이라크), 또 다른 지역에서는 농촌 노동자들과 손을 잡기도 했다(브라질).[33] 그중에서도 특히 주목할 사례는 남아프리카였다. 1955년, 남아프리카 공산당은 〈자유 헌장(Freedom Charter)〉의 전면적 지지를 선언했다. 이는 민주적 복지국가 체제 안에서 모든 인종에게 평등한 권리를 보장하자는 내용이었다. 그러나 1956년 12월 5일, 넬슨 만델라는 아프리카민족회의(African National Congress, ANC)의 지도

---

32 Fritz Schatten, *Communism in Africa* (New York: Praeger, 1966), pp. 71-100; *The Communist Revolution in Asia*, ed. Robert A. Scalapino (Englewood Cliffs, NJ: Prentice- Hall, 2nd edn. 1969), *passim*; Sepehr Zabih, *The Communist Movement in Iran* (Berkeley and Los Angeles: University of California Press, 1966), pp. 213-221; Jan Pennar, *The USSR and the Arabs* (New York: Crane, Russak & Co., 1973), passim.
33 Maxine Molyneux and Fred Halliday, "Marxism, the Third World, and the Middle East," *MERIP Reports*, no. 120 (Jan. 1984), pp. 18-21, www.jstor.org/stable/3011670; Bernard Kiernan, *The United States, Communism, and the Emergent World* (Bloomington, in: Indiana University Press, 1972), pp. 150-151.

자 150명과 함께 '공산주의 음모'를 꾸몄다는 혐의로 체포되었다. 사실 만델라는 극단적인 좌파 인사는 아니었다. 하지만 그는 마르크스주의의 사회 분석 방식(sociological constructions)을 받아들였으며, 그 이론에 등장하는 개념과 표현의 유용성을 인정했다. 또한 민주적이고 인종차별이 없는 남아프리카를 만들기 위해 공산주의자들과의 협력도 매우 높게 평가했다.[34]

냉전 시대에 또 하나의 예상치 못한 사건이 미국의 바로 뒷마당에서 벌어졌다. 사건이 벌어지기 2년 전, 미국 정부는 과테말라의 좌파 정권을 무너뜨리고 미국에 순응하는 정부를 세운 적이 있었다. 그런데 1956년 12월 2일, 피델 카스트로(Fidel Castro)와 체 게바라(Che Guevara)를 포함한 혁명군 82명이 쿠바의 라스 콜로라다스(Las Coloradas) 해변에 상륙했다. 이들은 미국의 지원을 받고 있던 독재 정권을 상대로 무장 투쟁을 시작했다. 당시 쿠바의 독재자 바티스타(Batista)는 부패와 폭정으로 민중의 신임을 완전히 잃은 상태였다. 카스트로가 이끈 '7월 26일 운동(July 26 Movement)'은 학생들, 그리고 불만을 가진 중산층과 연대했으며, 민족주의와 반제국주의라는 쿠바 현지의 정서를 적극 활용했다. 혁

---

34 Nelson Mandela, *Long Walk to Freedom: The Autobiography of Nelson Mandela* (Johannesburg: Macdonald Purnell, 1994), pp. 189-10; Tom Lodge, "Charters from the past: the African National Congress and its historiographical traditions," in Joshua Brown et al. (eds.), *History from South Africa: Alternative Visions and Practices* (Philadelphia: Temple University Press, 1991), pp. 119-144; Text of the Charter in Allison Drew (ed.), *South Africa's Radical Tradition: A Documentary History, Vol. 2* (Cape Town: UCT Press, 1997), pp. 121-124. 물론 1956년 무렵에는 미국 민권운동의 성과와 미국 연방대법원의 판결(학교 및 대중교통의 인종분리 철폐 관련) 또한 전 세계의 인종 평등 투쟁에 영향을 미쳤다.

명군은 여러 전투에서 승리를 거두며 바티스타 정권을 흔들었고, 마침내 3년 뒤 외부 공산주의 세력의 지원 없이 자체적으로 혁명에 성공했다. 처음에는 미국이 카스트로의 접근을 거부했으나, 이후 소련의 흐루쇼프가 자신의 제3세계 정책을 쿠바에까지 확대했다. 결국 쿠바는 소련의 위성국으로 편입되었다. 이후 소련은 쿠바 관계 유지에 막대한 비용과 어려움을 떠안게 되었다.[35]

수에즈 위기

1956년 이집트는 새로운 지도자를 맞이했다. 부패하고 무능했던 왕 파루크(Farouk)를 축출한 지 불과 4년 만이었다. 그 주인공은 36세의 젊은 대령이자 이집트의 제2대 대통령으로, 사실상 독재 체제를 구축했던 가말 압델 나세르(Gamal Abdel Nasser)였다. 그는 금세 국제 정치의 중심 인물로 떠올랐다. 나세르는 1948-49년 아랍-이스라엘 전쟁과 로도스(Rhodos) 휴전 협상에서 경험을 쌓으며 정치적 역량을 키웠고, 집권한 이후에는 냉정한 정치력과 뛰어난 외교력을 발휘했다. 이집트 국민뿐만 아니라 외국인들까지도 나세르에 감탄했다. 군대와 행정 관료들의 강력한 지지를 바탕으로 나세르는 대중을 사로잡는 카리스마를 보여주었으며, 공산주의 세력과 이슬람계 반대파를 철저히 제압했다. 그는 새로운 헌법을 제정했으며, 국가의 경제적·군사적 힘을 키우기 위한 여러 가지 사업을 추진했다. 국외에서도 그의 활약은 두드러졌다. 영국과의 협상에

---

35 Fursenko and Naftali, *Khrushchev's Cold War*, p. 295. John Foran, "Theorizing the Cuban Revolution," *Latin American Perspectives* 36 (Mar. 2009), 16-30.

서 수에즈 운하(Suez Canal)에 주둔하던 8만 명의 영국군을 2년 내 철수시키겠다는 약속을 받아냈고, 아시아와 아프리카의 여러 신생 독립국들이 모인 반둥 회의(Bandung Conference)에서도 주도적인 역할을 맡았다. 또한 1955년에는 공산 국가였던 체코슬로바키아와 대규모 무기 거래를 맺었고, 1956년에는 중화인민공화국과 외교 관계를 수립하며 서방 세계에 정면으로 도전했다.[36]

1956년 무렵, 이집트의 정치인 나세르(Nasser)는 범아랍주의(Pan-Arabism) 운동을 펼치고 있었다. 서방 세력에 맞서 중동 국가들을 하나로 묶으려는 운동이었다. 이에 중동의 긴장감이 높아졌다. 첨단 무기 대량 구입 소식은 특히 이스라엘을 더욱 긴장시켰다. 최근 1년간 이스라엘은 이집트 및 팔레스타인과 군사적 충돌이 잦아지고 있었다. 이집트의 라디오 방송에서는 반(反)이스라엘 선전이 강화되는 중이었다. 이스라엘의 벤구리온(Ben-Gurion) 정부는 선제공격을 진지하게 고민하게 되었다. 이스라엘은 먼저 프랑스와 군사 동맹을 맺었다. 당시 프랑스의 기 몰레(Guy Mollet) 정부 역시 알제리 혁명을 지원한 나세르에게 강한 반감을 가졌고, 나세르 정권을 전복시키고자 했다. 결국 1956년 6월 26일, 이스라엘과 프랑스는 비밀 협정을 맺었다. 프랑스가 알제리 반군이나 이집트와 싸울 때 이스라엘도 협력하기로 했고, 그 대가로 프랑스는 이스라엘에 많은 전투기와 탱크를 지원하기로 했다.[37]

---

36 Jean LaCouture, *Nasser*, trans. Daniel Hofstadter (New York: Knopf, 1973), pp. 59-162.
37 Details the Vermars agreement in Motti Golani, *Israel in Search of War: The Sinai Campaign, 1955-1956* (London: Sussex Academic Press, 1998), pp. 28-29.

〔그림 15-2〕 이집트 대통령 나세르의 초상

영국 총리 앤서니 이든(Anthony Eden) 역시 나세르에게 적대적이었다. 이든은 제1차 세계대전에 참전해 훈장을 받은 군인이었고, 1930년대에는 독일에 대한 유화정책을 강력히 반대했던 인물이다. 그는 최근 윈스턴 처칠의 뒤를 이어 영국 총리가 되었다. 이든에게 나세르는 단순히 이라크와 요르단에서 영국의 영향력을 위협하는 성가신 존재 정도가 아니라, 소련의 도움을 받아 중동을 장악하고 결국 서유럽의 석유 공급까지 위협할 위험한 인물, 즉 '아랍의 무솔리니'였다. 이든은 나세르를 영국의 "숨통을 조이는 존재(thumb on our windpipe)"라고 표현했다.[38]

이 갈등은 결국 미국과 소련까지 끌어들이게 되었다. 미국은 이미 1년 전부터 아랍 최대 국가인 이집트와 관계를 개선하기 위해 5,400만 달러의 차관을 제공하기로 약속한 바 있었다. 이는 아스완댐(Aswan Dam) 건설 지원 예산이었는데, 이 댐의 건설은 나세르가 이집트 국민들의 생활수준을 높이겠다며 추진한 핵심 정책이었다. 그러나 미국의 관대한 조치는 미 의회의 즉각적인 반대에 부딪혔고, 나세르와 경쟁하던 다른 아랍 국가들로부터도 강한 반발을 샀다.

1956년 봄 무렵, 미국의 대통령 아이젠하워는 이집트의 지도자 나세르가 소련 진영과 군사적으로 가까워지는 점을 우려하고 있었다. 나세르가 서방 국가들에 적대적인 태도를 보이고, 이스라엘과도 갈등을 빚고 있었기 때문이다. 한편 당시 소련의 흐루쇼프도 비동맹 국가들(비

---

38 Anthony Eden, *Full Circle* (Boston: Houghton Mifflin, 1960), p. 426. See alsoMark Rathbone, "The Munich effect," *History Review* 64 (Mar. 2009), 21; David Carlton, *Britain and the Suez Crisis* (Oxford: Blackwell, 1988), pp. 21-34.

공산주의 비자본주의)을 지원하고 있었다. 그러나 실제로는 동유럽 문제에 더 집중하고 있었다. 이집트가 추진하던 아스완 댐 건설 사업에도 회의적이었다. 미국과 경쟁하는 입장이었음에도 소련은 나세르의 자금 지원 요청을 거절했다.[39] 나세르에 대한 미국의 불신도 깊어지고 있었다. 급기야 7월 19일 미국은 예정된 차관을 취소해 버렸다. 영국 총리 이든 역시 영국이 약속했던 1,400만 달러 규모의 지원금을 간단히 철회해 버렸다. 나세르는 충격과 굴욕에 휩싸였다. 그로부터 일주일 뒤 나세르는 전력 생산과 토지 개간에 필요한 막대한 자금을 확보하기 위해 수에즈 운하를 국유화한다고 선언했다. 그의 결정은 이집트 국민의 열렬한 지지를 얻었다. 아랍 세계도 이집트의 선택에 열광했다. 그러나 결국 이 사건은 장기적 국제 분쟁을 촉발하게 되었다. 그것이 바로 수에즈 위기였다.[40]

1869년에 개통된 수에즈 운하는 프랑스와 영국이 운영하는 '수에즈 운하 회사(Suez Canal Company)'가 99년 동안 임차하여 관리해 왔다. 운하를 이집트 정부 소유로 되찾는 것은 나세르의 오랜 염원이었다.[41] 나세르는 이집트에 남아 있던 서구 세력의 마지막 흔적을 단숨에 없애버렸다. 이는 영국과 프랑스에게 큰 타격이었다. 수에즈 운하는 영국과 프

---

39 Fursenko and Naftali, *Khrushchev's Cold War*, pp. 83–84. 2년간의 지연 끝에 흐루쇼프는 1958년 10월 마침내 댐 건설 자금 지원에 동의했고(ibid, p. 185), 1964년 5월에는 해당 사업의 준공식에 참석했다(ibid, p. 531).
40 James E. Dougherty, "The Aswan decision in perspective," *Political Science Quarterly* 74/1 (Mar. 1959), 21–45.
41 D. C. Watt, *Britain and the Suez Canal* (London: Royal Institute of International Affairs, 1956); Zachary Karabell, *Parting the Desert: The Creation of the Suez Canal* (New York: Knopf, 2003), p. 269.

랑스가 중동의 석유를 서방으로 보내는 핵심 통로였다. 또한 대영제국과 영연방을 연결하는 생명선이기도 했다. 더욱이 나세르는 티란 해협(Strait of Tiran)까지 봉쇄해 버렸다. 그 결과 이스라엘에서 동아프리카와 아시아로 나가는 뱃길이 막혔다.

나세르의 결정에 대한 소련과 미국의 대응은 전혀 달랐다.[42] 흐루쇼프는 나세르의 갑작스러운 조치에 당황했다. 소련이 이집트에 외교적 보호망을 제공하거나 추가로 무기를 지원하는 일은 없었다. 다만 미국이 나서서 서방 국가들을 통제해 주기를 바랐다. 미국은 초기 3개월 동안 적극적으로 움직였다. 미국은 영국과 프랑스의 이집트 공격이 중동 지역 정세를 불안하게 만들 것이고, 그것이 소련의 영향력을 키우는 결과로 이어질 것으로 판단했다. 미국은 어떻게든 문제를 해결해보려 했다.[43]

미국 대통령과 맞선 쪽은 소련이 아니라 나토의 두 동맹국, 즉 프랑스와 영국이었다. 당시 프랑스는 이미 인도차이나를 잃었고 알제리의 반란 때문에도 큰 상처를 입은 상태였다. 프랑스의 여론은 단호한 보복을 요구하고 있었다. 영국의 상황은 더 복잡했다. 내각과 의회는 의견이 갈렸고, 영연방 국가들조차 무력 사용에 반대하는 목소리가 컸다. 그러나 병약하고 충동적이었던 영국 총리는 국가의 위신과 석유 공급을 지켜야 한다며 강경한 태도를 굽히지 않았다. 미국은 이런 두 나라를 압박하여 8월과 9월에 런던에서 두 차례의 중재 회담을 열었다. 10월에는 유엔이 나서서 수에즈 운하를 관리하는 방안도 제시되었지만 성과는 거

---

42 '초강대국(superpower)'이란 용어는 1950년대에 널리 사용되기 시작했으며, 전 세계에 영향력을 행사하는 핵무장 국가인 미국과 소련을 가리키는 말이었다.
43 Fursenko and Naftali, *Khrushchev's Cold War*, pp. 85-86, 92-93.

의 없었다. 교착 상태가 석 달간 이어졌다. 미국은 11월 6일 대통령 선거를 앞두고 있었다. 아이젠하워 대통령은 국내 문제에 더욱 몰두했다. 흐루쇼프 역시 동유럽의 불안정한 상황에 신경을 집중했다. 그 사이 영국과 프랑스는 공격을 준비할 시간을 벌 수 있었다.[44]

이 사태에서 이스라엘의 역할이 중요했다. 당시 이스라엘의 참모총장과 국방 차관은 강경파였다. 그들은 이 기회를 잘 활용하면 오랜 숙적이었던 나세르를 제거할 절호의 기회라고 판단했다. 반면 총리 벤구리온은 온건파였다. 그는 미국과 소련의 개입 가능성을 우려하며 결정을 망설이고 있었다. 그러나 티란 해협의 봉쇄를 풀기 위해 결국은 서방 국가들과 동맹을 맺었다. 1956년 여름, 프랑스는 이스라엘에 미스테르(Mystère) 전투기 60대를 보냈다. 같은 해 9월 1일에는 이스라엘의 이집트 참전을 제안했다. 프랑스의 계획은 먼저 이스라엘이 이집트를 공격하고, 이를 핑계 삼아 영국과 프랑스가 수에즈 운하를 점령한 뒤, 마지막으로 나세르를 축출하는 것이었다. 10월 초에는 영국의 이든 총리도 프랑스의 계획에 동의했다. 마침내 1956년 10월 24일, 세 나라가 세브르(Sèvres)에서 비밀 협정을 체결했다.[45]

'머스킷 작전(Operation Musketeer)'은 영국과 프랑스, 이스라엘 삼국

---

44 Cole C. Kingseed, *Eisenhower and the Suez Crisis of 1956* (Baton Rouge and London: LSU Press, 1995), pp. 44-80.
45 David Tal, "Israel's road to the 1956 war," *International Journal of Middle East Studies* 28/1 (Feb. 1996), 59-81; Prina Lahav, "A small nation goes to war," *Israel Studies* 15/3 (Fall 2010), 61-68; David Rodman, "War initiation: the case of Israel," *Journal of Strategic Studies* 20/4 (Dec. 1997), 1-17. Avi Shlaim, "The Protocol of Sèvres, 1956: anatomy of a war plot," *International Affairs* 73/3 (July 1997), 509-530.

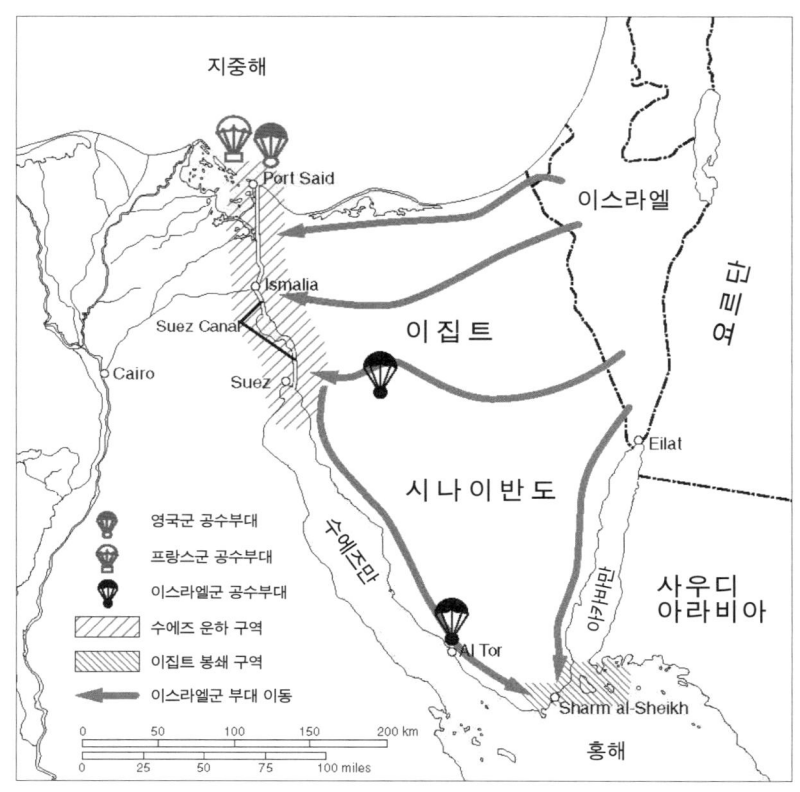

[지도 15-1] 수에즈 위기, 1956년

의 사전 계획에 따라 순조롭게 시작되었다. 10월 29일 이스라엘 공수부대가 먼저 시나이 반도 중앙에 투입되어 수에즈 운하까지 신속하게 진격했다. 다음 날인 10월 30일, 영국과 프랑스는 이집트와 이스라엘 양측에 최후통첩을 보냈다. 수에즈 운하 유역에서 12시간 내에 철수하라는 내용이었다. 이집트가 요구를 거부하자, 10월 31일 영국과 프랑스는 이집트의 공군기지에 폭격을 가했다. 닷새 후인 11월 5일, 영국과 프랑스는 포트사이드(Port Said), 이스마일리아(Ismailia), 수에즈(Suez) 점령을 목표로 지상 작전을 시작했다.[46] 한편 나세르는 이미 11월 1일에 배와 시설물을 폭파하여 운하를 막았다. 격렬한 충돌이 이어졌던 이 한 주 동안 국제사회는 강하게 반발했다. 같은 시기에 벌어진 헝가리 사태 뉴스마저 묻힐 정도로 상황이 심각했다.[47]

이제 주도권은 초강대국으로 넘어갔다. 흐루쇼프는 또 한 번 허를 찔리고 말았다. 10월 한 달 동안 흐루쇼프는 나세르의 과도한 자신감과 소련 정보당국의 잘못된 정보를 믿었고, 영국 총리 이든의 결단력을 오판하여 방심하고 있었다. 전쟁이 터질 무렵 헝가리 사태에 집중하고 있던 흐루쇼프는 나세르의 군사·외교적 지원 요청을 들어줄 형편이 아니었다. 위기 해결의 주도권은 결국 미국으로 넘어갔다.[48]

미국 대통령 아이젠하워는 훨씬 더 정확한 정보를 갖고 있었다. 그는 나토 동맹국들의 행동에 강한 분노를 느꼈다. 영국과 프랑스의 행동은 중동 지역에서 소련의 개입을 초래할 위험이 있었다. 비록 헝가리에서는 소련의 군사 개입을 막지 못했지만, 이집트에서는 이를 사전에 차단해야 했다. 사안이 유엔에 넘어갔지만 안전보장이사회에서 영국과 프랑스가 거부권을 행사했다. 미국은 긴급총회를 소집했다. 11월 1일 유

---

46 벤구리온은 이든을 깊이 불신했다. 그는 아랍 세력의 보복 공습을 우려했으며, 이스라엘의 공격과 동맹국들의 개입 사이에 시간을 단축해달라고 촉구했다. 또한 연합군의 폭격 및 군사 행동 지연에 격분했다고 한다. Keith Kyle, *Suez* (London and New York: I.B. Tauris, 2011), pp. 314, 317, 319-321, 370, 382.
47 Kyle, *Suez*, pp. 408-438.
48 Fursenko and Naftali, *Khrushchev's Cold War*, pp. 120-121, 126-127, 129-130.

엔 총회에서 즉각적인 휴전을 요구하는 결의안이 통과되었다. 찬성 64표 반대 5표였다.[49] 이때가 냉전 역사상 매우 이례적으로 미국과 소련의 이해관계가 완전히 일치했던 순간이었다.

그러나 미국과 소련은 모두 무리수를 두었다. 11월 5일, 헝가리 봉기가 거의 진압될 무렵, 흐루쇼프가 갑자기 움직이기 시작했다. 그는 미소 양국이 군대를 보내 정전을 확보하자고 제안했다. 또한 영국, 프랑스, 이스라엘에는, "중동의 침략을 물리치고 평화를 되찾을 준비"가 되어 있으며, 핵무기 사용을 불사하겠다는 경고를 보냈다. 이는 아랍과 중립국의 귀에 듣기 좋은 메시지였다. 그러나 시기가 너무 늦었고 강도도 약했다. 이 정도로는 이집트의 참패를 막지 못했다. 미국 또한 유엔을 무시하고 전례 없는 미국과 소련의 공동 점령군 제안을 받아들일 수 없었다. 핵무기 운운한 소련의 허풍은 오히려 영국, 프랑스, 이스라엘 삼국이 미국에 굴복하는 결과로 이어졌다.[50]

겉으로 보기에는 아이젠하워 대통령이 성공을 거둔 것처럼 보였다. 그는 11월 6일 재선에 여유 있게 승리했고, 같은 날 전쟁 중이던 세 나라 역시 휴전을 받아들였다. 이후 미국 주도 하에 이집트에 유엔 긴급군(UN Emergency Force)을 파견했으며, 영국·프랑스·이스라엘 삼국 군대의 철수를 강하게 요구했다. 결국 영국과 프랑스의 마지막 병력은 12월 22일까지 철수했고, 이스라엘군도 이듬해인 1957년 3월 22일 철수했다.[51] 그러나 이와 같은 미국의 외교적 성과가 과연 진정한 승리였는지

---

49 Kingseed, *Eisenhower and the Suez Crisis*, pp. 87-101.
50 Galia Golan, *Soviet Policies in the Middle East* (Cambridge University Press, 1990), pp. 47-64.

에 대해서는 의문이 남았다. 미국은 수에즈 위기에서 전쟁 발생을 막지 못했고, 오히려 가장 가까운 동맹국들과 갈등을 빚었으며, 심지어 이집트 및 소련과 손을 잡는 상황에 놓였기 때문이다. 특히 아이젠하워 대통령은 금융 지원과 석유 공급 중단을 위협하며 영국을 압박했다. 그 결과 이든 총리는 정치적으로 큰 타격을 받고 결국 1957년 1월, 좀 더 온건한 해럴드 맥밀런(Harold Macmillan)으로 교체되었다. 강경한 압박은 미국과 영국의 관계를 심각하게 악화시켰다. 아이젠하워 대통령은 결국 영국과의 긴장을 풀기 위해 노력하는 한편, 다른 나토 회원국들에게 미국의 지원과 선의가 변함없음을 확인하며 관계 회복을 도모했다.[52]

프랑스의 불만은 더욱 커졌다. 이들은 워싱턴의 압력에 굴복한 이든의 태도에 분노했고, 흐루쇼프가 무력시위를 벌이는데도 이를 방관하는 아이젠하워의 무관심에 실망했다. 결국 '머스킷 작전'을 주도했던 기 몰레(Guy Mollet)도 1957년 5월 프랑스 총리 자리에서 물러났다. 수에즈 사태의 실패는 1년 후 샤를 드골(Charles de Gaulle)이 다시 정치 무대로 돌아오는 계기가 되었다. 드골은 영국과 미국에 깊은 불신을 가진 인물이었다. 그는 미국 주도의 나토 체제에서 벗어나 프랑스 스스로 국가안보를 지켜야 한다고 믿었으며, 독자적인 핵무기 개발을 강력히 주장했다.[53]

---

51 Kingseed, *Eisenhower and the Suez Crisis*, pp. 138-39.
52 Robert R. James, *Anthony Eden* (London: Weidenfeld and Nicolson, 1986), pp. 576-577; Diane B. Kunz, *The Economic Diplomacy of the Suez Crisis* (Chapel Hill: University of North Carolina Press, 1991), pp. 130-152, 193-194.
53 Christian Pineau, *1956/Suez* (Paris: Lafont, 1976), p. 191; Maurice Vaïsse, "Post-Suez France," in William Roger Louis and Roger Owen (eds.), *Suez: The Crisis*

한편 1956년 이스라엘은 팔레스타인 문제로 주변국 영토까지 진입하여 군사 작전을 펼쳤다. 그들은 수에즈 위기를 겪으며 더욱 강한 나라로 부상했다. 특히 이스라엘과 강력한 동맹을 맺은 프랑스는 무기뿐 아니라 핵물질까지 지원하겠다고 나섰다. 프랑스의 전폭적인 지원 덕분에 이스라엘은 티란 해협 항해의 안전을 보장받을 수 있었고, 이집트의 게릴라 공격을 막기 위해 유엔군의 보호도 받게 되었다.[54]

그러나 이러한 성과는 다른 측면과 함께 균형 있게 평가해야 한다. 특히 과거 나세르의 행동을 고려할 때, 이집트가 합의 내용을 성실히 지킬지는 여전히 의심스러웠다. 팔레스타인 망명 정부 지도자들은 가자(Gaza)에서 이집트군이 패하는 모습을 지켜보았다. 이후 그들은 더욱 강경한 민족해방 노선에 매달렸다.[55] 또한 미국과 이스라엘의 관계도 악화되었다. 4개월 동안 어려운 협상이 진행되었고, 이스라엘은 전쟁을 통해 확보한 가자와 시나이(Sinai) 지역을 반환해야 했다. 그 과정에서 이스라엘은 미국의 정치적 계산에서 이스라엘의 비중이 미미하다는 사실을 깨달았다.[56] 이스라엘은 다시는 같은 일이 반복되지 않도록 하겠다는 결

---

and its Consequences (Oxford: Clarendon Press, 1991), pp. 335-340.
54 Benny Morris, *Israel's Border Wars, 1949-1956* (Oxford: Clarendon Press, 1993), p. 428.
55 Rashid Khalidi, "Consequences of the Suez Crisis in the Arab World," in *Suez 1956*, pp. 377-392; also Yazid Sayigh, *Armed Struggle and the Search for a State: The Palestinian National Movement, 1949-1993* (Oxford: Clarendon Press, 1997).
56 "이스라엘은 현재의 냉전 상태에서 필연적으로 패배자일 수밖에 없다. 이웃 아랍에는 석유 유전이 있고, 외국 군대에 군사기지로 제공할 땅이 있다. 그러나 강대국들의 전략적 관점에서 이스라엘은 가치 있는 전리품이 아니다. 미국이 이스라엘에 많은 자금과 비공식적 응원을 보내고 있지만 정치적 지지는 다른 문제다. 공산주의에 맞서 싸워야 하는 미국의 입장

심을 굳혔다. 이후 1967년에 벌어진 중동 전쟁은 이스라엘의 결심을 잘 보여주는 사건이었다.

1956년 아이젠하워의 조치는 냉전 구도의 중동 확산을 가속화시켰다. 소련은 수에즈 협상에 참여하지 않았지만 미국으로서는 여전히 위협적인 존재였다.[57] 특히 소련의 지도자 흐루쇼프는 핵 위협을 과장하며 서방의 제국주의에 맞선 나세르를 적극 지지함으로써 미국의 불안을 더욱 키웠다. 1957년 1월 31일 흐루쇼프는 이집트와 수백만 달러 규모의 무기 거래를 체결했다고 발표했다.[58]

영국과 프랑스가 중동에서 물러난 후, 1957년 1월에 아이젠하워는 새로운 중동 정책을 발표했다. 이른바 아이젠하워 독트린(Eisenhower doctrine)으로, 목표는 미국의 영향력 강화였다. 이는 10년 전 트루먼 대통령의 그리스 및 터키 지원과 비슷한 방식이었다. 즉 '공산주의의 위협'을 받는 아랍 국가들에게 군사적, 재정적 도움을 주는 것이었다. 미국 의회의 반응은 처음에는 회의적이었다. 그러나 아이젠하워는 세계 석유 공급 중심지에서 제국 열강이 떠난 빈자리를 미국이 메워야 한다고 주장했다. 이 문제를 중심으로 아이젠하워는 대통령의 권한을 확대해 나갔으며, 미국의 외교 정책에서 유엔(UN)의 중요성은 점차 약화되었다.

에서 이스라엘은 오히려 장애물이라는 것이 냉엄한 현실이다." *The Economist*, Apr. 6, 1956, p. 19. Cf. Abba Eban, *An Autobiography* (New York: Random House, 1977), p. 233.
57 Robert McMahon, "The illusion of vulnerability: American Reassessments of the Soviet Threat, 1955-1956," *International History Review* 18/3 (Aug. 1996), 591-619.
58 Fursenko and Naftali, *Khrushchev's Cold War*, pp. 137, 162.

또한 아이젠하워 행정부의 중동 정책 방향도 사실상 바뀌었다. 워낙 복잡하게 얽혀 풀기 어려웠던 아랍과 이스라엘의 갈등은 사실상 해결을 포기했다. 대신 석유가 풍부한 아랍 국가들과 관계 개선에 노력을 집중하기 시작했다.[59]

아이젠하워 독트린에 대한 중동의 반응은 예상대로 신속했고, 대체로 부정적이었다. 이스라엘은 미국이 자신을 보호 대상에서 제외한 것에 강력히 반발했고, 시리아는 미국이 중동 문제에 간섭하지 말라고 요구했으며, 나세르는 그것이 서구의 또 다른 침략 형태에 불과하다고 비난했다. 오직 이라크만이 아이젠하워 독트린을 환영했다. 당시 중동에서는 이라크가 바그다드 조약(영국, 터키, 이란, 이라크, 파키스탄 5개국의 군사 동맹 — 옮긴이)의 유일한 가입국이었다. 그러나 이라크마저 3년 뒤 군사 쿠데타로 친서방 군주정이 붕괴하자 반제국주의 진영으로 넘어갔다.[60]

초강대국 미국과 소련은 모두 중동에서 확실한 우위를 차지하지 못했다. 나토의 남부 지역은 안보에 취약하여 소련을 방어하지 못할 우려가 있었다. 미국은 중동에서 소련의 위협을 지나치게 강조했다. 반면 아랍 국가들은 민족주의, 지역 내 경쟁, 서구 식민주의에 대한 반감, 이스라엘에 대한 적대감을 가지고 있었으나, 미국은 이를 제대로 이해하지

---

59 Peter Hahn, *Caught in the Middle East: U.S. Policy Toward the Arab-Israeli Conflict, 1945-1961* (Chapel Hill: University of North Carolina Press, 2004), pp. 224-227.
60 Salim Yaqub, *Containing Arab Nationalism: The Eisenhower Doctrine and the Middle East* (Chapel Hill: University of North Carolina Press, 2004); Naftali and Fursenko, Khrushchev's Cold War, pp. 139-140, 142-143, 159-160.

못했다. 소련은 중동을 비동맹 세력의 전략적 거점으로 보고, 자신의 영향력을 과신했다. 뿐만 아니라 중동에서 영국을 대신하려는 미국의 의지를 과소평가했다. 결국 수에즈 위기는 중동 국가들이 자신의 이익을 위해 초강대국을 활용할 준비가 되어 있다는 사실을 보여주었다. 동시에 중동의 민심과 정치적 현실을 제대로 이해하지 못했던 초강대국의 한계 또한 분명하게 드러났다.[61]

수에즈 위기의 여파

석유와 국제 정세

1956년 7월, 이집트의 나세르 대통령이 수에즈 운하를 국유화하자 서방 국가들은 석유 공급이 끊길지도 모르는 최악의 상황을 맞닥뜨렸다. 당시 전 세계 석유 생산량의 약 20퍼센트가 중동에서 생산돼 수에즈 운하를 통해 서유럽으로 운송되고 있었다. 특히 당시는 서유럽에서 석유 소비가 빠르게 늘어나던 시점이어서 위기의 심각성은 더욱 컸다.[62]

영국과 프랑스의 이집트 침공은 즉각적으로 위기를 촉발했다. 수에즈 운하가 즉시 폐쇄되면서 선박 운항이 전면 중단되었다. 바로 다음 날 시리아는 영국 및 프랑스와 외교 관계를 끊었다. 이어서 시리아는 영토

---

61 Daniele DeLuca, "Gli Stati Uniti e i Nuovi Rapporti di Forza in Medio Oriente: La Dottrina Eisenhower, 1957-1958," *Storia delle Relazioni Internazionali* 10/2 (Oct. 1994), 117-146.
62 서유럽 석유의 3분의 2는 중동에서 공급되었으며, 그중 3분의 2는 수에즈 운하를 통해 운송되었다. 나머지 석유는 이라크와 사우디아라비아에서 동지중해까지 파이프라인을 통해 운반되었다. James Bamberg, *British Petroleum and Global Oil, 1950-1975* (Cambridge University Press, 2000), p. 75.

내의 송유 펌프장 3곳을 폭파하여 이라크에서 지중해로 석유를 운송하던 송유관을 마비시켰다. 11월 6일에는 사우디아라비아 역시 영국 및 프랑스와 외교 관계를 단절하고, 두 나라로 가는 유조선의 출항을 금지시켰다. 이제 상황은 주요 석유 생산국이자 다국적 석유기업 7곳 중 5곳의 본거지인 미국에 달려 있었다. 아이젠하워 대통령은 격분하여 영국과 프랑스에 압박을 강화했다. 그는 두 나라가 이집트에서 군대를 철수할 때까지, 석유 부족 문제나 외환 유출 문제 해결에 어떤 도움도 주지 않겠다고 경고했다.[63]

1956년 서방 세계가 처음 겪은 이 석유 위기는 이후 1967년, 1973년, 1979년에 일어난 더 큰 위기를 예고하는 사건이었다. 그러나 당시의 위기는 오래가지 않았다. 영국과 프랑스가 결국 미국의 압박에 굴복했고, 미국은 미국산과 라틴 아메리카산 석유를 서유럽에 보내 위기 해결을 지원했다. 게다가 1956-57년 겨울 유럽은 이례적으로 따뜻했다. 덕분에 석유 공급 감소의 피해는 그리 심각하지 않았다. 또한 석유 가격 상승으로 소비가 줄었고, 주요 석유 기업들이 협력하여 위기를 극복할 수 있었다. 1957년 3월 수에즈 운하의 통행이 다시 열렸고, 파손된 송유관도 수리가 끝났다. 서유럽에서 실시되던 석유 배급제 역시 중단되었다. 이후 전 세계 석유 생산량이 크게 늘면서, 석유 가격도 위기 이전의 수준으로 낮아졌다. 영국과 미국 간 석유 협력도 재개되었지만, 중동과

---

63 Kunz, *Economic Diplomacy*, p. 124; Paul Howard Frankel, "Oil supplies during the Suez Crisis – on meeting a political emergency," *Journal of Industrial Economics* 6 (Feb. 1958), 85-100.

북아프리카 지역에서 영국의 영향력은 미국 기업들에게 점차 밀려 약화되었다.[64]

그러나 서방의 안보와 경제에 큰 위협이 될 수 있는 석유 부족이라는 불안한 그림자는 이미 1956년에 그 모습을 뚜렷이 나타냈다.[65] 서방국가들은 정부와 석유 기업 간 긴밀한 협력의 중요성을 깨달았지만, 미래에 닥칠 위기에 대비한 실질적인 준비는 거의 이루어지지 않았다.

핵 위기

1956년 11월, 소련의 흐루쇼프가 영국과 프랑스, 이스라엘에 핵 공격을 위협했다. 이는 소련 지도자가 공식적으로 핵 위협을 언급한 최초의 사건이었다. 당시 미국과 소련이라는 두 초강대국은 핵무기와 이를 운반할 미사일과 폭격기를 빠르게 늘리고 있었고, 핵무기 배치 지역 또한 경쟁적으로 확대하는 중이었다.

그러나 흐루쇼프의 위협은 약자의 허세였다. 사실상 소련이 미국보다 약했기 때문이다. 당시 미국은 전략핵무기에서 소련을 압도하고 있었다. 미국은 핵폭탄과 장거리 폭격기 숫자에서 소련보다 11배 정도 앞서 있었다.[66] 특히 미국은 전략공군사령부(Strategic Air Command)를 통

---

64 Wm. Roger Louis (with Ronald Robinson), "The imperialism of decolonization," in *Ends of British Imperialism: Collected Essays by Wm. Roger Louis* (London and New York: I.B. Tauris, 2006), p. 485.
65 Raymond B. Stokes, "Oil as a primary source of energy," in *1956*, pp. 245-264.
66 Robert Norris, "Global nuclear stockpiles, 1945-2002," *Bulletin of the Atomic Scientists* 58/6 (Nov./Dec. 2002), 103-104에 따르면, 1956년 당시 핵무기 보유량은 미국 4,618기, 영국 15기, 소련 426기로 추산된다.

해 소련 주변에 여러 군사기지를 구축해 소련을 사실상 포위하고 있었다. 이들 기지에는 B-47 폭격기 1,000대, B-52 폭격기 150대, B-36 폭격기 250대가 배치되었으며, 세계 어디서든 출격할 수 있는 항공모함도 보유하고 있었다. 이 때문에 1956년 당시 소련은 미국의 선제공격(first strike)이나 보복 공격(retaliatory attack)에 매우 취약했다. 반면 미국은 압도적인 무기의 숫자, 소련과의 지리적 거리, 그리고 뛰어난 탐지 능력 덕분에 상대적으로 안전한 상태에 있었다.[67]

흐루쇼프는 이런 소련의 약점을 극복하려는 강력한 의지를 가지고 있었다. 그는 표면적으로는 '평화 공존'을 강조했지만 실제로는 핵무기와 폭격기를 계속 늘렸고, 대륙간탄도미사일(ICBM) 개발을 서둘렀다. 1957년 소련이 장거리 로켓으로 인공위성 스푸트니크(Sputnik)를 발사하자 미국 본토가 핵공격 위협에 직접 노출되었다. 이에 따라 미국은 민방위(civil defense) 프로그램을 급속히 확대했다.[68]

유럽은 두 초강대국 사이에서 매우 위험한 상황에 놓였다. 유럽에서는 소련이 재래식 군사력에서 압도적 우위를 점하고 있었다. 1956년 11월, 흐루쇼프의 핵 위협에 대해 아이젠하워 대통령이 소극적으로 대응하자 서유럽은 스스로의 취약성을 더욱 뚜렷이 느끼게 되었다. 당시 서유럽의 경제력은 점점 강해지고 있었고, 공산 진영 내부에도 혼란이 있었지만, 군사적으로는 여전히 바르샤바 조약기구(Warsaw Pact)의 병력

---

67 Lawrence Freedman, *The Evolution of Nuclear Strategy* (New York: Macmillan, 1989), pp. 3-119.
68 Robert J. Watson, *Into the Missile Age, 1956-1960* (Washington, DC: Historical Office, Secretary of Defense, 1997), p. 510.

이 나토(NATO)의 병력보다 6배나 많았다. 그래서 나토가 전술 핵무기를 사용하더라도 소련군이 라인강에 도달하기 전에 막기는 힘들 것으로 판단했다. 또한 서유럽 지도자들 중에는, 미국이 스스로 보복공격의 위험을 무릅쓰면서 유럽을 대신하여 소련에 핵공격을 감행할 것으로 믿는 사람은 거의 없었다.[69]

1956년의 수에즈 위기는 핵무기를 둘러싼 전략적, 정치적 논의에 큰 영향을 끼쳤다. 미국과 소련이 유럽에 핵무기를 앞다투어 배치하자, 세계 각국에서는 핵전쟁에 반대하는 시민들의 반핵운동(antinuclear movements)이 빠르게 확산되었다.[70]

1957년 무렵, 미국과 소련 모두 상대방을 완전히 파괴할 만큼 충분한 핵무기를 갖추게 되었다.[71] 바로 그해에 영국계 호주 작가 네빌 슈트(Neville Shute)가 《해변에서(On the Beach)》라는 소설을 발표했다. 이 소설은 핵전쟁 이후의 비극적인 현실을 생생하게 묘사하여 세계인의 큰 관심을 얻었다.

탈식민지화, 제3세계, 그리고 냉전

수에즈 위기에서 나타난 영국과 프랑스의 참패는 세계적으로 탈식민지화의 흐름을 가속화시켰다. 영국은 과거 식민지를 전략적 동맹으로

---

69 Norbert Wiggershaus, "Elements of NATO's Nuclear War Scenario 1956," in *1956*, pp. 79-80.
70 Lawrence Wittner, *Resisting the Bomb: A History of the World Nuclear Disarmament Movement* (Stanford University Press, 1997).
71 이는 냉전의 나머지 기간 동안 부침을 겪었던 MAD(상호확증파괴, Mutual Assured Destruction) 이론의 기초가 되었다.

만들어 영향력을 유지하는 방안으로 영연방(British Commonwealth)을 창설했다. 그러나 수에즈 위기를 겪으면서 영연방은 붕괴 직전까지 몰렸다.[72] 당시 영국 총리였던 이든(Eden)은 9개 회원국과 협의는커녕 회의조차 열지 못했다. 영연방은 심각하게 분열되었다. 파키스탄, 호주, 뉴질랜드는 영국의 군사적 대응을 지지했지만, 인도는 군사력 사용을 반대했고, 캐나다는 양측을 중재하는 역할을 맡았다.[73]

유럽 제국주의의 쇠퇴는 이미 진행 중이었다. 제2차 세계대전 후 프랑스와 영국은 시리아, 레바논, 팔레스타인, 이라크, 요르단에서 철수했고, 아시아에서는 필리핀이 미국으로부터, 인도가 영국으로부터 독립했다. 네덜란드는 치열한 전쟁 끝에 1949년 인도네시아에서 철수했고, 프랑스 역시 1954년 베트남에서 물러났다. 수에즈 위기 이전에 이미 프랑스는 모로코와 튀니지의 독립을 허용했고, 영국은 수단에서 철수했으며, 1957년 가나의 독립을 준비하고 있었다.[74]

예외라면 알제리와 케냐였다. 두 곳 모두 전략적 요충지였고 유럽계 주민도 많았다. 1954년 프랑스령 알제리에서 반란이 일어나 2년 만에 도시 지역을 포함한 알제리 전역으로 반란의 불길이 번졌다. 프랑스는 반란을 강경하게 진압하려 했으나, 국제적 비난과 함께 공산주의 진

---

72 영연방: 브리튼, 캐나다, 오스트레일리아, 뉴질랜드, 남아프리카공화국, 인도, 파키스탄, 실론, 로디지아-니아살랜드 연방.
73 See chapters by Sarvepalli Gopal, Peter Lyon, J. D. B. Miller, and Michael G. Fry in *Suez 1956: The Crisis and Its Consequences*, ed. Wm. Roger Louis and Roger Owen (Oxford: Clarendon Press, 1989), pp. 173-188, 257-318.
74 Henri Grimal, *Decolonization*. Trans. Stephan De Vos (Boulder: Westview Press, 1965), pp. 295-300.

영과 제3세계 국가들이 이를 유엔에 제소하면서 나토의 내부 갈등으로까지 이어졌다. 영국령 케냐에서도 봉기가 일어나 4년 동안 지속되었다. 영국은 이 봉기가 공산주의 세력의 지원을 받고 있다고 의심했다. 1956년 영국은 게릴라 운동을 진압하기 위해 전면적인 군사 작전을 개시했다. 막대한 비용과 정치적 갈등을 초래한 프랑스와 영국의 군사 작전은 결국 철수로 마무리되었다. 프랑스는 1962년 알제리에서, 영국은 1963년 케냐에서 철수했다.[75]

또 다른 복잡한 지역은 인도차이나였다. 프랑스는 1954년 디엔비엔푸 전투에서 패한 후 철수를 준비했고, 같은 해 제네바 회담을 통해 라오스와 캄보디아의 독립을 인정했다.[76] 그러나 베트남은 민족주의 지도자 호치민의 바람과 달리, 중국과 소련의 묵인 아래 일시적으로 분단되었다. 북쪽에는 공산주의 정부가, 남쪽에는 비공산주의 정부가 들어서, 1956년 전국 선거로 통일 정부를 수립하기로 했다.

그러나 선거는 끝내 실시되지 않았다. 수에즈 위기가 발발하기 직전, 남베트남 대통령 응오 딘 지엠(Ngô Đình Diệm)은 미국의 묵인 아래 선거 참여를 거부하고, 대신 정권 기반 강화에 나섰다. 3년 뒤 북베트남의 지원을 받은 세력이 남베트남에서 반란을 일으켰다. 미국의 아이젠하워 행정부는 베트남 전체가 공산 진영에 넘어가는 것을 막고자 무기와 군

---

75 Alistair Horne, *A Savage War of Peace: Algeria, 1954-1962* (New York: Penguin, 1989); Frank Füredi, *The Mau Mau War in Perspective* (London: James Currey, 1989).
76 제네바 협정(Geneva Accords)은 1954년 4월 27일 캄보디아, 라오스, 북베트남과 중국, 프랑스, 소련, 영국이 서명했다. 미국은 이를 인지했으나 서명은 거부했다.

사 고문단을 파견했다. 남베트남이 공산화되면 동남아시아 전체가 위험해진다는 것이 명분이었다. 이로써 미국의 베트남전 직접 개입이 시작되었다.[77]

한편 제3세계 국가들은 냉전에서 벗어나기 위한 노력을 이어가고 있었다.[78] 1955년, 인도네시아의 반둥에서 열린 반둥 회의(Bandung Conference)에 참석한 대표들은 식민주의를 끝내겠다는 목표와 함께, 미국과 소련 어느 쪽에도 종속되지 않겠다는 입장을 분명히 했다. 회의를 주최한 인도네시아의 수카르노(Sukarno) 대통령은 아프리카와 아시아의 29개국에서 온 대표들을 환영하며 다음과 같이 말했다. "우리는 어떤 형태로든 식민주의를 공동의 적으로 여기고 한자리에 모였다."[79]

1956년이 되자 반둥 회의의 원칙이 실제 성과를 거두는 듯 보였다. 이집트의 지도자 나세르(Nasser)는 자신의 성공을 식민주의에 맞서 싸운 성과이자, 미국과 소련에 속하지 않는 '비동맹주의(nonalignment)'의 결과라고 자랑스럽게 선언했다. 이는 3년 전 미국과 영국이 개입한 쿠데타로 석유산업 국유화를 추진했던 이란의 모하마드 모사데그

---

77 Dwight David Eisenhower, *Mandate for Change: The White House Years, 1953-1956* (Garden City, NY: Doubleday, 1963), p. 337; also Franklin B. Weinstein, *Vietnam's Unheld Elections: The Failure to Carry out the 1956 Reunification Elections and the Effect on Hanoi's Present Outlook* (Ithaca, NY: Cornell University Department of Asian Studies, 1966).
78 "제3세계(Third World)"라는 용어는 프랑스 혁명 직전인 1789년 제3신분(Third Estate)를 떠 올리게 하는 표현으로, 1952년 프랑스의 급진적 경제학자 Alfred Sauvy가 처음 사용했다. 세계적으로 힘이 약하고 인구가 많은 국가들이 지배적인 소수 국가들로부터 인정과 존중을 받고자 하는 열망을 표현하기 위한 용어다.
79 Quoted in Raymond Betts, *Decolonization*, 2nd edn. (New York and London: Routledge, 2004), p. 43.

(Mohammad Mossadegh)가 실각한 사건과 크게 대비되는 사례였다. 나세르는 외국 소유였던 수에즈 운하를 이집트의 것으로 되찾았고, 세 나라의 침략군에 맞서 위기를 이겨냈다. 사실 초강대국들의 개입이 나세르의 생존과 성공에 중요한 영향을 미쳤지만, 나세르는 이를 애써 무시하고 독자노선의 정치적 승리를 강조했다.[80] 한편, 아프리카와 아시아 국가들의 유엔(UN) 가입이 늘어나고, 유엔의 역할 또한 강화되었다. 특히 당시 유엔 사무총장이었던 다그 함마르셸드(Dag Hammarskjöld)의 적극적인 노력으로 유엔의 국제적 위상도 일시적으로 높아졌다.[81] 서유럽의 여론 역시 식민지 지배를 위한 군사 행동에 강하게 반대하는 방향으로 빠르게 변화하고 있었다.[82]

수에즈 위기는 이후 전 세계에서 벌어질 탈식민지화의 성격을 미리 보여준 사건이었다. 유럽 열강들이 물러난 자리를 미국과 소련이 채우기 시작했다. 그들은 서로 다른 이념과 전략, 경제적 이해관계를 내세웠다. 그 결과 길고도 막대한 비용이 드는 경쟁이 벌어졌다. 특히 경쟁이 가장 치열했던 곳은 아프리카였다. 1960년 말까지 아프리카에서만 25개의 신생국이 유엔에 가입했다. 이는 당시 유엔 전체 회원국의 4분의 1에 이르는 규모였다. 미국은 아프리카에서 유럽 세력의 갑작스런 붕괴

---

80 Podeh, Elie, "Regaining lost pride: the impact of the Suez Affair on Egypt and the Arab World," in David Tal (ed.), *The 1956 War: Collusion and Rivalry in the Middle East* (London and Portland: Frank Cass, 2001), pp. 209-224.
81 Wm. Roger Louis, "The United Nations and the Suez Crisis," in *Ends of British Imperialism* (London and New York: I. B. Tauris, 2006), pp. 666-688.
82 Hélène Bracco, *Pour avoir dit non: actes de refus dans la guerre d'Algérie, 1954-1962* (Paris: Paris-Méditerranée, 2003).

에 제대로 대비하지 못했다. 그럼에도 광물 자원이 풍부하고 전략적으로 중요한 아프리카를 놓칠 수는 없었다. 미국은 아프리카를 자신에 유리한 방향으로 끌어가려 노력했다. 소련에게도 아프리카는 역시 낯선 지역이었지만, 소련에 우호적인 정부를 세우기 위해 서둘러 움직일 수밖에 없었다.[83]

과거 식민지였던 지역의 결과는 참혹했다. 1956년 이후 인종 평등, 경제적 정의, 문화적 해방, 민족 자결 등을 위한 운동은 미국과 소련의 전략적 이해관계에 자주 휘둘렸다. 또한 냉전 시기 비동맹을 유지하려던 희망은 수에즈 위기 이후 국제 정세의 변화로 큰 타격을 입었다. 1957년 튀니지의 지도자 하비브 부르기바(Habib Bourguiba)도 비관적인 관점에서 중립주의를 "불안정하고 위태로운(precarious)" 입장이라고 평가하기도 했다.[84]

유럽 통합

수에즈 위기를 가장 불안한 심정으로 지켜본 인물 중 하나는 서독의 콘라트 아데나워(Konrad Adenauer) 총리였다. 당시 서독은 나토(NATO)에 가입한 지 얼마 되지 않았고, 이집트와의 전쟁에서는 중립을 선언한 상황이었다. 그러나 서독은 소련이 헝가리에서 잔인한 탄압을 자행하고, 영국과 프랑스를 위협하는 것을 보며 큰 충격을 받았다. 또한 미국이

---

83 Odd Arne Westad, *The Global Cold War: Third World Interventions and the Making of Our Times* (Cambridge University Press, 2005), pp. 131-143.
84 Habib Bourguiba, "Nationalism: antidote to Communism," *Foreign Affairs* 35/4 (July 1957), 646-654.

주요 유럽 동맹국들을 경솔하게 대하는 태도에도 깊은 실망감을 느꼈다. 아데나워 총리는 수에즈 휴전이 발표된 직후인 11월 6일, 프랑스 파리에 도착한 순간부터 '유럽 통합(build Europe)'을 본격적으로 추진하기로 결심했다.[85]

유럽을 하나로 통합하려는 구상은 이미 오래전부터 이어져 왔다. 특히 제2차 세계대전 이후, 마셜플랜(Marshall Plan)과 유럽석탄철강공동체(European Coal and Steel Community) 같은 계획이 추진되면서 이런 움직임은 더욱 힘을 얻게 되었다. 비록 유럽방위공동체(European Defense Community)는 실패했지만, 이 역시 중요한 시도였다. 그러나 경제와 핵 분야까지 포함한 베네룩스(Benelux, 벨기에, 네덜란드, 룩셈부르크)의 '공동시장(common market)' 계획은 1년 넘게 진전을 보지 못했다. 프랑스와 독일이 결정을 미루었기 때문이다. 당시 프랑스는 식민 제국의 미래에 신경을 몰두하는 중이었고, 독일은 경제적으로 더 약한 주변국들과 정치적·제도적으로 긴밀히 묶이는 문제를 두고 내부에서 논란을 벌이고 있었다.[86]

수에즈 위기는 1956년 서독의 본(Bonn)과 프랑스의 파리(Paris)를 하나로 묶는 중요한 계기가 되었다. 양국은 실질적이면서도 상징적인 화해의 제스처를 역사적으로 보여주었다. 당시 서독의 총리였던 아데나워(Adenauer)는 서유럽이 소련의 위협과 미국의 일방적 태도 사이에

---

85 Christian Pineau and Christiane Rimbaud, *Le grand pari: L'aventure du traité de Rome* (Paris: Fayard, 1991), pp. 222-223.
86 John Gillingham, *European Integration, 1950-2003* (Cambridge University Press, 2003), pp. 3-33.

서 불안한 위치에 있다고 생각했다. 그래서 그는 이러한 위협에 맞설 균형 세력을 만들어야 한다고 주장했다. 유럽 통합을 지지했던 프랑스의 몰레(Mollet) 총리 역시 수에즈 위기에서 겪은 굴욕을 만회하기 위해 아데나워의 제안에 흔쾌히 동의했다. 이러한 흐름 속에서 1957년 3월 25일 로마 조약(Treaty of Rome)이 체결되었고, 이를 통해 유럽경제공동체(European Economic Community, EEC)가 탄생했다. 이 조약은 프랑스와 서독 간 타협의 산물이었다. 프랑스는 해외영토 문제에서 상당 부분 양보했고, 서독은 프랑스에 막대한 재정 지원을 약속했다. 한편으로 이는 유럽 정치에서 점차 커지는 서독의 영향력을 명백히 드러내는 사건이었다.[87]

수에즈 사태는 영국이 서유럽에서 앞으로 맡을 역할에도 부정적인 영향을 끼쳤다. 이든(Eden)의 뒤를 이어 총리가 된 해럴드 맥밀런(Harold Macmillan)은 프랑스와의 관계를 과감히 끊고 미국과 더 긴밀한 협력을 추진했다. 동시에 그는 수에즈 사태로 손상된 영연방(Commonwealth)과의 관계 회복에 나섰다. 당시 이미 핵보유국이었던 영국은 핵 기술과 관련된 기밀을 유럽 국가들과 공유할 필요성을 느끼지 않았다. 게다가 영국 수출의 74퍼센트가 여전히 유럽 밖, 특히 영연방 국가들을 대상으로 하고 있었기 때문에, 유럽 대륙 국가들이 주도하는 관세 협정, 정치적 규제, 원자력 통제 같은 체제에 들어갈 이유가 더더욱 없었다.[88]

---

87 Hans-Jürgen Küsters, *Die Gründung der Europäischen Wirtschaftsgemeinschaft* (Baden-Baden: Nomos, 1982), pp. 390-391.
88 Jeffrey Giauque, *Grand Designs and Visions of Unity: The Atlantic Powers and the Reorganization of Western Europe, 1955-1963* (Chapel Hill and London:

영국이 빠진 상태에서도 유럽경제공동체(EEC)는 미국 대통령 아이젠하워의 적극적인 지원을 받아 꾸준히 성장했다. 영국은 EEC에 맞서 1959년에 경쟁 조직인 유럽자유무역연합(EFTA)을 만들었지만, 오래 유지되지 못했다. 이후 영국은 두 차례나 기존의 EEC 창립 6개국에 합류하려 했으나 모두 실패하고 말았다. 결국 영국은 16년 동안 서유럽에서 고립된 상태로 남았다. 이 시기 EEC는 전에 없던 번영을 누렸고, 프랑스와 독일이 주도권을 나눠 갖는 양두체제(Franco-German duopoly)가 확립되었다. 하지만 이는 더욱 견고한 초국가적 통합 기구를 기대했던 소규모 국가들에게 큰 실망감을 안겨주었다.[89]

결론

1956년 말엽 즈음에는 냉전이 사실상 전 세계를 집어삼켰다. 미국과 소련은 오랜 경쟁 관계에 빠졌고, 다른 나라들도 양대 세력의 대립에서 자유로울 수 없었다. 그러나 같은 해, 냉전을 넘어 각 진영의 인간적이고 내면적인 모습을 담은 뛰어난 작품 세 편이 출간되었다. 모두 노벨상 수상 작가들의 작품이었다. 첫 번째 작품은 보리스 파스테르나크(Boris Pasternak)의 《닥터 지바고(Dr. Zhivago)》이다. 이 책은 볼셰비키 혁명의 소용돌이 속에서 이상주의자였던 의사이자 시인이 좌절하고 고통받는 모습을 그렸다. 하지만 파스테르나크는 이 작품 때문에 흐루쇼프의

University of North Carolina Press, 2002), pp. 15-17.
89 William I. Hitchcock, *The Struggle for Europe, 1945-2002* (New York: Doubleday, 2003), p. 438; also Paul-Henry Spaak, *Combats inachevés* (Paris: Fayard, 1969).

가혹한 탄압을 받아야 했다. 두 번째 작품은 알베르 카뮈(Albert Camus)의 《추락(La Chute)》이다. 카뮈는 이 작품에서 정치와 물질적 가치에 치우친 서구 사회 속에서 개인이 겪는 내면의 혼란과 도덕적 책임감을 탐구했다. 세 번째 작품은 이집트 작가 나기브 마푸즈(Naguib Mahfouz)의 《궁전 산책(Palace Walk)》이다. 이 책은 외세의 침략과 국내적 갈등으로 이집트의 전통적 사회가 무너지는 과정을 다루었다. 특히 그 변화 속에서 가부장적 권위가 흔들리고 쇠퇴하는 모습을 사실적으로 묘사했다.

전 세계의 냉전은 그 후로도 33년간 계속되었다. 미국과 소련이라는 두 초강대국은 군비 경쟁을 심화시켰고, 전 세계의 정부와 국민을 자기편으로 끌어들이기 위해 경쟁했으며, 엄청난 비용이 드는 대리전(proxy wars)을 벌였다. 하지만 1956년에는 이후 냉전의 양상을 결정짓는 하나의 패턴이 생겨났다. 소련은 서방이 묵인하는 가운데 동유럽의 위성국(satellites)들에게 자기 뜻을 강요할 수 있었지만, 중국에게는 그런 영향력을 행사할 수 없었다. 미국은 중동에서 영국과 프랑스를 대신하여 소련이 서방과 동등한 위치를 차지하지 못하도록 막았지만, 중동 지역 전체를 장악하지는 못했다. 한편 제3세계 국가들은 독립을 위해 싸우면서 초강대국들의 지배(domination, 주도)에 맞서 저항했다. 서유럽 국가들은 정치적 통합까지는 이루지 못했지만, 적어도 경제적으로는 협력의 단초를 마련했다.

1956년에 미국과 소련이라는 두 초강대국은 서로 상대방의 행동을 정치 선전에 이용하려 했다. 미국은 오랫동안 소련의 헝가리 탄압 사건을 공산 정권의 본질을 드러내는 증거로 선전했다. 반면 소련은 미국의 아이젠하워 독트린(Eisenhower doctrine)을 미국식 제국주의라고 비난했다. 그러나 이렇게 서로 강경한 말을 쏟아냈음에도 불구하고, 양국은 실제 위기 상황에서는 놀라울 정도로 신중한 태도를 유지했다. 이는 양쪽 지도자들이 이미 두 차례의 세계대전을 겪으며 신중함을 배웠고, 핵전쟁의 참사에 대한 두려움이 정치적 모험 욕구보다 훨씬 컸기 때문이다.

1956년 이후 미국과 소련의 관계에는 별다른 변화가 없었다. 유럽은 30년 넘게 '철의 장막(Iron Curtain)'으로 동서로 갈라진 채 유지되었다. 북대서양조약기구(NATO)는 1956년 헝가리 사태와 수에즈 위기로 타격을 받았지만, 이를 극복하고 오늘날까지 존속하고 있다. 하지만 1956년에는 두 가지 중요한 변화가 있었다. 첫째는 냉전의 흐름을 바꾼 소련과 중국의 갈등(중소 갈등)이 시작되었다는 점이다. 둘째는 중동 지역의 부상이다. 중동은 세계 석유의 주요 공급지이자 국제적 교통과 통신의 중심지가 되면서 강대국들의 치열한 경쟁이 펼쳐지는 무대가 되었다. 이 과정에서 중동의 현지 세력들은 외부 세력의 지배에 강하게 저항했고, 이 갈등은 지금도 계속되고 있다.

더 읽어보기

Bracco, Hélène. *Pour avoir dit non: actes de refus dans la guerre d'Algérie, 1954-1962*. Paris: Paris-Méditerranée, 2003.
Fink, Carole, Frank Hadler, and Tomasz Schramm, eds. *1956: European and Global Perspectives*. Leipziger Universitätsverlag, 2006.
Füredi, Frank. *The Mau Mau War in Perspective*. London: James Currey, 1989.
Fursenko, Aleksandr and Timothy Naftali. *Khrushchev's Cold War*. New York and London: W.W. Norton, 2006.
Garrett, Stephen A. *From Potsdam to Poland: American Policy toward Eastern Europe*. New York: Praeger, 1986.
Gati, Charles. *Failed Illusions: Moscow, Washington, Budapest, and the 1956 Hungarian Revolt*. Washington, DC: Woodrow Wilson Press/Stanford University Press, 2006.
Giauque, Jeffrey. *Grand Designs and Visions of Unity: The Atlantic Powers and the Reorganization of Western Europe, 1955-1963*. Chapel Hill and London: University of North Carolina Press, 2002.
Golan, Galia. *Soviet Policies in the Middle East*. Cambridge University Press, 1990.
Granville, Johanna. *In the Line of Fire: The Soviet Crackdown on Hungary, 1956-1958*. Pittsburgh: The Carl Beck Papers in Russian & East European Studies, Vol. 1307, 1998.
The First Domino – International Decisionmaking during the Hungarian Crisis of 1956. College Station, tx: Texas A & M University Press, 2004.
Györkei, Jeno and Miklós Horváth, eds. *1956: Soviet Military Intervention in Hungary*. Budapest: Central European University Press, 1999.
Hahn, Peter. *Caught in the Middle East: U.S. Policy Toward the Arab-Israeli Conflict, 1945-1961*. Chapel Hill: University of North Carolina Press, 2004.
Heinemann, Winfried and Norbert Wiggershaus, eds. *Das Internationale Krisenjahr 1956*. Munich: Oldenbourg, 1999.
Horne, Alistair. *A Savage War of Peace: Algeria, 1954-1962*. New York: Penguin, 1989.
Jian, Chen. *Mao's China and the Cold War*. Chapel Hill: University of North Carolina Press, 2001.
Kingseed, Cole C. *Eisenhower and the Suez Crisis of 1956*. Baton Rouge and London: LSU Press, 1995.
Kunz, Diane B. *The Economic Diplomacy of the Suez Crisis*. Chapel Hill: University

of North Carolina Press, 1991.

Kyle, Keith. *Suez*. London and New York: I.B. Tauris, 2011.

Litván, György et al., eds. *The Hungarian Revolution of 1956: Reform, Revolt and Repression 1953-1956*. New York: Longmans, 1996.

Louis, William Roger and Roger Owen, eds. *Suez: The Crisis and its Consequences*. Oxford: Clarendon Press, 1991.

Machcewicz, Pawel. *Rebellious Satellite: Poland, 1956*. Trans. Maya Latynski. Washington, DC: Woodrow Wilson Press/Stanford University Press, 2009.

Morris, Benny. *Israel's Border Wars, 1949-1956*. Oxford: Clarendon Press, 1993.

Pineau, Christian. *1956/Suez*. Paris: Lafont, 1976.

Satterwhite, James H. *Varieties of Marxist Humanism: Philosophical Revision in Postwar Eastern Europe*. University of Pittsburgh Press, 1992.

Sayigh, Yazid. *Armed Struggle and the Search for a State: The Palestinian National Movement, 1949-1993*. Oxford: Clarendon Press, 1997.

Tal, David, ed. *The 1956 War: Collusion and Rivalry in the Middle East*. London and Portland: Frank Cass, 2001.

Taubman, William. *Khrushchev: The Man and His Era*. New York and London: Norton, 2003.

Wetting, Gerhard. *Bereitschaft zu Einheit in Freiheit? Die sowjetische Deutschland-Politik 1945-1955*. Munich: Olzog, 1999.

Wittner, Lawrence. *Resisting the Bomb: A History of the World Nuclear Disarmament Movement*. Stanford University Press, 1997.

Yaqub, Salim. *Containing Arab Nationalism: The Eisenhower Doctrine and the Middle East*. Chapel Hill: University of North Carolina Press, 2004.

Zubok, V. M. *A Failed Empire: The Soviet Union in the Cold War from Stalin to Gorbachev*. Chapel Hill: University of North Carolina Press, 2007.

CHAPTER 16

1989년

니콜 레벡, 제프리 워서스트롬
Nicole Rebec, Jeffrey Wasserstrom

공산주의의 몰락은 프랑스 혁명이나 러시아 혁명 못지않게 현대사의 결정적인 전환점이었다. 1989년, 동유럽의 소비에트 제국이 붕괴되었고, 베를린 장벽으로 상징되던 유럽의 분단도 무너졌다. … 일당 독재 체제가 지배하던 자리에 다원적이고 때로는 민주적인 국가들이 들어섰다. … 한때는 이념 대립에서 벗어난 '세계의 새로운 질서(new world order)'에 대한 기대가 높아지기도 했지만, 결국 일시적인 희망에 그치고 말았다.(Ronald Suny, "Empire falls: the Revolutions of 1989," *The Nation*, November 16, 2009)

20년 전 … CERN에 근무하던 어느 소프트웨어 컨설턴트가 … 연구소의 연구 내용을 좀 더 쉽게 관리하기 위해 개방형 컴퓨터 네트워크를 구상했다. 그 구상의 이름은 겸손하게도, "정보 관리: 하나의 제안"(Information Management: A Proposal)이었다. 그것이 훗날 월드와이드웹(World Wide Web)의 청사진이 되었다.("Remembering the day the World Wide Web was born," *Scientific American*, March 12, 2009)

1989년의 사건이 일어난 뒤 20주년을 즈음하여, 그 해의 일에 관한 책들이 더욱 많아졌다. 회고적 저널리즘의 [새로운] 연대기, 생기 넘치는 에세

이, 독창적인 학술적 저작들이 잇따라 출간되었다. 대부분은 우리가 알고 있는 지식에 무언가를 더해주는 내용이다. [그럼에도 불구하고] 나는 여전히 또 다른 책을, 아직은 출간된 적이 없지만, 언젠가 1989년에 관한 전 지구적이고 종합적인 역사서가 출간되기를 꿈꾼다.(Timothy Garton Ash, "1989!" *New York Review of Books*, Nov. 5, 1989)

1989년은 그 해가 끝나기도 전에 이미, 몇몇 국가만이 아니라 전 세계적으로 특별한, 역사적인 한 해로 남을 것이 분명해 보였다. 그 해에는 유독 강렬한 장면들이 신문 지상과 TV 화면을 가득 채웠다. 6월에는 북경에서 홀로 탱크 앞을 막아선 남자의 모습이 세계에 알려졌고, 베를린 장벽이 무너진 11월에는 함께 환호하며 벽을 허무는 사람들의 모습이 전파를 탔다. 이런 강렬한 장면은 이후 10년 또는 20년이 흐른 뒤에도 특별한 기억으로 회고될 것이 이미 예고되어 있었다. 실제로 1999년과 2009년, 서두에 인용한 글들이 출간되었을 때, 1989년의 기억은 그 책들 속에서 다시 되풀이되었다. 10주기와 20주기를 기념하여, 1989년을 돌이켜보는 수많은 서적과 학술지의 특집호, 다큐멘터리, 신문의 논평 등이 쏟아져 나왔다. 또한 1989년 유럽입자물리연구소(CERN)의 혁신 덕분에 인터넷 공간에서도 수많은 기념 자료가 제작되었다.[1] 회고의

---

[1] 여기서 논의한 1989년의 사건 대부분은 그 해에 뉴스 가치가 있는 것으로 인식되었지만, 통신기술의 경우는 사정이 달랐다. 당시에는 이후 월드 와이드 웹(World Wide Web)으로 발전하게 될 기술보다는 위성 텔레비전의 발전과 확산에 대한 내용이 더 많이 다뤄졌다. 예를 들면, "Murdoch gambles on satellite TV," *New York Times*, September 11, 1989, www.nytimes.com/1989/09/11/business/murdoch-gambles-on-satellite-tv.html

공간에서는, 앞으로 100년, 심지어 200년 후에도, 1989년은 기억할 만한 역사적인 해로 남을 것이라는 예측도 있었다.

만약 2089년이나 2189년에 다시 혁명의 해를 기념한다면, 연도가 '89'로 끝나는 혁명의 해가 1989년이 최초라고 할 수는 없을 것이다. 이미 1789년에 만들어진, 프랑스 혁명이라는 유명한 선례가 있기 때문이다. 그로부터 100년 뒤인 1889년에는 프랑스 혁명 100주년을 기념하여 대대적인 파리 만국박람회가 개최되었다. 당시 많은 나라들이 박람회에 참여해서 자국의 상품을 전시했다. 프랑스는 이를 기념하여 에펠탑을 세웠다.[2] 우리가 주목하는 1989년에도 파리에서는 프랑스 혁명 200주년 기념 퍼레이드가 성대하게 펼쳐졌다. 프랑스의 국가 기념일이 다시 한 번 국제적인 축제로 열린 것이다. 행사에는 세계 각국의 지도자들이 참석했고, 세계 여러 나라에서 온 수많은 시민들이 퍼레이드에 참여했다. 그 행렬 속에는 특히 주목할 만한 사람들이 있었다. 바로 중국의 망명 운동가들이었다. 그들 때문에 1989년은 1789년 못지않은 특별한 혁명의 해로 각인되었다. 그들은 6.4 천안문 학살 이후 프랑스로 피신한 사람들이었다. 민주화를 요구하는 대규모 시위대가 천안문 광장에 모였을 때, 중국공산당이 중요한 정치적 개혁을 수용할 가능성도 제기되었지만, 결국 사태는 유혈 진압으로 끝을 맺었다. 이 사건으로 1989년은 혁명적 의미를 가진 특별한 해라는 점이 더욱 분명해졌다.[3]

(last accessed August 21, 2013).
2 Jill Jonnes, *Eiffel's Tower: The Thrilling Story Behind Paris's Beloved Monument and the Extraordinary World's Fair that Introduced It* (New York: Viking, 2009).
3 시위 참가자의 1인칭 시점에서 남긴 기록은 Yan Jiaqi, *Toward a Democratic China: An*

먼 미래에 1989년을 기념하기 위해 100주년 또는 200주년 행사가 열릴 수 있을지는 아직은 단정하기 어렵다. 그러나 25년이 지난 지금까지도 1989년이 특별히 중요한 한 해였다는 처음의 인식은 여전히 변함이 없다. 물론 20세기 후반에는 그 밖에도 여러 의미 깊은 해들이 있었고, 각각의 중요성을 주장하는 사람들도 있었다. 우리 책에 실린 1956년도 바로 그 사례였다. 또한 1968년도 마찬가지로 주목할 만한 한 해였는데, 그 해에도 1989년처럼 전 세계 곳곳에서 대규모 시위가 일어났고, 일부 시위는 공산당 체제에 맞서는 성격을 보이기도 했다.

명백한 두 경쟁자만으로 부족했던지, 우리는 이 논문을 준비하던 중 그만큼은 아니지만 상당히 중요한 두 해를 또 발견했다. 티모시 가튼 애쉬(Timothy Garton Ash)가 1989년을 두고 했던 표현을 빌리자면, 이는 "1945년 이후 세계사에서 가장 중요한 한 해"의 타이틀을 두고 경쟁할 만한 사례들이었다.[4] 첫 번째 사례는 베를린 장벽이 무너지기 무려 10

Intellectual Autobiography of Yan Jiaqi (Honolulu: University of Hawaii Press, 1992), pp. 158-159에서 찾아볼 수 있다. 이 글에서는 일관되게 "천안문 광장 학살(Tiananmen Square Massacre)" 대신 "(6월 4일 학살, June 4th Massacre)"이라는 용어를 사용한다는 점에 유의하라. 그 이유는 두 가지이다. 첫째, 중국 평론가들이 선호하는 용어이기 때문이다. 둘째, 6월 3일 밤부터 6월 4일 새벽 사이의 사망자는 실제로 유명한 그 광장에서는 거의 발생하지 않았고, 주된 학살 장소는 주변의 거리였다. 이는 사소한 차이로 보일 수 있지만, 사망자가 없다는 증거에도 불구하고 계속 "천안문 광장 학살"이라는 표현을 사용하면 중국 당국이 서방의 보도가 근거 없는 선전일 뿐이라고 잘못 주장할 여지를 줄 수 있다. 사실관계는 여전히 중요하며, 그에 대한 논의와 그것이 왜 중요한지에 관한 내용은 Robin Munro, "Who died in Beijing, and why," *The Nation*, June 11, 1990, 811-822에서 찾아볼 수 있다. 여기서는 주로 학생들만이 아니라 노동자와 여러 사회 집단의 사람들이 군대에 의해 살해되었다는 점 또한 강조하고 있다.
4 Timothy Garton Ash, "1989 changed the world. But where now for Europe?" Published in the *Guardian*, November 4, 2009.

년 전에 출간된 신문기사에 등장했다. 기사의 내용은 1988년에 어떤 시대적 전환(epochal shift)이 일어나고 있다는 것이었다. 카터 대통령 시절 백악관 안보보좌관을 역임했던 브레진스키(Zbigniew Brzezinski) 같은 저명 인사는 왜 1988년이 "1848년에 필적할 정도로 기존 질서를 뒤흔든 해로 기억될 것"이라고 말했을까? 그것은 바로 그 해가, 제2차 세계대전 이후 미국과 소련이 대립하던 "냉전 시대(전후 시대, postwar era)"가 막을 내리고, 새로운 긴장과 관계들이 펼쳐지는 "탈냉전 시대(post-postwar era)"로 넘어가는 전환점이 되었기 때문이다.[5] 브레진스키(Zbigniew Brzezinski)의 주장을 소개하고 평가한 〈크리스천 사이언스 모니터〉의 기사에서는 기존의 국제질서가 흔들리고 있다고 지적했다. 일본의 경제력이 급성장하고, 중국 또한 "누구도 무시할 수 없는 변수"로 떠오르는 상황이었기 때문이다. 특히 이 기사에는 이듬해 벌어질 사건을 예고하는 듯한 내용이 포함되어 있었다. 즉 "앞으로도 소련이 브레즈네프 독트린을 위성국가에 강요할 수 있을지, 더는 확신하기 어렵다"는 내용이었다.(브레즈네프 독트린은 한 번 사회주의 국가는 영원한 사회주의 국가로 남아야 한다는 원칙이다.)[6]

---

5 이는 모스크바와 워싱턴의 양극 구도로 구성된 세계가 끝났다는 주장으로서, 전혀 새로운 것은 아니었다. 이미 1970년대에 브레튼우즈(Bretton Woods) 체제의 종식과 더 많은 국가들로의 핵무기 확산, 그리고 중국이 소련으로부터 점차 독립적으로 움직이기 시작한 것을 계기로, 일부 사람들은 냉전의 양극 구조를 넘어서는 변화가 이미 일어나고 있다고 언급하기 시작했었다.

6 Joseph C. Harsch, "Welcome to the 'post-post-war' era: US-Soviet rivalry no longer dominates, as other states increase roles," *Christian Science Monitor*, October 21, 1988: www.csmonitor.com/1988/1021/opat21.html/(page)/2 (last accessed July 10, 2013).

1988년을 중대한 전환점으로 보는, 익숙지 않은 주장을 검토하던 중, 최근에 출간된 어떤 책에서, 오히려 1979년이야말로 역사를 바꾼 결정적인 한 해였다는 주장을 접하게 되었다. 크리스천 캐릴(Christian Caryl)이 집필한 이 책에서는 21세기의 시작이 흔히 알려진 1989년이 아니라, 그보다 10년 앞서는 1979년이라고 주장했다. 북경의 천안문 사태, 프라하의 카를 광장 시위, 폴란드 자유노조(Solidarity)의 첫 선거 승리, 베를린 장벽의 붕괴가 모두 1989년에 일어났다. 그런데도 크리스천 캐릴의 견해는, 1989년이 아니라 1979년을 분기점으로 보는 것이다. 그의 설명에 따르면 1979년에 발생한 사건들은 서로 무관해 보이지만 사실상 연결되어 있었다. 중국에서는 등소평이 경제개혁과 개방정책을 시작했고, 영국에서는 마거릿 대처가 총리로 선출되었으며, 교황 요한 바오로 2세가 폴란드를 방문하여 자유노조(Solidarity)의 정치적 성장에 발판이 되었다. 또한 이란에서는 이슬람 혁명이 일어났다. 이 모든 사건들이 자유시장 경제의 확산과, 종교적 이념의 정치적 부활을 예고하는 것으로, 크리스천 캐릴은 이후 세계가 완전히 달라졌다고 강조한다. 그의 취지는 분명하다. 대개 사회주의의 결정적 쇠퇴가 시작된 해를 1989년으로 보는데, 크리스천 캐릴은 그 이전에 변화가 시작되었다는 점을 보여주고자 했다.[7]

지금까지 추가로 검토한 자료 중 어느 것도 우리의 선택, 즉 지난 반세기 동안 가장 중요했던 한 해로 1989년을 선정했던 입장을 바꾸지는

---

7 Christian Caryl, *Strange Rebels: 1979 and the Birth of the 21st Century* (New York: Basic Books, 2013).

못했다. 그러나 1989년이 왜 중요한지를 설명하고 평가하는 일은, 25년 전보다 지금이 훨씬 더 복잡해진 것 같다. 1989년을 냉전이 끝난 해로 봐야 하는지, 아니면 월드와이드웹(WWW)의 시대가 시작된 해로 보아야 하는지도 의견이 나뉜다. 1989년은 과연 '역사의 종말'이 시작된 해였을까? 1989년을 대표하는 이미지는 중국 천안문의 '탱크맨'일까, 아니면 망치로 베를린 장벽을 부수는 장면일까? 1989년을 대표하는 인물은 당시 타임(TIME)지가 선정한 '올해의 인물' 고르바초프일까, 아니면 당국에 맞서 저항한 중국 시위대의 젊은이들을 대신해 노벨평화상을 받은 달라이 라마가 더 적합할까?(달라이 라마의 노벨상 수상은 그 해 늦게 있었던 일이라 당시 타임지 올해의 인물 후보에는 오르지 못했다.) 혹시 체코에서 벨벳혁명을 이끌며 극작가에서 대통령으로 선출된 바츨라프 하벨이야말로 1989년을 상징하는 인물이 아닐까? 1989년을 프라하나 동베를린 시민들의 승리로만 기억하면 충분하지 않을까? 아니면 중국뿐 아니라 루마니아에서도 벌어졌던 학살의 비극까지 기억해야 하는 해일까?

이런 여러 가지 문제들을 고려할 때 우리는, 흔히 주목받지 못하는 다른 여러 사건들도 함께 기억할 필요가 있다. 예컨대 그 해에 이란에서는 아야톨라 호메이니(Ayatollah Khomeini)가 사망하여 수많은 사람들이 그의 죽음을 애도하기 위해 모여들었다. 당시에는 호메이니가 만들었던 이란의 체제가 그의 사후에도 과연 유지될 수 있을지 의심하는 사람들이 많았다. 한편 넬슨 만델라(Nelson Mandela)가 감옥에서 풀려난 것도 같은 해였으며, 엑손 발데즈(Exxon Valdez)호의 침몰로 환경 참사가 발생한 때도 바로 그 해였다. 역사 기록에서 특정 연도가 인접 연도와 구분되는 이유는 세 가지로 나누어 살펴보는 것이 좋다. 첫째, 한 시대가 끝나고 다음 시대로 넘어가는 확실한 전환점이 되는 해다. 둘째, 특정 사회운동이나 역사적 흐름과 긴밀히 연결되는 해다. 셋째, 서로 별 상관이 없는 듯한 극단적인 사건들이 한꺼번에 몰렸던, 유난히 사건사고가 많았던 해다. 이를 좀 더 분명하게 구분하기 위해 이후 본문에서는 각 유형을 '전환의 해(hinge year)', '운동의 해(movement year)', '사건의 해(eventful year)'라는 개념으로 구분해서 살펴보고자 한다.

또한 역사학에서 어느 한 해(year)를 이야기할 때, 실제로는 정확히 365일보다 더 길거나 짧은 기간을 지칭하는 경우가 있다는 점을 미리 말해두고자 한다. 그러니까 우리는 1989년이 어떤 의미에서 특별한 해였는지 질문을 던질 것이다. 역사학에서 '긴 18세기(long 18th century. 1700년 이전에 시작하여 1800년 이후에 끝나는 역사 시기)'라거나 '짧은 20세기(short 20th century. 1910년대에 시작하여 소련의 붕괴와 함께 끝나는 시기)'라는 표현이 있듯이, 1989년도 '긴 한 해'와 '짧은 한 해'로 구분할 수 있을 것이다. 즉 1989년이라는 한 해가 어쩌면 하나 이상의 범주로 해석될 수도 있을 것이다. 실제로 어떤 한 해에는 여러 가지 성격이 동시에 섞여 있는 경우가 많다. 예를 들어 전환의 해(hinge year)이면서 동시에 운동의 해(movement year)이거나 사건의 해(eventful year)일 수 있고, 때로는 이 세 가지 성격을 모두 동시에 포함하기도 한다.

그렇다면 '전환의 해(hinge year)'란 정확히 어떤 의미일까? 우리는 영국의 저널 《이코노미스트(The Economist)》의 서평에서 이 아이디어를 얻었다. 1979년을 조명한 크리스천 캐릴의 책의 서평을 맡았던 평론가는, 역사가들이 연도를 단순히 숫자로 기억하는 것이 아니라, '역사의 흐름을 바꾸는 계기(hinges of history)'를 찾는 데 흥미를 느끼는 것 같다고 말했다. 평론가가 제시한 대표적인 사례는 1789년(프랑스 혁명)이다. 그보다는 조금 덜 유명하지만, 유럽사나 종교사를 공부한 사람이라면 쉽게 떠올릴 수 있는 1517년(마르틴 루터가 비텐베르크 성의 교회 문에 반박문 95개 조항을 내걸었던 해)도 언급되었다. 그 평론가는 이런 해들이 단순히 유명한 연도가 아니라, 그때 벌어진 사건들이 오랜 세월 동안 지속적인 메아리를 울려(resound down the ages), 역사의 흐름을 '이전'과 '이후'로 나누는 분기점이 된다고 지적했다. 즉 "하나의 시대가 끝나고 새로운 시대가 시작된 해"라고 말할 수 있다.[8] 여기에 한 가지를 덧붙이자면, '전환의 해'는 대개 하나의 사건이나 날짜, 심지어 단 한 장의 상징적 이미지로도 특징이 쉽게 드러날 수 있다. 예를 들어 2001년이 '전환의 해'로 일컬어지는 이유는, 9월 11일날 벌어졌던 테러 사건 때문이다. 이는 단 하루의 사건에 불과하지만, 이른바 '테러와의 전쟁(War on Terror)'의 시작점이 되었으며, 그 이전과 이후를 뚜렷하게 나누는 경계가 되었다. 이후 영어권 미디어에서는 끊임없이 테러와의 전쟁이 거론되었고, 그것이 세계 곳곳에서 군사 행동의 명분이 되었다. 이러한 전환점을 하나의 이미지로 상징하기에, 무너져 내리는 쌍둥이 빌딩 한 장면은 부족함이 없다.

우리는 이 글을 통해 1989년이 과연 '전환의 해'로 적합한 자격이 있는지를 자세히 살펴볼 예정이다. 먼저 1989년을 기준으로 '그 이전

---

8 "Turning points in history: when the world changed," *The Economist*, April 13, 2013; accessed on June 18, 2013, at www.economist.com/news/books-and-arts/21576067-why-1979-was-ab out-so-much-more-margaret-thatchers-election-victory-when-world.

과 이후'를 명확하게 나누었던 유명한 논문의 한 구절을 소개하고자 한다. 이 논문은 프랜시스 후쿠야마(Francis Fukuyama)가 쓴 것으로, 1989년 《내셔널 인터레스트(The National Interest)》 여름호에 실렸다. 그는 여기서 1989년이 단지 "냉전이나 전후 시대(post-war era)가 끝나는 것을 넘어, 역사 그 자체의 종말을 목격하는 순간이 될지도 모른다"고 주장했다. 달리 말하면, 이는 "인류가 추구해온 이념의 발전이 끝나고, 서구식 자유민주주의가 인간 사회의 최종적 통치 형태로 전 세계에 보편화되는 순간"을 의미했다. 이 논문의 제목이 바로 〈역사의 종말?(The End of History?)〉이었다.[9]

이제 '운동의 해(movement years)'라는 개념을 살펴보자. 이는 특정 사건이나 날짜 하나만을 의미하는 것이 아니라, 한 해 동안 서로 다른 두 가지 이상의 혁명적 운동 또는 저항 운동이 동시에 일어난 경우를 말한다. 대표적인 예로는 1848년과 1968년이 있다. 1848년에는 유럽 전역에서 민주주의를 요구하는 혁명이 여러 나라에서 동시에 발생했

---

9 이 논문의 내용을 보충해서 1992년에 책이 출간되었다. 중국과 몇몇 다른 국가에서는 여전히 공산당의 지배가 지속되는 등 주장하는 시대의 흐름에 역행하는 현실이 있었음에도 불구하고, 후쿠야마(Fukuyama)는 1989년이 역사적 분수령이었다는 주장을 굽히지 않았다. 오히려 베를린 장벽붕괴와 1991년 소련 해체에 고무되어, 자본주의 자유민주주의 체제의 경쟁자가 몰락했고, 그것이 시대적 변화라는 자신의 주장을 더욱 강화했다. 그래서 책의 제목을 《역사의 종말과 마지막 인간》이라고 했다. 이번에는 "역사(history)" 뒤에 물음표가 붙지 않았다. Francis Fukuyama, "The end of history?," *The National Interest* (Summer 1989); *The End of History and the Last Man* (New York: Free Press, 1992). 비슷한 방식으로 처음에는 의문형을 취했다가 나중에 물음표를 없애버리는 전략은, 같은 시기에 대하여 사무엘 헌팅턴(Samuel Huntington)이 쓴 다소 어두운 관점의 글에서도 발견된다. 그의 초기 논문과 이후 출간된 책의 제목은 다음과 같다. "The clash of civilizations?," *Foreign Affairs*, Summer 1993, pp. 22-49; *The Clash of Civilizations and the Remaking of the World Order* (New York: Simon and Schuster, 1996).

다. 또한 1968년에는 전 세계적으로 청년들이 주도한 저항과 시위가 활발하게 벌어졌다.[10] 비슷한 맥락에서 2011년도 '운동의 해'로 볼 수 있다. 2011년 중동 지역에서는 '아랍의 봄(Arab Spring)' 또는 '재스민 혁명(Jasmine)'이라 불리는 대규모 반정부 시위가 일어났다. 또한 같은 해 미국에서는 '월가 점령 시위(Occupy Wall Street)'가, 유럽에서는 긴축 재정에 반대하는 대규모 시위가 벌어졌다. 중동에서는 일부 정권이 무너지는 성과도 있었지만, 미국과 유럽에서는 체제 전복까지는 이루어지지 않았다.[11]

2011년은 특정 지역에서 혁명이 동시다발적으로 일어났다는 점에서 1848년과 비슷하다. 미국과 유럽에서 일어난 사건들까지 포함하면, 2011년은 세계적으로 저항의 물결이 확산된 해였고, 그런 점에서 '운동의 해(movement year)'로 평가할 수 있다. 《타임(Time)》지에서는 2011년을 '운동가의 해(Year of the Protester)'로 선정했는데, 그런 의미에서는 1848년보다 1968년이 성격상 2011년과 더 비슷한 것 같다.(타임지에서는 매년 올해의 인물을 선정해 왔는데, 최근에는 개인이 아니라 사물이나 단체 등을 선정하기도 한다.)[12]

---

10 이 시기에 관한 방대한 연구 성과에 최근, 비교적 접근하기 쉬운 두 권의 책이 추가되었다. Mike Rapport, *1848: Year of Revolution* (New York: Basic, 2009); Mark Kurlanksy, *1968: The Year that Rocked the World* (London: Jonathan Cape, 2004)가 있다.
11 이 사건들에 대한 기본적인 배경으로는 James Gelvin, *The Arab Uprisings: What Everyone Needs to Know* (Oxford University Press, 2012)를 참고하라.
12 이 명칭에 대한 몇 가지 성찰은 Jeffrey Wasserstrom, "Was 2011 really the year of the protester?" *History News Network*, January 2, 2012, http://hnn.us/articles/was-2011-really-year-protester (last accessed June 18, 2013)를 참고하라.

1989년을 '운동가의 해'로 선정했던 근거는 구체적으로 무엇인가? 1989년이 그런 평가를 받을 만한 이유는, 저항 운동이 1848년보다 훨씬 더 넓은 지역에서 일어났기 때문이며, 1968년보다 저항의 목표가 훨씬 더 명확하게 공유되었기 때문이다. 특히 1989년은 여러 공산국가에서 대대적인 변화가 일어난 '운동의 해(movement year)'였다. 반기문 유엔 사무총장도 2011년 봄에 발표된 유엔 보고서에서 이와 같은 맥락을 언급한 바 있다. 그는 "세계는 지금 중요한 역사적 전환기를 맞이하고 있다. 수많은 정부가 무너졌던 1989년과 마찬가지로, 2011년도 그에 못지않게 엄청난 변화가 일어났던 해"라는 평가였다.[13]

특별한 한 해로 평가하는 세 번째 관점, 즉 '사건의 해(eventful year)'란 전혀 무관해 보이는 중요한 사건들이 세계 곳곳에서 한꺼번에 많이 벌어지는 경우다. 예컨대 1956년은 '사건의 해'의 전형이었다. 그해에 일어났던 가장 중요한 두 사건, 즉 수에즈 위기(Suez Crisis)와 헝가리 봉기(Hungarian Uprising)는 실제로 별다른 연관성이 없었다. 1989년 또한 마찬가지로 여러 사건들이 가득한 한 해였다. 당시《타임》지 편집장 마이클 엘리엇(Michael Elliott)은 20년 후〈축의 전환(Shifting on its pivot)〉이라는 글을 통해 이를 분명하게 보여주었다. 그 글의 부제목은 다음과 같다. "베를린 장벽의 붕괴에서 인터넷(web)의 등장까지, 천안문 광장의 비극부터 남아프리카의 역사적 변화까지, 석유 유출 사고에서 금지된 책의 출판까지, 희망과 절망이 교차했던 한 해는 어떻게 지구를 영원

---

13 "World faces 'epochal' change equivalent to that of 1989, UN Chief says," www.un.org/ apps/news/story.asp?NewsID=37921&Cr=North±Africa&Cr1#.UcCwJOuApjh last accessed June 18, 2013; UN News Center, March 28, 2012.

히 바꾸어 놓았는가?." 엘리엇은 글의 서두에서, 특별했던 그 해가 중간 쯤 지나가던 어느 주말, 세계 각국의 뉴스 편집자들은 중요한 사건이 너무 많아서, 그중에 어떤 사건을 다루어야 할지 행복한 고민에 빠져 있었다고 당시를 회고했다. 실제로 그해 6월 초 세계 언론은, 폴란드 자유노조의 선거 승리, 중국 북경의 유혈 진압 사건, 그리고 이란 혁명의 상징적 인물인 호메이니의 사망 소식 중 무엇을 주요 뉴스로 삼아야 할지 심각하게 고민하지 않을 수 없었다.[14]

이제 배경을 충분히 살펴보았으므로, 지금부터는 1989년이 가진 특별한 의미를 좀 더 자세히 살펴보기로 한다. 특히 '전환의 해'와 '운동의 해'라는 두 가지 관점에 논의의 초점이 맞추어질 것이다. 그리고 마지막으로, 세계사적 측면에서 1989년을 이해할 때는, 이 해를 단순히 '전환의 해', '운동의 해', 또는 '사건의 해' 중 어느 하나로 규정하기보다는, 이 모든 특징들이 함께 어우러졌던 해로 기억하는 것이 중요하다는 점을 강조해 두고자 한다.

전환의 해

만약 1989년을 분기점으로 세계사를 그 이전과 이후로 나눌 수 있다면, 그 이유는 동유럽과 중부유럽에서 공산당의 지배가 끝났기 때문이다. 이런 관점에서 보면 1989년은 딱 떨어지는 한 해였다. 핵심적인 사건들이 1년이라는 짧은 기간 안에 정확히 대칭적으로, 즉 1월과 12월

---

[14] Michael Elliott, "Shifting on its pivot," *TIME*, June 18, 2009, available online at www.time.com/time/specials/packages/article/0,28804,1902809_1902810_1905185,00.html (last accessed August 21, 2013).

에 일어났다. 일부러 맞추어도 조율한 것처럼 이렇게 맞기는 어려울 것이다. 물론 1991년의 소련 해체까지 고려한다면, 1989년의 의미는 2년이 더 확장되어 '긴 1989년(long 1989)'이라는 개념으로 볼 수도 있다. 또한 공산주의 체제 붕괴의 원인을 더 이전, 즉 1980년대 초에 일어났던 폴란드의 자유노조(Solidarity) 운동까지 거슬러 올라가서 설명할 수도 있다. 그럼에도 불구하고 이 역사의 시작과 끝을 가장 분명하게 나타내주는 결정적인 시점은 1989년 1월과 같은 해 12월이었다. 한편으로 이 때의 사건들은 과거 그 어느 때보다 극적인 한 해였던 1968년과 연결해서 이해할 수도 있다. 1968년에는 비극으로 끝난 사건들이 1989년에 이르러 비로소 성공적인 결실을 맺게 되었기 때문이다.

1968년과 1989년의 연결을 한눈에 살펴보려면 프라하를 중심으로 보는 것이 좋다. 1968년을 상징하는 가장 강렬한 이미지는 프라하의 시위 사진들이었다. 그중 특히 유명했던 사진은 맨몸으로 소련군 탱크를 막아선 어떤 남성의 모습이었다. 이 장면은 훗날 중국 북경에서 촬영된 유명한 '탱크맨' 사진과 비슷했다. 그러나 1989년 무렵의 사람들에게 프라하 탱크맨은 거의 잊혀진 기억이었다. 당시 프라하의 시위는 결국 소련군에 의해 강제로 진압되었다. 사람들은 그때 그 사건을 흔히 '프라하의 봄'(Prague Spring)이라 불렀다. '프라하의 봄'은 수많은 체코 사람들의 머릿속에 깊이 각인되어 있었다. 1989년 유럽에서 일어난 시위는 얀 팔라흐(Jan Palach) 20주기 추모 행사에서 시작되었다. 얀 팔라흐는 1969년 1월에 분신자살한 '프라하의 봄'의 활동가였다. 1968년 프라하 저항 운동이 실패한 뒤 얀 팔라흐는 절망과 분노를 표현하기 위해 스스로 목숨을 끊었다. 그러나 그로부터 20년이 지난 1989년 12월, 그의 죽음을 기리는 행사장은 슬픔보다는 축제로 들떠 있었다. 1989년 1월만 하더라도 시위에 참여하는 사람들은 죽음과 실패의 기억을 떠올리며 거리로 나왔다. 그러나 같은 해 12월에는 이른바 '벨벳 혁명'(Velvet Revolution)의 성공과 새로운 민주 정부의 출범을 축하하기 위한 행사가 열렸다.

1989년이 역사적으로 중요한 전환점이라는 사실은 프라하에서만 나타난 것이 아니었다. 또한 그해 초나 말에만 한정된 것도 아니었다. 당시에는 소련의 영향력 아래 있었던 모든 지역에서 오랫동안 반체제 활동을 해 온 인물들이나, 이제 막 정치에 눈뜬 젊은이들도 모두 적극적으로 행동에 나섰다. 이들은 서로 긴밀하게 소통하며 투쟁 방법과 구호를 공유했다. 폴란드의 언론인 아담 미흐니크(Adam Michnik)와 헝가리의 검열제도를 비판하던 운동가 미클로시 하라슈티(Miklós Haraszti) 같은 주요 인물들은 이미 1968년부터 활동을 이어왔던 경험 많은 인물들이었다. 이들은 수십 년 동안 서로 영향을 주고받으며 활동했고, 때로는 감옥 생활을 견디기도 했다. 시간이 지나면서 이들은 기존 체제를 단순히 개혁하는 쪽보다는 완전히 무너뜨리는 쪽으로 입장을 바꾸었다. 여기에 다양한 배경과 목적을 가진 다양한 사람들이 합류했다. 소련의 지배로부터 벗어나 조국의 운명을 스스로 결정하고자 하는 열망을 품은 이들도 있었고, 글로벌 청년문화의 일부가 되고 싶다는 비교적 단순한 이유로 참여한 젊은이들도 있었다.

1989년 초, 불과 몇 달 사이에 다양한 세대를 아우르고 서로 다른 이념을 연결하는 연합체들이 생겨났다. 그중 일부는 가톨릭 교회 같은 전통 기관과 오랜 인연을 유지해온 단체들에 기반을 두었다. 간혹 명백한 반체제 네트워크로부터 진화한 연합체도 있었다. 혹은 최근 몇 년 사이

[그림 16-1] 베를린 장벽 개방을 축하하는 동·서베를린 시민들
(1989년 11월 9일, 베를린 브란덴부르크 문 앞)

에 새로 구성된 시민단체 네트워크가 발전해서 연합체가 되기도 했다. 다뉴브강 보호 운동을 하던 환경단체도 그런 사례였다. 이 단체는 강물이 흐르는 여러 나라에서 환경 문제에 공감하는 사람들을 이어주는 역할을 했다.[15]

1989년 한 해 동안 소련 진영에서는 매달 중요한 사건이 잇달아 발

---

15 이 단체와 유사한 다른 단체들에 관한 정보를 얻기 좋은 곳으로 조지메이슨대학(George Mason University)의 온라인 아카이브가 있다. 이 아카이브는 "Making the history of 1989: the Fall of Communism in Eastern Europe"이라는 제목으로, 1차 사료 및 기타 자료가 수록되어 있다. 일반 링크는 http://chnm.gmu.edu/1989/ 이며, 「The campaign to save the Danube river」는 http://chnm.gmu.edu/1989/items/show/315 에서 찾아볼 수 있다(두 링크 모두 최종 접근일: 2013년 8월 30일).

생했다. 시간 순으로 그 흐름을 정리하면, 2월 6일 폴란드 바르샤바에서 원탁회의가 시작되어, 4월 4일 자유노조 합법화를 이끌어낸 뒤 회의가 마무리되었다. 폴란드에서 한창 회의가 진행 중이던 3월 15일, 헝가리에서는 대규모 시위가 벌어졌다. 이를 계기로 헝가리에서도 정부와 비공산주의 단체들 사이에 원탁회의가 시작되었다. 5월 2일에는 헝가리 정부가 헝가리와 오스트리아 국경의 150마일 철조망을 철거하기 시작했다. 이는 나중에 베를린 장벽 붕괴의 전조로 평가되는 사건이었다. 한편 6월 4일, 폴란드 총선에서는 '자유노조'가 역사적인 승리를 거뒀다. 7월 6일, 고르바초프는 소련이 더 이상 동유럽 국가에서 일어나는 시위를 무력으로 진압하지 않겠다고 발표했다. 8월 24일에는 폴란드에서 제2차 세계대전 이후 처음으로 비공산주의 총리가 취임했다. 9월에는 동독의 주요 도시에서도 항의 시위가 크게 확산되었고, 10월 들어서는 시위가 더욱 격렬해졌다. 그리고 11월, 1989년의 가장 큰 사건이자 '격변의 해'를 상징하는 일이 일어났다. 마침내 베를린 장벽이 무너졌던 것이다.[16]

11월의 사건도 중요하지만 결정적인 순간은 오히려 그 이전인 10월 둘째 주였다. 이 때 동독 지도부 내에서 강경파가 주도권을 잃었다. 과거 1968년처럼 소련이 동독 시위 진압에 개입하는 일은 없도록 하겠다는 고르바초프의 메시지가 온건파 승리에 큰 영향을 미쳤다. 10월 9일

---

[16] 이러한 사건들과 그 밖의 사건들에 대한 유용한 개관으로, 뉴욕타임스 특파원들의 보도를 모아 놓은 Bernard Gwertzman and Michael T. Kaufman, eds., *The Collapse of Communism* (New York: Times Books, 1990)을 참고하라. 보다 생생한 개괄로는 Padraic Kenney, *A Carnival of Revolution: Central Europe 1989* (Princeton University Press, 2003)을 보라.

자 〈뉴욕타임스〉는 다음과 같이 보도했다.

> 공산당 정부가 동독 건국 40주년 기념 행사를 개최하자, 이것 때문에 오히려 전국적으로 시위대와 충돌이 일어났다. 시위대는 곳곳에서 경찰이나 보안군에 맞서 싸웠다. 특히 행사 참석을 위해 동독을 방문한 소련의 고르바초프 대통령이 시위대를 고무시킨 면도 있었다. 시위대는 토요일 밤부터 일요일까지 거리로 뛰쳐나와 더 많은 자유를 요구하며, 종종 "고르비! 고르비!"라는 구호를 외쳤다. 동베를린, 드레스덴, 라이프치히 등 주요 도시에서 경찰은 진압봉을 휘두르고 물대포로 위협하며 시위대를 강제로 해산시켰다.[17]

〈뉴욕타임스〉의 그 다음 날 신문 보도는 다음과 같았다.

> 오늘 저녁, 동독의 라이프치히에서 수만 명의 동독 시민들이 변화를 요구하며 대규모 시위를 벌였다. 행진은 평화롭게 진행되었다. 최근 동독 전역에서 일어나고 있는 시위 가운데 가장 큰 규모였다. 이번에는 지난 주말의 폭력 사태나 체포 같은 일이 없었고, 충돌이 발생하지 않았다. 다만 라이프치히와 동베를린에서는 여전히 대규모 경찰력이 배치되었다. … 현지 당국은 시위대의 요구를 수용하는 쪽으로 태도를 바꾸기 시작했다.[18]

---

17 www.nytimes.com/1989/10/09/world/security-forces-storm-protesters-in-east-germany.html (last accessed August 31, 2013).
18 www.nytimes.com/1989/10/10/world/east-germans-let-largest-protest-proceed-in-peace.html (last accessed August 31, 2013).

조지 메이슨 대학교 웹사이트에는 '1989년의 역사(Making the history of 1989)'라는 제목으로 당시의 변화가 간명하게 정리되어 있다.

당 지도자들 중 일부는 확산되는 시위를 진압하기 위해 이른바 '중국식 해법(Chinese Solution)'을 요구하고 나섰다. 이는 중국 정부가 무력으로 민주화 시위대를 진압한 방식을 의미하는 것이었다. 현지 당국도 대규모 체포와 심지어 무력 사용까지 준비하고 있었다. 실제로 폭동 진압 경찰 3,000명, 민병대 추가 인원 500명, 정규군 병력 3,000명이 실탄을 지급받고 도시 외곽에서 비상 대기 중이었다. 그러나 독일 당국은 국제 사회로부터 강한 압박을 받았고, 태도를 바꾸어 시위대의 행진을 그대로 허용했다. 라이프치히를 행진하던 군중은 "Wir sind das Volk(우리가 바로 인민이다)"라는 구호를 외쳤다.[19]

10월 18일이 되자, 고르바초프로부터 '시대의 변화에 맞춰야 한다'는 경고를 받았던 강경파 에리히 호네커(Erich Honecker)가 결국 실각했다. 그 자리는 개혁 성향이 강했던 에곤 크렌츠(Egon Krenz)가 대신하게 되었다.[20]

---

19 http://chnm.gmu.edu/1989/exhibits/intro/gdr
20 *New York Times* 보도는 이러한 변화를 정확히 10월 7일에서 10월 9일 사이로 시점을 특정하고 있다. 10월 7일 호네커(Honecker)는 시위를 진압하기 위해 소위 '중국식 해법(Chinese solution)'을 준비하라고 명령했지만, 10월 9일 크렌츠(Krenz)는 "라이프치히로 날아가... 호네커의 명령을 취소했다"고 보도했다. www.nytimes.com/1989/11/19/world/wall-was-crackedspecial-report-party-coup-turned-east-german-tide-clamor-east.html?pagewanted=all&src=pm (last accessed August 31, 2013).

운동의 해

전환의 해(hinge year)가 아니라 운동의 해(movement year)라는 관점에서 1989년을 생각해 보려면, '짖지 않는 개(dog that did not bark)'의 비유를 떠올려보는 것이 좋겠다.(셜록 홈즈의 소설에서 유래한 표현으로, 예상치 못한 결과를 일컬음 – 옮긴이) 당시 북경의 길거리에는 약 100만 명의 시민들이 쏟아져 나왔고, 다른 도시에서도 수만 내지 수십만 명의 시위대가 광장을 메웠지만, 그럼에도 불구하고 중국 공산당은 결국 무너지지 않았다. 이는 동유럽 공산 국가들과는 전혀 다른 결과였다. 중동부 유럽 공산 국가에서 공산당은 이미 1988년 말부터 1989년 초까지 야당과 협상에 나서야 했고, 1989년 연말에는 대개 권력을 넘겨줄 수밖에 없었다. 중국은 같은 해 소련이 겪었던 급격한 혼란의 소용돌이에 휘말리지 않았다. 얼마 지나지 않아서 소련은 주변 위성국가에 대한 지배력을 상실하기 시작했다. 만약 1989년이나 적어도 1991년쯤 중국에서 정권교체가 일어났다면, 물론 그랬더라도 쿠바나 베트남, 북한 등 일부 공산 국가들은 남아 있었겠지만, 그럼에도 사람들은 이 시기를 당연히 '전환의 해'로 이해했을 것이다. 중국에서 정치와 사상의 상징과도 같았던 천안문(天安門) 광장에서 수많은 시민들이 거대 규모 집회를 열어 세계의 이목이 집중되었을 때, 비록 중국 공산당이 권력을 완전히 내놓지는

---

20 New York Times의 보도에 따르면 동독의 정책 전환 시점은 정확히 10월 7일이었다. 당시 동독의 최고지도자 호네커(Hoeneker)는 시위 진압을 위해 '중국식 해법(Chinese solution)'을 준비하도록 지시했고, 10월 9일 크렌츠(Krenz)가 "라이프치히로 날아가 호네커의 명령을 취소"하면서 상황이 바뀌었다고 한다. www.nytimes.com/1989/11/19/world/wall-was-cracked-special-report-party-coup-turned-east-g erman-tide-clamor-east.html?pagewanted=all&src=pm (last accessed August 31, 2013).

않더라도, 최소한 정치 개혁의 방향으로 움직일 것처럼 보였다. 그러나 결국 정부 내에서 강경파가 승리했다. 1989년 중국을 상징하는 가장 뚜렷한 이미지는 시위대가 아니라, 북경의 중심부에서 수백 명의 노동자, 행인, 도시민, 학생들이 목숨을 잃었던 6월 4일의 대학살 바로 다음 날인 6월 5일, 탱크의 행렬 앞에 홀로 서 있던 한 남자의 모습이었다.

1989년 6월 4일 천안문 사건 직후, 특히 몇 달 뒤 베를린 장벽이 무너졌을 때에도 중국공산당이 여전히 권력을 굳건하게 유지하고 있다는 사실은 많은 사람들에게 매우 이상한 현상으로 보였다. 사람들은 중국공산당도 머지않아 소련처럼 붕괴할 것이라 예상했다. 유명 정치학자가 말했던 이른바 '레닌주의의 종말(Leninist Extinction)'은, 특히 1991년 소련이 무너지면서 더욱 설득력을 얻었으며, 중국에서도 같은 일이 일어날 것으로 믿는 사람들이 많았다.[21] 그들은 중국의 민주화 시위가 중동부 유럽의 민주화 운동과 매우 비슷하다고 생각했다. 북경의 지도자들도 바르샤바나 부다페스트의 지도자들처럼 정권의 정통성에 큰 위기를 겪고 있으며, 다만 중국은 군대를 동원해 시위대를 해산시켜 일시적으로 위기를 미뤄둔 것뿐이라고 생각했다. 더욱이 1989년 중국의 시위 현장에서도 소련과 중동부 유럽 국가들의 사례가 자주 언급되었다. 예를 들어 북경에서는 "하늘은 러시아에 고르바초프를 주었는데, 중국에는 등소평밖에 주지 않았다"는 탄식이 현수막으로 등장하기도 했다. 사건 이후에도 중국 지도부는 이른바 '폴란드병(Polish disease)' 즉 폴란드

---

21 Ken Jowitt, "The Leninist extinction," in Daniel Chirot (ed.), *The Crisis of Communism and the Decline of the Left: The Revolutions of 1989* (Seattle: University of Washington Press, 1991), pp. 74-99.

의 자유노조 연대와 같은 조직이 중국에 확산되는 것을 막아야 한다고 강조했다. 이런 상황은 동베를린 등 다른 나라에서도 주요 참고 사례가 되었다. 일부 동유럽 지도자들은 '중국식 해법(Chinese solution)'을 거론했는데, 다름 아니라 중국처럼 시위를 강경하게 진압하는 방식을 말하는 것이었다. 한편 일부 시위자들은 북경에서 탱크 앞을 가로막았던 어느 중국인의 용기 있는 행동에서 큰 힘을 얻었다고 말했다.[22] 당시 중국의 지도부가 루마니아와 소련의 상황을 매우 예의주시하고 있다는 언론 보도도 있었다. 루마니아에서 이미 일어났고 소련에서도 곧 일어날 것으로 보이는 정권 붕괴의 위기가 중국에서 반복되지 않도록, 중국 지도부도 사력을 다하고 있었다.[23]

하지만 시간이 지나면서 1989년의 중국 시위와 중동부 유럽의 시위를 직접적으로 비교하는 시각은 점차 설득력을 잃었다. 25년이 지난 지금 돌이켜보면, 당시 양쪽의 시위는 공통점 못지않게 뚜렷한 차이점도 있었다. 북경의 시위는 체제 전복이 아니라 공산당 내부 개혁을 목표로

---

22 유럽의 사건이나 소련 인물들을 언급하는 1989년 중국의 현수막과 선언문의 사례는 Han Minzhu, ed., *Cries for Democracy* (Princeton University Press, 1990)에서 찾아볼 수 있다. 반대로 중국에서 유럽으로의 영향을 다룬 자료로는 Diana Fong, "China's Pro-Democracy Protests Struck Hope and Fear in East Germany," www.dw.de/chinas-pro-democracyprotests-struck-hope-and-fear-in-east-germany/a-4298731-1 (last accessed July 11, 2013)를 참고하라.

23 "Upheaval in the East: China: worried Chinese leadership says Gorbachev subverts Communism," *Reuters* report, *New York Times*, December 28, 1989, www.nytimes.com/1989/12/28/world/upheaval-east-china-worried-chinese-leadership-says-gorbachevsubverts-communism.html (last accessed September 3, 2013); 중국이 루마니아와 소련의 사건들에 대해 느낀 우려를 전반적으로 잘 분석한 자료로는 James Miles, *The Legacy of Tiananmen: China in a Disarray* (Ann Arbor: University of Michigan Press, 1997)를 참고하라.

했다는 점에서, 1989년 프라하의 '벨벳혁명'보다는 오히려 1968년 '프라하의 봄'과 더 비슷했다.[24] 이런 차이를 인정하고 보면 1989년을 '전환의 해(hinge year)'로 보는 관점은 다소 약화될 수 있다. 그러나 '운동의 해(movement year)'로 보는 관점은 문제가 없다. 역사적으로 보더라도 '운동의 해'로 평가되는 때에 세계 각지에서 일어난 시위들은, 서로 연결되는 공통점도 있지만 동시에 명백히 다른 모습도 나타나는 것이 자연스러운 현상이었다.

대개 1989년 중국에서 벌어진 사건이 같은 해 중동부 유럽과 비슷한 맥락이라고 알려져 있지만, 우리는 두 사건의 차이점을 중심으로 이야기를 해보고자 한다. 체코에서 일어난 1989년 시위는, 공산당 통치에 절망한 한 남성이 분신자살한 사건이 계기가 되어 일어났다. 그러나 중국에서는 호요방(胡耀邦, 후야오방)을 애도하는 집회가 사건의 시작이었다. 최근 세상을 떠난 호요방은 2년 전 학생 시위를 온건하게 처리했다는 이유로 당내 고위직에서 강등된 인물이었다. 이후 호요방은 중국 공산당 내에서 개혁을 상징하는 인물이 되었다. 중국의 시위 과정에서 많은 사람들은 공산당 자체의 폐지나 체제의 완전한 전환을 요구하지 않았다. 그보다는 당과 혁명이 본래의 올바른 방향으로 돌아가자는 것이 목표였다. 이는 대부분의 중동부 유럽 상황과는 다른 양상이었다. 물론 일부 체제 변화를 요구하는 사람들도 있었지만, 초기의 벽보와 현수막

---

24 이러한 개념에 관해 더 자세히 보려면 Jeffrey Wasserstrom, "Chinese bridges to post-Socialist Europe," in Sorin Antohi and Vladimir Tismaneanu (eds.), *Between Past and Future: The Revolutions of 1989 and Their Aftermath* (Budapest: CEU Press, 2000), pp. 357-382를 참고하라.

에서 주로 강조된 내용은, 체제 그 자체보다는 부정부패와 족벌주의의 해악을 비판하는 것이었다.

1989년 중국 시위와 다른 공산당 국가들의 시위가 뚜렷이 구분되는 핵심 요소는 바로 '애국심'이었다. 물론 애국심은 중국 이외의 지역에서도 중요했지만, 그 양상은 사뭇 달랐다. 당시 중국의 애국주의 정서는 당시 시위에서 유행했던 후덕건(侯德健, 후더젠)의 인기곡 〈용의 후예들(龍的傳人)〉에 잘 나타나 있다. 이외에도 국제 공산주의를 대표하는 〈인터내셔널가(The Internationale)〉, 중국의 국가(義勇軍進行曲), 최건(崔健, 츠이젠)의 록 음악 〈아무것도 가진 게 없어(一無所有)〉, 프랑스 노래 〈자크 수사님(Frere Jacques)〉의 가사를 바꾸어 등소평을 비꼬는 노래(邓小平, 邓小平, 你骗人, 你骗人, 真奇怪, 真奇怪, 叮叮咚, 叮叮咚. —옮긴이) 등이 시위에 등장했다.[25] 반면 중동부 유럽에서 애국심은 중국과는 전혀 다른 양상이었다. 여기서는 공산당 정권을 외부 세력에 의해 강제로 이식된 존재로 받아들였다. 중국에서는 이런 인식이 없었다. 다른 지역에서는 과거의 상징 중 어떤 것을 중시할지를 두고 통치자와 피통치자가 갈등을 빚었지만, 중국에서는 시위대와 정부 모두 그에 대한 이견이 없었다. 다만 정

---

25 이러한 노래들의 역할, 애국심이라는 주제, 그리고 전반적인 시위에 관해서는 Han, *Cries for Democracy*; Craig Calhoun, *Neither Gods Nor Emperors: Students and the Struggle for Democracy in China* (Berkeley, ca: University of California, 1997); Elizabeth J. Perry and Jeffrey N. Wasserstrom, eds., *Popular Protest and Political Culture in Modern China*, 2nd edn. (Boulder, co: Westview Press, 1994); Geremie Barmé and Linda Jaivin, eds., *New Ghosts, Old Dreams: Chinese Rebel Voices* (New York: Crown, 1992); 수상 경력이 있는 롱보우(Long Bow)의 영화 "The Gate of Heavenly Peace"와 관련 웹사이트(www.tsquare.tv, 최종 접근일: 2013년 7월 11일)에 수록된 자료들을 참고하라.

부가 그 상징을 제대로 대표하는지가 의문이었던 것이다.[26]

이와 같은 중국의 상황은 5월 4일에 가장 분명히 드러났다. 그 날은 중국 공산당이 중시하는 애국 운동(5.4운동) 기념일이었다. 5·4운동은 1919년 학생들을 중심으로 노동자를 비롯한 다양한 계층이 함께 참여하여 거리 시위에 나섰던 역사적 사건이었다. 중국 공산당은 5.4운동이 공산당 정권의 계기를 마련했다고 평가한다. 5·4운동 기념식에는 중국 공산당 미래의 지도자들이 다수 참여했다. 그들이 내세운 주요 주장은 제국주의에 대한 분노, 권위주의 통치에 대한 거부감, 현대적이며 개방적인 중국에 대한 열망이었다. 특히 1989년처럼 정주년(整周年, 이번에는 70주년)이 돌아올 경우, 더욱 성대한 행사가 열리곤 했다. 그런데 1989년 5월 4일에는 북경 중심부에서 두 개의 행사가 개최되었다. 공산당 정부 관료들은 언제나처럼 자신이 5·4운동의 꿈을 이루어낸 주인공이라 주장했다. 그러나 학생운동가들은 더 큰 규모의 별도 행사를 개최해서, 자신이야말로 5·4운동 정신의 진정한 후계자라고 맞섰다. 이날 발표된 〈신(新) 5·4운동 선언〉에는 1989년 중국에서 발표된 선언문 가운데 가장 강력한 메시지가 담겨 있었다.

사건의 해

1989년을 '전환의 해' 또는 '운동의 해'로 해석하는 것은 분명 매력적인 관점이다. 그러나 한편으로는, 서로 특별한 연관성이 없는 다양한

---

26 애국주의라는 점에서 또한 주목할 만한 사실은, 공산당 정부가 지속적으로 집권하고 있는 다른 세 국가들(쿠바, 베트남, 북한) 역시, 이 정당이 제국주의와 외세의 압박에 맞서 싸운 역사적 전통과 깊은 연관을 맺고 있다는 점이다.

사건들이 우연히 겹쳐져 일어났던 한 해로 보는 것도 충분히 가능한 일이다. 이렇게 보면 1989년은 단지 반공이라는 하나의 줄거리로 설명하기 어렵다. 중국과 유럽의 사례를 나누어 1989년의 사건들을 권위주의에 맞선 두 가지 유형으로 나눈다 하더라도, 그것으로 모든 사건을 다 설명할 수는 없다. 비슷한 시기에 벌어졌던 여러 가지 사건들, 서로 연결될 필요가 없는 독립적인 사례들이 많았기 때문이다. 물론 공산주의의 종말, 혹은 여러 공산주의 체제에 대한 저항이라는 해석이 의미가 없다는 말은 아니다. 다만 반공이라는 해석만 가지고는 그 해에 일어났던 몇 가지 중요한 사건을 충분히 설명하지 못한다는 말이다. 시간이 지나서 돌이켜보면 그런 면이 더욱 절실하다. 좀 더 분명하게 말하자면, 1989년에 너무 다양한 사건들이 벌어졌기 때문에, 그 모든 사건들을 하나의 일관된 이야기로 묶어서 설명하기가 사실상 불가능에 가깝다. 사건의 다양성을 보다 구체적으로 논의하기 위해 지금부터 1989년에 일어났던 두 가지 사건을 추가로 살펴보고자 한다. 이는 애초에 냉전이나 사회운동과는 전혀 무관한 사건이지만, 보는 관점에 따라서 두 사건이 서로 연결되어 있다고 볼 수도 있고 전혀 그렇지 않다고 볼 수도 있다.

우리가 먼저 살펴볼 사건은 유조선 엑손 발데즈(Exxon Valdez)호의 기름 유출 사고다. 1989년 3월, 알래스카의 청정해안에서 이 유조선이 좌초되면서 약 1,000만 갤런의 원유가 바다로 흘러나왔고, 프린스 윌리엄 해협(Prince William Sound)은 큰 피해를 입었다. 이 사건은 환경에 대한 세계인의 관심을 높이는 계기가 되었다. 같은 해 5월, 국가대응팀(National Response Team)은 보고서를 통해 다음과 같이 지적했다. "프린스 윌리엄 해협 지역은 기름 유출 사고에 대한 준비가 부족했고 대응 또한 미흡했다. 앞으로는 국가적으로 중대한 원유 유출 사고에 대비한 계획과 대응 방식을 반드시 개선해야 한다."[27] 엑손 발데즈 사건이 최초의 환경 재난은 아니었지만, 언론에 보도되는 방식이 이전의 사건들과 달리 매우 극적이었다. 이 사건은 이후 20년 이상 미국 역사상 최대 규모의 기름 유출 사고로 기록되었고, 미국인들의 기억에 오래도록 지워지지 않는 흔적을 남겼다. 두 번째 사건은 엑손 발데즈호 사고가 발생하기 두 달 전인 1989년 1월 2일에 일어났다. 〈타임(Time)〉지는 당시 '올해의 행성: 위기에 처한 지구(Planet of the Year: endangered Earth)'를 선정하며 지구 환경의 위기를 알리고자 했다. 〈타임〉지가 사람이나 특정 단체가 아닌 대상을 '올해의 인물(Man of the Year)'로 선정한 것은 1982년 '컴퓨터'를 선정한 이후 두 번째로, 매우 이례적인 일이었다. 당시 〈타임〉지의 기사에서는 지구 온난화, 인구 증가, 생물 다양성의 위기 같은 인간이 초래한 환경 문제를 집중적으로 다루었으며, "도대체 우리가 지구에 무슨 짓을 하고 있는가?(What on EARTH are we doing?)"라는 강력한 질문을 던졌다.[28]

〈타임〉지의 '올해의 행성(Planet of the Year)' 선정과 엑손 발데즈호의

---

27 Samuel K. Skinner Secretary and William K. Reilly, "The EXXON VALDEZ Oil Spill: A Report to the President." Environmental Protection Agency May 1989 Prepared by The National Response Team. http://docs.lib.noaa.gov/noaa_documents/NOAA_related_do cs/oil_spills/ExxonValdez_NRT_1989_report_to_president.pdf (last accessed May 10th, 2013).

28 Thomas A. Sancton "Planet of the Year: what on EARTH are we doing?" Published in Time, January 2, 1989: www.time.com/time/magazine/article/0,9171,956627,00.html (last accessed July 17, 2013). For the cover of Time's "Endangered Earth" issue from January 2, 1989 see: www.time.com/time/covers/0,16641,19890102,00.html (last accessed July 17, 2013).

사고는, 우리가 특정 연도를 바라보는 관점이 얼마나 복잡할 수 있는지를 잘 보여주는 사례였다. 20세기 인류가 환경에 미친 악영향에 경각심을 갖자고 〈타임〉지가 촉구했던 것이, 사고가 일어나기 불과 몇 주 전의 일이었다. 사고 초기의 피해 상황과 그 이후 벌어진 책임 소재 논란, 환경 복구 문제 등이 전 세계 언론의 주요 관심사가 되었다. 이 사고가 역사적으로 매우 중요한 사건이 되었던 이유는, 그것이 정치적 변화나 거대한 역사적 흐름을 상징할 만한 사건이어서가 아니라, 단지 매우 심각한 사건이었기 때문이다.[29]

이와 같은 여러 사건들을 함께 고려하자면, 1989년은 명확한 하나의 방향으로 나아가기보다는 서로 다른 흐름들이 뒤섞여 충돌했던 한 해였다. 그 전 해인 1988년 3월 티베트에서 일어났던 대규모 시위가 일어난 뒤, 1989년 달라이 라마는 노벨평화상을 받았다. 또한 이란에서는 최고지도자 호메이니가 사망했다. 그로부터 몇 달 전 호메이니는 작가 살만 루시디(Salman Rushdie)를 처벌하라는 파트와(fatwa, '종교적 명령'이라는 뜻으로, 작가 및 출판 관계자들을 살해하라는 내용이었다. ─옮긴이)를 내렸다. 1989년이 전 세계 협력과 평화의 시대를 여는 시작점이 될 것이라 기대하는 사람들도 있었다. 그러나 1989년의 현실은 그 이전이나 이후의 다른 해들과 마찬가지로, 수많은 무차별 폭력 사건들이 언론을 가

---

29 아이러니하게도, 엑손 발데즈(Exxon Valdez)호 사건은 1989년의 다른 사건들보다 더 진정한 의미에서 전 지구적 영향을 미쳤음에도 불구하고, 기념일 행사들은 대체로 그 사건의 지역적 측면에 초점을 맞추어 왔다. 예를 들어, "10th anniversary of the 'Exxon Valdez' oil spill," Capital Words website http://capitolwords.org/date/1999/03/24/S3159-4_10th-anniversary-ofthe- exxon-valdez-oil-spill/ (last accessed July 16, 2013)을 참조하라.

득 채웠다. 특히 주목할 만한 사건 중 하나가 미국 캘리포니아주 스톡턴(Stockton)에서 발생한 학교 총기 난사 사건이었다. '스톡턴 대학살(Stockton Massacre)'로 알려진 이 사건은, 우리가 점차 익숙해진 무차별적 학교 총격 사건의 전형이었다. 당시 사건으로 어린이 다섯 명이 목숨을 잃었다. 이 비극은 결국 1989년 3월 당시 미국 대통령이었던 조지 부시(George H. W. Bush)가 반자동 공격용 무기의 수입을 금지하는 행정명령을 내리는 계기가 되었다.[30]

1989년에 일어났던 또 한 가지 중요한 사건은 아파르트헤이트(apartheid)의 약화였다. 남아프리카공화국에 단단히 뿌리를 내렸던 아파르트헤이트가 이 때 완전히 철폐된 것은 아니었지만, 해체를 향한 결정적인 전환점이 마련된 것이 1989년이었다.[31] 수십 년 동안 정부가 공식적으로 시행해왔던 정책이 이 때부터 본격적으로 무너지기 시작했던 것이다. 넬슨 만델라(Nelson Mandela)가 감옥에서 나온 때는 그 이듬해인 1990년이었고, 그가 대통령에 취임한 것은 1994년이었다. 그러나 그가 정치적 주요 인물로 부상하기 시작한 때는 1989년부터였다. 이 무렵부터 〈뉴욕 타임스(New York Times)〉를 비롯한 세계 주요 언론들은 만델라를 "남아공 국민들이 반드시 인정해야 할 정당한 지도자"라고 평가하

---

30 Dan Morain and Stephen Braun, "The Stockton school yard massacre somber students and teachers wrestle with the horror." Published in *The Los Angeles Times*, January 19, 1989. http://articles.latimes.com/1989-01-19/news/mn-1498_1_school-custodians (last accessed May 16, 2013).
31 남아프리카공화국의 아파르트헤이트(Apartheid)를 둘러싼 주요 쟁점과 논의에 대한 개괄적 소개는 Nigel Worden, *The Making of Modern South Africa: Conquest, Apartheid, Democracy* (Malden, MA: Blackwell Publishing, 2011)를 참고하라.

기 시작했다.[32]

또 다른 저개발(global south) 지역 중 하나인 라틴 아메리카에서도 1989년에 다양한 정치적 변화가 일어났다. 미국은 중앙아메리카의 파나마를 침공해서 노리에가(Manuel Antonio Noriega) 장군을 축출했다.(작전명 Just Cause) 니카라과에서는 소련의 지원을 받는 산디니스타(Sandinista) 정부와 미국의 지원을 받는 반군 세력 콘트라(Contra)의 냉전이 10년을 끌다가, 마침내 1989년 막을 내렸다. 같은 해 파라과이에서는 독재자 알프레도 스트로에스네르(Alfredo Stroessner)가 축출되었고, 칠레에서도 더 유명한 독재자 아우구스토 피노체트(Augusto Pinochet) 장군이 권좌에서 물러났다. 칠레에서는 거의 20년 만에 처음으로 자유 선거가 치러졌고, 브라질 역시 군사 독재정권이 무너진 이후 세 번째 자유 선거를 실시했다. 이처럼 스트로에스네르, 피노체트, 노리에가와 같은 독재자들이 물러나면서, 1989년은 라틴 아메리카에서 오랜 기간 계속되었던 독재의 시대를 끝내고 민주주의로 전환하는 중요한 전환점이 되었다.[33]

그러나 정치적 격변 이후 정책의 중심 화두는 경제였다. "라틴 아메리카를 휩쓸고 있는 부채 위기는 정치적 위기와 맞물려, 대륙 전체를 다시 권위주의 체제로 되돌릴 위험이 있다."[34] 1989년 경제학자 존 윌리엄

---

32 "Just Free Nelson Mandela." Published in *The New York Times*, July 11, 1989:www.nytimes. com/1989/07/11/opinion/just-free-nelson-mandela.html (last accessed June 16, 2013).
33 사건뿐 아니라 배경의 맥락에 대해서는 Peter H. Smith, *Democracy in Latin America: Political Change in Comparative Perspective* (Oxford University Press, 2011)를 참고하라.

슨(John Williamson)은, 막대한 부채에 시달리는 개발도상국들이 국제통화기금(IMF)이나 세계은행(WB) 같은 국제 금융기관으로부터 계속 지원을 받으려면 일정한 조건을 충족해야 한다고 주장하면서, 그 조건들을 '워싱턴 컨센서스(Washington Consensus)'라는 이름으로 정리했다.[35] 워싱턴 컨센서스는 개발도상국들에게 신자유주의적 경제 구조조정을 강요하는 정책이었다. 이러한 정책은 오히려 경제적 불평등을 심화시킨다는 비판을 받았고, 라틴 아메리카 곳곳에서는 민중의 저항과 불만이 커지기 시작했다.[36] 대표적인 예가 베네수엘라였다. 1980년대만 하더라도 베네수엘라는 라틴 아메리카에서 자유민주주의 모범 국가로 평가받았다. 그러나 1989년 대통령으로 당선된 카를로스 안드레스 페레스(Carlos Andrés Pérez)가 신자유주의 개혁과 긴축정책을 밀어붙이자 민중의 강력한 반발을 불러왔다. 급기야 1989년 2월, '라틴 아메리카에서 가장 안정된 민주주의 국가'로 평가받던 베네수엘라의 수도 카라카스(Caracas)에서 심각한 시위와 폭동이 일어났다. 이 사건으로 300명이 사

---

34 Elaine Sciolino, "Latin debt crisis seen as threat to continent's new democracies," *New York Times*, January 17, 1989: www.nytimes.com/1989/01/17/world/latin-debt-crisis-se en-as-threat-to-continent-s-new-democracies.html (last accessed May 10, 2013).

35 워싱턴 컨센서스(Washington Consensus)에 관해서는 Joseph E. Stiglitz and Narcís Serra, eds., *The Washington Consensus Reconsidered: Towards a New Global Governance* (Oxford University Press, 2008); 그리고 John Williamson의 *A Short History of the Washington Consensus* (2004): www.iie.com/publications/papers/williamson0904-2.pdf (last accessed July 16, 2013)를 참고하라.

36 1989년 라틴 아메리카에 대한 개괄은 Silvia Ferhmann, "Powerlessness and revolt in Latin America," Goethe Institute, www.goethe.de/ges/pok/dos/dos/mau/ges/en4721599.htm, "1989/2009: the fall of the wall-new perspectives on 1989," July 2009 (last accessed May 10, 2013)를 참고하라.

망하고, 2,000명이 부상당했으며, 2,000명이 투옥되었다.[37]

세계 각지에서 민주주의와 신자유주의 경제개혁이 활발히 이루어지면서 새로운 시대가 열리는 동안, 베네수엘라와 같은 일부 국가에서는 이러한 개혁에 대한 강력한 반발이 터져 나왔다. 이를 감안한다면 1989년을 단지 '비폭력 민중 권력'의 성공 사례로만 기억하기는 어려울 것이다. 1989년의 사건들을 하나의 개념, 즉 '전환의 해'라거나 '운동의 해'라는 기준에서 하나의 흐름으로 해석할 수도 있겠지만, 베네수엘라와 같은 사건은 이런 해석에 의문을 제기한다. 1989년은 그러한 개념으로 포괄하기에는 예외적인 사건들이 지나치게 많았다.

물론 1989년에 일어난 모든 사건을 빠짐없이 나열하는 것은 불가능하며, 각 사건의 중요성을 세계적 관점과 국가적 관점에서 명확히 평가하기는 더욱 어렵다. 1989년은 마치 만화경처럼 다양한 사건들로 가득 차 있어 그 의미를 정확히 파악하기 쉽지 않다. 위성 텔레비전과 글로벌 방송이 지배적으로 자리 잡은 1980년대의 마지막 해였던 만큼, 1989년 세계 각지의 시청자들은 주요 사건들을 전에 없이 실시간으로 생생하게 접할 수 있었다. 역사상 유례없이 굵직한 사건들이 연이어 발생한 1989년은 미디어의 빠른 발전과 함께 더욱 강렬한 기억으로 남게 되었는지도 모른다. 1989년에는 전 세계에 사건과 뉴스를 빠르게 전달하는 미디어 기술이 급속히 확산되었으며, 이는 그 해가 역사적으로 중요한 의미를 지니게 된 이유 중 하나이다. 당시 발생한 사건들의 관계가 그다

---

37 Lisa Beyer, "Venezuela crackdown in Caracas," published in *Time*, March 13, 1989, www.time.com/time/magazine/article/0,9171,957236,00.html (last accessed May 10, 2013)

지 긴밀하지 않았다 할지라도, 전례 없는 미디어의 확산은 세계가 더욱 밀접하게 연결되었음을 보여주는 상징이었다. 바로 이런 이유 때문에 1989년이 유독 다양한 사건들로 채워진 해로 기억되는 것이다. 1989년이 유난히 길고 바빴던 한 해로 기억되는 이유는, 아마도 우리가 수많은 역사적 순간들을 집 안에서 생중계로 지켜보았기 때문일 것이다.

다시 생각해보는 1989년

결국 우리가 1989년을 해석하고자 할 때는 앞서 제시한 세 가지 접근법 가운데 어느 하나를 선택하기보다는 여러 가지 성격이 혼재된 '혼합의 해(hybrid year)'로 이해하는 것이 가장 적절할 것이다. 1989년에는 하나의 큰 틀로 묶기 어려울 만큼 성격이 서로 다르며 상징성도 뚜렷한 사건들이 많이 일어났기 때문이다. 그렇다고 해서 공통점이 없었던 것은 아니다. 특히 뚜렷하게 나타난 공통 주제는 '대중의 동원(mobilization)'과 '세계 관람(spectatorship)'이었다. 폴란드와 프라하에서부터 남아프리카공화국과 베네수엘라에 이르기까지, 1989년은 민중이 집단적으로 참여하여 정치적 영향력을 크게 확장한 해였다. 전 세계 곳곳에서 발생한 민중 운동은 각 지역의 특성과 상황에 따라 다양하게 전개되었다. 운동이 일어난 배경과 목적, 그리고 성과도 서로 달랐다. 때로는 정반대의 방향으로 움직이기도 했다. 동유럽의 민중 시위는 공산주의 체제를 벗어나 시장경제를 요구하는 방향으로 나아갔지만, 라틴 아메리카의 민중들은 민주주의와 자유, 생활수준 향상이라는 명분을 내세운 신자유주의적 개혁에 저항했다. 이러한 차이에도 불구하고 전체적으로 보면, 1989년은 대중 저항이 전 세계적으로 증가한 시기였다. 특히 방송을 통해 전 세계에 실시간으로 중계되면서 저항 운동이 더 큰 힘을 얻었다. 한 지역의 시위 현장이 즉시 전 세계로 중계되면서, 멀리 떨어진 지역의 시위대가 서로의 상황을 즉각 확인할 수 있었기 때문이다. 이러한 현상은 2011년과 같은 최근의 저항 운동에서도 중요한 역할을 했다. 이제는 위성 TV뿐 아니라 인터넷(Web)을 통한 이미지의 확산까지 가세하여 그 영향력이 더욱 강력해지고 있다.

    1968년의 대중 시위는 이전과 비교할 수 없을 정도로 미디어를 가득 채웠다. "혁명은 TV로 방송된다(The Revolution will be Televised)"거나 "온 세상이 지켜보고 있다(The Whole World is Watching)"와 같은 유명한 문구들도 이때 탄생했다. 하지만 이러한 현상은 위성방송의 중요성이 부각되었던 1989년에 완전히 새로운 국면으로 접어들었다. 특히 1989년 6월 4일 하루 동안 발생한 사건들은 이를 잘 보여준다. 폴란드에서는 민주화를 요구하던 자유노조가 중요한 선거에서 승리했다. 그러나 같은 날 북경에서는 군대가 시민들을 학살하는 비극이 벌어졌다. 사건의 영상은 위성방송을 통해 즉시 전 세계로 퍼졌다. 이란의 지도자 호메이니(Khomeini)는 유독 사건이 많은 해에, 그것도 사건이 많은 날(6월 3일)에 사망했다. 며칠 뒤 이란에서는 호메이니(Khomeini)를 애도하기 위해 엄청난 인파가 모였다. 며칠 사이에 TV 화면 속에서는 세계적 사건들이 서로 경쟁하고 있었다. 특히 북경에서 탱크 앞에 홀로 서 있던 남성의 이미지는 1989년을 상징하는 장면으로 기억된다. 이 장면은 세계 곳곳에서 벌어진 대규모 군중 시위와 강렬한 대조를 이루며 더욱 강렬한 상징성을 띠게 되었다. 군중 시위와는 무관했던 엑손 발데즈호 사고 역시 같은 맥락에서 설명될 수 있다. 이 사건은 엄청난 피해와 깊은 사회적 우려를 야기한 최초의 생태학적 재앙은 아니었지만, 당시 새롭게 등장한 미디어 기술 덕분에 전례 없이 넓은 관심과 사회적 경각심을 불러일으킨 최초의 사례가 되었다. 물론 당시의 관심 수준은 오늘날 인터넷을 통해 확산되는 사건들과는 비교할 수 없을 정도로 약했다.

1989년이라는 한 해를 정확히 이해하고 평가하는 일은, 그보다 오랜 과거의 다른 중요한 한 해를 평가하는 것보다 더 어려운 면이 있다. 우리가 살고 있는 현재와 매우 가까운 시기라는 점도 있고, 당시 시작된 사건과 변화가 지금까지도 영향을 미치기 때문이기도 하다. 예컨대 베를린 장벽 붕괴는 당시에도 역사적 의미가 뚜렷해 보였지만, 초기 인터넷의 발전은 시간이 흐른 뒤에야 비로소 그 중요성을 제대로 인정받았다. 이와 같은 간극이 불러오는 긴장감은 여전히 남아 있다. 1989년의 역사적 의미는 이미 그 해에 논의가 시작되어, 25년이 훌쩍 넘은 오늘날까지도 계속되고 있다. 1989년을 역사의 전과 후를 나누는 결정적 순간으로 보든, 대중운동의 흐름 속에서 연속된 사건의 일부로 보든, 아니면 수많은 중요 사건들이 집중적으로 발생한 특별한 해로 보든, 1989년은 분명히 우리가 사는 세계를 근본적으로 변화시켰다는 사실만큼은 변함이 없다. 당시부터 중요하게 평가받았던 사회적 투쟁뿐 아니라, 디지털 미디어의 출현, 기후 변화에 대한 인식, 기타 인간과 지구의 생존을 위협하는 문제들에 이르기까지, 1989년의 의미는 10주년, 20주년, 그리고 25주년을 거치면서 오히려 점점 더 커지고 있는 중이다.

더 읽어보기

Ash, Timothy Garton. "1989!" *New York Review of Books*, November 5, 2009.

Axworthy, Michael. *Revolutionary Iran: A History of the Islamic Republic.* Oxford University Press, 2013.

Barmé, Geremie and Linda Jaivin, eds. *New Ghosts, Old Dreams: Chinese Rebel Voices.* New York: Crown, 1992.

Calhoun, Craig. *Neither Gods Nor Emperors: Students and the Struggle for Democracy in China* Berkeley, CA: University of California Press, 1997.

Caryl, Christian. *Strange Rebels: 1979 and the Birth of the 21st Century.* New York: Basic Books, 2013.

Chirot, Daniel, ed. *The Crisis of Communism and the Decline of the Left: The Revolutions of 1989.* Seattle: University of Washington Press, 1991.

Day, Angela. *Red Light to Starboard: Recalling the Exxon Valdez Oil Disaster.* Pullman, WA: Washington State University Press, 2014.

Elliot, Michael, ed. *TIME 1989: The Year that Defines Today's World.* New York: Time Books, 2009.

Gwertzman, Bernard and Michael T. Kaufman, eds. *The Collapse of Communism.* New York: Times Books, 1990.

Han, Minzhu, ed. *Cries for Democracy.* Princeton University Press, 1990.

Hinton, Carma and Richard Gordon, directors. *The Gate of Heavenly Peace* (film). Long Bow Group, 1995.

Kenney, Padraic. *A Carnival of Revolution: Central Europe 1989.* Princeton University Press, 2003.

Lim, Louisa. *The People's Republic of Amnesia: Tiananmen Revisited.* Oxford University Press, 2014.

Michnik, Adam. *Letters From Freedom: Post-Cold War Realities and Perspectives.* Berkeley, CA: University of California Press, 1998.

Perry, Elizabeth J. and Jeffrey N. Wasserstrom, eds. *Popular Protest and Poltiical Culture in Modern China.* 2nd edn. Boulder, CO: Westview Press, 1994.

Picou, J. Steven, Duane A. Gill, and Maurie J. Cohen, eds. *The Exxon Valdez Oil Spill: Readings on a Modern Social Problem.* Dubuque, IA: Kendall Hunt Publishing Co., 2008.

Rushdie, Salman. *Joseph Anton: A Novel.* New York: Random House, 2012.

Smith, Peter H. *Democracy in Latin America: Political Change in Comparative Perspective.* Oxford University Press, 2011.

Suny, Ronald. *The Soviet Experiment: Russia, The U.S.S.R. and the Successor States.* 2nd edn. Oxford University Press, 2010.

Tismaneanu, Vladimir and Sorin Antohi, eds. *Between Past and Future: The Revolutions of 1989 and Their Aftermath.* Budapest: Central European University, 2000.

Worden, Nigel. *The Making of Modern South Africa: Conquest, Apartheid, Democracy.* Malden, MA: Blackwell Publishing, 2011.

Wiener, Jon. *How We Forgot the Cold War.* Berkeley, CA: University of California Press, 2013.

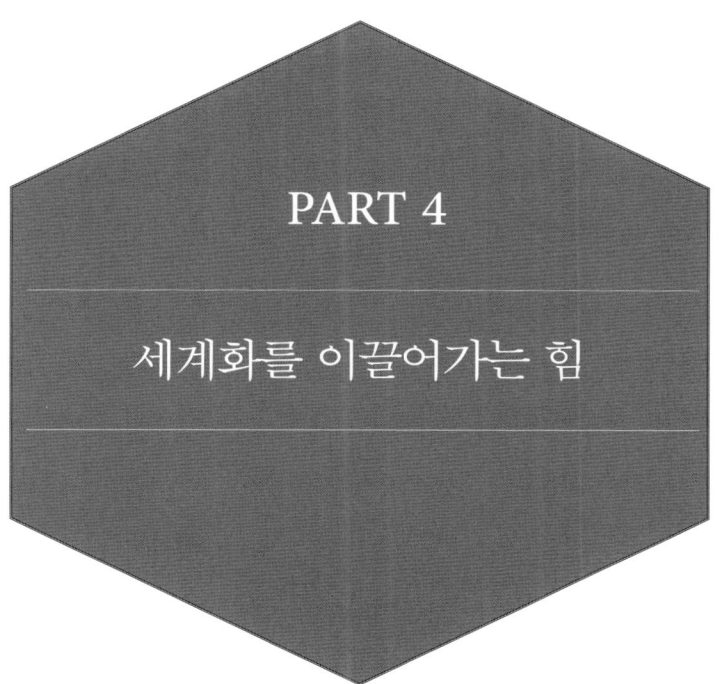

PART 4

세계화를 이끌어가는 힘

CHAPTER 17

교통과 통신

대니얼 헤드릭
Daniel R. Headrick

교통통신에서 혁명의 시대는 약 250년 전에 시작되었고, 오늘날의 우리들도 그 연장선상에서 살아가고 있다. 그 이전까지 교통은 인력이나 축력 혹은 풍력에 의존했다. 통신은 목소리가 닿지 않는 먼 거리라면 메시지를 적은 물건을 직접 전달해야 했다. 혁명적 변화는 크게 두 가지에서 비롯되었다. 첫째는 교통수단에 새로운 기계와 에너지가 사용된 것이고, 둘째는 통신에서 더 이상 물질을 직접 전달하지 않아도 되는 기술이 등장한 것이다. 오늘날 이 중 첫 번째 교통 혁명은 거의 완성 단계에 이르렀지만, 두 번째 통신 혁명은 이제 막 본격적으로 시작되고 있다.

전근대의 교통통신 기술과 새로운 시스템의 발전

18세기 중반까지 교통과 통신 수단은 여전히 고대의 방식을 크게 벗어나지 못했다. 육지에서는 상품을 사람이나 동물의 등에 싣고 다녔다. 혹은 말이나 노새, 소가 끄는 수레를 이용하기도 했다. 가장 빠른 통신 수단은 말을 타고 질주하는 전령이었다. 이는 이미 2천 년 전, 헤로도토스(Herodotos)가 높이 평가했던 페르시아 왕의 도로(Royal Road) 이래로 거의 변함이 없었다. 바다에서는 상품과 승객, 편지가 다 같이 느린 배를 이용했다. 예컨대 런던과 콜카타(Kolkata) 사이를 이동할 때는 최소 5개월에서 길게는 8개월까지 걸렸다. 누군가 편지를 보내면 답장을 받기까지 거의 2년을 기다려야 할 정도였다.

하드웨어에는 변함이 없었지만 시스템의 변화는 없지 않았다. 16세기와 17세기 유럽의 각국 정부는 멀리 떨어진 식민지나 무역 거점과 원활히 소통하기 위해 우편 제도를 만들었다. 모델은 로마의 공공 우편 체계(cursus publicus)였다. 투른 운트 탁시스(Thurn und Taxis) 가문이 운영하는 민간 기업이 합스부르크 제국 전역과 서유럽 및 중부 유럽 각지에 정기적인 전령 서비스를 조직했다. 이를 본보기로 삼아 프랑스와 영국 정부도 왕실 전령 체계를 구축했다. 이러한 시스템 자체가 새로운 것은 아니었다. 중국과 몽골, 오스만, 무굴 제국에서는 이미 오래전부터 공식 전령 체계를 갖추고 주요 도로를 따라 수 킬로미터마다 말을 갈아탈 수 있는 역참(驛站, relay station)을 운영해 왔기 때문이다. 이와 같은 전령 체계 없이는 어떤 왕국이나 제국도 장기간 제대로 기능하기 어려웠다.

이러한 통신 시스템은 공적인 용도로만 사용되었다. 개인이 편지를 보내려면 목적지로 가는 여행자를 찾아 부탁하거나, 공식적인 배달원에게 뇌물을 주어야 했다. 상인들이 자체적으로 통신망을 구축하면 정부는 체제 전복을 우려해 이를 금지하는 경우가 자주 있었다. 서유럽의 대다수 정부가 공식 우편 시스템 이용을 일반 시민들에게도 허가해준 시기는 17세기 중엽 이후였다. 그러나 그 비용이 너무 비싸 일부 부유층을 제외하면 대부분의 사람들은 감히 이용할 엄두조차 내지 못했다. 유럽과 아시아의 여러 거대 제국에서는 18세기 중후반까지도 낡은 규정과 비효율적인 조직 운영 탓에 우편 배달이 지연되는 일이 흔히 발생했다.

18세기에 들어서자 서유럽에서 상업과 정치 활동이 활발해지면서 교통과 통신 분야도 함께 발달했다. 환어음, 약속어음, 지폐와 같은 경제

[그림 17-1] 오월의 아침 공원(A May Morning in the Park)
토머스 이킨스(Thomas Cowperthwait Eakins) 그림. 1879~80년.

적 가치를 지닌 서류들이 등장하면서 물품 운송과 정보 전달의 구분이 점점 불분명해졌다. 지폐는 11세기 중국 송(宋)나라에서 처음 사용되었으며, 18세기 초에는 유럽에도 전해졌다.

18세기에는 유럽 각국이 날씨에 구애받지 않고 언제든 이용할 수 있는 자갈 포장 도로를 건설하는 데 많은 투자를 했다. 특히 이 분야에서 앞섰던 프랑스는 1776년까지 약 4만 킬로미터의 양질의 도로를 건설했다고 자랑했다. 반면 영국에서는 정부가 아니라 민간의 유료 도로 회사(turnpike trusts)가 새로운 도로를 놓았다. 이렇게 잘 정비된 도로를 이용해서 역마차의 우편물 운송 속도도 점점 더 빨라졌다. 18세기 초만 하더라도 시속 6킬로미터에 불과했던 역마차의 속도는 1780년대에는 시속

10킬로미터로 늘어났고, 1830년대에는 시속 16킬로미터까지 빨라졌다. 하지만 우편 요금은 여전히 너무 비쌌다. 공공 우편이든 민간 우편이든 편지 한 통을 보내는 데 드는 비용은 노동자의 하루 임금과 맞먹을 정도였다. 그래서 주로 사업가나 부유층만 우편 시스템을 이용할 수 있었다. 또한 이 시기에는 팸플릿(pamphlets), 전단지(broadsheets), 신문뿐 아니라 서적과 백과사전까지 출판물이 급속도로 증가했다. 그러나 종이를 만들 때 천 조각 같은 헝겊을 재활용해서 만들었고(rag paper), 조판 비용이나 단면 인쇄 방식도 고가여서 발행 부수가 많지 않았다. 게다가 운송 비용마저 높아서 출판물은 대부분 일정한 지역 안에서만 유통되었다.

1792년 북미에서는 우편법(Post Office Act)이 제정되면서 통신의 새로운 시대가 열렸다. 미국 의회는 모든 시민에게 각종 지식을 전달하고자 각 마을마다 우체국을 설치했다. 우체국 수는 1790년 75곳에서 1840년 1만 3,485곳으로 급증했는데, 이는 영국의 2배, 프랑스의 5배에 달하는 숫자였다. 지방, 주(州), 연방 정부는 우편과 승객을 함께 운송하는 역마차(stagecoach)의 통행을 위해 도로를 건설했다. 특히 이 우편망은 신문을 매우 저렴하게 보급하도록 설계되어 미국인들의 정보 접근성을 높이고, 새롭게 탄생한 민주주의 정치에 대한 참여를 촉진했다. 하지만 개인 우편 비용은 여전히 매우 비쌌다.

유럽 최초의 전신망은 혁명과 전쟁이 이어지는 긴박한 상황 속에서 탄생했다. 전기를 이용한 전신이 등장하기 약 50년 전, 프랑스의 클로드 샤프(Claude Chappe)는 나무판을 가로와 세로로 다양하게 조합하여 숫자로 이루어진 코드북(codebook)에 대응시키는 통신 방법을 개발했다. 이 방법은 주로 탑이나 교회 첨탑과 같은 높은 장소에 설치된 중계소를 통해 메시지를 주고받는 방식이었지만, 날씨가 맑은 날에만 사용할 수 있었다. 그러나 이 덕분에 역사상 처음으로 말이 달리는 속도보다 빠르게 정보를 전달할 수 있게 되었다. 1794년부터 프랑스 정부는 전국의 도시를 연결하는 전신망을 구축했으며, 베네치아와 암스테르담까지 통신망이 확대되었다. 영국에서는 해군 본부가 런던에서 일부 해군 기지까지 비슷한 통신망을 건설했다.

1815년 나폴레옹 전쟁이 끝난 뒤, 다른 유럽 국가들도 정부 업무를 위해 이 광학전신망을 도입했다. 이집트의 메흐메트 알리(Mehmet Ali) 정권과 알제리의 프랑스 식민정부 역시 같은 방식을 채택했다. 정부는 기업이나 민간인이 광학전신망을 사용하는 것을 금지했는데, 전신 시스템이 전달할 수 있는 정보가 매우 제한적이었고 정치적인 음모에 악용될 우려가 있었기 때문이다. 민간의 전신망 사용을 허용한 국가는 미국과 영국뿐이었으며, 이마저도 주로 항구와 인근 곶(headlands) 사이의 짧은 거리에서 선박의 도착을 알리는 용도로 제한되었다.

한편, 해군 함장들 역시 고함 소리로 닿지 않는 먼 거리의 함선 간 의사소통 필요성을 절감했다. 유럽의 함대는 오래전부터 조난 신호나 적의 출현을 알리기 위해 깃발을 사용해 왔다. 다른 모든 사항에 대해서는 "모든 함장이 제독의 기함(flagship)에 모여 논의하라"는 한 가지 신호밖에 없었다. 그러나 이는 전투가 한창인 상황에서는 불가능한 방식이었다. 미국 혁명과 프랑스 혁명 전쟁 시기에 영국 해군 장교들은 전투 중에도 자유롭게 메시지를 주고받을 수 있는 암호집과 깃발신호 체계를 만들어냈다. 이런 신호를 이용하면 과거에 비해 효과적으로 함대를 통제할 수 있었다. 넬슨(Nelson) 제독이 트라팔가르(Trafalgar) 전투에서 프랑스와 스페인 연합 함대를 상대로 승리를 거둘 때 새로운 신호 체계가 결정적인 역할을 했다. 1815년 평화가 찾아오자 사람들의 관심은 상선으로 옮겨갔다. 프레더릭 매리엇(Frederick Marryat) 선장은 영국 상선들을 위한 새로운 암호집을 개발했다. 이 암호집은 이후 다른 나라에서도 19세기 말까지 널리 사용되었다.

광학전신(optical telegraph)과 해군의 깃발신호 체계(naval flag signaling system)는 이미 고대부터 사용 가능했던 재료와 오래전부터 존재했던 아이디어를 활용한 기술이었다. 하지만 이런 기술이 실제로 널리 사용된 시기는 18세기 말에서 19세기 초였다. 그 이전까지는 빠른 통신에 대한 절박한 필요가 없었기 때문이다. 당시 사회정치적 혁명이 일어나면서 더 빠른 통신에 대한 수요가 급격히 증가했기에 비로소 이러한 기술이 발전할 수 있었다.

산업혁명과 교통통신 기술의 변화

인류가 말을 길들인 이후, 교통통신 분야에서 가장 혁명적인 변화가 일어났던 시기는 19세기였다. 당시의 진보는 두 가지 기술 혁신, 즉 증기기관(steam engine)과 전기(electricity)의 발명 덕분이었다.

제임스 와트(James Watt)가 1776년에 상용화에 성공했던 증기기관은 '대기압식(atmospheric)'이었다. 대기압과 부분 진공(partial vacuum)의 압력 차이를 이용하여 피스톤을 움직이는 동력을 만드는 원리였다. 실린더와 분리된 별도의 응축기(condenser)에 증기를 주입한 뒤, 이를 흐르는 냉각수로 식히면 부분 진공이 만들어진다. 그래서 와트의 증기기관은 냉각수를 구할 수 있는 장소 근처에서만 사용이 가능했다. 무겁지

〔그림 17-2〕 증기선 노스리버호의 실물 재현 모형
1909년 제작

만 안정적이었던 와트의 증기기관을 선박에 장착하려고 많은 발명가들이 시도했다. 최초의 성공 사례는 노스리버(North River)호였다. 로버트 풀턴(Robert Fulton)이 1807년 허드슨강(Hudson River)에 띄운 배였다. 노스리버호의 성공 이후 북아메리카에서 수백 척의 증기선이 등장했다. 곧이어 유럽에서도 많은 증기선이 건조되었다. 와트의 특허가 만료된 뒤 발명가들은 더 강력하고 효율이 뛰어난 고압증기기관(high-pressure engines)을 개발하기 시작했다. 그러나 이 기관은 폭발 위험이 높았다. 특히 북아메리카 대륙의 내륙 지역으로 진출하려는 유럽계 미국인들이 미시시피강에서 증기선을 많이 이용했는데, 치열한 경쟁 속에서 증기선이 폭발하여 많은 사람이 목숨을 잃는 사고도 여러 차례 발생했다. 한편 영국은 먼저 국내의 강과 아일랜드 해(Irish Sea)에서 증기선을 도입했으며, 이후 인도와 이집트의 강에서도 증기선을 활용했다. 또한 버마(현 미얀마)와 중국을 상대로 군사 작전을 펼칠 때도 증기선을 이용했다.

증기 동력은 해상 교통에도 혁명적인 변화를 가져왔다. 1838년 증기선 시리우스(Sirius)호와 그레이트 웨스턴(Great Western)호가 대서양 횡단 경쟁을 펼친 후, 사람들은 증기 동력이 기존의 범선을 대체할 현실적인 수단이라고 믿기 시작했다. 1830년대부터 증기선은 홍해를 통해 인도와 이집트를 연결했고, 지중해를 통해 다시 이집트와 유럽을 잇는 항로가 개척되었다. 1840년대에는 영국 증기선들이 중국 연안에도 모습을 드러내기 시작했다. 철선(鐵船, iron hulls)이라는 또 다른 혁신과 더욱 강력해진 증기 기관이 결합하면서, 조선업자들은 대양 항해에 적합한 더 크고 빠르고 효율적인 선박을 건조할 수 있었다. 영국이 이 분야에서 선두를 달렸으며, 이후 약 100년간 독보적인 지위를 유지했다.

그러나 증기선은 구조가 복잡하고 비용이 많이 들었기 때문에 큰 기업이나 정부가 아니면 증기선을 건조하거나 운영할 수가 없었다. 해운회사는 민간 분야에서 역사상 가장 크고 복잡한 조직에 속했으며, 군대나 해군에 필적할 정도의 규모를 자랑했다. 이들이 경제에 끼친 영향력 또한 엄청났다. 무게가 많이 나가면서도 가격은 저렴한 상품은 장거리 운송을 하면 경제적으로 수지가 맞지 않았지만, 역사상 최초로 그것이 가능한 시대가 찾아왔다. 덕분에 북아메리카 중서부에서 생산된 밀이 유럽으로, 영국산 석탄이 호주로, 호주산 양모가 영국으로 운송될 수 있었다. 19세기 후반에는 영국, 프랑스, 미국, 독일의 여객 및 화물 선사들이 전 세계 주요 항구를 연결하는 시대가 열렸다.

조선업자들은 다양한 용도에 맞추어 특수 선박을 제작했다. 부정기 화물선(tramp steamers)은 상할 우려가 없는 화물을 여러 항구 사이에 실어 날랐다. 곡물수송선(grain carriers)은 북아메리카에서 유럽으로 밀을 운반했다. 냉동선(refrigerated ships)은 아르헨티나의 소고기와 남아프리카의 과일을 유럽으로 수송했다. 여객과 우편물, 부패하기 쉬운 화물들은 속도가 빠른 대형여객선(ocean liners)으로 운송되었다. 20세기 초에는 철도와 증기선을 연계하여, 이전에는 5-8개월이 걸렸던 영국과 인도 간 항해가 불과 11일로 단축되었다. 해상 여행은 전보다 훨씬 빨라졌다. 부유층에게 대형여객선은 안전하고 편안하며 호화로운 교통수단이었다. 또한 하층 선실(steerage)은 여객비가 저렴했다. 덕분에 수백만의 가난한 유럽인과 아시아인이 아메리카, 남아프리카 및 오스트레일리아로 이주할 수 있었다.

증기선도 처음 등장했을 때는 사람들에게 큰 흥분을 불러일으켰지만, 철도는 그보다 더 혁신적인 기술이었다. 탈선(derailing), 충돌(collisions), 보일러 폭발(bursting boilers)과 같은 위험에도 불구하고 육상에서 빠르게 이동할 수 있다는 기대감으로 철도 건설 붐을 불러왔다. 처음에는 영국과 미국에서 철도 건설이 시작되었다. 이후 유럽의 다른 여러 나라로 철도 건설이 서서히 확산되었다. 19세기 말에는 라틴 아메리카 여러 나라들에서도 철도 건설이 활발해졌지만, 곧이어 경기 침체를 겪기도 했다.

영국이 인도에 철도를 도입한 때는 1850년대였다. 수천 년 동안 소가 끄는 수레와 강 위의 느린 배가 교통수단의 전부였던 인도에서 철도는 혁명적인 변화였다. 19세기 말엽의 인도 철도는 프랑스, 독일, 러시아, 그리고 영국 본국과 어깨를 나란히 할 정도로 세계에서 가장 긴 철도망 중 하나였다. 그러나 철도 건설에는 영국인 기술자와 영국산 장비만 동원되었기 때문에, 교통은 크게 개선되었지만 정작 인도 사람들의 기술 발전에는 그다지 도움을 주지 못했다. 이와 달리 일본은 1870년대부터 철도망 건설을 시작하면서 자국 기술자를 고용했고 장비의 대부분을 국내 산업을 통해 직접 공급했다. 중국의 경우, 가난하고 보수적인 궁정이 외국에서 유입되는 모든 것에 경계심을 가졌다. 그래서 중국에서는 결국 20세기가 되어서야 철도망이 본격적으로 건설되기 시작했다. 오스만 제국은 19세기 후반에 처음 철도를 도입했고, 1914년 무렵에는 독일의 도움을 받아 본격적으로 이스탄불과 바그다드를 연결하는 철도를 건설하기 시작했다.

교통 수단의 혁명은 통신에도 즉각적인 영향을 미쳤다. 1830년대에 등장한 최초의 기차조차 당시 가장 빠른 역마차(stagecoach)보다 속도가 빨랐다. 1838년 우편물 전용 열차가 처음 등장했으며, 이동 중에 우체국 직원들이 열차 내에서 편지를 분류했다. 1850년대에는 철도 노선이 닿는 곳에서 역마차가 자취를 감췄다. 기차를 이용하면 승객과 우편물이 더 빠르고, 편안하며, 안전하게 이동할 수 있었기 때문이다. 각국의 정부는 더 빠른 우편서비스를 위해 선박 회사와 계약을 맺었고, 빠른 선박을 이용한 우편 운송에 보조금을 지급했다. 과거 인도에서는 개인 여행자나 민간 택배업자가 우편물을 전달했다. 하지만 영국이 1837년에 통일된 우편 제도를 도입하고, 1850년대에 철도를 이용한 우편서비스를 시작하면서 상황이 달라졌다. 한편 중국과 오스만 제국에서는 우편서비스가 여전히 느리고 신뢰성이 부족했기 때문에 외국인들이 직접 본국 우체국의 지점을 개설하기도 했다. 중국이 공식적인 우편제도인 대청우정(大淸郵政)을 수립한 때는 1897년이었다.

문제는 우편 요금이었다. 1840년대까지 각국 정부는 개인이 보내는 편지를 세금 수입의 한 방법으로 여겼다. 편지를 받는 사람으로부터 거리와 편지의 분량에 따라 요금을 받아야 했기 때문에 우편 배달이 느리고 비효율적이었다. 1837년, 영국인 롤런드 힐(Rowland Hill)은 편지를 받는 사람이 아니라 보내는 사람이 요금을 내자고 제안했다. 0.5온스(약 14그램) 이하의 편지 한 통을 영국 내 어디든 단 1페니만 내고 보낼 수 있게 하자는 주장도 했다. 1840년에 실제로 이 개혁안이 시행되었다. 그 결과 우편물이 빠르게 증가했다. 곧 미국과 프랑스 등 다른 나라에서도 영국의 방식을 따랐다. 과거 부유층의 특권이었던 편지 왕래가 서민들도 충분히 누릴 수 있는 것이 되었다. 이는 또한 대중의 문해력 향상을 촉진하는 계기가 되었다.

통신 분야에서 또 하나의 혁명은 전신(電信, electric telegraph)의 발명이었다. 19세기 초, 여러 발명가들이 전기를 이용해 메시지를 전달하는 방법을 연구했다. 1837년에 두 가지 실용적인 전신 시스템이 등장했다. 하나는 영국의 찰스 휘트스톤(Charles Wheatstone)과 윌리엄 쿡(William Cooke)이 개발한 방식으로, 다섯 개의 전선을 사용해 다이얼 위에 있는 바늘이 알파벳을 가리키도록 한 것이었다. 다른 하나는 미국의 새뮤얼 모스(Samuel Morse)가 개발한 방식으로, 한 개의 전선과 접지선만으로 점(dot)과 선(dash)의 조합을 신호를 전달했다. 휘트스톤과 쿡의 방식이 속도도 빠르고 안정적이었지만, 비용이 적게 드는 모스의 방식이 결국 전 세계적으로 널리 사용되었다.

전기를 이용한 전신은 기존에 클로드 샤프가 개발했던 방식보다 최소 10배 이상 빨랐고, 날씨가 좋은 날뿐만 아니라 밤이나 악천후에도 사용이 가능했다. 전신망의 용량에도 여유가 있어서 각국 정부는 일반 시민들에게 전신 서비스를 제공하기 시작했다. 심지어 샤프 방식 전신의 민간 사용을 오랫동안 금지했던 프랑스조차도 전기를 이용한 전신을 일반에 허용했다. 미국과 영국에서는 1870년대까지 민간기업이 전신을 운영했지만, 다른 국가들은 대부분 정부가 직접 전신을 운영했다. 얼마 지나지 않아 전신선은 나라와 대륙을 거미줄처럼 연결하기 시작했다. 서구 국가들에서는 정부와 신문사, 기업, 일반 시민들이 적극적으로 전신을 사용하면서 상업 활동과 뉴스 전달 속도가 크게 빨라졌다. 철도 회사는 전신 서비스를 무료로 사용하는 조건으로, 열차 운행을 효율적으로 관리하고 사고를 방지할 목적으로 철로를 따라 전신선을 설치하도록 전신 회사와 정부 당국에 권장했다. 은행들도 전신을 이용하는 즉각적인 자금 송금을 시작했고, 이로써 상거래 속도를 크게 높였다.

유럽과 북아메리카 지역을 넘어, 팽창하는 유럽 제국주의 세력과 더불어 전신망은 더욱 확산되었다. 영국은 식민지 중에서 가장 크고 중요한 지역인 인도에 1850년대부터 전신망을 구축하기 시작했다. 오스만 제국, 일본, 라틴 아메리카 국가 등 근대화를 추진하던 비서구 국가들도 1870년대부터 전신망을 건설하기 시작했다. 초기에는 대중의 저항이 있었던 중국조차도 19세기 말에는 전신망 구축의 초기 단계에 들어섰다.

육상 전신망 설치는 비교적 비용이 적게 들었고, 공사도 단계적으로 진행할 수 있었다. 그러나 바다를 건너 전신을 연결하는 일은 훨씬 더 어려운 도전이었다. 최초의 해저 전신케이블이 1851년에 영국과 프랑스 사이에 설치되었다. 이후 많은 나라가 더 긴 해저 케이블을 놓기 위해 경쟁하기 시작했다. 1858년에 처음으로 대서양 횡단 전신 케이블이 설치됐지만 거의 즉시 작동 불능 상태가 되어버렸다. 지중해와 홍해를 횡단하는 케이블 역시 여러 차례 실패를 겪었다. 마침내 1866년에서 1867년에 걸쳐 설치된 두 개의 새로운 케이블이 영국과 미국을 성공적으로 연결했다. 1872년에는 인도와 영국을 직접 연결하는 케이블도 설치됐다. 이후 전 세계적으로 해저 전신케이블 설치 붐이 일어났고, 20세기 초에는 전 세계 모든 대륙과 주요 섬들이 전신망으로 연결되었다.

전신 산업을 가장 먼저 시작한 영국은 제1차 세계대전 때까지 대륙 간 전신 사업을 주도했다. 영국 회사들의 경쟁 지역은 북대서양뿐이었다. 여기서는 프랑스, 독일, 미국의 회사들이 강력한 경쟁자였다. 그러나 대륙간 전보는 비용이 너무 비싸 정부나 기업조차도 메시지를 매우 간략하게 만들어 보냈다. 단어 수를 줄이기 위해 약호를 사용하기도 했다. 개인이 해외 전보를 이용하기엔 비용이 천문학적으로 비싸 감당할 사람이 거의 없었다.

19세기에는 신문과 같은 대중매체도 큰 변화를 겪었다. 저렴한 목재펄프 종이(wood-pulp paper)와 윤전기(rotary press)라는 두 가지 혁신이 등장하면서 신문은 비정기적으로 발행되는 값비싼 소규모 간행물에서 오늘날과 같은 대량발행 일간지로 바뀌었다. 또한 전신(telegraph)의 발명 덕분에 신문사는 먼 지역에도 특파원을 둘 수 있게 되었다. 로이터(Reuters)와 AP(Associated Press) 같은 통신사들은 특파원을 파견할 능력이 없는 작은 신문사들에 기사를 제공했다. 19세기 후반에는 사진(photography)과 그라비어 인쇄(rotogravure)가 도입되었다. 덕분에 신문과 잡지에서 도판이 포함된 기사와 광고가 널리 유통되었다. 마침 확대된 공교육 시스템으로 문해력을 갖춘 대중 독자층도 생겨났다. 결과적으로 저렴한 신문의 보급은 더 많은 사람이 정치에 참여하는 계기가 되었다.

제2차 산업혁명, 1876년 – 1945년

19세기 후반, 기술과 조직의 혁신이 교통과 통신 분야에 다시 한번 큰 변화를 일으켰다. 이 중 가장 먼저 나타난 혁신은 전기(electricity)의 활용이었다.

전신이 세계적으로 자리 잡은 뒤 수십 년이 지나자, 많은 발명가들이 전류를 이용하여 사람의 목소리를 전달하는 기술 개발에 뛰어들었다. 경쟁에서 승리한 사람은 미국의 알렉산더 그레이엄 벨(Alexander Graham Bell)이었다. 그의 전화기는 1876년에 특허를 획득했다. 전화기 못지않게 중요한 것이 네트워크 구축이었다. 처음에는 도시 내 네트워크가 구축되어 가입자들끼리 서로 통화를 할 수 있게 되었고, 나중에는 도시 간 연결도 이루어졌다. 초기에는 전화 회사에서 젊은 여성들을 고용하여 가입자 간의 통화를 연결해 주었다. 1920년대가 되자 급증하는 통화량을 인력으로 감당하기 어려워졌다. 그래서 자동교환 시스템(automatic switching) 또는 다이얼 방식(direct-dialing system)이 도입되었다. 한편 과학자들은 장거리 통화를 위한 중계(relays) 기술 개발에 매진했다. 1915년 미국 전신전화회사(American Telegraph and Telephone

Company, AT&T)는 진공관을 이용해 뉴욕과 샌프란시스코를 연결하는 최초의 대륙횡단 전화선을 개통했다.

19세기에는 전신 이외에도 전기를 응용한 다른 기술의 개발 시도가 활발했다. 가장 유명한 기술은 토머스 에디슨(Thomas Edison)의 전구 발명이었다. 잘 알려지지 않았지만, 에디슨이 전구보다 더 중요하게 기여한 분야는 중앙발전소(central power station) 건설이었다. 도시 전체에 전기를 공급할 수 있는 중앙발전소 덕분에 전력망(grid)으로 전기를 공급받는 전차 운행이 가능해졌다. 1888년 미국 버지니아주의 리치먼드(Richmond)에서 세계 최초의 노면전차(streetcar)가 운행을 시작했다. 초기에 시행착오를 겪기도 했지만, 1890년대와 1900년대 초반 미국과 유럽의 여러 도시에 전차가 보급되었다. 이후 일본과 라틴 아메리카에서도 전차가 등장했다. 전기를 이용한 견인 기술(電氣牽引, electric traction) 덕분에 지하에서도 전차의 운행이 가능해졌다. 1890년 런던 지하철(London Underground)에서 최초로 전기견인노선(City and South London Railway)이 개통되었다. 이후 세계 각지에서 지하철(subway)과 고가 도시 철도(elevated urban lines)가 급격히 늘어났다. 또한 기관차의 주요 동력으로 전기가 점차 다른 에너지원을 대체해 나갔다. 특히 고속열차에서 전기기관차가 사용되었으며, 스위스처럼 수력발전으로 전기가 풍부한 지역에서도 전기기관차 보급이 두드러졌다.

19세기 말, 전자기파(electromagnetic radiation) 또는 전파(radio waves)라 불리는 기술이 등장하여 통신 기술에 큰 영향을 주기 시작했다. 1895년 이탈리아 출신의 젊은 발명가 굴리엘모 마르코니(Guglielmo Marconi)는 단거리 무선 신호 교신에 성공했다. 1899년에는 영국해협 횡단 교신에 성공했고, 2년 뒤인 1901년에는 대서양 횡단 교신까지 성공했다. 이 기술을 '무선전신(Wireless telegraphy)'이라 했는데, 특히 해군과 해운회사에서 큰 관심을 보였다. 당시로서는 선박이 시야를 벗어나면, 선박과 육지 또는 선박과 선박 사이에 교신할 방법이 전혀 없었기 때문이다.

마르코니(Marconi)가 개발한 기술이 그랬듯이, 초기의 무선 통신 시스템은 전자기파로 간단한 부호 메시지만 전달할 수 있었다. 다른 발명가들은 유선 전화처럼 음성과 음악을 직접 전달하는 방법을 찾기 시작했다. 마침내 1906년에 캐나다의 발명가 레지널드 페선든(Reginald Fessenden)은 음성을 선명하게 전송하는 데 성공했다. 한편 아메리카 대륙 횡단 유선전화에 사용되었던 진공관(vacuum tube) 기술을 이용하여 1915년에 대서양 횡단 전화 회선이 개설되었다. 그러나 장거리 무선 통신 송신기는, 1930년대까지만 하더라도 소도시 하나의 소비량에 맞먹는 막대한 전력을 필요로 했다. 그래서 무선 송신기 사용은 부유한 국가나 그들의 식민지 몇몇 방송국에 국한되어 있었다.

그러나 1930년대에 이르러 마르코니가 개발한 단파(shortwave) 라디오가 널리 사용되면서 상황은 크게 바뀌었다. 강력한 송신기에서 방출되는 장파(long wave)는 지표면을 따라 퍼져나가지만, 단파는 지구 위 이온층(ionosphere)에 반사되는 성질이 있어 작은 출력으로도 먼 곳까지 깨끗한 신호를 전달할 수 있었다. 그래서 단파 라디오를 이용하면 모든 도시와 단체, 심지어 저렴한 장비를 갖춘 아마추어 무선사("ham" radio operator)도 세계와 소통할 수 있게 되었다. 제2차 세계대전 당시에는 군함과 탱크, 항공기뿐만 아니라 비밀 작전을 수행하는 첩보원들까지 단파 라디오 장비를 사용했다.

한편 1923년 펜실베이니아주 피츠버그에서 한 방송국이 상업적 대중 라디오 방송을 시작하면서 전파는 이전과는 전혀 다른 용도로 쓰이기 시작했다. 이 방송은 큰 성공을 거두었고, 곧 미국 전역에 수많은 라디오 방송국이 생겨났다. 방송국들은 각 가정의 청취자들에게 뉴스와 음악, 오락 프로그램과 광고를 제공했다. 미국에서는 라디오 방송이 순수하게 상업적으로 운영되었지만, 정부가 방송국을 직접 관리하며 운영하는 나라들도 많았다. 이들은 라디오 방송을 국민 여론을 형성하는 수단으로 활용했다.

전기가 가장 폭넓게 사용되는 분야는 교통과 통신이었다. 그러나 사람들의 관심을 더 끈 것은 오히려 내연기관(Internal-combustion engine)이었다. 오늘날 대부분의 자동차가 사용하는 4행정 가솔린 엔진은 1876년에 독일의 니콜라우스 오토(Nikolaus Otto)가 발명했다. 그로부터 10년 후, 독일의 칼 벤츠(Karl Benz)와 고틀리프 다임러(Gottlieb Daimler)는 이 엔진을 이용해 '말 없는 마차(horseless carriages)', 즉 초기 형태의 자동차를 만들기 시작했다. 이후 약 20년 동안 유럽과 미국에서는 수십 명의 사업가들이 전통적인 수공업 기술을 사용하여 부유층 고객을 위한 고급 자동차를 제작했다. 그러한 장인들 중 한 명이었던 미국인 헨리 포드(Henry Ford)는 1908년 '모델 T(Model T)'라는 단순한 자동차를 만들기 시작했다. 이후 디트로이트(Detroit)의 공장에서 몇 년에 걸쳐 컨베이어벨트 방식의 조립라인(assembly line)을 도입하여 생산비를 크게 낮추었다. 그 결과 1927년에는 자동차 한 대를 24초마다 생산할 수 있었고, 가격은 300달러까지 떨어졌다. 이는 포드의 공장 노동자가 3개월을 일

〔그림 17-3〕 포드의 자동차 모델 T

하면 벌 수 있는 돈이었다. 이러한 변화 덕분에 미국은 세계 최초로 대부분의 가정이 자동차를 소유할 수 있는 나라가 되었다.

유럽에서는 1950년대가 되어서야 대중적인 자동차 보급이 가능했고, 아시아에서는 그로부터 수십 년이 더 걸렸다. 그러나 내연기관은 자동차가 보편화되기 전부터 이미 교통수단에 큰 변화를 일으켰다. 트럭은 말이 끄는 마차보다 빠르고 효율적으로 화물을 나를 수 있었다. 또한 철도가 닿지 않는 곳까지 물건을 배달할 수 있게 되었다. 마찬가지로 비싸고 복잡한 철도를 설치하지 않아도 도시 안팎에서 버스로 사람들을 쉽게 실어 나를 수 있었다.

　도로 건설은 자동차의 보급 속도를 따라가지 못했다. 자동차는 오랫동안 도시와 시골을 막론하고 자갈길이나 흙길을 다닐 수밖에 없었다. 자전거는 자동차가 등장하기 전부터 개인 교통수단으로 이미 널리 사용되고 있었다. 19세기의 여러 발명가들이 페달로 움직이는 두 바퀴 탈것을 개발했다. 그중 가장 유명한 것이 '페니파딩(penny-farthing)' 자전거였다. 이 자전거는 앞바퀴가 매우 크고 뒷바퀴가 아주 작아서 웬만큼 모험심이 강한 사람이 아니면 타기 어려웠다. 1880년대 들어 두 가지 발명 덕분에 자전거는 일반인들도 쉽게 탈 수 있는 교통수단으로 바뀌었다. 하나는 체인 구동 장치였다. 덕분에 같은 크기의 앞뒤바퀴를 사용할 수 있게 되었다. 또 하나는 공기 타이어(pneumatic tire)였다. 이로써 자전거는 더 편하고 안전한 교통수단이 되었다. 1890년대에 자전거 이용자 수가 급격히 늘어나면서, 사람들은 더욱 매끄럽고 잘 포장된 아스팔트 도로를 요구하기 시작했다. 이후 1920년대에는 자동차와 버스, 트럭이 빠르게 늘어났고, 아스팔트로 포장된 도로는 도시 간 교통망의 기본 시설로 자리 잡게 되었다.

　내연기관이 가장 극적으로 쓰인 분야는 바로 항공이었다. 인류는 고대 그리스 시대, 어쩌면 그 이전부터도 하늘을 나는 꿈을 꾸었다. 1790년대에는 몽골피에 형제(Montgolfier brothers)가 만든 열기구가 큰 주목을 받았다.(1783년에 발명됨. – 옮긴이) 그러나 당시 열기구는 바람이 부는 대로 떠다닐 뿐이었다. 발명가들은 원하는 방향으로 비행을 통제하기 위해 두 가지 방법을 시도했다. 첫 번째가 비행선(dirigible)이다. 비행선은 공기보다 가벼운 커다란 풍선에 엔진과 조종 장치를 단 형태였다.

이 방식으로 만든 가장 대표적인 비행선이 독일의 페르디난트 폰 체펠린(Ferdinand von Zeppelin) 백작이 제작한 대형 비행선이었다.(1900년경 개발됨 - 옮긴이) 체펠린 비행선은 수십 명의 승객을 편안하게 태운 채 대륙과 대양을 횡단할 수 있었다. 같은 방식의 대형 비행선이었던 힌덴부르크(Hindenburg)호가 1937년 대서양 횡단 후 착륙하는 과정에서 화재 사고가 일어났다. 이 사고로 승객과 승무원 97명 중 35명이 목숨을 잃었고, 체펠린 비행선은 인기를 잃고 말았다.

비행기는 또 다른 방식의 시도였다. 비행선이 공기보다 가벼운 물질을 이용했다면, 비행기는 공기보다 무거운 물체를 공중에 띄우는 것이었다. 19세기 말과 20세기 초 사이, 많은 발명가들이 비행기 제작을 시도했다. 마침내 1903년, 미국의 자전거 제작자인 오빌 라이트(Orville Wright)와 윌버 라이트(Wilbur Wright) 형제가 제작한 '플라이어 1호(Flyer I)'가 최초로 비행에 성공했다. 라이트 형제가 하늘을 날 수 있음을 증명한 이후, 수많은 사람들이 연이어 비행에 도전했다. 1914년 제1차 세계대전이 일어나자 참전국들은 비행기를 전투에 사용했다. 전쟁이 끝난 후에는 모험심이 강한 조종사들이 남은 전투기를 이용하여 많은 관중 앞에서 위험한 공중곡예를 펼쳤다. 1927년에는 찰스 린드버그(Charles Lindbergh)가 중간 기착 없이 대서양 횡단 비행에 성공해 비행기의 놀라운 가능성을 보여주었다. 1930년대가 되자 항공사들은 돈을 내고 비행기를 타는 일반 승객들을 본격적으로 운송하기 시작했다. 1936년에 출시된 '더글러스 DC-3(Douglas DC-3)'라는 금속제 쌍발 비행기에는 접이식 랜딩 기어가 부착되었다. 이후 장거리 항공 여행은 더욱 안전하고 대중적인 교통으로 자리잡았다. 제2차 세계대전이 시작될 무렵에는 수

〔그림 17-4〕 플라이어 1호의 최초 비행
1903년 12월 17일.

백 대의 여객기가 전 세계를 비행하고 있었다. 아프리카 내륙처럼 철도나 선박이 들어가기 어려운 외딴 지역에서도 활주로는 저렴하고 쉽게 건설할 수 있었기 때문에 항공 교통은 빠르게 확산되었다. 전쟁 기간 동안 항공기 공장에서는 수천 대의 비행기를 추가로 생산했고, 이들 중 상당수는 전쟁뿐 아니라 승객과 화물 수송에도 사용되었다.

항공기는 통신 분야에도 큰 변화를 가져왔다. 1918년 이후 많은 전직 군 조종사들이 우편물을 운송하는 일로 직업을 바꿨기 때문이다. 항공우편은 비용이 비싼 편이었지만, 당시 가장 빠른 전보 서비스였던 야간전보(night-letters)만큼이나 신속했다. 육상이나 해상을 이용한 기존의 우편 서비스보다 훨씬 빠르다는 점 때문에, 개인이나 기업 모두 급한 편지를 보내기 위해 추가 요금을 기꺼이 지불했다.

이 시기 통신 분야에서 주목할 만한 혁신이 두 가지 더 있었다. 첫 번째는 1877년 토머스 에디슨(Thomas Edison)이 발명한 축음기(phonograph)다. 이것은 밀랍으로 된 원통 모양 실린더(wax cylinder)에 목소리를 녹음하는 장치였다. 20세기로 접어들면서 원통형 실린더는 밀랍 디스크, 그 후엔 비닐(vinyl) 디스크로 바뀌었다. 디스크 위의 나선형 홈을 따라 바늘이 움직이면서 소리를 재생했고, 이를 통해 가정용 음악 산업이 빠르게 성장했다. 두 번째 혁신은 영화(cinema), 즉 활동사진(motion picture)의 탄생이다. 초기 영화는 원래 사진 촬영에 쓰이던 셀룰로이드 필름(celluloid film)을 이용했다. 1890년대에 영화 제작의 초기 실험들이 조심스럽게 이루어졌다. 1900년대 초에는 영화 스튜디오에서 일반 대중을 위한 단편 영화를 활발히 제작하기 시작했다. 이어 1920년대 중반부터 영상과 소리를 동기화한 유성영화(synchronized sound film)가 등장했다. 실제와 비슷한 색감을 구현한 컬러 영화를 제작하는 일은 매우 복잡한 과제였다. 발명가와 기업 연구소들은 수십 년간 이를 해결하기 위해 몰두했다. 1920-30년대에도 컬러 영화가 일부 제작되긴 했지만, 제2차 세계대전이 끝날 때까지 대부분의 영화는 주로 흑백이었다.

세계화의 시대, 1945년 – 2000년

제2차 세계대전 이전까지는 새로운 기술의 대부분이 장인, 사업가, 과학자들에 의해 만들어졌다. 하지만 제2차 세계대전이 일어나자 주요 참전국 정부에서는 군사기술 연구에 엄청난 돈을 투자했다. 이렇게 개발된 기술의 상당수는 전쟁 이후 민간의 운송과 통신 분야에서 중요한 용도로 쓰이게 되었다. 대표적인 기술로는 레이더(radar), 제트엔진(jet engine), 컴퓨터(computer), 유도 미사일(guided missile) 등이 있다.

영국과 독일, 미국 등에서 개발된 레이더는 적군 항공기의 접근을 미리 알아내기 위한 기술이었다. 이외에도 안개가 짙거나 어두운 상황에서 주변 물체를 확인하는 데 이 기술이 사용되었으며, 항공과 선박의 안전성을 높이는 데에도 이 기술이 크게 기여했다. 레이더 덕분에 배는 빙산이나 암초, 다른 배와 충돌 위험을 피할 수 있게 되었고, 비행기도 밤이나 악천후에도 더 안전하게 날 수 있게 되었다.

특히 제트엔진의 개발은 항공 산업 발전에 크게 기여했다. 제트엔진은 피스톤 엔진과 프로펠러보다 효율성이 뛰어났으며, 더 빠른 속도를 낼 수 있었다. 1949년 영국에서 도입된 드 해빌런드(de Havilland)사의 '코멧(Comet)' 기종은 최초의 제트엔진 여객기였다. 하지만 여러 차례의 사고로 몇 년 만에 상업 운항을 중단했다. 이후 1958년, 미국의 보잉 707이 본격적으로 운항을 시작하면서 큰 성공을 거두었고, 이를 계기로 비슷한 제트 여객기들이 많이 등장하게 되었다. 오늘날에는 전 세계적으로 수천 대의 제트 여객기가 수백만 명의 승객과 수백만 톤의 화물을 운송하고 있다. 이 항공기들은 과거의 피스톤 엔진 항공기들에 비해 훨씬 빠르고 비용도 적게 든다. 항공 여행은 더욱 빠르고 편안해졌으며, 가격도 점점 저렴해졌다. 덕분에 먼 지역까지 대규모 관광이 가능해졌다. 반면, 항공 산업의 성장으로 여객선들은 대양을 횡단하는 노선을 포기하고 크루즈선이나 바다 위 리조트(floating resorts)로 용도를 바꾸게 되었다.

〔그림 17-5〕 고속열차 떼제베(TGV), 프랑스 파리

　안전성, 성능, 편안함, 효율성 등 다양한 분야에서 발전이 있었지만, 항공 산업은 1980년대에 들어 성장이 멈추었다. 이런 상황에서 영국과 프랑스는 공동으로 '콩코드(Concorde)'라는 비행기를 만들어 1976년 상업 항공에 새로운 변화를 시도했다. 콩코드는 초음속으로 비행했지만, 너무 비싼 요금 때문에 극소수의 부유한 승객들만 이용했다. 결국 콩코드는 2003년에 운항을 멈췄고, 이후 다른 초음속 여객기 개발 시도도 모두 실패로 끝났다. 현재로서는 초음속 여행이라는 꿈이 점점 더 멀어지고 있다.

　일본은 1964년 도쿄와 오사카를 잇는 신칸센(新幹線), 즉 '탄환열차'를 도입하면서 철도가 빠르게 발전했다. 신칸센 열차는 최고 속도가 시속 300km에 달하며, 현재 일본의 주요 도시에서 매년 1억 명 이상의 승객을 운송할 만큼 인기가 높다. 덕분에 인구 밀도가 높은 일본에서 고속도로와 항공 교통의 혼잡을 크게 줄일 수 있었다. 일본의 성공 사례는 1981년 프랑스의 고속열차 떼제베(TGV, Train à Grande Vitesse) 도입으로 이어졌다. 떼제베(TGV)는 2003년에 시속 575km라는 육상 최고 속도를 기록했고, 프랑스 내 주요 도시뿐 아니라 주변 국가들까지 연결하는 광범위한 고속철도망을 구축하는 데 큰 역할을 했다. 반면 미국에서는 자동차 이용이 너무 보편화되어 있어, 철도 여객 서비스를 개선하려는 여러 시도가 정치적 장벽에 부딪히고 있다.

미국의 여객철도 서비스는 과거의 영광을 잃고 크게 쇠퇴했지만, 화물철도 서비스는 현재 세계 최고 수준의 효율성을 자랑한다. 그 이유 중 하나가 바로 1950년대에 도입된 컨테이너 운송 방식(containerization)이다. 미군은 베트남 전쟁 당시 이 방식을 적극 활용했다. 이전에는 일반 화물을 사람이 직접 일일이 싣고 내려야 했지만, 지금은 일반 화물의 90퍼센트가 밀폐된 복합운송 컨테이너(intermodal containers)를 통해 운송된다. 이 컨테이너는 크레인을 이용해 기차와 선박, 트럭 간에 간편하게 옮길 수 있으며, 컴퓨터로 실시간 추적도 가능하다. 그 덕분에 노동력이 크게 절약되고 화물 도난 위험이 줄어들었으며, 날씨와 같은 외부 환경으로부터도 화물을 안전하게 보호할 수 있게 되었다.

같은 이유로 컨테이너의 사용은 해상 운송의 효율성을 크게 높였다. 20세기 말이 되면 장거리 운송에서 대량 화물을 제외한 대부분의 화물은 특수 제작된 컨테이너선으로 운반되었다. 한편 석탄이나 원유와 같은 대량 화물의 운송도 제2차 세계대전 이후 크게 발전했다. 이 또한 특수 선박을 사용했기 때문이다. 가장 눈에 띄는 예는 초대형 유조선으로, 한 번에 최대 55만 톤의 원유를 실어 나를 수 있었으며, 비용도 갤런당 2-3센트에 불과할 정도로 저렴했다. 제2차 세계대전 이후 해상, 항공, 철도의 운송비가 줄어들었고, 관세를 비롯한 무역 장벽도 크게 낮아졌다. 그 결과 국제 무역이 크게 증가했으며, 이는 세계화가 가속화되는 주요 원인이 되었다.

항공산업과 마찬가지로 자동차 교통 역시 수십 년 동안 빠르게 발전하다가 최근 정체기에 들어섰다. 자동차 산업의 발전은 크게 두 가지 방향으로 이루어졌다. 첫째는 자동차 자체의 성능이 좋아진 것이다. 자동차는 더욱 힘이 강해졌고, 승차감이 좋아졌으며, 내구성도 향상되었다. 특히 가격이 낮아지면서 일반 노동자 계층도 쉽게 자동차를 구매할 수 있게 되었다. 자동차 보급은 처음에는 북아메리카 지역에서 시작되어 서유럽으로 퍼졌고, 최근에는 라틴 아메리카와 동아시아까지 확산되었다. 21세기 초반이 되자 전 세계의 자동차는 약 8억 대에 달했으며, 이 중 미국에서만 2억 5,000만 대가 운행되고 있었다. 최근에는 매년 판매되는 신차 대수에서 중국이 미국을 넘어섰다.

각국 정부는 급격히 늘어나는 자동차 문제를 해결하기 위해 다양한 노력을 기울여 왔다. 많은 나라에서 고속도로를 건설하여 장거리 이동 문제를 해결하고자 했다. 그 시작은 1930년대 독일이었다. 미국은 20세기 말까지 진입제한 고속도로(interstate highway)를 약 6만 4,000킬로미터 넘게 건설했다. 이는 세계에서 가장 긴 고속도로망이다. 미국 고속도로는 원래 주(州) 사이의 장거리 이동을 위해 만들어졌지만, 도시 안과 주변으로까지 도로가 확장되면서 지금은 근거리 출퇴근 차량이 대부분의 교통량을 차지하게 되었다. 한편 유럽에서는 교외 통근자 때문에 자동차 밀도가 높아진다고 해서 도시를 파괴하거나 도로를 무작정 확장하는 방식을 받아들이지 않았다. 그 결과 유럽과 일본에서도 미국과 마찬가지로 러시아워(rush hour)의 교통 정체는 점점 길어지고 심각해졌다. 때때로 도로가 완전히 마비(gridlock)되는 일도 생기고 있으며, 심각한 대기오염도 문제로 떠올랐다. 서구가 아닌 다른 나라에서도 자동차 증가 속도는 비슷했다. 그러나 도로 개선 또는 환경오염 방지 시설에 투자할 예산이 부족하여 상황이 더욱 심각해졌다. 현재 멕시코시티, 방콕, 카이로 같은 개발도상국의 거대 도시에서, 세계에서 가장 극심한 교통 혼잡과 대기오염 현상이 나타나고 있다.

교통수단의 발전은 어느 정도 한계에 이르렀지만 통신수단의 변화는 여전히 빠른 속도로 계속되고 있다. 통신기술의 변화 중 일부는 기존 기술을 개선하는 방식으로 이루어졌다. 예를 들어 1950년대까지 라디오는 크기도 크고 전력 소비도 많은 진공관 방식이었지만, 이후 작고 가벼운 트랜지스터 라디오가 등장하여 사람들이 주머니에 넣고 다닐 정도가 되었다. 또한 제2차 세계대전 이전에 이미 발명되었던 텔레비전이 전쟁 이후 널리 보급되면서 일상생활의 필수품으로 자리 잡았다. 일부 나라에서는 텔레비전 프로그램이 기업 광고를 통해 후원을 받고 있으며, 이들 광고주는 소비 중심의 대중문화에 큰 영향을 미치고 있다. 한편 라디오 방송뿐만 아니라 텔레비전 방송국까지 정부가 직접 운영하는 나라들이 많았다. 다른 여러 기술 혁신과 마찬가지로 라디오와 텔레비전 역시 미국에서 먼저 대중화된 이후, 유럽과 일본을 거쳐 세계로 퍼져나갔다. 오늘날 전 세계에는 수억 대의 텔레비전과 셀 수 없이 많은 라디오가 보급되어 있다.

전후 혁신 기술이 이전과 근본적으로 달라진 경우도 많았다. 대표적인 사례가 미사일을 이용해 궤도로 쏘아 올린 인공위성이다. 이 미사일 기술은 제2차 세계대전 중 이루어진 군사 연구에서 비롯되었다. 최초의 인공위성은 1957년에 소련이 국가 홍보 목적으로 발사한 '스푸트니크(Sputnik)'였다. 그로부터 8년 뒤인 1965년, 미국은 지구상의 한 기지에서 다른 기지로 전화 통화를 연결해주는 통신 위성 '인텔샛 1호(Intelsat I)'를 발사했는데, 일명 '얼리버드(Early Bird)'로 알려졌다. 1971년경 '인텔샛 4호(Intelsat IV)'가 발사될 때쯤에는 전자 기술이 급속히 발전하여 위성 한 대가 동시에 최대 2,000건의 통화를 처리할 수 있게 되었다. 위성 통신을 이용한 전화 통화는 약간의 지연 현상 때문에 불편함이 있었지만, 텔레비전 방송을 전 세계로 보내는 데는 아주 효과적이었다. 덕분에 인류는 역사상 처음으로 전 세계에서 일어나는 뉴스와 스포츠 경기를 거의 실시간으로 시청할 수 있게 되었다.

지상에 설치된 마이크로웨이브(microwave) 송신탑과 바다 밑으로 연결된 광섬유 케이블은 통신 기술에 혁명적인 발전을 가져왔다. 1983년 처음 개발된 광섬유(glass fibers)는 레이저로 만든 빛 신호를 먼 거리까지 전달할 수 있었다. 1988년에 설치된 최초의 대서양 횡단 광섬유 케이블(TAT-8)은 동시에 약 4만 통의 전화를 처리할 수 있었다. 이는 1955년에 설치된 구리 케이블(TAT-1)이 고작 36통의 전화만 전달했던 것과 비교하면 엄청난 진보였다. 20세기 말에 이르자, 전 세계 바다를 가로질러 설치된 광섬유 케이블은 전화 통화와 데이터 전송, TV 방송을 모두 처리하고도 남을 만큼 충분한 용량을 확보했으며, 추가 비용도 거의 들지 않을 정도로 발전했다.

　바닷속에 광섬유 케이블이 설치될 무렵부터, 육상에서는 탑에서 탑으로 신호를 보내는 마이크로파 기술이 점차 구리 전화선을 대체하기 시작했다. 마이크로파 기술은 컴퓨터 기술과 결합되어 더욱 놀라운 발명품을 만들어 냈는데, 그것이 바로 이동전화(휴대전화)였다. 전자 컴퓨터는 제2차 세계대전 중에 처음 발명되었고, 전쟁이 끝난 후에는 군사와 과학 분야에서 더 발전했다. 이후 트랜지스터(transistor)가 등장하고, 1958년부터는 흔히 '칩(chip)'으로 불리는 집적회로(IC)가 개발되면서 컴퓨터의 크기가 급격히 작아졌다. 초기 컴퓨터는 작은 집 한 채만 한 크기였다. 그러나 이제는 담뱃갑보다 작아졌으며 성능은 오히려 훨씬 강력해졌다. 1983년, 소프트웨어 엔지니어들은 컴퓨터 간의 통신을 가능하게 하는 프로토콜(protocol)을 개발했다. 이를 응용한 기술 중 하나가 바로 사용자가 움직일 때 전화 신호를 한 기지국에서 다른 기지국으로 자동으로 바꾸어 주는 시스템이었다. 이와 함께 배터리의 성능 향상과 기기의 소형화가 이루어져, 주머니에 넣고 다닐 수 있는 휴대전화 보급이 급속히 확대되었다. 특히 일본은 1979년 도쿄에서 처음 도시 단위 이동전화 서비스를 시작했다. 그리고 1980년대 중반에는 세계 최초로 전국 규모의 이동전화망을 구축하며 이 분야를 선도했다. 유선 전화망과 달리 이동전화 시스템은 설치 비용이 저렴해, 기반 시설이 부족한 빈곤 국가에서도 쉽게 구축할 수 있었다. 이 덕분에 휴대전화는 전 세계적으로 큰 인기를 얻으며 순식간에 전 지구적으로 보급되었다.

　컴퓨터가 서로 소통할 수 있게 되면서 이전과는 전혀 다른, 새로운 커뮤니케이션의 시대가 열렸다. 1970년대 초, 전자우편(이메일)은 미국의 군사 및 과학용 컴퓨터 네트워크였던 아파넷(ARPANET)에서 처음 등장했다. 이후 여러 기업들도 자체적으로 컴퓨터 네트워크를 구축하기 시작했다. 디지털 데이터는 마이크로웨이브 송신탑이나 광섬유 케이블을 통해 전달되었다. 1980년대 후반에는 서로 다른 컴퓨터 네트워크끼리 연결할 수 있는 새로운 통신규약(protocol)이 개발되면서 오늘날의 인터넷(Internet)이 탄생했다. 1990년, 영국의 컴퓨터 과학자 팀 버너스리(Tim Berners-Lee)는 사진과 글, 음악 등 모든 형태의 디지털 데이터를 쉽게 전송하고 화면에 표시할 수 있는 방식을 개발했으며, 이를 월드 와이드 웹(World Wide Web)이라고 불렀다. 20세기 말, 개인용 컴퓨터의 가격이 크게 낮아지고 누구나 쉽게 웹을 이용할 수 있게 되면서, 인터넷은 역사상 가장 빠르게 성장하는, 활용도가 높은 커뮤니케이션 수단이 되었다.

분기와 융합, 그리고 미래

기술 혁명이 모두 같은 방향으로 진행되는 것은 아니다. 20세기로 접어들 무렵, 여기서 다룰 두 가지 기술은 분명하게 전혀 다른 길로 나아갔다. 교통 기술의 발전은 정체된 반면, 통신 기술은 그 어느 때보다 빠르게 발전하고 있다.

19세기와 20세기를 거치는 동안 운송 수단은 놀라운 속도로 발전하면서 전 세계 사람들의 상상력을 자극했다. 돛단배에서 거대한 여객선으로, 역마차에서 철도로, 기차에서 자동차로, 다시 지상에서 비행기로, 나무와 천으로 만든 초기 비행기에서 현대의 제트 여객기로, 이 모든 발전은 18세기의 가장 뛰어난 공상가들조차 상상하지 못할 정도로 혁신적이었다. 이러한 교통수단은 선진국에서 이미 일상생활에 깊숙이 자리 잡았고, 개발도상국에서도 빠르게 퍼져나갔다. 하지만 20세기 후반부터는 교통 기술의 발전이 눈에 띄게 둔화되거나 거의 멈추었다. 자동차의 속도는 40년 전과 크게 달라지지 않았고, 오히려 많은 도시에서는 교통 체증 때문에 출퇴근 시간이 더 길어지고 있다. 여객기의 속도도 40년 전에 사용하던 제트기와 크게 차이가 없으며, 오히려 탑승 과정은 더 불편해졌다. 수십 년 전 일부 국가에서 야심 차게 도입했던 고속열차는 이제 일상적인 운송수단이 되었지만, 미국과 같은 나라에서는 여전히 먼 미래의 이야기로 남아 있다. 현재는 오직 중국만이 초현대화(hyper-modernization)의 일환으로 고속철도 노선을 적극적으로 건설하고 있다. 화물운송 역시 선진국에서는 매우 효율적인 수준에 도달했지만, 이것도 제2차 세계대전 직후 수십 년 사이에 이루어진 성과일 뿐, 그 이후로는 별다른 진전을 보이지 못하고 있다.

왜 발전이 멈춰 버렸을까? 가장 큰 이유 중 하나는 바로 에너지 때문이다. 사람이나 화물을 옮길 때는 많은 에너지가 필요하다. 게다가 속도를 조금이라도 더 빠르게 높이면 에너지 소비량은 훨씬 더 급격히 늘어난다. 이것이 바로 콩코드(Concorde) 같은 초음속 여객기가 결국 실패할 수밖에 없었던 결정적 이유다. 한편 1973년까지 에너지 비용은 급격히 하락했지만, 이후 등락을 반복하면서 장기적으로는 상승하는 추세를 이어가고 있다.

또 다른 원인은 자동차다. 자동차는 단순히 교통수단에 그치지 않는다. 자동차는 소유자의 취향, 부(富), 사회적 지위를 나타내는 소중한 개인 소유물이다. 또 운전자에게는 기차나 버스, 지하철에서는 느낄 수 없는 자유를 준다. 그래서 대부분의 사람들은 비용과 시간 지연, 불편함이 있더라도 규제가 없다면 자동차를 타고 이동하는 것을 선호한다. 도로를 더 많이, 더 좋게 건설하면 교통 상황이 나아질 거라는 기대는 결국 환상이라는 것이 증명되었다. 도로가 좋아지면 오히려 더 많은 사람이 자동차를 이용하고, 결국 교통량이 늘어나 도로 위의 속도는 더 느려지기 때문이다. 결국 교통 기술의 발전이 정체된 이유는 기술자들이 더 좋은 기술을 만들지 못해서가 아니다. 오히려 기존 기술이 효율성과 비용, 사회 문화적 측면 사이에서 균형점에 도달했기 때문이다.

반면 커뮤니케이션 분야에서는 이와 반대의 현상이 나타나고 있다. 이 분야에서는 현재 혁명이라 부를 정도의 빠른 변화가 진행되고 있다. 기술뿐 아니라 문화적 요인 덕분에 혁신의 속도가 어느 때보다 빠르다. 이제 문자, 데이터, 음악, 사진, 동영상과 같은 모든 형태의 정보가 디지털화되어 같은 컴퓨터와 케이블, 마이크로파(microwaves)를 통해 전송된다. 그 결과 서로 다른 미디어들이 서로 융합(convergence)하면서 새로운 기기와 조직들이 빠르게 등장하고 있다.

인터넷의 역사를 한번 생각해 보자. 원래 인터넷은 데이터를 한 곳에서 다른 곳으로 빠르고 안전하게 보내기 위해 만들어졌다. 하지만 지금은 인터넷 덕분에 수많은 새로운 산업이 생겨났다. 온라인 쇼핑이 발달하면서 오프라인 매장과 치열한 경쟁이 벌어지고 있다. 뉴스를 인터넷으로 보는 사람들이 많아져 신문 구독자 수는 점점 줄어들고 있다. 또 집에서 편하게 볼 수 있는 스트리밍 영화 서비스가 확산되면서 영화관도 큰 위기를 맞고 있다. 구글과 같은 검색 엔진은 수십억 개의 웹사이트에서 원하는 정보를 순식간에 찾아준다. 덕분에 예전과 비교할 수 없을 정도로 편리하게 정보를 얻을 수 있게 되었다. 위키피디아처럼 온라인으로 쉽게 이용 가능한 백과사전은 종이로 된 백과사전을 사라지게 할지도 모른다. 페이스북이나 트위터 같은 소셜 네트워크 서비스는 수백만 명의 사람들이 서로 쉽게 소통하고 정보를 공유할 수 있게 만들었다. 하지만 그 과정에서 개인 정보가 노출되는 문제도 생겼다. 온라인에서 개인 정보가 유출되면 신원을 도용당하는 범죄가 발생하기 쉽다. 기업이나 정부의 중요한 정보 역시 온라인에서 디지털 간첩 행위의 대상이 될 수 있다. 그래서 암호화나 데이터 보호를 전문적으로 다루는 산업까지 생겨났다.

몇 년 전만 하더라도 획기적인 기술로 여겨졌던 휴대전화는 이제 상상할 수 없을 정도로 빠르게 보급되었다. 스마트폰은 손바닥만 한 작은 기기 하나로 전화 통화는 물론 사진이나 동영상 촬영, 음악 감상, 인터넷 검색, GPS를 이용한 위치찾기까지 가능하게 해주었다. 키보드와 모니터, 마우스가 달린 옛날 컴퓨터는 이제 잡지나 소설책 크기의 태블릿에게 자리를 빼앗기고 있다. 태블릿은 기존의 컴퓨터와 전화가 하던 기능을 모두 갖추고 있을 뿐만 아니라 더 많은 일을 처리할 수도 있다. 종이책은 전자책(E-book)으로 빠르게 바뀌고 있다. 한때 매우 비쌌다가 점차 저렴해졌던 장거리 전화 역시 이제는 인터넷을 통해 무료로 사용할 수 있게 되었다.

자동차의 발전 과정을 보면, 통신 기술과 운송 기술 간의 격차가 점점 벌어지고 있음을 알 수 있다. 최근 출시된 자동차는 1970년대의 자동차와 비교해 속도가 더 빠르거나 승차감이 크게 좋아지진 않았다. 하지만 정보처리 기능에서는 엄청난 발전을 이루었다. GPS 내비게이션,

전화 및 인터넷 연결, 위성 라디오, MP3 음악 등 과거엔 없었던 다양한 기능이 추가된 것이다. 운전자는 목적지에 더 빨리 도착하지는 못하지만, 교통 체증으로 차 안에 갇혀 있어도 일을 처리하거나 원하는 오락을 즐기며 시간을 보낼 수 있게 되었다.

통신 혁명의 또 다른 특징은 새로운 기기와 네트워크가 전 세계로 빠르게 퍼지고 있다는 점이다. 국제전기통신연합(ITU, International Telecommunication Union)의 보고에 따르면, 2011년 말 전 세계 휴대전화 가입자는 약 60억 명으로, 당시 세계 인구 전체에 가까운 수치였다. 특히 2012년에는 중국 한 나라에서만 휴대전화가 무려 10억 대나 사용되었고, 이 숫자는 지금도 꾸준히 늘어나고 있다. 심지어 전기나 수도가 없는 오지 마을에서도 많은 사람이 휴대전화를 사용한다. 이들은 휴대전화로 단순히 통화를 하거나 정보를 주고받는 것을 넘어, 은행이 없는 지역에서 돈을 보내고 받는 데도 휴대전화를 활용하고 있다. 한편 번역 소프트웨어 기술은 아직 초기 단계지만, 전 세계의 교육받은 젊은이들 사이에서 영어는 거의 보편적인 지식이 되어가고 있다. 또한 국제 비즈니스 종사자들 사이에서도 이른바 '글로벌 영어(global English)'를 사용하는 소통이 갈수록 늘어나고 있다.

기술의 확산 자체는 새로운 일이 아니다. 거의 모든 신기술은 우선 부유한 나라의 상류층에서 받아들여지고, 이어 중산층과 노동자 계층으로 전파된 뒤, 마침내 가난한 나라로 확산된다. 그러나 최근에 달라진 것은 새로운 통신 기술, 특히 휴대전화가 확산되는 속도다. 이것은 시작에 불과하다. 머지않아 손바닥만 한 휴대용 기기로 전 세계 어디서든 원하는 영화나 TV 프로그램을 보고, 누구와도 통화하며, 인터넷에 접속하고, 음악을 들으며, 책이나 신문, 잡지를 읽고, 사진이나 영상을 촬영하고, 집에 있는 컴퓨터로 할 수 있는 모든 일을 선 없이 자유롭게 하는 것이 가능해질 것이다. 이 글을 쓰는 지금은 아직 예측일 뿐이지만, 여러분이 이 글을 읽을 때쯤이면 이는 이미 현실이 되었거나 오히려 시대에 뒤떨어진 이야기처럼 느껴질 수도 있을 것이다.

더 읽어보기

Aitken, Hugh. *Syntony and Spark: The Origins of Radio*. New York: John Wiley, 1976.
　The Continuous Wave: Technology and American Radio, 1900-1932. Princeton University Press, 1985.
Butrica, Andrew J. *Beyond the Ionosphere: Fifty Years of Satellite Communication*. Washington: NASA, 1997.
Castells, Manuel. *The Internet Galaxy: Reflections on the Internet, Business, and Society*. Oxford University Press, 2001.
Chandler, Alfred D. *Inventing the Electronic Century: the Epic Story of the Consumer Electronics and Computer Industries*. New York: Free Press, 2008.
Fischer, Claude. *America Calling: A Social History of the Telephone to 1940*. Berkeley, CA: University of California Press, 1992.
Flink, James J. *The Automobile Age*. Cambridge, MA: MIT Press, 1988.
Haws, Duncan. *Ships and the Sea*. New York: Thomas Y. Crowell, 1975.
Headrick, Daniel R. *Tentacles of Progress: Technology Transfer in the Age of Imperialism, 1850-1940*. Oxford University Press, 1988.
　The Invisible Weapon: Telecommunications and International Politics, 1851-1945. Oxford University Press, 1991.
　When Information Came of Age: Technologies of Knowledge in the Age of Reason and Revolution, 1700-1850. Oxford University Press, 2000.
Holzmann, Gerald R. and Bjorn Pehrson. *The Early History of Data Networks*. Los Alamitos, CA: IEEE Computer Society Press, 1995.
John, Richard R. *Network Nation: Inventing American Telecommunications*. Cambridge, MA: Harvard University Press, 2010.
　Spreading the News: The American Postal System from Franklin to Morse. Cambridge, MA: Harvard University Press, 1996.
Levinson, Mark. *The Box: How the Shipping Container Made the World Smaller and the World Economy Bigger*. Princeton University Press, 2006.
Lubar, Steven. *InfoCulture: The Smithsonian Book of Information Age Invention*. Boston: Houghton Mifflin, 1993.
Robinson, Howard. *The British Post Office: A History*. Princeton University Press, 1948.
Sachs, Wolfgang. *For Love of the Automobile: Looking Back at the History of Our Desires*, translated by Don Reneau. Berkeley, CA: University of California Press,

1992.

Thompson, Robert L. *Wiring a Continent: The History of the Telegraph Industry in the United States, 1832-1866*. Princeton University Press, 1947.

White, Richard. *Railroaded: The Transcontinentals and the Making of Modern America*. New York: Norton, 2011.

CHAPTER 18

고무 산업

리처드 터커
Richard Tucker

근대 이후 열대 지방은 선진국의 소비 증가와 대규모 자본 투자로 큰 변화를 겪었다. 그 결과 열대의 넓은 자연림과, 군데군데 자리잡았던 소규모 농경지는 빠른 속도로 사라져 갔다. 과거 현지 주민들은 식량 자급을 위해 여러 종류의 농작물을 동시에 재배했지만, 이제는 수출을 위한 단일작물 재배로 농업의 방식이 바뀌었다. 특히 천연고무는 열대 지방의 중요한 수출품목이 되었다. 한편 1940년대부터는 합성고무가 생산되기 시작했다. 합성고무는 천연 라텍스와 석유로 만드는 제품이었기 때문에 석유산업과 밀접한 관련이 있으며, 석유를 이용해서 만드는 다른 제품들과 따로 떼어놓고 생각하기가 어렵다. 그래서 이 글에서는 합성고무보다는 주로 천연고무를 다루되, 합성고무는 천연고무의 세계 수요에 영향을 미치는 범위 안에서만 언급하게 될 것이다.

열대 지방에서 고무나무 재배 면적은 어쩌면 훨씬 더 넓어질 수도 있었다. 그러나 제2차 세계대전 당시 천연고무 공급에 차질이 생기자 합성고무가 개발되었다. 그 결과 천연고무 재배 면적이 예상처럼 크게 늘어나지는 않았다. 결국 전쟁으로 인한 공급 부족이 기술 발전을 촉진했고, 그것이 세계 고무산업의 판도를 바꾸어 놓았다. 1960년 이후 세계에서 생산된 고무의 약 3분의 2는 합성고무였고, 나머지 3분의 1만이 열대우림을 개간하여 재배한 천연고무였다. 한편 같은 시기 미국에서는 자동차 산업이 빠르게 성장했다. 자동차 산업은 열대 지방에서 생산된 천연고무의 가장 큰 소비처가 되었다.

산업용 고무의 역사는 1800년대 초부터 시작되었다. 열대 지역에서 자라는 나무나 덩굴에서 나오는 '라텍스(latex)'라는 고무 성분은 이미 오래 전부터 실생활에 사용되어 왔다. 그러나 초기의 고무 제품은 더운 날씨에는 쉽게 녹고, 추운 날씨에는 딱딱해져 금방 부서졌다. 1837년, 미국의 발명가 찰스 굿이어(Charles Goodyear)는 이런 단점을 보완하는 기술을 개발하는 데 성공했다. 그것이 바로 '가황법(vulcanization)'으로, 라텍스에 열과 화학 처리를 더해 고무를 더 튼튼하고 유연하게 만드는 방법이었다. 덕분에 고무는 온도 변화에 강해졌으며 탄력성이 좋아지고 습기에도 잘 견디게 되었다. 이 기술은 산업 전반에 큰 변화를 가져왔고, 굿이어 회사가 일찍부터 시장에서 크게 성공하는 발판이 되었다. 처음에는 주로 비 오는 날 신는 장화나 방수 옷을 만드는 데 고무가 사용되었지만, 19세기 말부터는 자전거와 자동차의 타이어를 만드는 것이 고무 산업의 중심으로 자리잡았다. 이후 고무는 다양한 산업 분야에서 반드시 필요한 중요한 재료가 되었다.

유럽과 미국의 상인들은 라텍스를 얻을 수 있는 식물을 찾아 전 세계 열대 지방을 돌아다녔다. 여러 식물에서 얻은 라텍스를 시험해 본 결과 그들은 아마존 열대우림에서만 자라는 헤베아(hevea) 나무에서 나온 라텍스가 품질이 가장 좋다는 사실을 발견했다. 당시 세계적으로 라텍스 수요가 급격히 증가하면서, 헤베아 나무의 라텍스는 시장에서 다른 식물의 라텍스를 빠르게 대체했다. 결국 헤베아 나무는 아프리카와 아시아 지역에도 이식되었고, 다양한 식물이 어우러졌던 열대우림에 헤베아 나무만 심는 단일종 플랜테이션이 조성되었다.

아마존강 유역의 고무 재배 붐

헤베아 나무는 원래 아마존 분지에서 흔히 자라는 토착 식물이었다. 열대 우림에서는 헤베아 나무가 항상 다른 나무들과 섞여 자랐다. 기생충도 여러 식물들과 공진화 과정을 거쳤다. 다양한 나무들이 어울려 자랄 때는 특정 나무만 심각하게 공격하는 기생충이 없었다. 그러나 사람들이 헤베아 나무를 한곳에 모아 밀집된 숲을 만들면서 상황이 달라졌다. 기생충들이 집중적으로 공격하기 쉬운 환경이 만들어진 것이다. 1820년대부터 영국과 미국의 탐험가와 투기꾼들은 경쟁적으로 아마존 분지에 몰려들었다. 그들은 이전에 가지 않은 지역을 탐험하며 지도를 만들었고, 라텍스처럼 경제적 가치가 큰 자원을 찾으려 했다. 1850년쯤에는 탐험 범위가 아마존 강의 여러 지류 지역까지 넓어졌다.

1880년대 후반부터 타이어 산업이 빠르게 성장하면서 국제 고무 시장도 함께 확대되었다. 1890년대 들어 브라질 정부가 토지 등록 절차를 간소화하자, 아마존 내륙에서는 땅 투기 바람이 불기 시작했다. 1900년 아마존 지역의 고무 생산량은 2만 5,000톤이었는데, 1909년에는 그것이 4만 톤으로 크게 늘어났다. 그런데도 수요는 생산량보다 훨씬 빠르게 증가했다. 그래서 같은 기간 고무의 시장 가격은 두 배로 뛰었다. 이 과정에서 일부 기업들은 자본력이 더 강한 외국인의 손에 넘어가기도 했다. 그러나 외국 투기 자본도 브라질 대지주들이 이미 장악하고 있던 강의 상류 지역까지는 진출하지 못했다. 아마존 정글에서 얻는 흰색의 귀한 액체, 즉 라텍스를 채취해 외부로 운반하려면 험난한 환경에서 살아남을 수 있는 숙련된 기술과 끈기가 필수였다. 외국 투기 세력은 삼림 지역에 직접적인 영향력을 미칠 수 없었고, 직접 라텍스 채취 작업에 참여할 가능성은 더더욱 없었다.

영국의 기업가들은 헤베아 나무로 대규모 농장을 조성하려 했다. 그러나 치명적인 잎마름병(South American Leaf Blight)을 끝내 극복하지 못했다. 이 병의 원인은 헤베아 나무와 함께 진화한 일종의 곰팡이균이었다.[1] 결국 헤베아 밀집 플랜테이션의 성공 사례는 아마존이 아니라 열대 아시아에서 나왔다. 그곳은 기후 조건도 적합했고 잎마름병도 따라오지 않았다. 영국인들은 1870년대에 브라질에서 헤베아 묘목을 가져다 런던의 큐 왕립 식물원(Kew Botanical Garden)에서 나무를 키웠다. 이후 영국의 식민지였던 실론(Ceylon, 스리랑카)과 말라야(Malaya, 말레이시아)에 그 나무를 심었다. 1900년부터 이 지역에서 본격적으로 플랜테이션 농장이 조성되었고, 1910년부터는 상업적 규모로 라텍스 생산이 가능해졌다. 고무 산업에서 영국의 대표 기업이었던 던롭(Dunlop)은 1910년 말라야에서 최초로 플랜테이션 농장을 매입했다. 제1차 세계대전 중 고무 수요가 급증하자 던롭은 1920년까지 플랜테이션을 5만 에이커로 확대했다.[2]

세계 고무 시장의 변화는 갑작스럽고 명확했다. 1912년 이후 브라질

---

1 이 질병에 대한 상세한 분석과 식물병리학자들이 이 질병 퇴치에 오랫동안 실패한 역사에 대해서는 Warren Dean, *Brazil and the Struggle for Rubber: A Study in Environmental History* (Cambridge University Press, 1987), chapter 4를 참조하라.
2 James McMillan, *The Dunlop Story* (London: Weidenfeld and Nicholson, 1989), pp. 37-39.

산 고무의 세계 시장 점유율은 급격히 무너졌고, 이와 함께 아마존 내륙으로 향하던 브라질의 진출 노력도 모두 좌절되었다. 하지만 드넓은 아마존 삼림 자체는 여전히 대부분 온전한 상태로 남아 있었고, 세계 경제와 연결되는 숲속의 통로들도 조금씩 열리기 시작했다. 1920년대 후반, 미국의 자동차 재벌인 헨리 포드는 막대한 자본을 투입해 아마존 지역에서 헤베아 고무 플랜테이션을 다시 세우려 했다. 그러나 15년도 채 지나지 않아 포드가 세운 농장(Fordlandia, Belterra)은 참담한 실패로 끝났고 결국 세간의 웃음거리로 전락했다. 브라질에서는 헤베아 한 가지만 심는 방식의 플랜테이션이 성공할 수 없었다. 이후 숲이 벌채된 일부 지역에서는 제한적인 규모로 다양한 나무와 밭작물이 재배되었다.[3]

식민 제국과 동남아시아의 고무 산업

영국이 동남아시아에서 처음 시도한 헤베아 플랜테이션은 성공 가능성이 확실해 보였다. 이를 확인한 미국 기업들도 즉시 사업에 뛰어들었다. 제2차 세계대전 이전까지 동남아시아에서 미국의 영향력은 영국과 네덜란드 식민지 세력에 비해 미미한 수준이었다. 하지만 1900년대 초부터 상황이 바뀌기 시작했다. 미국 기업들이 본격적으로 투자에 나서면서 동남아시아의 열대우림은 급속도로 변하기 시작했다. 미국의 고

---

3 자세한 내용은 Greg Grandin, *Fordlandia: The Rise and Fall of Henry Ford's Forgotten Jungle City* (New York: Metropolitan Books, 2009)를 참조하라. 이 책은 포드의 프로젝트가 국내 자동차 생산의 거대 규모 강압적 운영방식과 연결된 점을 다루고 있다. 아마존 지역에서 이루어진 다른 시도들에 대해서는 Wade Davis, *One River: Explorations and Discoveries in the Amazon Rain Forest* (New York: Simon & Schuster, 1996)를 참조하라.

무 수입업자들은 영국의 세계 고무 시장 독점을 우려했다. 당시 실론(스리랑카)과 말라야(말레이시아)에서 새로 조성된 플랜테이션 농장은 물론, 네덜란드 식민지였던 동인도 제도(인도네시아)도 모두 영국과 협력하고 있었기 때문이다.

수마트라섬은 미국 기업의 활동 중심지가 되었다. 미국은 이곳을 거점으로 인구를 늘리고 농업을 발전시키려 했다.[4] 19세기 후반, 플랜테이션 농업이 시작되기 전의 수마트라섬 저지대에는 메단(Medan)이라는 항구를 중심으로 농업 지역이 펼쳐져 있었고, 무슬림 말레이인들이 이 지역에서 벼농사를 지으며 살고 있었다. 고지대에는 바탁(Batak) 부족이 살았는데, 이들은 숲을 개간하고 불을 놓아 농사를 짓는 화전 농업(agroforestry)을 주로 했다. 현지 술탄들은 강 하구 지역에 거주하면서, 강을 통해 임산물을 수출하는 상인들에게 세금을 거두었다. 하지만 술탄들의 권력은 그리 강하지 않았고, 토지나 백성에 대한 실질적인 통제력도 약했다. 담배와 고무 농장을 운영하던 네덜란드인들은 이러한 현지 지도자들과 협력하며 사업을 진행했다.

네덜란드인 농장주들은 외래종 헤베아 고무나무를 믿지 못했다. 그래서 먼저 인도산 고무나무(Ficus elastica)로 시험 재배를 시도했다. 그러나 기대했던 성과를 거두지 못했다. 반면 자와섬에서는 헤베아 고무나무 시험 재배가 성공적이었다. 이 과정에서 네덜란드의 식민지 식물원(Buitenzorg, 오늘날의 Bogor)과 영국의 큐 왕립식물원(Kew Gardens)이 긴

---

4 Wolf Donner, *Land Use and Environment in Indonesia* (Honolulu: University of Hawaii Press, 1987), pp. 10-15; Anthony J. Whitten et al., *The Ecology of Sumatra* (Yokkyakarta: UGM Press, 1984), chapter 1.

밀하게 협력했다.[5] 1906년 수마트라섬 최초의 대규모 헤베아 고무 농장이 조성되었다. 그러나 상업적으로 성공하기 위해서는 여러 가지 조건이 필요했다. 무엇보다 엄청난 자본과 넓은 토지가 있어야 했고, 현지 통치자(라자)와 장기 임대 계약을 맺어야 했다. 또한 고무나무가 자라 최초로 라텍스를 채취하기까지 7년을 기다려야 했다. 장기 임대 계약을 얻어내기 위해서는 네덜란드 식민지 행정 당국의 적극적인 지원도 필수적이었다. 몇 년에 걸쳐 네덜란드인들은 외국 투자자들이 탐냈던 거의 모든 토지를 장기 임대하는 데 성공했다. 그 결과 현지 농민들은 생계를 유지할 땅을 거의 얻지 못하고 어려움을 겪었다.[6] 1902년만 하더라도 고무나무 재배 면적은 435에이커에 불과했으나, 이후 그 성장 속도는 폭발적이었다. 1914년에는 고무 농장 면적이 32만 에이커 이상으로 늘어났다.

고무 농장의 대부분은 원래 있던 자연림을 개간하여 만들어졌다. 그러나 이는 변화의 시작일 뿐이었다. 플랜테이션 농장을 연결하는 도로가 새로 생겼고, 주변 마을의 기반 시설도 정비되었다. 숲을 개간하고 묘목을 심고 나무를 관리할 노동력이 필요해지자, 자와섬과 중국에서 많은 계약 노동자(쿨리, coolie)들이 들어왔다. 이 모든 변화는 수마트라섬 전역에 큰 영향을 미쳤다. 특히 델리(Deli) 지역 농장을 중심으로 그 주

---

5 T. A. Tengwall, "History of rubber cultivation and research in the Netherlands Indies," in Pieter Honig and Frans Verdoorn (eds.), *Science and Scientists in the Netherlands Indies* (New York: Board for the Netherlands Indies, 1945), p. 344.
6 Clark E. Cunningham, *The Postwar Migration of the Toba-Bataks to East Sumatra* (New Haven: Yale University Press, 1958), p. 11.

변까지 빠르게 확산되었다. 수마트라섬 동해안 지역 인구는 1905년 56만 8,400명에서 1930년 169만 3,200명으로 급격히 늘어났다.[7] 새롭게 형성된 수출용 농업이 인구 증가의 거의 절대적인 원인이었다.

세계 고무 시장은 워낙 성장 속도가 빨라서, 네덜란드인 농장주들의 자본만으로는 이를 감당하기 어려웠다. 그래서 이들은 추가로 투자자를 찾아 다녔다. 머지않아 미국의 대기업 '유에스 러버 컴퍼니(United States Rubber Company)'가 그들을 만났다.[8] 1913년까지 유에스 러버는 수마트라 지역에 총 7만 5,947에이커(약 307제곱킬로미터)에 달하는 토지를 확보했다. 이는 당시 세계에서 가장 큰 단일 고무 농장이었다. 규모가 가장 컸을 때는 유에스 러버의 자회사 '네덜란드-아메리칸 플랜테이션 컴퍼니(Dutch American Plantation Company)'가 소지한 부지만 하더라도 10만 에이커(약 150제곱마일)가 넘었다. 이 회사는 고무 업계에서 흔히 '합홈(HAPM)'이라는 이름으로 알려졌다. 1911년에 합홈은 1만 4,000에이커(약 57제곱킬로미터)의 면적에 고무나무를 심었으며, 1913년에는 그 면적이 3만 2,500에이커(약 132제곱킬로미터)를 넘어섰다. 이듬해인 1914년 합홈은 메단(Medan) 남동쪽 해안에 당시 세계 최대 규모의 고무 가공 공장을 세웠다. 같은 해 유럽에서 전쟁이 발발하자 고무 가격이 급등했

---

7 Cunningham, *Postwar Migration*, p. 11. 네덜란드 농장의 생생한 묘사는 Madelon Lulofs의 자전적 소설 *Rubber* (London: Cassell, 1933)를 참조하라. 쿨리들의 생활 조건에 대한 가장 상세한 분석으로는 Ann Laura Stoler, *Capitalism and Confrontation in Sumatra's Plantation Belt, 1870-1979* (New Haven: Yale University Press, 1985)를 참조하라.
8 Glenn D. Babcock, *History of the United States Rubber Company* (Bloomington: Bureau of Business Research, Indiana University, 1966).

다. 합홈은 1915년 추가로 1만 4,200에이커(약 57제곱킬로미터)의 숲을 개간하여 농장을 확대했다. 이 시기 합홈 농장에서는 약 1만 4,000명에 이르는 중국인 계약 노동자들과 자와섬 출신 노동자들이 90명의 유럽인과 미국인 감독관의 관리 아래 힘든 노동을 하고 있었다.

수마트라섬에서 미국으로 고무가 처음 수출된 것은 1915년으로, 파나마 운하가 개통된 다음 해였다. 곧이어 미국 최대의 타이어 회사인 굿이어(Goodyear)를 포함해 총 네 곳의 미국 기업이 수마트라에 진출했다. 1917년 굿이어는 메단(Medan) 남동쪽의 토지 16,700에이커를 임대했는데, 당시 대부분이 울창한 숲으로 덮여 있는 땅이었다. 이 숲을 개간하고 고무나무(헤베아)를 심기까지는 불과 3년밖에 걸리지 않았다.[9] 제1차 세계대전으로 고무 수요가 급격히 늘어난 것이 생산 확대의 가장 큰 이유였다.

제1차 세계대전이 끝나고 경제 불황이 닥치자 천연고무 가격도 크게 떨어졌다. 말라야와 실론(스리랑카)에 있던 영국의 고무 회사들은 심각한 재정 위기에 처했다. 당시 영국 식민지부 장관이었던 윈스턴 처칠은 문제 해결을 위해 조사위원회를 만들고, 제임스 스티븐슨 경(Sir James Stevenson)을 위원장으로 임명했다. 위원회의 조사 결과, 1922년에 '스티븐슨 계획(Stevenson Plan)'이 제안되었다. 이 계획은 동남아시아의 고무 농장들이 생산량을 줄이고, 더 생산성이 좋은 고무나무의 신규 재배도 금지하도록 하는 내용이었다. 하지만 네덜란드는 이 생산 제한 계획에 참여하지 않았다. 미국 역시 입장을 분명히 하지 않았다. 당시 미국의

---

9 Cunningham, *Postwar Migration*, p. 12.

고무 수입업자들은 유럽 중심의 공급 체제에서 벗어나기를 원했다. 또한 미국은 시장에 대한 어떤 식의 정부 규제도 매우 부정적으로 보는 입장이었다. 결국 이런 이유로 스티븐슨 계획은 도입 초기부터 큰 효과를 거두지 못했다.

미국에서는 헨리 포드(Henry Ford)가 도입한 새로운 조립 라인 덕분에 자동차 생산량이 크게 늘어났다. 그에 따라 미국의 천연고무 수입량도 급증했다. 1923년에는 6억 9,200만 파운드였던 수입량이 불과 2년 후인 1925년에는 8억 8,800만 파운드로 늘어났다.[10] 이 무렵 수마트라에 있던 미국 소유의 고무 농장들도 본격적으로 생산을 시작했지만, 모델 T(Model T) 자동차의 인기가 매우 높아 미국 기업들은 자국 농장만으로는 늘어난 수요를 충족할 수 없었다. 결국 대부분의 고무를 다른 나라에서 수입할 수밖에 없었다.

1927년, 굿이어(Goodyear)는 메단(Medan) 남동쪽에 또 하나의 거대한 농장을 임대했다. 그 면적은 약 28,600에이커였으며, 일부 일본인 임차인이 운영하던 소규모 농지를 제외하면 대부분 사람이 손대지 않은 밀림지대였다. 굿이어는 1만 6,000명의 노동자를 동원해 밀림을 개간하고 윙풋 농장(Wingfoot Plantation)을 세웠다. 이 농장은 나중에 총 40,028에이커까지 확장되었고, 농장 전체에 수익성이 높은 고무나무를 심었다.[11] 1933년에는 미국 기업들의 수마트라 농장 운영이 절정에 달했다. 이들이 소유한 땅은 총 21만 8,393에이커였으며, 실제로 고무나

---

10 Babcock, *History of the United States Rubber Company*, pp. 176–179.
11 Tys Volker, *From Primeval Forest to Cultivation* (Medan: Deli Planters Association, 1924), p. 173.

무가 심어진 면적만 해도 13만 1,000에이커나 되었다.[12]

미국인들은 일찍부터 인도네시아에 진출해 있던 네덜란드인들과 긴밀히 협력하여 플랜테이션 농장의 생산성을 높이는 연구를 진행했다.[13] 특히 식물학 분야에서 중요한 성과가 나왔다. 합훔은 수확량이 많은 품종의 싹을 오래되고 튼튼한 뿌리에 접붙이는 새로운 기술을 처음으로 개발했다. 1925년부터는 수확량이 높은 클론(clone) 품종을 대규모로 심기 시작했다. 합훔은 이 새로운 품종이 가진 유전적 잠재력을 최대한 끌어올리기 위해 미국산 비료를 대량으로 들여왔다. 그 결과, 1925년 무렵 수마트라에 수입된 황산암모늄(sulfate of ammonia)의 75퍼센트가 미국에서 들어오게 되었다. 새로운 품종 덕분에 라텍스 수확량은 두 배 이상 늘어났으며, 결국 최초 품종보다 열 배 이상 많은 수확을 거두는 획기적인 발전으로 이어졌다. 이후 플랜테이션 기업들은 더 많은 숲을 개간하기보다는 이미 확보한 농지를 더욱 집중적으로 경작하는 전략을 선택하게 되었다.

1920년대 호황을 맞아 소규모 농민들도 고무 생산에 활발히 뛰어들었다. 이들은 대규모 농장 근처에서 수익성이 높은 작물인 헤베아 나무를 재배했고, 수익성도 대형 농장 못지않게 좋았다. 대부분 농민들은 몇 헥타르 정도의 작은 땅에 헤베아 나무를 심었으며, 동시에 자급자족을 위해 일년생 작물이나 다른 나무들도 함께 재배했다. 1930년대 말의 인구조사에 따르면 소규모 농민들이 개간한 헤베아 나무 재배지는 이미

---

12 James Gould, *Americans in Sumatra* (The Hague: Martinus Nijhoff, 1961), p. 95.
13 자세한 내용은 Tengwall, "History of rubber cultivation"을 참조하라.

100만 헥타르를 넘어섰다. 농민들은 헤베아 나무에서 직접 고무액을 채취하여 갈색의 생고무 판으로 만든 뒤, 이를 중국계 중개상에게 판매했다.[14]

네 번째로 이 지역에 진출한 식민지 세력은 프랑스였다. 프랑스는 영국과 네덜란드에 의존하지 않고 독자적인 생산 체계를 만들고자 했다. 그래서 프랑스 정부와 기업들은 사이공(Saigon)에서 '고무 농장 조합(Rubber Planters Syndicate)'을 조직했다.[15] 이를 기반으로 1907년부터 투자자들이 코친차이나(Cochinchina)와 캄보디아(Cambodia)의 열대우림에 본격적으로 진출하기 시작했다. 코친차이나 동부의 삼림 지역을 관통하는 도로가 건설되었고, 소규모 농장들이 잇달아 들어섰다. 1913년에 이 지역의 고무 재배 면적은 1만 2,500헥타르였다. 당시 말라야는 20만 헥타르, 실론과 네덜란드령 동인도는 각각 9만 5,000헥타르의 농장을 운영하고 있었으므로, 프랑스령 농장의 규모는 이들보다 작은 편이었다. 제1차 세계대전 중에는 미국을 중심으로 고무 수요가 크게 증가했다. 그에 따라 코친차이나의 고무 재배 면적도 빠르게 확대되었다. 1921년에는 2만 9,000헥타르로 늘었고, 1929년에는 무려 9만 헥타르까지 증가했다.

이 시기 프랑스의 미쉐린(Michelin) 사는 생산과 판매 조직을 완벽하게 통합하며 프랑스 업계의 선두주자로 떠올랐다.[16] 1900년, 앙드레 미

---

14 Tengwall, "History of rubber cultivation," pp. 349-350.
15 Margaret Slocomb, *Colons and Coolies: The Development of Cambodia's Rubber Plantations* (Bangkok: White Lotus, 2007), pp. 50-56.
16 Charles Robequain, *The Economic Development of French Indo-China* (Oxford

쉐린(André Michelin)과 에두아르 미쉐린(Edouard Michelin) 형제는 고무 플랜테이션을 만들기 위해 브라질, 서아프리카, 마다가스카르, 동남아시아 지역에 대한 본격적인 조사에 나섰다. 브라질에서는 두 곳에 플랜테이션을 시도했지만, 첫 번째 농장이 곧 실패하면서 두 번째 부지는 개발되지 않은 채 삼림 상태로 방치되었다. 1924년에서 1925년 사이 미쉐린 형제는 싱가포르에 무역사무소를 설치하고, 동남아시아 지역을 조사하기 위해 조사단을 파견했으며, 사이공 주변의 삼림지대와 캄보디아 동부 내륙 지역도 함께 조사했다. 미쉐린이 인도차이나 지역에 처음으로 플랜테이션을 만든 것은 1925년으로, 농장의 규모는 총 1만 헥타르였다. 삼림 개간 작업에는 북부 베트남의 저지대 인구 밀집 지역에서 모집한 계약 노동자(coolies)들이 투입되었다.

대공황 시기, 고무 역시 다른 열대 작물과 마찬가지로 수요와 가격이 급격히 떨어져 큰 피해를 입었다. 1932년 6월에는 창고에 재고가 넘쳐나면서 뉴욕 시장의 고무 가격이 사상 최저치를 기록했다.[17] 가격이 90퍼센트 이상 폭락했음에도 불구하고 생산업자들은 생산량을 줄이지 않고 오히려 늘렸다. 1920년대 중반에 접목 기술로 새롭게 조성한 플랜테이션이 마침 이 시점에 수확기를 맞았기 때문이다. 이러한 위기에 대응하기 위해 주요 고무 생산국들은 1934년 '국제고무규제위원회(IRRC, International Rubber Regulation Commission)'를 설립했다. IRRC는 고무나무 신규 식재를 전면 금지했고, 기존의 농장에서도 접목된 나무로만 전

University Press, 1944); François Graveline, *Des hévéas et des hommes: l'aventure des plantations Michelin* (Paris: Chaudin, 2006).
17 Babcock, *History of the United States Rubber Company*, p. 353.

체 면적의 20퍼센트까지만 재식재할 수 있도록 제한했다. 한편 프랑스 식민지였던 인도차이나에서는 정부의 보조금 덕분에 1938년까지 고무 생산량이 6배나 늘었다. 이 정도 생산량이면 프랑스 본국의 수요를 모두 충당하고도 남았다. 실제 미국으로 수출하는 물량이 프랑스 국내 수요보다 훨씬 많았다. 이와 같은 생산량 급증은 몇몇 대기업이 고무 생산을 독점하면서 나타난 결과였다. 이들 기업은 프랑스의 주요 은행들과 밀접하게 연결되어 있었다.[18]

1941년 12월, 태평양 전쟁이 시작되었다. 전쟁은 곧 동남아시아 전역으로 빠르게 번져나갔다. 일본군은 전쟁에 필요한 자원을 신속히 확보했는데, 고무도 그중 하나였다. 인도네시아에 있던 네덜란드인의 고무 농장들도 일본군에 점령되어 생산에 큰 타격을 입었다. 일본군은 담배와 고무 농장을 차지한 뒤 농민들에게 고무나무를 베어내고 대신 식량 작물을 재배하도록 강요했다. 많은 농장들이 지역의 군벌이나 노동조합의 손에 들어갔다. 이후 3년간 전쟁이 지속되었고, 그 뒤 4년 동안 인도네시아 독립투쟁까지 이어지면서 고무 농장은 심하게 황폐해졌고, 농장에서 일하던 사람들의 생활도 극도로 혼란스러워졌다. 결국 1950년대에 이르러서야 인도네시아뿐 아니라 전 세계의 고무 생산 체계가 새로운 전환점을 맞이하게 되었다.

인도차이나에서 일본군은 전쟁 기간에도 제한적이지만 고무 생산을 계속했다. 1945년 일본군이 물러난 뒤에도 베트남에서 전쟁은 끝나지

---

18 Martin J. Murray, *The Development of Capitalism in Colonial Indochina* (1870-1940) (Berkeley, CA: University of California Press, 1980), pp. 259-270.

않았다. 프랑스로부터 독립을 쟁취하려는 베트남인들의 투쟁이 계속되었기 때문이다. 1947년부터 베트민(Viet Minh, 베트남 독립동맹)이 플랜테이션을 공격하면서 고무 생산에 큰 타격이 불가피했다. 1965년부터 10년 동안 계속된 미국과의 전쟁으로 상황은 더 나빠졌다. 베트남의 고무 플랜테이션이 다시 제대로 가동되기 시작한 것은 1975년 전쟁이 끝난 이후였다. 1985년에 5만 2,000톤이던 베트남의 고무 생산량은 2000년에는 29만 1,000톤으로 크게 늘어났고, 베트남은 세계 6위의 고무 생산국으로 떠올랐다.

열대 아프리카에 숲을 제거하고 들어선 고무 농장

동남아시아 플랜테이션에서 생산된 고무가 세계 시장에 쏟아져 나오기 전까지 약 30년 동안, 고무는 수요에 비해 공급이 턱없이 부족했다. 전 세계에서 고무 가격이 크게 올랐고, 더 많은 고무를 확보하기 위한 경쟁이 열대 아프리카 전역으로 퍼져 나갔다. 과거 아프리카에서 주로 수출하던 상품은 상아와 노예였지만, 1885년을 기점으로 상황은 완전히 바뀌었다. 그해 영국, 독일, 프랑스, 벨기에, 포르투갈과 같은 유럽 열강이 아프리카 땅을 나누어 식민지로 삼았기 때문이다. 이들은 군사력을 동원해 아프리카를 지배하고, 식민지 행정 체계를 세운 뒤 1차 산업에 적극적 투자를 시작했다. 여러 식민지에서 가장 주목받는 상품은 바로 고무였다.

아마존 지역과 달리 열대 아프리카에서는 라텍스를 생산하는 나무와 덩굴의 종류가 다양했다. 서아프리카에서 가장 흔한 종류는 푼투미아 엘라스티카(Funtumia elastica)라는 나무였는데, 이 나무는 라텍스를 여러 번 채취해도 죽지 않고 잘 견뎠다. 그러나 란돌피아(Landolphia) 속의 넝쿨식물은 라텍스 채취에 매우 취약했다. 콩고강 유역은 세계에서 아마존 다음으로 큰 열대우림 지역으로, 이곳에서는 나무를 타고 자라는 넝쿨식물이 라텍스의 주요 공급원이었다. 하지만 이 넝쿨은 껍질에 작은 상처만 내도 쉽게 죽었다. 높은 곳에 있는 라텍스를 얻으려면 지상 가까운 부분에서 넝쿨을 잘라내는 방법밖에 없었다.[19]

1890년대 초부터 유럽 열강들은 고무 생산과 수출을 늘리기 위해 노력했다. 이를 위해 기존의 소규모 자유무역 상인들의 네트워크를 적극 지원했다. 또한 민간기업이 넓은 토지를 자유롭게 사용할 수 있도록 허가해 주는 경우도 많았다. 이런 방식은 처음에는 꽤나 성공적이었다. 1900년 무렵, 아프리카 대륙의 고무 수출량은 1만 5,000톤을 넘었다. 당시 세계 최대 고무 생산국이었던 브라질의 수출량이 2만 6,000톤이었으므로, 아프리카의 생산량은 결코 적지 않은 수준이었다.[20]

1900년경까지 여러 아프리카 식민지에서는 비슷한 일이 벌어졌다. 고무 수출이 일시적으로 늘어나자 고무나무와 넝쿨이 급속도로 파괴되었다. 거의 모든 지역에서 현지 주민들이 강제 노동에 동원되었다. 이 과정에서 잔혹한 폭력이 자주 발생하여 악명이 높았다. 특히 독일령 동아프리카에서는 탄자니아 해안에서부터 내륙으로 고무 채취가 확대되었

---

19 Robert Harms, "The end of red rubber: a reassessment," *Journal of African History* 16/1 (1975), 77; Jamie Monson, "From commerce to colonization: a history of the rubber trade in the Kilombero Valley of Tanzania, 1890-1914," *African Economic History* 21 (1993), 115.
20 Kurian Abraham, ed., *Asian Rubber Handbook and Directory, 2005* (Kochi: Rubber Asia for Dhanam Publications, 2005), p. 47.

다. 이 때문에 란돌피아(Landolphia)라는 고무넝쿨 품종이 넓은 지역에 걸쳐 완전히 사라질 정도로 심각하게 고갈되었다.[21] 가장 악명이 높았던 사례는 벨기에령 콩고였다. 이 지역은 1885년부터 1908년까지 벨기에 국왕 레오폴드 2세(King Leopold II)의 개인 소유지였다. 레오폴드 왕은 민간 기업들에 광대한 콩고 분지의 천연자원을 독점할 권리와, 현지인들을 마음대로 강제 노동에 동원할 수 있는 무제한적 권한을 주었다. 그 대가로 왕은 기업이 얻은 막대한 이익의 상당 부분을 얻어갔다. 고무 채취가 시작된 지역에서는 보통 5년 이내에 고무넝쿨이 완전히 사라졌으며, 그 과정에서 광범위한 폭력이 자행되었다.[22]

1907년 무렵 아프리카의 고무 생산량은 두 가지 이유로 감소하기 시작했다. 첫 번째는 야생 고무 자원이 빠르게 고갈된 것이고, 두 번째는 국제 시장에서 고무 가격이 떨어진 것이었다. 1913년 이후에는 동남아시아에서 재배된 헤베아(Hevea) 나무의 고무가 세계 시장을 완전히 장악했다. 아프리카가 다시 고무 시장에서 경쟁력을 갖추려면 플랜테이션 방식으로 전환하는 것 외에는 방법이 없었다. 결국 영국 기업가들이 나서서 아프리카 서해안의 라이베리아에 최초의 고무 플랜테이션을 조성했다. 1906년 던롭(Dunlop)의 자회사인 라이베리아 고무회사(Liberian Rubber Corporation)가 처음으로 플랜테이션을 운영했지만 사업은 성공적이지 못했다.

제1차 세계대전 이후 미국도 아프리카에서 벌어진 식민지 경쟁에

---

21 Monson, "From commerce to colonization," 113-130.
22 이 과정에 대한 다양한 설명 가운데 가장 생생하고 상세한 것은 Adam Hochschild, *King Leopold's Ghost* (Boston and New York: Houghton Mifflin, 1998)이다.

뛰어들었다. 미국이 주목한 곳도 라이베리아였다. 라이베리아는 원래 1830년대에 미국에서 해방된 노예들이 아프리카로 돌아가 세운 나라였다. 미국에게 라이베리아는 아프리카에서 지리적으로 익숙하고 정치적으로도 연결된 유일한 곳이었다. 이때 미국의 군사·외교 정책 담당자들은 고무를 단순한 열대 작물이 아니라 '전략 물자(strategic material)'로 인식하고 있었다. '전략 물자'라는 말은 제1차 세계대전 중에 처음 등장한 용어로, 전쟁이나 국제적 갈등에 대비하기 위해 반드시 확보해야 할 핵심 자원을 의미했다. 당시 전략 물자 목록은 주로 금속이었지만, 석유와 고무도 포함되어 있었다. 특히 고무는 전쟁 이후 군사적 가치가 높아지면서 다른 어떤 열대 작물보다 중요한 위치를 차지하게 되었다.[23] 게다가 1920년대 초 민간에서도 고무 수요가 급증했다. 당시 미국은 전 세계 자동차 생산량의 85퍼센트를 차지했고, 전 세계 고무 생산량의 4분의 3을 수입했다. 수입한 고무의 약 80퍼센트는 자동차 타이어를 만드는 데 사용되었다.[24]

미국의 정책 입안자들은 고무가 중요한 전략물자라는 사실에 주목했다. 그래서 영국이 세계 고무 시장에서 공급과 가격을 좌지우지하는 상황에서 벗어나는 것이 급선무라고 판단했다.[25] 이를 위해 가장 적극적

---

23 전략적 정책의 맥락과, 헤베아 나무를 대체할 원료(특히 가뭄에 강한 목본 관목인 구아율(guayule, Parthenium argentatum)를 찾으려다 실패한 노력에 대해서는 Mark R. Finlay, *Growing American Rubber: Strategic Plants and the Politics of National Security* (New Brunswick: Rutgers, 2009)를 참조하라.
24 Alfred E. Eckes, Jr., *The United States and the Global Struggle for Minerals* (Austin: University of Texas Press, 1979), p. 46.
25 Joseph Brandes, *Herbert Hoover and Economic Diplomacy: Department of*

으로 나선 인물은 당시 고무 산업의 거물이었던 하비 파이어스톤(Harvey Firestone)이었다. 제1차 세계대전 당시 하비 파이어스톤은 미국고무협회(Rubber Association of America)의 회장을 맡고 있었다. 이 협회는 영국이 허용한 범위 내에서 미국이 수입할 수 있는 고무의 양을 관리하는 조직이었다.[26] 하지만 파이어스톤은 이런 상황을 참을 수 없었다. 1923년, 그는 동남아시아에 있는 유럽의 식민지에서 벗어나 열대 지역에 새로운 고무 농장을 만들고자 했다. 이를 위해 적당한 땅을 찾기 시작했고, 미국 의회에도 지원을 요청했다. 그러나 그가 추진한 이 계획은 열대 지역 전체의 환경에 커다란 영향을 미칠 수도 있는 문제였다.

라이베리아는 대서양을 따라 약 560킬로미터의 해안선을 끼고 있었다.[27] 하지만 그 해안에는 큰 배가 안전하게 정박할 수 있는 깊은 항구가 없었다. 해안가는 울창한 숲으로 덮여 있었고, 석호와 작은 강들이 만든 갯벌이 많았다. 모래가 많은 땅 위로는 빽빽한 맹그로브 숲이 자리 잡고 있었다. 내륙 지역은 대부분 원시림으로 덮여 있었는데, 그 사이사이에는 '로우 부시(low bush)'라 불리는 작은 관목 숲이 많았다. 이 관목 숲은 지역 주민들이 이동하며 화전농법으로 농사를 지어 생긴 2차림이었다.[28] 지난 수백 년 동안 아프리카 내륙의 사바나 지역에서 여러 민족이

Commerce Policy, 1921-1928 (University of Pittsburgh Press, 1962), pp. 106-128.
26 Harvey S. Firestone, *Men and Rubber: The Story of Business* (Garden City: Doubleday, Page, 1926), pp. 258-259.
27 J. B. Webster and A. A. Boahen, *The Growth of African Civilisation: The Revolutionary Years, West Africa since 1800* (London: Longman, 1968).
28 Torkel Holsoe, *Third Report on Forestry Progress in Liberia, 1951-1959* (Washington: International Cooperation Administration, 1961), pp. 1-10.

이곳으로 이주해 왔다. 그들은 밭벼(upland rice), 카사바, 다양한 채소와 과일을 재배하며 서서히 거처를 옮겨 다녔다.²⁹ 1920년대까지도 내륙으로 향하는 철도는 없었고, 제대로 갖추어진 도로 역시 매우 드물었다.

1912년 라이베리아 정부가 빚을 갚지 못하자 미국 은행가들은 영국이 갖고 있던 라이베리아의 채권을 넘겨받았다. 그 결과 미국은 사실상 라이베리아 경제를 장악하게 되었다. 미국은 아프리카에 공식적인 식민지를 세우려 하지는 않았다. 다만 아프리카 열대우림 일부 지역을 통제하면 미국의 상업적·산업적 이익에 도움이 된다고 판단했던 것이다.

라이베리아는 1920년대까지도 여전히 낙후된 상태에 머물러 있었다.³⁰ 1924년 4월, 파이어스톤의 조사단이 라이베리아를 방문해 방치되어 있던 고무 농장을 살펴보았고, 사업 가능성을 확인했다.³¹ 1926년 라이베리아 정부는 파이어스톤에게 100만 에이커에 달하는 엄청난 토지를 99년 동안 사용할 수 있는 권리를 주었다. 그 대가로 파이어스톤은 항만과 도로를 비롯해 병원, 위생 시설, 수력 발전소를 지어주기로 했다. 또한 의사와 위생 전문가, 기계 엔지니어, 건축가와 건설 노동자, 토양 및 산림 전문가 등 다양한 분야의 전문 인력을 지원하기로 약속했다.

대규모 토지 개발을 위해 파이어스톤은 1억 달러의 자본금과 35만

---

29 Yekutiel Gershoni, *Black Colonialism: The Americo-Liberian Scramble for the Hinterland* (Boulder: Westview, 1985), pp. 1-6, 67-95.
30 W. W. Schmokel, "Settler and tribes: origins of the Liberian dilemma," in Daniel F. McCall, Norman R. Bennett, and Jeffrey Butler (eds.), *Western African History* (New York: Praeger, 1969), pp. 153-181.
31 Stephen D. Krasner, *Defending the National Interest: Raw Materials Investments and U.S. Foreign Policy* (Princeton University Press, 1978), pp. 104-105.

명의 노동력이 필요할 것으로 예상했다. 1934년에 처음으로 나무에서 고무를 채취하는 작업이 시작되었고, 곧 고무는 라이베리아 전체 수출액의 절반 이상을 차지했다. 파이어스톤처럼 거대한 규모의 기업이 작은 나라였던 라이베리아에 들어선다는 것은 엄청난 도전이었다. 결국 파이어스톤에서 일하는 노동자 수는 라이베리아 내 다른 모든 임금 노동자의 수를 합친 것보다 50퍼센트나 더 많아졌다. 파이어스톤의 가장 큰 플랜테이션은 본부가 하벨(Harbel)에 있었는데, 이 농장의 크기는 약 360제곱킬로미터에 달했다. 1960년대 초에는 약 2만 1,000명의 노동자가 여기서 일하고 있었다. 그 중에서 숙련 또는 반숙련 노동자는 약 3,000명뿐이었고, 나머지는 모두 단순한 고무 채취 노동자였다. 고위 관리직원은 180명이었으며, 대부분 미국인과 유럽인이었다. 환경적 측면에서 보면, 방대한 지역의 토지에서 자연림이나 2차림, 또는 기존 경작지가 제거되고, 모두 거대한 헤베아 나무 농장으로 바뀌었다.

제2차 세계대전과 합성고무의 등장

1930년대 후반, 유럽과 태평양 지역에 다시 전쟁의 기운이 감돌자, 주요 강대국들은 고무 공급처 다변화 문제를 시급한 전략 과제로 삼았다.[32] 특히 동남아시아 지역의 핵심 자원을 둘러싸고 서방 국가들과 일본 간의 긴장이 빠르게 고조되었다. 1937년 일본이 중국을 침략한 이후, 일본 지도부는 미국과 영국이 항공유를 비롯한 경제 제재를 가할 것을

---

32 헤베아 나무 이외의 식물 자원을 찾으려는 시도가 다시 이루어졌으나 여전히 성공하지 못했다. Finlay, *Growing American Rubber*; Wade Davis, *One River*를 참조하라.

우려했다. 그래서 일본은 석유와 고무를 확보하기 위해 네덜란드령 동인도(현재의 인도네시아)에 주목하기 시작했다.

미국 정부는 그 이전부터 동남아시아에서 고무를 비축하고자 했지만, 영국의 협력이 소극적이었다. 1939년 말 당시 미국이 확보한 고무 재고량은 3개월치도 되지 않았다. 이에 미국은 국제고무규제위원회(International Rubber Regulation Committee)를 통해 고무 구매를 늘리려 했다. 1939년 말 나치 독일이 주변국 침략을 시작하자, 영국이 주도하던 이 위원회도 마침내 규제를 풀기 시작했다. 그럼에도 불구하고 1940년 5월 미국의 고무 비축량은 여전히 3개월치를 넘기지 못했다.

1940년 6월, 미국 정부는 전략 물자를 안정적으로 확보하기 위해 재건금융공사(Reconstruction Finance Corporation) 아래에 4개의 자회사를 세웠다. 그중 하나가 고무 비축 회사(Rubber Reserve Company)였다. 그러나 일본이 진주만을 공격한 이후에도 고무 비축 회사는 목표량의 30퍼센트밖에 확보하지 못했다.[33] 파이어스톤은 아프리카 라이베리아에서 고무 생산을 지속적으로 늘렸지만, 미국 전체 시장에서 그 비중은 결국 7퍼센트를 넘지 못했다.

고무 생산에서 획기적인 발전이 있어야만 이 문제를 해결할 수 있었다. 다행히 전쟁이 지속되면서 새로운 방식의 고무가 등장했다. 그것이 바로 석유로 만든 합성고무(synthetic rubber)였다. 합성고무의 등장은 고무 산업 전체에 큰 변화를 가져왔다. 이는 전쟁 수행에 도움을 주었을

---

33 Eckes, *The United States and the Global Struggle for Minerals*, pp. 80-83, 93-102; Alfred Lief, *The Firestone Story* (New York: McGraw Hill, 1951), pp. 250-251.

뿐 아니라, 장기적으로는 열대 지역에 남아 있는 열대우림 보호에도 기여하는 계기가 되었다. 사실 유럽의 화학자들은 이미 1860년대부터 다양한 원료로 인공 고무를 만들려고 노력해왔다.[34] 제1차 세계대전 중 연합국이 독일의 천연고무 수입을 막으면서 상황이 급변했다. 이에 따라 영국과 독일 간 석유화학 분야의 협력도 중단되었다. 다급해진 독일은 메틸 고무(methyl rubber)를 월 150톤씩 생산하는 데 성공했다. 하지만 이 고무로 만든 자동차 타이어는 차를 잠시만 세워 두어도 형태가 쉽게 변형되는 문제가 있었다.[35] 결국 전쟁이 끝난 뒤, 독일은 석유를 이용한 고무 합성을 포기하게 되었다.

한편 미국에서는 듀폰(DuPont)이 합성고무 원료인 네오프렌(Neoprene)의 생산에 성공했다. 독일 역시 1920년대 후반부터 합성고무 개발을 다시 시작했다. 당시 독일의 이게파르벤(I.G. Farben)과 미국 뉴저지의 스탠더드 오일(Standard Oil)은 합성 석유 개발을 위한 협력 계약을 맺고 있었다. 이게파르벤은 이미 아세틸렌(acetylene)을 이용하여 합성고무를 생산하고 있었다. 1930년에는 천연가스를 원료로 아세틸렌을 만드는 기술까지 개발했다. 이 기술은 스탠더드 오일과 맺은 정보 공유 계약에 이미 포함되어 있었기 때문에 미국의 기업과 전략적 측면에서 큰 이득이 되었다. 스탠더드 오일은 이게파르벤이 아세틸렌 공정을 활용해 개발한 신제품, 부나-S(Buna-S) 고무에 큰 관심을 보였다. 1933년 나치 정권이 들어서자 독일은 브라질 등으로부터 천연고무를 수입했지

---

34 W. J. S. Naunton, "Synthetic rubber," in P. Schidrowitz and T. R. Dawson (eds.), *History of the Rubber Industry* (Cambridge: Heffer, 1952), pp. 100-109.
35 Firestone, *Men and Rubber*, p. 253.

만, 열대 지역 자원에 지나치게 의존하는 상황에서 벗어나길 원했다. 그래서 독일 정부는 부나-S 고무의 성능 개선을 적극적으로 추진했다. 초기에는 부나-S 고무로 만든 타이어를 사용할 경우, 타이어의 바깥면(트레드, tread)이 내부 틀(케이싱, casing)에서 쉽게 떨어지는 문제가 있었다. 하지만 1939년, 제2차 세계대전이 발발할 무렵에는 군수품으로 사용하기에 충분할 정도로 성능 개선이 이루어졌다. 이후 부나-S 고무는 다양한 군사용 제품에 쓰이기 시작했다. 다만 항공기 타이어와 같이 내구성과 강도가 특별히 중요한 분야에서는 여전히 천연고무를 사용할 수밖에 없었다.

1930년대 세계는 군사적 긴장이 높아지고 있었다. 서방 연합국들은 잠재적인 적국들과 마찬가지로 천연고무 확보에 어려움을 겪었다.[36] 1939년 말 미국이 보유한 천연고무 비축량은 약 12만 5,800톤으로, 겨우 3개월 치 사용량에 불과했다. 이미 1933-34년경부터 하비 파이어스톤(Harvey Firestone)은 듀폰사가 개발한 합성고무인 네오프렌을 활용해 미군에 항공기용 타이어 공급을 시도했다. 1940년 여름, 파이어스톤은 마침내 실용화가 가능한 합성고무 타이어를 선보이는 데 성공했다. 같은 시기에 스탠더드 오일도 미국 의회의 지원을 받아 부나-S 고무의 품질을 꾸준히 향상시키는 중이었다. 약 7억 달러에 달하는 막대한 자금이 투입된 지 2년 만에, 스탠더드 오일과 파이어스톤은 석유와 석탄을 원료로 하는 합성고무의 대량 생산체제를 구축했다. 그 결과 연간 생산

---

36 Jonathan Marshall, *To Have and Have Not: Southeast Asian Raw Materials and the Origins of the Pacific War* (Berkeley, CA: University of California Press, 1995), pp. 33-53.

량이 100만 톤에 이를 정도로 합성고무 산업은 빠르게 성장했다.

한편 영국은 1940-41년 독일군의 공습을 겪으면서 심각한 물자 부족에 시달렸다. 특히 1942년 초에는 일본군이 열대 아시아의 말라야, 자와, 수마트라를 갑작스럽게 점령하면서 상황이 더욱 어려워졌다. 영국과 네덜란드는 전혀 대비하지 못하고 허를 찔렸다. 이로 인해 천연고무의 주요 공급처는 실론(스리랑카)과 인도만 남게 되었다. 결국 위기에 빠진 영국은 미국과 손잡고 합성고무 확보에 나섰다. 1943년 말부터 미국에서 합성고무를 공급받기 시작했으며, 1944년에는 영국에서 사용하는 전체 고무의 75퍼센트가 합성고무로 바뀌었다.

전쟁이 끝나자 영국은 곧바로 천연고무 산업을 다시 활성화했다.[37] 1947년까지 영국 정부는 동남아시아 식민지에서 고무를 사들여 미국에 수출했다. 이렇게 해서 전쟁 중에 진 빚을 갚고, 전후 복구에 필요한 달러를 확보할 수 있었다. 그 덕분에 현지 고무 생산도 안정되었고, 1950년대 고무 산업이 호황을 맞는 밑거름이 되었다.

1945년 이후 유럽과 일본은 전쟁으로 파괴된 산업시설을 복구해야 했다. 또한 세계 여러 나라의 산업 경제도 빠르게 성장했다. 그에 따라 세계 고무 시장 역시 꾸준히 확대되었다. 그럼에도 천연고무를 얻기 위한 열대림의 대규모 벌채는 더 이상 늘어나지 않았다. 합성고무의 이용이 늘어났기 때문이다. 세계 시장에서 합성고무의 비중은 점점 늘어났고, 특히 최대 소비국이었던 미국에서 이러한 현상이 더욱 뚜렷하게 나

---

37 S. A. Brazier, "The rubber industry in the 1939-1945 war," in Schidrowitz and Dawson, *History of the Rubber Industry*, pp. 316-326.

타났다. 1948년부터 1973년 사이 세계 고무 수요는 연평균 6퍼센트씩 성장했다. 같은 기간 천연고무 생산은 매년 평균 3.3퍼센트 성장에 그친 반면, 합성고무 생산량은 그보다 약 세 배 빠른 9.3퍼센트씩 증가했다.[38] 결국 1962년에는 합성고무 생산량이 천연고무를 앞질렀다. 1973년 무렵 세계 고무 생산량의 3분의 2가 합성고무였다. 천연고무 생산을 위한 경작 면적은 거의 변함 없이 유지되었다. 만약 합성고무가 등장하지 않았다면 세계적으로 급증한 고무 소비를 충당하기 위해 더 많은 열대림을 파괴해야 했을 것이다.

미국은 천연고무를 충분히 확보하기가 어려웠기 때문에 합성고무 개발에 적극적으로 나섰다. 1950년대 중반까지 석유화학 원료를 이용한 합성고무는 대부분 미국에서 생산되었다. 1973년 세계 합성고무 생산량은 729만 5,000톤에 달했다. 그중 40퍼센트는 여전히 미국과 캐나다에서 생산된 것이었다.[39] 서유럽과 일본은 1960년대 이후에야 본격적으로 합성고무 대량 생산을 시작했다. 합성고무의 주요 소비처는 급성장하고 있던 자동차 타이어 산업이었다. 오늘날 세계 고무 생산량의 3분의 2가 자동차 산업에서 소비된다. 그중에서도 특히 미국은 자동차 산업의 성장으로 경제와 소비문화가 가장 큰 영향을 받은 나라라고 할 수 있다.[40]

---

38 Colin Barlow, *The Natural Rubber Industry: Its Development, Technology and Economy in Malaysia* (Oxford University Press, 1978), p. 408.
39 Barlow, *Natural Rubber Industry*, pp. 109, 415.
40 Enzo R. Grilli, Barbara Bennett Agostini, and Maria J. 'tHooft-Welvaars, *The World Rubber Economy: Structure, Changes, and Prospects* (Baltimore: Johns Hopkins University Press, 1980), p. 21. Later figures are also from this volume,

1945년 이후의 천연고무 생산

열대지방 저지대의 토지 이용에 영향을 준 것은 합성고무가 아니라 천연고무였다. 세계 천연고무 생산량은 제2차 세계대전 직후인 1946년에 최저치(85만 1,000톤)를 기록했다가 이후 점차 회복되어, 1950년에는 189만 톤까지 증가했다. 1973년 석유수출국기구(OPEC)가 석유 시장에 본격적으로 개입할 무렵, 천연고무 생산량은 349만 3,000톤까지 늘어났다.[41] 이와 같은 생산량의 증가는 대개 새로운 농지를 개간해서가 아니라 기존 고무 농장의 생산성을 높인 덕분이었다. 미국은 여전히 천연고무를 많이 소비하는 주요 국가였지만, 더 이상 단독으로 최대 소비국의 지위를 유지하지 못했다. 1973년 북아메리카 지역(미국과 캐나다 포함)은 열대 지역 국가들로부터 75만 7,000톤의 천연고무를 수입했는데, 같은 시기 서유럽이 92만 1,000톤을 수입하며 북아메리카를 넘어섰다. 이는 서유럽이 탈식민지 이후에 열대 지역과 더욱 활발한 교류 관계를 유지했기 때문이다. 한편 일본은 동남아시아로부터 33만 5,000톤의 천연고무를 수입했다. 일본 경제가 빠르게 성장하면서, 열대 지역의 천연 자원에도 큰 압력을 가하기 시작했다.[42]

자동차 산업은 특히 미국에서 천연고무를 가장 많이 사용하는 분야

---

pp. 16-20, 27, 48.
41 Barlow, *Natural Rubber Industry*, p. 408. Also see H. J. Stern, *Rubber, Natural and Synthetic* (New York: Maclaren and Sons, 1967); Neal Potter and Francis T. Christy, Jr., *Trends in Natural Resources Commodities, Statistics of Prices, Outputs, Consumption, Foreign Trade and Employment in the United States, 1870-1957* (Baltimore: Johns Hopkins University Press, 1962).
42 Barlow, *Natural Rubber Industry*, p. 412.

였다. 1970년 한 해 동안 미국에서는 자동차 타이어를 만드는 데만 천연고무 40만 톤을 사용했는데, 이는 타이어 외 다른 모든 용도로 쓰인 16만 8,000톤보다 훨씬 많은 양이었다. 반면 유럽경제공동체(European Economic Community, EEC)의 경우는 타이어 생산에 38만 4,000톤의 천연고무를 사용했고, 타이어 외 다른 용도로도 그와 비슷한 양인 31만 7,000톤을 소비했다. 일본도 유럽과 거의 비슷한 소비 형태를 보였다.

1945년 이후 천연고무의 주요 생산지는 크게 변하지 않았다. 아시아의 열대 지역이 전체 고무 생산량의 90퍼센트 이상을 차지했고, 적도 아프리카는 약 6퍼센트, 라틴 아메리카는 겨우 1퍼센트 정도였다. 특히 말라야(1957년 이후 말레이시아로 개명)는 대표적인 고무 생산국으로 자리 잡았다. 말라야의 고무 생산량은 1950년대 중반 약 70만 톤에서 1970년대 중반까지 두 배 이상 늘어났다. 반면 1949년에 독립한 인도네시아는 생산량 증가 속도가 훨씬 느려, 20년이 지난 뒤에도 연간 생산량이 약 85만 톤에 머물렀다. 아프리카에서 가장 큰 천연고무 생산국이었던 라이베리아의 생산량은 전 세계 공급량의 약 2퍼센트에 불과했다. 한편 동남아시아 전역에서 소규모 자작농들이 고무의 주요 생산자로 떠올랐다. 1980년 무렵, 이들 소농은 지역 전체 고무 경작지의 약 80퍼센트를 차지하고 있었지만, 생산성 면에서는 기업이 운영하는 대규모 농장보다 크게 뒤떨어졌다. 예를 들어 1960년 말레이시아는 전 세계 고무 생산량의 35퍼센트를 공급했는데, 대규모 농장에서는 41만 3,200톤, 소규모 농장에서는 29만 2,800톤을 생산했다. 당시 양측의 경작 면적은 거의 비슷했다. 이후에도 고무 농장은 말레이시아 전체 농경지의 3분의 2를 차지하면서 국가의 주요 농작물로 계속 유지되었다.[43]

고무산업은 말레이반도의 환경에 장기적인 영향을 남겼다. 즉 고무나무 농장을 만들기 위해 저지대의 숲이 광범위하게 벌채되었고, 그곳에서 일할 말레이인과 중국인 계약 노동자들이 들어오면서 인구 밀도가 급격히 높아졌다. 외국계 기업들은 작은 나라였던 말레이시아가 세계 고무 시장에서 주요한 참여국으로 성장하는 데 크게 기여했으며, 동시에 말라야 귀족층의 권력을 강화하는 데도 중요한 역할을 했다.[44] 1950년대에 들어서자 미합중국고무회사(US Rubber)는 현지의 모든 자산을 매각했다. 이로써 미국이 말레이시아에서 직접 고무 농장을 경영하던 시대는 끝을 맺었다. 1973년 무렵에는 영국 기업들이 관리하는 농장 면적이 22만 헥타르였고, 싱가포르계 중국인들이 운영하는 농장은 4만 8,000헥타르에 이르렀다. 말레이시아의 고무 산업은 여전히 다섯 개의 영국 기업이 주도하고 있었다. 그들은 1900년대 초부터 식민지 시대를 거치며 성장한 말레이시아 사회에 깊이 뿌리를 내린 기업이었다.[45]

미국이 더 이상 직영 농장을 운영하지 않았다고 해서 말레이시아 고무 산업에서 미국의 영향력이 완전히 사라진 것은 아니었다. 미국의 고무 회사들은 싱가포르에서 많은 양의 고무를 사들였다. 당시 싱가포르

---

43 Clifton R. Wharton, Jr., "Rubber supply conditions: some policy implications," in T. H. Silcock and E. K. Fisk (eds.), *The Political Economy of Independent Malaya: A Casestudy in Development* (Berkeley, CA: University of California Press, 1963), pp. 131-132.
44 For further details, see Harold Brookfield, Lesley Potter, and Yvonne Byron, *In Place of the Forest: Environmental and Socioeconomic Transformation in Borneo and the Eastern Malay Peninsula* (Tokyo: United Nations University Press, 1995).
45 Barlow, *Natural Rubber Industry*, pp. 202, 205.

는 세계에서 가장 큰 고무 무역항이었으며, 인도네시아와 말레이시아, 태국의 고무가 모두 이곳에 모였다.[46] 이 시기의 싱가포르 고무 시장에서는 중국계 기업들이 영국계 기업들을 점차 밀어내고 주도권을 잡고 있었다. 그들은 던롭(Dunlop), 미쉐린(Michelin), 굿이어(Goodyear) 같은 서구의 유명 고무 회사들과 거래했으며, 일부는 런던과 뉴욕에 대리점을 운영하기도 했다.[47]

인도네시아의 민족주의와 플랜테이션

미국 기업들, 특히 굿이어(Goodyear)는 전쟁이 끝난 뒤 천천히 수마트라 섬의 농장으로 돌아갈 기회를 엿보았다. 그러나 당시 수마트라를 지배하던 네덜란드 식민정부가 불안정했기 때문에 사업 재개를 망설이고 있었다. 네덜란드는 인도네시아의 민족주의자들과 심각한 갈등을 겪고 있었다. 게다가 수마트라의 고무 농장은 수십 년 동안 새로운 묘목을 심지 않은 상태였다. 사실 이러한 문제는 인도네시아 전체가 마찬가지였다. 결국 기업의 입장에서는 늙고 수명이 거의 다한 고무나무가 가득한 농장을 다시 운영해야 하는 어려움이 있었다. 1951년 고무 생산량은 전쟁 전의 절반 수준에 그쳤다. 그러나 1950년부터 1953년까지 벌어진 한국전쟁으로 세계 시장에서 고무 가격이 급등했다. 1951년 한때 고무 가격이 전쟁 전의 세 배까지 올랐다가 3년 후에는 다시 예전 수준으로

---

46 1950년대 이후 인도네시아 고무 판매의 대부분은 계속해서 미국과 서유럽을 대상으로 이루어졌다. 일본은 태국의 고무 대부분을 구매했고, 중국은 스리랑카 고무 수출의 대부분을 구매했다. Barlow, *Natural Rubber Industry*, p. 414.
47 Barlow, *Natural Rubber Industry*, pp. 313-317.

떨어졌다. 미국 기업들은 전쟁 물자를 공급하여 이익을 얻을 기회를 놓칠 수 없었다. 결국 1950-51년에 미국 기업들은 수마트라에 있던 굿이어 산하 농장 윙풋(Wingfoot)을 중심으로 다시 생산을 시작했다. 미국 기업들은 곧바로 수종 개량에 착수했다. 오래된 고무나무를 생산성이 높은 새로운 품종으로 바꾸는 작업이었다. 사업의 성과는 놀라웠고, 매년 70만 톤 이상의 고무가 수출되었다. 하지만 1958년에 내전이 일어나면서 정치적 혼란이 다시 심화되었고, 고무 생산에도 심각한 영향을 미쳤다. 반군들이 정부의 주요 수입원을 막으려 했기 때문에 수마트라의 농장 대부분이 심각한 피해를 입었다. 결국 1960년대 초반이 되자 US러버(US Rubber)는 인도네시아에서 완전히 철수했고, 굿이어 역시 현지 사업을 정리하기 시작했다.

1965년 수하르토 장군이 정권을 잡은 이후 인도네시아는 정치적으로 안정되었고 수출 위주의 경제 성장을 추진했다. 그 과정에서 고무 산업도 꾸준히 성장했지만, 개발이 제대로 이루어지지 않았던 외곽 섬 지역, 특히 보르네오섬의 인도네시아 쪽인 칼리만탄(Kalimantan)의 자연림이 심하게 훼손되었다. 1973년이 되자 인도네시아의 고무 수출량은 총 88만 6,000톤에 이르렀다. 당시 생산 구조를 보면, 대규모 농장은 총 46만 5,000헥타르였고, 소규모 농장은 그보다 네 배 많은 184만 1,000헥타르를 차지했다. 그러나 생산성은 말레이시아에 비해 크게 떨어졌다. 1973년 인도네시아의 고무 생산량은 헥타르당 382킬로그램이었지만, 말레이 반도에서는 헥타르당 879킬로그램을 생산했다. 인도네시아의 생산성이 절반도 되지 않았던 것이다. 결국 같은 양의 고무를 얻기 위해 더 넓은 삼림을 베어내고 불태워야 했다.[48] 그 결과 천연자원 낭비와 환경 훼손이 더욱 심각해졌다.

인도네시아의 화교 상인들은 현지 농장주들에게서 반가공된 고무판을 사들여 싱가포르와 페낭으로 수출했다. 거기서 다시 가공된 고무는 유럽과 북아메리카로 판매되었다. 결국 미국과 유럽의 소비자들도 전 세계를 연결하는 경제망의 한 축이었으며, 보르네오 열대우림이 본래의 풍부한 생태계를 잃고 빠르게 파괴되는 과정에 영향을 끼쳤다.

라이베리아: 파이어스톤의 번영과 쇠락

미국 시장에서 중요한 또 하나의 열대지역 천연고무 생산지는 라이베리아였다. 1960년대 라이베리아의 천연고무 생산량은 세계 전체의 약 2퍼센트에 불과했지만, 미국 수입량에서는 거의 7퍼센트를 차지했다. 제2차 세계대전 시기에 하비 파이어스톤(Harvey Firestone)은 라이베리아에서 고무 사업을 성공적으로 운영하고 있었다. 1960년 당시 파이어스톤의 농장에는 생산 가능한 성숙한 고무나무 6만 9,000에이커가 있었고, 아직 생산을 시작하지 않은 어린 나무도 1만 8,000에이커가 있었다. 이 두 농장을 합쳐 매년 약 8만 톤의 천연고무가 생산되었다. 단위 생산량도 당시 세계 최고 수준이었다.

윌리엄 터브먼(William Tubman) 대통령 시기인 1947년부터 라이베리아에서는 미국 기업들이 큰 규모의 신규 사업권을 얻기 시작했다. 대표적인 사례가 B.F. 굿리치(B.F. Goodrich)였다. 한편 터브먼 대통령은 국가 경제가 미국에만 지나치게 의존하는 것을 막고자 유럽 기업들과

---

48 Barlow, *Natural Rubber Industry*, pp. 106-107.

도 적극적으로 협력했다. 1952년에는 독일 기업인 아프리카 과일 회사(African Fruit Company)에 약 60만 에이커에 달하는 광대한 토지를 제공했다. 이 땅은 해안가 저지대에 위치해 있었으며, 바나나 농장으로 활용되었다. 하지만 얼마 지나지 않아 농장에 파나마병(Panama Disease)이 퍼져 심각한 피해를 입었다. 결국 이 농장도 바나나 재배를 포기하고 고무 농장으로 바꾸었다. 또한 1963년경에는 추가로 5,000에이커 규모의 고무 농장이 조성되었는데, 이 사업에는 파이어스톤에서 14년간 일했던 전문가가 관리자로 참여했다.[49]

1971년 윌리엄 터브먼 대통령이 사망하면서 그의 장기 집권도 막을 내렸다. 이후 몇 년 동안 라이베리아의 정치는 불안해졌으며, 소수의 아메리코-라이베리아 엘리트와 다수의 원주민 사이에 갈등이 심해져 종족 간 긴장도 높아졌다. 1980년에는 새뮤얼 도(Samuel Doe)가 이끄는 군사 쿠데타가 발생해 정부가 무너졌다. 새뮤얼 도는 자신이 속한 크란족(Krahn)을 우대하며 다른 종족들을 무자비하게 탄압하고 공포 정치를 펼쳤다. 이에 맞서 미국에서 교육받은 찰스 테일러(Charles Taylor)는 1989년 이웃 나라인 아이보리코스트에서 반군을 조직하여 라이베리아를 침공했고, 이후 6년에 걸친 내전이 일어났다. 새뮤얼 도는 1990년에 사망했으며, 내전 중 다섯 개의 다른 무장 세력이 추가로 등장했다.

1994년까지는 모든 세력 사이에 크고 작은 농장들, 특히 파이어스톤(Firestone) 농장을 파괴하지 않는다는 암묵적 합의가 있었다. 고무 수출

---

49 Robert Clower et al., *Growth Without Development: An Economic Survey of Liberia* (Evanston: Northwestern University Press, 1966), p. 195.

로 얻는 수입이 군사작전의 중요한 자금원이었기 때문이다. 그러나 찰스 테일러는 수도 몬로비아(Monrovia)를 공격하기 전에 수도에서 멀지 않은 카카타(Kakata)에 군사 기지를 구축했다. 그곳은 파이어스톤 본부에서도 가까운 곳이었다. 그가 수도 몬로비아를 공격하자 전투는 즉시 파이어스톤 농장까지 번져나갔고, 농장과 시설 대부분이 파괴되고 말았다. 2005년에 와서야 겨우 혼란이 진정되었다. 그해에 정상적으로 선거를 치렀고, 엘렌 존슨 설리프(Ellen Johnson Sirleaf)가 라이베리아 최초의 여성 대통령으로 당선되었다. 하지만 이미 라이베리아 사회는 극도로 피폐해져 있었고, 국토는 황폐화되었으며, 농장도 일부만 겨우 유지되고 있었다. 당시 라이베리아의 고무 수출량은 세계 생산량의 겨우 2퍼센트에 불과한 수준이었다.

천연고무, 천연숲, 그리고 세계 경제의 변화

1970년대 초까지 세계 고무 생산에서 천연고무가 차지하는 비중은 3분의 1에도 미치지 못했다. 당시만 해도 석유를 원료로 만든 합성고무가 앞으로 고무 산업을 주도할 것처럼 보였다. 심지어 일부 합성고무 지지자들은 천연고무 산업이 머지않아 사라질 것으로 전망하기도 했다. 그러나 1973년 석유수출국기구(OPEC) 소속 국가들이 석유 가격을 갑자기 올리면서 세계 고무 산업은 큰 충격을 받았다. 당시의 상황을 유엔 보고서는 다음과 같이 표현했다.

> 1973년, 세계 고무 산업은 사상 처음으로 심각한 외부 충격을 받았다. 그것은 바로 석유 위기로 인한 원유 가격의 급격한 상승이었다. 당시 합성고

무 산업은 주원료를 석유화학 원료(petro-chemical feedstocks)에 크게 의존했기 때문에, 1973-74년의 원유 가격 폭등으로 생산 비용이 크게 오르고 산업의 경제성마저 위협받게 되었다. 한편, 천연고무 산업은 합성고무만큼 직접적인 피해를 보지는 않았다. 하지만 전 세계적으로 인플레이션이 가속화되고 소비자들의 소비 심리가 위축되었으며, 특히 자동차 산업의 장기적인 고무 수요에 대한 우려가 커지면서 천연고무 산업도 간접적인 타격을 피할 수 없었다.[50]

천연고무 가격의 상승폭은 합성고무의 절반에도 미치지 못했다. 그러나 OPEC의 석유파동이 뜻하지 않게 고무 산업에 새로운 불확실성을 가져왔고, 이는 헤베아(Hevea) 나무에서 생산되는 천연고무의 수요를 급격히 증가시켰다. 또한 헤베아 고무가 가진 우수한 성질은 1980년대 타이어 시장에서 중요한 역할을 했다. 당시 타이어 시장은 미쉐린(Michelin)의 기술자들이 처음 개발한 래디얼 타이어(radial tire)가 주도했다. 래디얼 타이어는 타이어의 회전 방향에 90도로 배열된 섬유층 위에 강철 벨트를 추가했다. 구조적 혁신 덕분에 타이어의 내구성이 좋아지고 연료 효율이 높아졌으며, 주행 안정성도 크게 향상되었다.

20세기 후반, 세계의 산업 및 소비 경제에 커다란 변화가 있었다. 천연고무 소비는 그러한 변화를 이끈 중요한 요소였다. 말레이시아와 인도네시아는 여전히 천연고무 생산의 주도적인 위치를 유지했으나, 태국 등 다른 국가들이 점유율에 도전하기 시작했다. 말레이시아의 생산량은

---

50 Grilli, *World Rubber Economy*, p. 7.

거의 두 배 가까이 증가했지만, 세계 천연고무 생산량에서 차지하는 비중은 1960년 39퍼센트에서 1985년 34퍼센트로 감소했다. 인도네시아 역시 생산량이 두 배 이상 증가했음에도 불구하고, 세계 시장 점유율은 같은 기간 31퍼센트에서 26퍼센트로 떨어졌다.

소비 패턴은 더욱 급격히 변했다. 20세기 말까지 세계 소비를 주도했던 미국은 1985년 76만 4,000톤에서 2003년 115만 톤으로 소비량이 증가했다. 1985년에는 41만 5,000톤을 소비하며 일본에 이어 세계 3위였던 중국은 경제의 급속한 성장으로 2003년에는 세계 최대의 고무 수입국이 되었다. 이때 중국의 고무 소비량은 145만 5,000톤에 달했으며, 이 중 3분의 1은 남부 지역에 새롭게 조성된 대규모 플랜테이션에서 국내 생산한 것이었다. 인도도 비슷한 성장세를 보였다. 1985년 23만 3,000톤에서 2003년 71만 4,000톤으로 소비량이 늘었으며, 이 가운데 3분의 2는 식민지 시대부터 존재했던 남부 지역의 구릉지 플랜테이션에서 국내 생산됐다. 라틴 아메리카의 인구와 산업 중심지인 브라질도 비슷한 증가세를 보였다. 1985년 9만 8,000톤이었던 소비량이 2000년에는 22만 7,000톤으로 늘었다. 반면 2000년 유럽에서는 독일과 프랑스를 합친 소비량이 52만 톤에 그쳤고, 경제가 위축된 러시아의 소비량은 3만 6,000톤에 불과했다.[51]

1990년대 초반이 되자 천연고무는 다시금 전 세계 고무 생산량의 3분의 1을 훨씬 넘는 비중을 차지하게 되었다. 웨이드 데이비스(Wade Davis)는 이 사실을 명쾌히 요약한다. "오늘날 모든 민간 및 군용 항공기

---

51 전 세계 통계에 대해서는 Abraham, *Asian Rubber Handbook*, pp. 49-50을 참조하라.

의 타이어는 100퍼센트 천연고무다. 대형 산업 기계의 타이어 역시 90퍼센트가 천연고무로 만들어져 있다. 자동차 타이어에 사용되는 고무의 절반 가까이는 1만 3천 마일(약 2만 킬로미터)이나 떨어진 농장에서 온 것이다."[52] 이 수천 마일의 거리는 자동차 시대가 낳은 전 지구적 생태 연결망을 상징했다. 그러나 소비자들에게 이 거리는 굳이 관심을 둘 필요가 없는 다른 나라 이야기에 불과했다.

---

52 Davis, *One River*, p. 370.

더 읽어보기

Babcock, Glenn D. *History of the United States Rubber Company.* Bloomington: Bureau of Business Research, Indiana University, 1966.

Barlow, Colin. *The Natural Rubber Industry: Its Development, Technology and Economy in Malaysia.* Oxford University Press, 1978.

Brookfield, Harold, Lesley Potter, and Yvonne Byron. *In Place of the Forest: Environmental and Socioeconomic Transformation in Borneo and the Eastern Malay Peninsula.* Tokyo: United Nations University Press, 1995.

Davis, Wade. *One River: Explorations and Discoveries in the Amazon Rain Forest.* New York: Simon & Schuster, 1996.

Dean, Warren. *Brazil and the Struggle for Rubber: A Study in Environmental History.* Cambridge University Press, 1987.

Eckes, Alfred E., Jr. *The United States and the Global Struggle for Minerals.* Austin: University of Texas Press, 1979.

Finlay, Mark R. *Growing American Rubber: Strategic Plants and the Politics of National Security.* New Brunswick: Rutgers, 2009.

Gershoni, Yekutiel. *Black Colonialism: The Americo-Liberian Scramble for the Hinterland.* Boulder: Westview, 1985.

Grandin, Greg. *Fordlandia: The Rise and Fall of Henry Ford's Forgotten Jungle City.* New York: Metropolitan Books, 2009.

Graveline, François. *Des hévéas et des hommes: l'aventure des plantations Michelin.* Paris: Chaudin, 2006.

Grilli, Enzo R., Barbara Bennett Agostini, and Maria J. 'tHooft-Welvaars. *The World Rubber Economy: Structure, Changes, and Prospects.* Baltimore: Johns Hopkins University Press, 1980.

Harms, Robert. "The end of red rubber: a reassessment," *Journal of African History* 16/1 (1975), 73-88.

Hochschild, Adam. *King Leopold's Ghost.* Boston and New York: Houghton Mifflin, 1998.

Krasner, Stephen D. *Defending the National Interest: Raw Materials Investments and U.S. Foreign Policy.* Princeton University Press, 1978.

Marshall, Jonathan. *To Have and Have Not: Southeast Asian Raw Materials and the Origins of the Pacific War.* Berkeley, CA: University of California Press, 1995.

McMillan, James. *The Dunlop Story.* London: Weidenfeld and Nicholson, 1989.

Monson, Jamie. "From commerce to colonization: a history of the rubber trade in the

Kilombero Valley of Tanzania, 1890-1914," *African Economic History* 21 (1993), 113-130.

Schidrowitz, P. and T. R. Dawson, eds. *History of the Rubber Industry*. Cambridge: Heffer, 1952.

Slocomb, Margaret. *Colons and Coolies: The Development of Cambodia's Rubber Plantations*. Bangkok: White Lotus, 2007.

Stoler, Ann Laura. *Capitalism and Confrontation in Sumatra's Plantation Belt, 1870-1979*. New Haven: Yale University Press, 1985.

Tengwall, T. A. "History of rubber cultivation and research in the Netherlands Indies," in Pieter Honig and Frans Verdoorn (eds.), *Science and Scientists in the Netherlands Indies*. New York: Board for the Netherlands Indies, 1945.

Tucker, Richard P. *Insatiable Appetite: The United States and the Ecological Devastation of the Tropical World*. Berkeley, CA: University of California Press, 2000. Condensed and updated edition Lanham, MD: Rowman and Littlefield, 2007.

CHAPTER 19

약물

윌리엄 맥앨리스터
William B. Mcallister[1]

인류 역사가 시작된 이래 거의 모든 사회는 각 지역에서 자연적으로 얻을 수 있는 향정신성 물질(psychoactive substances)을 사용해 왔다.[2] 다만 극지방 사람들만은 예외였다. 그 지역에는 이러한 물질을 제공할 만

---

1 이 글에 나타난 견해는 저자의 개인적 의견이며, 반드시 미국 정부나 국무부의 견해를 대표하는 것은 아니다.
2 '약물(drug)'에 대하여 보편적으로 합의된 정의는 존재하지 않는다. 기능에 근거하여 정의하는 경우, 약물의 생리학적 효과에 따라 법률이나 조약에서 규정된 통제 범주로 약물을 구분한다. 주요 범주로는 마약(narcotics), 중추신경계 흥분제 및 억제제, 환각제/대마(hallucinogens/cannabis)가 포함된다(United Nations Office on Drugs and Crime, Information about Drugs, www.unodc.org/unodc/en/illicit-drugs/definitions/index.html). 이 글에서는 위의 분류법과 더불어, F. E. Zimring and G. Hawkins, *The Search for Rational Drug Control* (Cambridge University Press, 1992), pp. 31-32 에서 제시한 정의를 수정하여 다음과 같이 약물을 정의한다. "종종 의약적 가치를 가지며, 기분 전환용으로 사용될 수 있고, 통제 조치의 대상이 되는 향정신성 물질(psychoactive substance)." '중독(addiction)' 개념을 포함시키려면 다소 곤란한 점이 있다. 중독이라는 개념 자체가 비교적 최근에 형성된 것이고, 근대 이후에도 중독의 정의가 변화해왔기 때문이다. 특히 점점 더 많은 물질이 신체적 또는 심리적 금단 증상, 또는 의식 변화를 유발한다는 것이 밝혀지면서 그 정의가 더욱 복잡해졌다. 약리학적으로 알코올과 니코틴(담배) 또한 약물에 반드시 포함해야 하지만, 알코올과 담배라는 주제는 워낙 방대하기 때문에 이 글에서는 간략하게 다룰 수밖에 없었다. 이 글에서는 대개 의약용 혹은 준(準)의약용 물질들 가운데 지난 한 세기 동안 흔히 사용되었지만 다소 '남용(abuse)' 가능성이 있었던 물질들을 중점적으로 논의하고자 한다. 일반적으로 '마약(narcotics)'이라는 용어가 모든 향정신성 물질을 포괄하는 의미로 사용되곤 하지만, 이 글에서는 진통 목적으로 주로 사용되며 독특한 중독적 특성을 지닌 천연 및 합성 아편 계열의 물질에만 한정하여 '마약(narcotics)'이라는 용어를 사용할 것이다. 또한 국제 통제 조약의 용어법을 따라, 중추신경계 흥분제와 억제제, 그리고 환각제는 이 글에서 '향정신성(psychotropic) 물질'이라는 용어로 통칭하여 사용한다.

한 식물이나 가축화할 동물이 없었기 때문이다. 그 외 대부분의 문화권에서는 의식이나 신체 상태를 변화시키는 화학물질을 사용하며 그 이점과 문제점을 함께 경험했다. 이런 물질들은 종교적 의례, 치료 목적 또는 노동의 효율성을 높이기 위해 이용되었다. 모든 사회는 일반적으로 이러한 물질의 사용을 규제하고 관리하는 규범을 마련해왔다. 오늘날까지도 세계 여러 지역에서는 전통적으로 내려온 약물(traditional drugs)의 사용이 이어지고 있다. 이 글에서는 1500년 이후를 중심으로 살펴볼 것인데, 이 시기는 세계 각지로부터 새로운 향정신성 물질(non-indigenous psychoactive substances)이 들어와 확산되면서, 약물 사용 방식뿐 아니라 경제 활동, 국제 무역, 사회적 관습, 행동 규범, 정치 구조까지도 크게 바뀌던 시기였다. 이러한 변화의 흐름을 간략하게 정리하기 위해 근대 이후 약물이 확산된 역사를 세 단계로 나누어 보았다. 첫 번째는 '확산의 시대(Era of Diffusion, 1500년-19세기 중반)', 두 번째는 '발전과 통제의 시대(Era of Development and Control, 19세기 중반-20세기 중반)', 마지막은 '세계화의 시대(Era of Globalization, 20세기 후반-현재)'다. 의료적 용도와 비의료적 용도를 모두 포함하는 광범위한 약물의 사용은 서로 다른 문화 사이의 활발한 교류를 촉진했다. 이 과정에서 시장을 장악하여 경제적 이익과 정치적 권력을 얻으려는 다양한 전략들이 등장했고, 약물 소비를 억제하고자 하는 강력한 사회운동도 나타났다.

확산의 시대

향정신성 물질은 근대 초기 세계 각지의 상품, 사상, 인적 교류를 촉진하는 데 중요한 역할을 했다. 크리스토퍼 콜럼버스가 카리브해에 도착했을 때 원주민들이 환대의 표시로 그에게 처음 건넨 선물 중 하나가 바로 담배였다. 아메리카 대륙 밖에서는 전혀 알려지지 않았던 담배는 불과 150년 만에 전 세계로 급속히 퍼져 나갔다. 16세기부터 에티오피아에서 시작된 커피는 오스만 제국을 거쳐 유럽과 동아시아 지역까지 퍼졌다. 16세기 중반에는 오랫동안 동아시아 지역에서만 음용되던 차(茶)가 유럽의 무역 상품으로 등장하기 시작했다. 많은 사회가 오래전부터 와인, 맥주, 벌꿀술(mead) 등 알코올 도수가 낮은 음료를 소비해왔으나, 17세기 유럽에서는 이보다 훨씬 강력한 증류주의 인기가 급상승했다. 이러한 물질들이 원산지를 넘어 전 세계로 퍼진 현상은 콜럼버스의 신대륙 발견 이후 본격화된 전 지구적 상호작용의 역동성과 그 전면적 확산을 잘 보여준다.

습관성 물질은 상인과 정부, 그리고 다양한 사회 계층의 소비자들에게 귀중한 상품으로 떠올랐다. 이러한 물질은 처음에는 군인, 선교사, 제국의 행정 관리들을 통해 새로운 지역에 전파되었다. 곧이어 무역상과 주점 주인, 세무 관리들은 그로부터 이윤 창출의 가능성을 알아차리게 되었다. 약물은 가치가 높고 부피가 작은 좋은 화물이었다. 주요 시장에서 멀리 떨어진 농부나 상선의 소유주에게 곡물이나 목재보다는 같은 무게의 위스키나 차를 운송하는 편이 훨씬 큰 수익을 안겨주었다. 처음에는 사치품으로 간주되었지만, 나중에 대중 소비재로 변한 이러한 물질들에 대하여 정부는 독점 정책을 사용하거나 별도로 세금을 부과했다. 새로운 지역에 도입될 때 사람들은 처음에 향정신성 물질을 약효가 있는 것으로 여겼다. 이러한 인식이 물질의 확산을 촉진했다. 약물은 사회적 지위를 나타내는 표시로도 사용되었다. 예를 들어 담배 흡연이 보편화되자 엘리트층은 코담배(snuff)를 선호하기 시작했다. 시간이 흐르면서 특히 유럽 국가들과 그들이 이주하여 정착한 식민지에서, 제공하는 음료의 종류에 따라 장소의 성격이 구분되었다. 사업가들을 위한 커피, 노동자들을 위한 술, 그리고 여성들을 위한 차가 제공되었다. 음료를 제공하는 휴게소는 시민의 교류와 정치 활동, 군인 모집은 물론 심지어 반정부적 활동의 장소가 되기도 했다. 약물 무역은 경제의 다른 주요 분야도 활성화했다. 증류주를 제조하려면, 진(gin)의 경우 값싼 곡물이, 럼(rum)의 경우 값싼 설탕이 필요했다. 또한 차, 커피, 카카오의 소비에는 많은 양의 감미료가 필요했으며, 이는 설탕과 노예, 식료품 등의 대양 횡단 교역을 촉진했다. 18세기 유럽에서는, 의약품과 기호품을 막론하고, 향정신성 물질의 대중적 시장이 형성되었다.

그러나 새롭고 더욱 강력한 약물의 도입은 사회적 불안을 키웠다. 이는 결국 규제로 이어졌다. 처음에는 이국적 약물의 의학적 효능에 환호했지만, 이후에는 대개 부정적인 반응이 뒤따랐다. 이러한 반대 여론은 크게 몇 가지로 나뉘었다. 직접적인 건강상의 해악, 노동 효율성 저하, 보다 바람직한 용도로 사용되어야 할 자원의 낭비, 그리고 기존 사회 질서에 대한 위협 등이었다. 유라시아 전역의 여러 나라에서 흡연 금지를 시도한 적이 있었다.[3] 예컨대 잉글랜드의 제임스(James) 1세는 1604년에 칙령을 내려 흡연을 "보기에 역겹고, 코에 불쾌하며, 뇌에 해로운 습관"이라고 규정했다. 그는 또한 담배 연기를 "바닥 없는 지옥(Stigian)의

---

[3] 담배 금지를 시도한 각국 정부의 예시 목록은 Fernand Braudel, *The Structures of Everyday Life* (New York: Harper and Row, 1979), pp. 260–265를 참조하라.

끔찍한 연기와 가장 닮은 검고 악취 나는 연기"라고 묘사하며 강력하게 비난했다.[4] 오스만 제국에서는 커피하우스를 억압했다. 커피가 가진 의학적 효능이 문제가 아니라, 커피하우스가 정치적 반대 세력의 온상으로 의심되었기 때문이다. 알코올 사용과 관련된 문제는 가장 강한 비난을 받았다. 종교 지도자들은 술이 개인의 도덕적 절제력을 상실하게 만들고 가정에 해악을 끼친다며 강력히 반대했다. 고용주들 역시 노동자의 생산성 저하를 우려했다. 정부 관리들은 특히 하층민의 무질서한 행동이 국가 권위에 위협이 될까 우려했다. 많은 아시아인, 아프리카인, 아메리카 원주민들과 일부 서구인들은 알코올이 사람을 예속시키는 도구로 사용되는 현실에 혐오감을 느꼈다. 당국은 음주의 사회적 폐해를 억제하기 위해 도덕적 설득, 금주(禁酒)의 미덕 강조, 사회적 배제, 접근 제한, 판매량 제한, 높은 세금 부과, 음주 금지 등의 다양한 규제책을 동원했다. 또한 진(Gin) 대신 맥주를 권장하는 것처럼, 상대적으로 덜 해롭다고 판단되는 대체 음료를 보급하는 방식으로도 문제 해결을 시도했다.

개별적으로 성공한 정책적 개입은 많았지만, 규제 노력이 전반적으로 약물 소비를 줄이지는 못했다. 그 이유 중 하나는 약물 사용의 자기강화적(self-reinforcing) 특성 때문이다. 한 번 향정신성 물질에 익숙해지면 사람들은 이를 얻기 위해 많은 노력을 기울였다. 이는 비단 소위 '강력한 마약(hard drugs)'에만 국한된 현상은 아니었다. 수많은 사람들이 매일 아침 커피 없이는 제대로 일할 수 없다고 느끼는 것도 비슷한 경우

---

[4] "A Counter-Blaste to Tobacco," www.gutenberg.org/files/17008/17008-h/17008-h.htm (accessed August 12, 2012).

다. 선호하는 약물을 구할 수 없거나 너무 비싸지면, 사용자들은 이를 대체할 다른 약물을 찾는다. 그것이 결국 '다중 약물 사용(poly-drug)' 현상으로 나타난다. 이러한 향정신성 물질의 중독성(habit-forming)은 사업가들에게 막대한 수익을 가져다주는 것으로 확인되었다. 예컨대 16세기 러시아에 보드카(vodka)가 도입된 이후 제조업자와 소매상들은 엄청난 수익을 올렸다. 이는 결국 19세기 러시아 산업 발전의 중요한 자본이 되었다.[5] 스코틀랜드의 글래스고(Glasgow)가 국제 해상 무역의 초기 중심지로 성장할 수 있었던 것은 주로 담배 거래의 핵심 거점으로 명성을 얻었기 때문이다. 게다가 각국 정부 역시 약물 소비로 발생하는 세입에 깊이 의존하게 되었다. 정부는 약물 무역에 관세를 매기거나, 수출입 및 판매를 직접 통제하는 독점 정책을 펼쳤다. 때로는 최고 입찰자에게 독점권을 넘기고, 입찰자는 시장에서 가능한 최고 가격을 책정하여 수익을 올렸다. 이러한 무역으로 국가 재정을 충당하는 정부가 점점 늘어났다. 예컨대 19세기 초 러시아 차르 정권의 경우 보드카 판매 수입이 국가 세수 중 가장 큰 비중을 차지할 정도였다.[6] 식민지 개척 과정에서 중심적 역할을 맡았던 동인도회사(East India Company)와 서인도회사(West India Company) 같은 정부 지원 카르텔 역시 차(tea), 커피, 설탕, 담배, 아편 등 약물 거래에서 막대한 이익을 거두었다. 또한 영국의 큐 왕립식물원(Kew Gardens), 네덜란드령 동인도의 식민지 식물원(Buitenzorg)과 같은 정부의 지원을 받는 농업시험장에서는 식민지 농장의 생산성을 높이

---

5 David Christian, *"Living Water": Vodka and Russian Society on the Eve of Emancipation* (Oxford: Clarendon Press, 1990), p. 376.
6 Christian, *"Living Water"*, pp. 5-7, 34, 134-135.

기 위해 더 강력하고 수익성 높은 품종을 개발하는 데 주력했다.[7]

약물 사용의 급격한 확산, 기업의 수익 창출 가능성, 정부의 세수 확보 기대, 소비 규제 노력 등이 맞물리면서 광범위한 지하 활동이 급증했다. 높은 수익을 노리고 위험을 감수한 사업가들은 밀수와 탈세를 저지르고 규제 조치를 우회하며 독점 체제에 침투했다. 밀수 행위는 오래된 관행이지만 세계 무역이 확대되면서 그 규모와 속도가 급격히 빨라졌다. 향정신성 물질의 높은 경제적 가치가 주요 원인이었다. 약물을 비밀리에 보관하고 운반하는 과정에서 만들어진 유통망은 다른 밀수품 운송 경로로도 활용되었다. 일부 식민지에서는 약물 거래를 통해 엄청난 이익을 얻으면서 현지 중개인인 매판(comprador)이 생겨났다. 이는 결국 제국주의 세력, 현지 협력자들, 그리고 세계체제(global system)에 불리한 조건으로 편입되는 것을 거부한 아프리카와 아시아의 정권들 간에 권력 구조를 새롭게 재편하는 결과로 이어졌다. 정부 역시 농업 스파이 행위를 통해 경쟁 세력이 장악한 지역에서 잠재적 가치가 높은 약물의 견본을 은밀히 빼돌렸으며, 이 중 가장 유망한 품종을 선정해 자국의 식민지에서 재배하도록 조작하기도 했다. 합법적인 약물 경제가 급성장하면서 불법 밀매와 공생하는 구조가 형성되었고, 이는 국가의 통치 능력과 사회적 기능에도 심각한 영향을 끼쳤다. 이러한 관계는 오늘날까지도 계

---

7 최근의 기술적·통계적 분석은 P. Wallis, "Exotic drugs and English medicine: England's drug trade, c. 1550-c. 1800," *Social History of Medicine* 25/1 (2011), 20-46; B. Forrest and T. Glick, "Cacao culture: case studies in history," Special Issue of C. Counihan and A. Grieco (eds.), *Food and Foodways: Explorations in the History and Culture of Human Nourishment* 15/1 (2007)를 참조하라.

속 이어지고 있다.

　세계적 향정신성 물질 활용의 가장 대표적인 사례는 동아시아와 남아시아에서 나타났다. 아편(Opium)은 오랜 기간 중요한 약재로 널리 사용되었으나 주로는 농도가 약한 형태로 이용되었다. 보통은 직접 먹거나 물에 녹여 마시는 방식이었다. 17세기에 담배 흡연이 동아시아와 인도네시아에 전파된 이후, 다양한 약물을 결합하여 실험하는 현상이 자연스럽게 뒤따랐다. 사람들은 담배에 여러 물질을 섞어 피웠는데, 아편을 담배와 결합하자 강력한 마약성 효과가 나타났다. 중국 정부는 흡연을 제한하려고 했지만, 약재로 간주된 아편은 규제 대상에서 제외했다. 이 정책은 뜻하지 않은 결과를 가져왔다. 즉 가열하여 연기를 흡입할 수 있도록 만든 새로운 형태의 아편을 발달시켰고, 이것이 곧 '아편 흡연(opium smoking)'으로 불리게 되었다. 네덜란드, 포르투갈, 영국 상인들은 주로 인도에서 들여온 흡연용 아편을 점점 더 많이 공급하기 시작했다. 정확한 수치를 산출하기는 어렵지만, 18세기 중엽에 이르면 중국에만 매년 수입되는 아편이 아마도 연간 10만 킬로그램을 초과했을 것으로 추정된다. 외국 상인들에게 아편은 만성적인 무역 불균형을 해소하고 경화를 벌어들이기 위한 수단이었다. 기존의 무역 불균형은 대개 인기 품목이자 기호품이었던 차(tea)의 수입 때문에 발생한 것이었다. 영국 동인도회사는 관할 지역의 아편을 모두 매입할 수 있는 독점권을 설정하였다. 그런 다음 확보한 아편을 동아시아 항구로 운반할 상인들에게 판매했다. 네덜란드령 동인도 등 다른 식민지 지역에서도 식민 당국이 아편 유통을 독점했다. 소매 판매권은 가장 높은 입찰가를 제시한 상인에게 하청 방식으로 넘겼다. 식민 당국이 일정 지역의 독점 판매권을 현지인에게 비싼 가격에 위탁(farmed out)했다고 해서, 흔히 이를 '아편 위탁(opium farming)'이라고 불렀다. 19세기 초가 되자 아편 교역량은 연간 30만 킬로그램을 넘어섰다. 이에 중국 정부는 아편 중독으로 인한 사회 문제와 막대한 은(銀)이 해외로 유출되는 상황을 점점 더 걱정하게 되었다. 18세기부터 19세기 초까지 청 제국 정부는 수입과 아편 소비를 억제하기 위해 여러 차례 칙령을 반포했으나 큰 효과를 보지 못했다. 유럽 무역상들은 마카오와 홍콩 등 교역 중심지의 지방 관리들과 결탁하여 중국으로 아편을 밀수했다. 결국 이러한 긴장은 무력 충돌로 이어졌다. 1839년부터 1842년까지 벌어진 아편전쟁(Opium War)에서 청 제국은 규모는 작지만 기술적으로 우월했던 영국군에 참패를 당했다. 이후 중국의 주권이 점차 서구 열강에 침식되는 시대를 맞이하게 되었다. 19세기의 많은 동시대인들은 아편 사용이 중국 사회와 통치 체제를 심각하게 악화시켰다고 평가했다. 이러한 평가는 결국 국제적으로 마약을 통제해야 한다는 지정학적 논리로 발전했다.

    19세기 중엽, 향정신성 물질은 상품, 자본, 인력, 권력을 둘러싼 전 세계적 교류에서 핵심적인 역할을 했다. 무게당 가치를 따지자면, 아편은 당시 세계에서 거래된 물품 중 가장 수익성이 높았다. 가령 초기의 클리퍼선(clipper ships)은 상대적으로 소량이지만 가치가 높은 아편을 인도에서 동아시아로 운반하기 위해 특별히 설계된 선박이었다. 이 배들은 중무장 상태에 속도도 빨라 화물을 빠르게 싣고 내릴 수 있었으며, 항로에서 불법적 이익을 노리는 해적을 따돌리거나 격퇴할 수 있는 능력까지 갖추고 있었다.

    신대륙이 발견된 이후 국제 무역이 크게 늘어나자, 이전까지 각 지역

문화에서 볼 수 없던 새로운 약물들이 전 세계로 빠르게 확산되었다. 특히 유럽 국가들이 합법적인 무역은 물론 불법적인 약물 거래까지 주도했다. 그 과정에서 사람들의 일상생활뿐 아니라 국제 무역의 구조, 소비자의 상품 선호도, 국가 간 힘의 균형까지도 크게 달라졌다. 그 결과 많은 사람들이 어느덧 값싸고 쉽게 구할 수 있는 각성제나 마약류와 같은 약물을 일상적으로 접하게 되었다. 19세기 중반 이후 교류가 더욱 빠르고 넓게 이루어지면서, 약물 문제는 20세기의 새로운 경제적·사회적·법적·의료적·정치적 질서 속에서 중요한 기회이자 극복해야 할 과제로 떠올랐다.

발전과 통제의 시대

19세기에는 기술과 상업이 크게 발전하면서 전 세계가 더욱 밀접하게 연결되었다. 그 덕분에 여러 향정신성 물질도 널리 확산될 수 있었다. 이른바 '2차 산업혁명'이 일어났고, 이를 기반으로 대중을 위한 의약품 개발에 특화된 화학·제약 기업들이 탄생했다. 헤로인, 모르핀, 코카인 등의 물질이 모두 이 시기의 화학자들이 새로 개발한 것들이었다. 모두 처음에는 주로 진통제로 사용될 목적으로 만들어졌다. 신물질은 수익성이 매우 높았다. 이를 바탕으로 바이엘(Bayer)과 같은 제약 회사가 최초의 다국적 기업으로 성장했다. 의약품 생산 기술이 발달하면서 다국적 제약 기업은 의사와 환자를 동시에 겨냥하는 대대적인 마케팅 전략을 펼쳤다. 의료 기술의 혁신도 뒤따랐다. 예컨대 피하주사바늘이 발명되어 신약을 정확한 용량으로 혈류에 직접 투입할 수 있게 되었다. 약물의 효과는 이전보다 훨씬 더 강력해졌다. 증기기관을 이용하는 원양선박 같은 새로운 교통 수단이 등장하면서 고가의 의약품을 빠르고 안정적이고 저렴한 비용으로 운송할 수 있게 되었다. 특히 신선도 유지가 중요한 코카(coca)와 같은 물질 운송에는 신속성이 필수적이었다. 코카의 잎은 효능이 금방 떨어지기 때문에 남아메리카 지역에서만 사용되었다. 그러나 운송 수단이 발달하면서 효능이 떨어지기 전에 유럽의 가공시설까지 운송이 가능해졌다.

19세기에는 산업화된 선진국에서는 의학 전문가 집단이 약물의 효능을 의학적 기준으로 평가하기 시작했다. 그에 따라 향정신성 물질에 대한 인식도 달라지기 시작했다. 체계적인 의학교육과 전문 학술지가 발달하면서 의료 전문가들 사이에서는 특정 약물의 실질적인 효과가 신속하게 공유되었다. 의사들은 어떤 물질을 '약(drugs)'으로 인정할지를 결정하는 일종의 관리자로 자리잡았다. 또한 약물의 사용 목적에 따라, 의료로 인정되는 '합법적(legitimate)' 사용과 단순한 즐거움을 위한 '불법적(illicit)' 사용이 나누어졌다. 시간이 흐르면서 이러한 구분은 약물을 사용하는 사람을 구분하는 기준으로 이어졌다. 즉 치료가 필요한 '환자(patients)'와 약물을 함부로 사용하는 '남용자(abusers)'가 나누어졌다. 특히 '중독(addiction)'이라는 개념은 인종, 사회적 지위, 성별에 대한 편견과 결합되는 경향을 보였다. 그 결과 '마약 중독자'는 사회의 중심에서 밀려난 주변부 인물이라는 이미지가 형성되었고, 이들은 흔히 규제와 통제의 대상이 되었다.

그 무렵 향정신성 물질은 점차 '약물(drug)'이라는 꼬리표에서 벗어났다. 제조와 마케팅, 소비는 꾸준히 증가했지만 의료나 규제당국의 큰 간섭은 없었다. 커피와 차는 점차 음료로 인식되었다. 소비를 촉진하는 주요 요인 중에서 초기의 의약적 효능은 점차 배제되었다. 카카오의 주요 가공품인 초콜릿은 값싼 설탕을 듬뿍 첨가하여 결국 단맛을 내는 '과자류(sweet)'로 분류되었다. 담배, 특히 궐련(종이로 싼 담배)은 매우 인기 있는 기호품으로 자리잡았다. 흡연은 어린이가 아니라면 기본적으로 해롭지 않은 행위로 간주되었다. 알코올은 애매한 위치에 있었다. 일반적으로 '약물'로 분류되지는 않았지만, 대부분의 사회에서는 증류주뿐 아니라 흔히 와인과 맥주 역시 특별한 경우로 취급해야 한다는 인식이 있었다. 그래서 각국 정부는 음주 가능한 나이를 제한하거나, 판매 및 소비가 가능한 시간과 장소를 엄격히 규제했다.[8] 심지어 일부 지역에서는 음주를 완전히 금지하기도 했다. 하지만 음주를 법으로 금지하더라도 사람들의 음주 습관 자체를 완전히 근절하기는 매우 어려웠다. 결국 차와 커피, 카카오 같은 가벼운 각성제와 담배, 알코올은 모두 세계 시장에서 일상적인 상품으로 취급되었고, 일반 상품과 같은 과세나 관세, 무역 정책을 적용받게 되었다.

19세기 후반에 이르러 사회적으로 약물 남용에 대한 인식이 변했고,

---

[8] 19세기의 주요 조사 사례로는 영국 의회 보고서(British Parliamentary Papers)의 《사회문제: 음주(Social Problems: Drunkenness)》에 수록된 여러 음주 문제 위원회 (Committees on Intemperance)의 보고서들이 있다. "Report from the Select Committee on Drunkenness with minutes of evidence and appendices"(1834); "Report from the Select Committee on Habitual Drunkards with proceedings, minutes of evidence, appendix and index"(1872); "First, Second and Third Reports from the Select Committee of the House of Lords on the Prevalence of Habits of Intemperance with proceedings, minutes of evidence, appendices and index"(1877); "Reports from the Select Committee of the House of Lords on the Prevalence of Habits of Intemperance with proceedings, minutes of evidence, appendices and index"(1878-1879), (Shannon: Irish University Press, 1968-1969).

수요와 공급이 모두 늘어났으며, 효능과 접근성도 높아졌다. 이에 각국 정부는 아편(opium)과 코카(coca)를 원료로 하는 약물에 대하여 점점 더 강력한 규제를 실시하게 되었다. 많은 산업 선진국에서는 서양의학 기준에 따른 '합법적인 의료 목적'으로만 아편과 코카의 유통을 허용했다. 식민지에서는 기존에 민간업자가 세금을 내고 약물을 유통하던 방식(concessions, farming)을 중단했다. 국민 건강을 희생한 대가로 정부가 수익을 얻는다는 비판이 높아졌기 때문이다. 정부는 종교단체 등의 요구를 대폭 수용했고, 약물의 유통을 정부가 직접 관리하는 전매 체제로 전환했다. 그러나 불법 거래자들은 정부의 규제를 어렵지 않게 피해 다녔다. 결과적으로 약물 거래는 점차 국제적인 문제가 되었다. 각국 정부는 약물 규제에 성공하려면 국제협력이 필수라는 사실을 명백히 인식하게 되었다.

국제 마약 통제 체제가 만들어진 배경에는 동아시아의 지정학적 이해관계가 자리잡고 있었다. 19세기 후반에 들어 중국의 아편 수입량, 국내 생산 및 소비량은 전례 없는 수준으로 치솟았다. 1880년대 중국이 인도에서 수입한 아편만 하더라도 매년 600만 킬로그램에 달했다. 이는 페르시아와 터키 등 다른 지역에서 수입한 물량은 제외한 수치였다.[9]

---

9 이 내용이 학계의 기존 통설이다. 당시 관찰자들의 추정에 따르면 중국의 아편 재배량이 수입량과 대략 비슷했으므로, 전체 아편 공급량은 연간 1,200만-1,400만 킬로그램으로 추정된다. 비교를 위해 살펴보면, 오늘날 합법적인 의약 목적으로 필요한 아편류 물질은 연간 100만 킬로그램을 넘지 않는데, 현재 세계 인구는 19세기 후반의 약 5배에 이른다. 기존의 통설에 이의를 제기하는 최근의 연구로는 David A. Bello, *Opium and the Limits of Empire: Drug Prohibition in the Chinese Interior, 1729-1850* (Cambridge, ma: Harvard University Press, 2005); Frank Dikoetter, Lars Laamann, and Zhou Xuyn, *Narcotic Culture: A History of Drugs in China* (University of Chicago Press, 2004)

대부분의 관찰자들은 아편 중독이 중국을 심각하게 약화시킨다고 생각했다. 일각에서는 중국이 1880년대 중반 아프리카 분할(Scramble for Africa)과 유사하게 열강들의 세력권으로 나뉠 수도 있다는 우려를 나타냈다. 중국의 영토 보전과 중앙정부의 권위 유지에 가장 큰 관심을 보인 나라는 영국과 미국이었다. 그들은 상품을 중국 전역에 판매하려면 중국이 통일된 하나의 시장으로 유지되는 편이 더 이익이라고 믿었다. 유럽 내 긴장 고조로 영국은 자국의 군사력을 본국에 더 가까이 배치해야 하는 상황이었다. 영국은 중국이 스스로 러시아, 프랑스, 일본을 비롯한 기타 중간급 제국주의 열강의 진출을 막아낼 수 있기를 바랐다. 따라서 영국은 중국 정부가 온전히 유지되는 편을 선호했다. 1898년 필리핀을 획득한 이후에도 미국은 아시아 본토까지 군사력을 보내기는 쉽지 않았다. 그래서 미국 역시 아시아 지역의 안정을 원했다. 또한 규모는 작지만 목소리가 컸던 여론집단들, 특히 미국의 경우 마약 중독이 자국을 위협하는 전염병처럼 퍼질 것을 우려하는 목소리가 강하게 제기되었다. 서구 국가로 이주한 중국인들이 아편 흡연소(opium smoking dens)를 운영하며 자국의 청년들을 타락시킨다는 공포감은 마약 규제를 지지하는 매우 강력한 근거가 되었다. 결국 영국과 미국은 국내외의 국가적 이익을 위해, 국제적으로 협력하여 약물의 폐해를 막는 체제를 만드는 데 앞장섰다.

현대 약물의 역사에서 가장 중요한 발전 중 하나는 국제적인 약물 통제 체계의 형성이었다. 이 체계는 20세기 초반 약 30년 동안 단계적

를 참조하라.

으로 만들어졌다. 1909년 중국 상해(상하이)에서 열린 국제회의에서 처음으로 약물 규제를 위한 기본 원칙이 마련되었고, 이후 1912년 네덜란드 헤이그에서 추가 논의를 거쳤다. 1925년과 1931년에는 국제연맹(League of Nations)이 주도하여 스위스 제네바에서 관련 조약들이 체결되었다. 이로써 현재 국제 약물 통제 체계의 주요 내용이 완성되었다. 기본적인 접근법은 약물의 합법적인 의료 목적에 필요한 만큼만 공급을 제한하는 것이었다. 각국 정부는 매년 필요량을 미리 계산하여 국제기구에 보고했고, 국제기구는 합법적으로 유통된 약물이 불법 유통으로 넘어가지 않도록 감시하였다. 또한 약물은 중독성의 위험 수준에 따라 여러 범주(schedule, 규제등급)로 나누어, 위험성이 클수록 엄격한 규제가 적용되었다. 동시에 필요한 의약품이 합리적인 가격에 공급되어야 한다는 점도 고려했다. 그래서 제조량 자체를 엄격히 제한하지는 않았다. 실제로 의약품 시장은 수익성이 높아 의료적 필요보다 더 많은 양이 생산되는 경우가 많았다. 따라서 국내외 유통 과정에서 철저한 회계 절차와 감시 시스템이 필요했다. 이런 노력 덕분에 시간이 지나면서 환자들은 합리적인 가격으로 양질의 의약품을 이용할 수 있게 되었다.

통제 체제는 합법적 활동을 장려하는 구조도 만들었다. 규정을 잘 지킨 제약 회사들은 세계 시장에 진출할 수 있는 혜택을 얻었다. 이들은 스스로를 '윤리적인(ethical)' 제약 회사로 자처하며, 중독성이 없는 진통제를 개발하기 위한 연구와 개발에 막대한 투자를 했다. 모르핀과 같은 효과를 가지면서도 중독 위험이 없는 약물이 개발된다면 국제 규제 대상이 되지 않아 전 세계 시장을 빠르게 장악할 수 있었기 때문이다. 1930년대에 접어들자 제약 회사들은 각성제(stimulants)와 진정제

(depressants)를 포함한 다양한 약물을 개발하기 시작했다. 이들 약물은 국제 규제를 받지 않았기 때문에 별다른 제약 없이 자유롭게 판매될 수 있었다. 이후 수십 년 동안 마약으로 분류되지 않은 다양한 향정신성 물질이 시장에 등장했지만, 규제 당국은 큰 관심을 기울이지 않았다. 당시에는 잘 드러나지 않았지만, 합법적 시장에서 규제를 피해 경쟁에서 우위를 점하려던 이러한 움직임은 결국 중독 가능성을 키우는 결과를 가져왔다. 새롭게 개발된 약물들이 이전에는 없었던 심리적, 생리적 효과를 일으켰고, 이러한 약물들이 공식적인 약전(藥典)에 추가되면서 중독의 위험이 더욱 확산되었기 때문이다.[10]

1920년대 후반부터 정부가 특정 약물을 실질적으로 단속하기 시작했지만, 오히려 은밀한 불법의 세계는 더욱 확대되었다. 국제적인 마약 통제가 엄격해질수록, 마약상들은 더 치밀하고 교묘한 수법으로 대응했다. 특히 아편, 헤로인(heroin), 코카인(cocaine) 같은 마약의 밀매가 급증했다. 위험을 무릅쓰고 단속을 피해가면 엄청난 이익을 얻을 수 있었기 때문이다. 범죄 조직은 값비싼 무기와 차량, 첨단 통신 장비를 동원하여 정부의 단속을 효과적으로 피해갔다. 이렇게 마약 밀매 조직과 각국 정부의 지원을 받는 국제적 마약 단속 기관 사이에는 기묘한 공생 관계가 형성되었다. 경찰이 강력한 단속으로 한 지역에서 성공을 거두면, 범죄 조직은 막대한 자금을 동원해 새로운 대응책을 마련하거나 공무원을 매수했다. 때로는 활동 근거지를 아예 다른 지역으로 옮겨버리기도 했다.

---

10 William B. McAllister, *Drug Diplomacy in the Twentieth Century: An International History* (London and New York: Routledge, 2000), especially pp. 126 and 251.

약물 거래 수익의 관리는 국가 발전에도 큰 도움이 되었다. 19세기 후반 네덜란드, 영국, 미국에서는 술에 붙는 세금이 전체 국가 재정 수입의 15-40퍼센트를 차지했다. 정부는 이를 교육이나 보건 같은 사회 분야 발전에 사용했다. 또한 주류 세금은 전쟁 비용을 마련하는 데도 쓰였다. 미국 남북전쟁 당시 북부 연방정부는 주류에 특별 세금을 추가로 부과해 전쟁 자금을 마련했고, 제1차 세계대전 당시에도 여러 나라가 주류 세금에 크게 의존했다.[11]

마약 거래를 둘러싼 갈등은 국가 내 권력 관계에서도 매우 중요한 문제였다. 그러나 장기적으로 볼 때 마약 자금에 지나치게 의존하는 것이 오히려 통치력을 약화시키는 경우가 많았다. 중국의 경우, 1911-12년 청 제국이 무너진 뒤 여러 군벌이 아편 거래를 차지하기 위해 치열하게 경쟁했다. 국민당은 아편 거래를 장악하여 경쟁 군벌을 제압할 수 있었지만, 결국 만연한 부패와 마약 남용의 확산 때문에 정부의 통제력과 효율성이 크게 떨어졌다. 1930년대 일본 관리들은 만주 점령 비용을 마련하기 위해 이란에서 불법으로 아편을 구입했다. 관동군 내 여러 부대가 마약 거래선을 서로 차지하려고 경쟁하면서 군사적 역량과 현지 주민 통제 역량의 심각한 저하를 초래했다. 중화인민공화국이 설립된 직후, 중국 공산당은 체계적인 아편 퇴치 운동을 벌였다. 이 과정에서 때로는 가혹한 조치가 취해지기도 했다. 이 운동의 목적은 단순히 국내의 마약 문제를 해결하는 것뿐 아니라, 반대 세력의 중요한 자금원을 없애려

---

11 J. W. Gerritsen, *The Control of Fuddle and Flash: A Sociological History of the Regulation of Alcohol and Opiates* (Leiden and Boston: Brill, 2000), pp. 87-116.

는 의도도 있었다.[12] 반대로 반란 세력 역시 기존 정권을 무너뜨리기 위한 투쟁에서 마약 자금을 활용했다. 예를 들어 1940년대 후반 인도네시아 민족주의자들은 네덜란드와 일본으로부터 빼앗은 아편을 팔아 독립 투쟁 자금을 마련했다. 중국 본토를 공산당이 점령한 뒤 국민당 잔존 세력은 동남아시아로 후퇴했으며, 그곳에서 불법 아편 거래 경로를 장악하여 군사 활동을 이어갔다.

불법 마약 거래에서 생겨난 돈은 정부 권력이 합법과 불법 사이의 경계를 모호하게 만들었다. 20세기 초, 각국이 마약 규제 조치를 시행하면서 오히려 많은 국가에서 부패가 제도적으로 자리잡는 계기가 되었다. 단속 업무를 맡은 관리들이 때로는 자신의 권한을 이용해 마약 조직을 도왔고, 그 대가로 조직은 돈과 선거 표, 폭력을 이용해 이들을 보호했다. 이러한 구조는 경찰뿐 아니라 기업인과 대지주, 정치인에게까지 영향을 미쳤다. 당국은 마약 거래의 책임을 주로 소수 민족, 반체제 세력, 혹은 국가 안보에 위협이 되는 외국인에게 돌렸다. 아편, 코카, 마리화나(해시시) 같은 주요 마약의 재배 및 수출국 정부들은 국제 규제를 따르는 척하면서도 불법 거래에서 나오는 이익을 놓치지 않으려는 이중적인 태도를 보였다. 세계 어디에서든 뇌물에 쉽게 넘어가 마약 밀수와 유통에 편의를 봐주는 관리들이 항상 존재했다. 마약을 얻기 위해 수단과 방법을 가리지 않는 중독자들, 정치와 상관 없는 범죄자, 비밀경찰, 개인적인 목적으로 움직이는 정보원, 마약 자금을 빼돌리는 반정부 세

---

12 여러 약물을 함께 사용하는(poly-drug) 현상을 잘 보여주는 사례로, 중국 본토의 당국은 결국 아편 사용을 상당히 줄이는 데 성공했으나, 그와 동시에 담배 흡연이 비슷할 정도로 널리 퍼지게 되었다.

력, 반체제 인사를 억압하는 내무부, 제대로 감시받지 않는 정보기관, 권력을 휘두르는 유력 인사들이 모두 마약으로 만들어진 지하경제를 중심으로 활동하며 번성했다.[13]

목적은 약물 남용을 막는 것이었지만, 실제로 정부와 국제사회의 마약 정책은 공급 차단에만 초점을 맞췄다. 규제당국과 의료 전문가들은 중독이 왜 발생하는지에 대해서는 거의 관심이 없었다. 단순히 마약 공급만 차단하면 중독자들이 자연스럽게 약물을 끊을 것으로 생각한 것이다. 중독자를 위한 제대로 된 치료 방법도 거의 없었다. 오히려 중독자들에게 유지용 약물을 처방하던 의사들에게 중독 환자가 몰려들면서 지역사회의 원성을 사기도 했다. 일부 병원이 효과적인 치료 프로그램을 운영한다고 주장했지만, 대부분은 중독성 약물을 다른 약물로 바꾸는 수준에 머물렀다. 교도소에서는 수감자들에게 강제로 약물 금단을 시도했으나, 이것도 장기적으로는 별 효과가 없었다. 사회 전반적으로 중독자를 바라보는 부정적인 시각 때문에 치료 노력은 제대로 지원받지 못했다. 특히 멕시코 이민자, 중국인 노동자, 도심 빈민층, 성매매 종사자, 안데스 고지대에서 코카잎을 사용하는 원주민 같은 소수집단의 경우, 주류 사회로부터 거의 공감을 얻지 못했다. 다수 집단에서 나온 중독자들도 흔히 '범죄적 성향(criminal tendencies)'이나 '퇴폐적 행동(degenerate behavior)' 같은 선천적 결함을 가진 도덕적으로 나약한 사람들로 여겨졌다. 약물 중독의 근본 원인을 해결하는 일은 성공 가능성이 낮고, 중독자

---

13 See, for example, Jonathan Marshall, *The Lebanese Connection: Corruption, Civil War, and the International Drug Traffic* (Stanford University Press, 2012).

들 역시 도움받을 가치가 없다고 여겨졌다. 결국 통제 정책은 공급 차단에만 집중되었다. 이러한 전략은 이후 수십 년 동안 예상치 못한 심각한 부작용을 가져오게 되었다.

20세기 전반기, 향정신성 물질에 대한 각국의 태도는 매우 다양했다. 제1차 세계대전 당시 일부 국가들은 전쟁 기간에 음주를 제한했다. 특히 제정 러시아는 전통 주류였던 보드카의 소매 판매를 전면 금지하고, 극장 공연과 교육 강연 등 다양한 '대체 오락(counter attractions)'을 건강한 대안으로 권장하기도 했다.[14] 전선의 병사들에게 보내진 위문품에는 담배가 자주 들어 있었고, 때로는 아편 계열 약물이 포함되기도 했다. 전쟁이 끝난 이후, 핀란드, 노르웨이, 미국에서 국가 차원의 금주법이 폐지되었다. 그러나 그 뒤에도 많은 지역에서 음주가 사회적·도덕적으로 해롭다고 보는 금주 운동가들의 목소리가 계속 이어졌다. 이들의 영향력으로 일부 지역에서는 술 판매에 제한이 유지되기도 했다. 무슬림 세계에서는 음주 금지가 공식적인 정책으로 계속 이어졌다. 급성장하는 영화 산업에서는 흡연과 음주 장면을 통해 도시인의 세련된 이미지를 보여주었지만, 때로는 주인공이 술과 담배로 인해 타락하는 모습을 묘사하여 관객의 흥미를 끌기도 했다. 미국의 재즈 음악은 마약 사용을 자주 암시했는데, 특히 마리화나(marihuana)라는 신비로운 물질이 자주 등장했다. 마리화나는 엄밀히 말하면 마약(narcotic)이나 코카인을 포함한 각성제(stimulant)와는 성격이 달랐지만, 각국 정부는 국제 마약 통

---

14 A. Sherwell, *The Russian Vodka Monopoly* (London: Temperance Legislation League, Cole & Co., 1915). www.archive.org/stream/russianvodkamono00sherrich#page/n1/mode/2up(accessed August 12, 2012).

제 조약에 따라 이를 규제 대상으로 정했다. 퇴폐적인 인물들이 아편굴(opium den)에 빠져 쇠락하는 장면은 특히 동아시아를 배경으로 한 대중소설과 사람들의 상상 속에서 흔히 볼 수 있는 소재였다. 한편 제약 회사들은 현대 의학의 뛰어난 효과를 적극적으로 홍보했다. 흰 가운을 입은 의사들이 다양한 질병을 성공적으로 치료하는 모습이나 과학적 연구 성과를 내세워 사람들의 신뢰와 관심을 얻으려 했다. 1930년대에 들어서자 각국 정부는 모르핀과 같은 의약품 비축량을 크게 늘렸다. 전쟁을 계획하는 사람들은 다시 세계대전이 발생하면 많은 군인 사상자가 발생하고, 전 사회가 전쟁에 동원되면서 의약품 수요가 급증할 것으로 예상했기 때문이다. 그러나 세계 인구의 상당수는 의학적 경험에서 별다른 변화를 느끼지 못했다. 현대 약품을 쉽게 접하지 못하거나 그 효능을 신뢰하지 못했기 때문에 여전히 전통적인 치료법에 의존하는 사례가 전 세계적으로 널리 지속되었다.

    제2차 세계대전과 그 이후 20년 동안에도, 20세기 초에 나타난 경향은 거의 그대로 이어졌다. 각국 정부는 군인들의 사기를 높이고 긴장을 완화하기 위해 군대에 맥주와 담배를 무료나 저렴한 가격으로 공급했다. 이 물품들은 전쟁으로 황폐해진 국가들 사이에서 마치 화폐처럼 널리 사용되었다. 한편 식민 열강이 운영하던 아편 전매 제도는 제2차 세계대전이 끝날 무렵 폐지되었다. 미국의 압력으로 영국, 프랑스, 네덜란드는 식민지 주민들에게 중독성 물질을 판매하거나 이를 묵인하던 오랜 정책을 중단하게 된 것이다. 국제연맹이 해체되고 새롭게 출범한 유엔 산하 기관에서 국제 마약 규제 업무를 이어받았다. 마약, 코카, 마리화나와 같이 오랜 기간 문제시되던 약물 공급을 규제하기 위해 추가 조약이 체결되었다. 또한 제약 회사들이 새로 개발한 합성 오피오이드(opioids) 역시 규제 대상에 포함되었다. 이 무렵, 의약품 개발이 급속히 증가하면서 다양한 신체적, 정신적 질환을 치료하기 위한 흥분제와 진정제가 대량으로 보급되었다. 당시 중독이라는 개념은 주로 아편류를 사용하는 사람의 증상에만 적용되었기 때문에 새로 개발된 약물은 대부분 규제 대상에서 제외되었다. 이 때문에 국경을 넘나드는 약물 거래가 별다른 제한 없이 이루어지기도 했다. 담배 소비는 선진국을 중심으로 역사상 가장 높은 수준에 이르렀다. 일부 지역에서는 성인의 절반이 흡연자였다.[15] 음주는 세계 많은 지역에서 널리 보급된 보편적인 사회 활동이었다. 반면, 아프리카의 뿔 지역에서 소비되는 카트(khat)나 남아메리카 고지대에서의 코카(coca) 잎 씹기와 같이 전통적인 약물 관습은 지역 주민들 사이에서만 계속되었다. 약물을 의료 목적과 비의료 목적으로 구분하는 방식은 주로 산업화된 서구 국가들과 개발도상국의 엘리트층에서 자리잡았다. 그러나 경제적 여건이 어려워 현대적인 치료약을 사용하기 힘들었던 개발도상국에서는 이러한 구분이 큰 의미가 없었다.

 1960년대가 시작될 무렵, 향정신성 물질은 합법과 불법의 경계를 오가며 전 세계적으로 상품, 사람, 아이디어, 규범, 개념 등이 활발히 교류

---

15 예를 들어 미국에서 담배 소비량은 1959년에서 1968년 사이에 정점을 찍었다. 당시 성인 1인당 연평균 소비량은 4,000개비가 넘었다. US Centers for Disease Control and Prevention, Smoking and Tobacco Use, Consumption Data, www.cdc.gov/tobacco/data_statistics/tables/economics/consumption/index.htm. 또한 Cancer Research UK, Smoking Statistics (all accessed August 12, 2012) http://info.cancerresearchuk.org/cancerstats/types/lung/smoking/lung-cancer-and-smoking-statistics#history 및 International Smoking Statistics, Web Edition, www.pnlee.co.uk/ISS.htm.

되는 과정 속에서 일상적으로 사용되고 있었다. 당시 대중문화에서 보듯이, 술과 담배 같은 약한 자극제의 소비는 매우 흔한 일이었다. 의료 관계자들과 정부 당국은 협력하여 약물 사용의 법적 경계를 정했고, 제약회사들은 규제 대상 약물에 대해서는 규정을 준수하면서도 규제가 없는 약물에 대해서는 적극적으로 판매활동을 벌였다. 이 시기 새롭게 등장한 다양한 합성 아편제와 향정신성 약물은 고가의 신약을 구입할 수 있는 소수의 부유한 사람들과, 여전히 전통적인 약제나 값싼 기존 약물에 의존하는 일반 대중 사이의 격차를 더 벌어지게 했다. 당시 사람들은 약물 환경이 앞으로도 큰 변화 없이 예측 가능한 모습으로 이어질 것으로 여겼다. 그러나 1960년대 중반에 들어서면서 이전까지 경험하지 못했던 일련의 사건들이 벌어지며, 사회적 환경과 약물 사용의 지형은 근본적으로 달라지게 된다.

세계화의 시대

담배의 위험성에 대한 새로운 사실이 밝혀지자 세계 사회는 복잡한 반응을 보였다. 과연 담배라는 물질은 세계인의 일상 속에 대단히 깊이 자리잡고 있었다. 1960년대 초반부터 의학계는 흡연의 위험성을 우려하기 시작했다. 의학계의 경고가 급속히 확산되자 일반 대중도 관심을 갖기 시작했다. 1962년에는 영국 왕립의학협회(Royal College of Physicians)가 오랜 기간 축적된 과학적 근거를 바탕으로 흡연을 강력하게 비판하는 보고서를 발표했다. 결정적 전환점은 1964년이었다. 미국 공중보건국(Surgeon General)이 담배의 구체적인 유해성을 담은 보고서를 발표했다. 이 발표는 언론의 1면을 장식할 정도로 큰 주목을 받았다.

이는 현대 의학의 권위를 지닌 보건당국이 여론에 얼마나 큰 영향을 미칠 수 있는지를 극명하게 보여준 사례였다. 한편, 담배 산업이 세계 경제에서 차지하는 비중이 워낙 컸기 때문에 미국 공중보건국은 주식시장에 미칠 충격을 최소화하고자 발표 일자를 토요일로 잡았다. 또한 당시 보고서에서는 니코틴을 중독성 물질로 규정하지 않았다. 당시에는 중독이라고 하면 아편과 같은 마약류만 떠올렸기 때문이다. 미국을 포함한 선진국을 중심으로 흡연의 위험성이 널리 알려지면서 담배 소비가 서서히 감소하기 시작했다. 각국 정부는 담배 광고를 제한하고, 특히 청소년의 담배 구매를 엄격히 금지하는 법안을 통과시켰다. 그러나 정부의 농업 보조금과 마케팅 지원을 받는 담배 회사와 농업 관련 기업들은 해외 시장에서 담배 판매를 더 확대했다. 이들의 주요 타깃은 저소득 및 중간 소득 국가들이었는데, 이 나라들은 담배 수입에 부과하는 세금을 주요 수입원으로 삼고 있었다. 수익성이 높은 담배 산업에서 나오는 소득을 농민과 정부 모두 포기하기를 원치 않았기 때문이다. 물론, 관세가 지나치게 높아지면 밀수업자들이 등장해 합법적 공급자보다 낮은 가격으로 암시장을 형성했다. 이후 수십 년 동안, 대부분의 선진국에서 담배 소비율은 1945년 이후 최고점의 절반 수준까지 떨어졌다. 이는 공중보건 정책과 흡연 예방 교육이 효과적이었음을 나타낸다. 하지만 세계의 다른 지역에서는 오히려 담배 소비가 증가했다. 오늘날에도 담배는 예방 가능한 사망의 주요 원인이며, 특히 빈곤 국가에서 담배로 인한 사망자의 비율이 점점 높아지고 있다.[16]

---

16 U.S. National Library of Medicine, *The Reports of the Surgeon General, The*

1960년대 후반, 규제 약물의 소비가 전 세계 주요 사회로 급격히 확산됐다. 의료 목적이 아닌 약물 사용은 주로 젊은층에서 나타났으며, 권위에 대한 저항, 개인의 독립성 표현, 깨달음 추구 또는 쾌락을 얻기 위한 문화적 상징으로 자리잡았다. 헤로인은 오랫동안 머물던 도심 하위문화(subculture)의 영역을 벗어나 확산되었으며, 특히 동남아시아에 주둔하는 미군들 사이에서 중독 문제가 심각한 사회적 우려를 낳았다. 마리화나 흡연은 산업화된 서구 사회의 젊은층 사이에서 일반적인 활동으로 자리잡았다. 당시 등장한 '반문화(counterculture)'의 일부 지도자들은 환각성 약물 사용을 옹호했다. 특히 대표적인 약물인 LSD는 수십 년 전 스위스의 한 화학자가 우연히 발견한 것으로, 의학적 효용이 전혀 없었으며, 그 효과도 거의 알려지지 않은 상태였다. 제약회사가 개발한 비마약성 각성제 및 진정제는 오락적 용도로 사용되면서 사회적 비난이 일어날 정도로 사용량이 급증했다. 코카인의 인기는 1880년대에서 1920년대 사이 잠깐 유행했던 당시를 훨씬 능가할 정도로 다시 급부상했다. 북미와 서유럽에서 유례없는 약물 소비가 나타난 것 외에도, 라틴 아메리카, 아프리카, 남아시아뿐 아니라 일본, 이스라엘, 예멘 등 이질적인 사회와 심지어 철의 장막 뒤편에 있던 국가에서도 무분별한 약물 사용이 증가하고 있다는 보고가 이어졌다. 이러한 급격한 변화는 마약 문제

1964 Report on Smoking and Health, http://profiles.nlm.nih.gov/ps/retrieve/Narrative/NN/p-nid/60; World Health Organization, *Prevalence of Tobacco Use Among Adults and Adolescents*, http://gamapserver.who.int/gho/interactive_charts/tobacco/use/atlas.html; World Health Organization, *WHO Report on the Global Tobacco Epidemic, 2011: Warning About the Dangers of Tobacco*, www.who.int/tobacco/global_report/2011/en/ (all accessed August 12, 2012).

를 전 세계의 주요 뉴스로 부각시켰으며, 세계 정세에도 근본적인 영향을 미치는 다양한 문제들을 야기했다.

이에 대한 대응은 제도적 재정비에 초점이 맞추어졌다. 각국 정부는 마약류 규제를 강화하는 추가 조약을 체결했고, 향정신성 의약품도 관리 범위에 포함시켰다. 다만 향정신성 의약품에 적용된 규제는 일반 마약류(narcotics)만큼 엄격하지는 않았다. 이러한 규제 강화 움직임은 일부 국가의 저항을 불러오기도 했다. 특히 네덜란드 당국이 특정 '연성 마약(soft drugs)'을 다소 허용하는 정책을 시행했지만, 그 외 대부분의 국가에서는 마약 규정을 더욱 엄격히 하고 처벌을 강화했으며, 법 집행 기관의 역량도 확충했다. 일부 국가에서는 소량의 마약을 밀수하거나 사용하는 사람에게 사형을 선고하는 극단적인 경우까지 있었다. 이는 강압적인 법 집행이 초래할 수 있는 제도적 인권 침해에 대한 우려를 불러일으켰다.[17] 마약 사용이 전례 없이 확산되면서, 공급 통제가 과연 유일한 정책인지 근본적인 의문도 제기되었다. 특히 중산층 청년층 사이에서 레크리에이션 목적으로 마약을 사용하는 사례가 널리 알려지면서, 처벌 위주의 정책을 대체할 대안적 접근법이 지지를 얻기 시작했다. 이에 미국과 영국을 비롯한 선진국들은 마약 중독자 치료, 마약 남용의 원인 분석, 중독성 물질이 미치는 심리적·생리적 영향 연구 등에 막대한 공공 예산을 투입하고 정책적 지원에 나섰다.

---

17 예를 들어, International Harm Reduction Association의 보고서 "Partners in Crime: International Funding for Drug Control and Gross Violations of Human Rights," June 2012. www.ihra.net/files/2012/06/20/Partners_in_Crime_web1.pdf (accessed June 13, 2013)를 참조하라.

1960년대 후반 의료 목적을 벗어나는 약물 소비가 폭발적으로 증가하면서, 국제적인 단속 활동이 강화되었다. 이른바 '마약과의 전쟁(war on drugs)'이 시작되었다. 미국은 세계 아편, 코카, 마리화나 및 해시시 공급의 대부분을 담당하는 농업 지역에서 과잉 생산을 억제하는 데 집중하여, '공급원에서의 차단' 전략을 적극적으로 추진했다. 미국 정부는 우선 터키, 동남아시아, 멕시코, 그리고 남미 고산지대를 불법 마약 거래의 근원지로 지목했다. 미국의 마약 단속은 냉전(Cold War)이나 근대화 등의 목표와 긴밀하게 연결되었다. 미국은 각국 정부의 반란군 진압을 지원했다. 미국의 도움을 받은 정부는 시장경제 체제를 구축하고 세계시장에 편입되었다. 그 과정에서 정부는 후방 지역까지 세력을 확대할 수 있었다. 불법 작물의 근절은 냉전 구도 아래 더 큰 목표에 종속되었다. 미국은 기술 고문단을 파견하고 군사 원조를 제공하여 각국 정부의 통치 역량을 강화했다. 또한 제초제 살포와 인력 수송을 위한 항공기를 지원하고, 법 집행 규정을 개정하도록 유도하면서 미국식 마약 단속 방식을 해외로 '수출'하려고 시도했다. 이러한 마약 억제 조치들을 통해 때로 특정 불법 활동의 중심지를 제거하기도 했으나, 장기적인 성과를 거의 거두지는 못했다. 단속 대상 지역의 주민들은 마약 거래로 얻은 이익을 자치권 유지에 사용하면서 더 큰 정치체제나 시장 통합에 저항했다. 결국 마약 문제로 인한 딜레마를 반공주의나 대반란 전략의 범위 안에서 해결할 수는 없었다.

정부의 통제 노력이 강화되는 상황에서 마약 밀매 조직들은 국제교류의 시대에 발맞추어 역량을 더욱 키워나갔다. 마약 산업은 세계화 시대에 가장 인상적인 초국가적(transnational) 사업 중 하나로 떠올랐다. 마약 밀매업자들은 합법적 지위를 가지지 못한 채 수직·수평 통합을 이루었다. 이들은 계약을 강제하고, 복수의 공급원을 확보했으며, 제조 역량을 갖추었다. 또한 광범위한 운송 네트워크와 유통망을 구축했고, 보호 비용을 사업 모델에 반영했다. 뿐만 아니라 국제적인 자금 이전과 환전 시스템까지 만들어 수익금을 대규모로 재투자했다. 몇몇 지역에서는 마약 조직이 지역 정부나 중앙 정부의 권력을 넘어서거나 대체하는 실질적 지배자로 자리잡기도 했다. 이른바 '마약 국가(Narco-states)'에서는 마약 수익으로 국가 경제 전반을 운영했다. 학교, 병원 등 공공 서비스에서부터 합법적인 기업 활동, 치안 부대, 심지어 스포츠팀까지 마약 밀매를 통해 얻은 불법 자금에 의존했다.[18] 1970년대부터 콜롬비아의 마약 조직은 국가가 담당했던 기본적 기능을 다수 차지했고, 사회 구조에 근본적인 변화를 일으켰다. 21세기 초 기니비사우에서 국가 통치력이 붕괴하자 마약 조직들은 이를 이용해 세계 불법 마약류의 환적지(haven)를 만들었고, 이는 결국 현지의 모든 통치 영역에 영향을 끼쳤다.[19] 마약 정권(Narco-regimes)은 본질적으로 불안정하고 폭력적이었다. 이는 합법적인 경제 및 사회 활동이 세계적 네트워크에 통합되는 과정을 지체시켰다. 하지만 거물이 체포되거나 카르텔이 무너지더라도 그 막대한 수익

---

18 콜롬비아의 약물 문제를 다룬 특집호 *Journal of Drug Issues* 35/1 (Winter 2005)와 Francisco Thoumi, *Illegal Drugs, Economy, and Society in the Andes* (Washington, DC: Woodrow Wilson Center, 2003)를 참조하라.

19 See, for example, Adam Nossiter, "Leader ousted, nation is now a drug haven," *New York Times*, November 1, 2012, and "Cocaine-related graft erodes Guinea-Bissau governance," IRIN news (UN Office for the Coordination of Humanitarian Affairs), www.irinnews.org/report/98202/cocaine-related-graft-erodes-guinea-bissau-govern ance (accessed June 18, 2013).

성 때문에 새로운 조직이 나타나 사업을 승계하는 일이 끊이지 않았다. 1970년대부터 정부가 통제를 강화하면 마약 조직이 이에 맞서 대응하는 패턴이 반복되었고, 정부는 추가적인 규제를 도입했다. 그러면 다시 마약 조직이 더 복잡한 방식으로 대응하는 악순환이 전례 없는 수준으로 확대되었다. 냉전(Cold War) 이후에도 계속된 마약 전쟁(Drug War)은 테러 조직의 자금원을 제공했고, 세계 곳곳의 반란을 부추겼으며, 국가의 통치 능력을 약화시켰다. 뿐만 아니라 다양한 비합법적 활동을 촉진했고, 국제 체제의 안정성에 무관심한 행위자들에게 부가 흘러 들어가도록 만들었다.

그러나 규제를 향한 움직임은 예상보다 강력할 뿐 아니라 더욱 광범위하고 창의적으로 발전했다. 1970년대부터 국가를 초월한 비정부 주체들이 전례 없이 연합하여 담배 소비를 줄이기 위한 새로운 국제 협약을 추진하기 시작했다. 세계보건기구(WHO)를 시작으로 유럽연합(EU), 세계은행, 유엔아동기금(UNICEF), 국제민간항공기구(ICAO), 의료 전문 협회, 각국 정부가 연속적으로 힘을 보탠 이 운동으로 결국 2003년의 담배 규제 기본협약(Framework Convention on Tobacco Control, FCTC)이 탄생했다. 이 협약은 담배 수요를 줄이고, 금연 프로그램을 지원하며, 담배 업계의 정치권 로비를 제한하는 한편, 담배의 유해성 연구와 농가를 위한 대체작물 개발 프로그램을 권장하는 등 포괄적인 접근 방식을 채택했다. 기존의 약물 관련 조약들과는 달리, 이 협약은 담배 사용을 공중보건 문제로 규정했다는 점에서 차별성이 있었다. 또한 이전의 규제 협약들이 대개 지지 부족으로 성과를 내지 못했던 것과 달리 담배 규제 기본협약은 빠르게 광범위한 지지를 얻었다. 이러한 새로운 접근법이

다른 향정신성 물질의 규제에도 효과적인 모델이 될 수 있을지 여부는 21세기의 중요한 쟁점으로 남을 것이다.[20]

합법과 불법의 경계에서 다국적 제약 회사들은 다양한 증상을 완화하기 위해 이전보다 훨씬 광범위한 향정신성 물질을 개발했다. 이 약물들은 흔히 중독성이 없다고 알려졌지만, 이후 경험적으로 많은 물질이 신체적·심리적 의존(dependence)을 유발할 수 있음이 드러났다. 과거의 약물들과 마찬가지로, 의학 전문가들은 '중독(addiction)'의 정의를 확대하는 문제를 놓고 고심했다. 많은 연구자들은 쾌감, 동기부여, 학습 등 뇌의 공통 경로에 관한 신경과학적 연구를 근거로, 강박적 도박이나 과식 같은 행동도 정신작용 약물 복용과 유사한 중독성 장애(addictive disorders)에 포함시켜야 한다고 주장했다. 중독 개념을 새로운 제품군이나 행동 영역으로 확대 적용할지 여부에 대한 논의는 향후 수십 년 동안 중요한 의제로 떠오를 가능성이 높다.[21]

현대 의약품의 발전에도 불구하고 많은 이들에게 전통 의약품의 중요성은 여전히 줄어들지 않았다. 이는 세계 인구 대다수가 합법적인 현대 의약품을 쉽게 구할 수 없었기 때문이다. 규제 약물을 포함한 의약품 소비는 세계적으로 큰 편차를 보였다. 가난한 국가에서 연간 1인당 의

---

20 WorldHealth Organization, Framework Convention on Tobacco Control, www.who.int/fctc/en/ (accessed August 12, 2012); D. T. Studlar, *Tobacco Control: Comparative Politics in the United States and Canada* (Peterborough, Ontario: Broadview Press, 2002), chapter 7; A. L. Holm and R. M. Davis, "Clearing the airways: advocacy and regulation for smokefree airlines," *Tobacco Control* 13, Supplement I (2004), 30–36.
21 이 논점에 관해 David Courtwright 박사의 도움을 받았다.

약품 소비는 10달러에 불과한 반면, 부유한 국가에서는 1인당 평균 400달러였다. 세계 인구의 최소 3분의 1은 현대 의약품을 제대로 이용할 수 없었으며, 개발도상국 국민의 70-90퍼센트는 여전히 전통 의약품에 의존하고 있었다. 몰핀은 등장한 지 100년이 넘도록 여전히 가장 필수적인 진통제지만, 소수의 선진국이 세계 합법적 몰핀의 재고 대부분을 소비했다. 반면 세계 인구의 80퍼센트를 차지하는 중·저소득 국가의 몰핀 소비량은 전체의 10퍼센트에도 미치지 못했다. 세계보건기구는 규제 약물의 소비 불균형이 주로 국제적 공급 통제 체제에 기인한 복합적 요인 때문이라고 지적했다. 구체적으로는 지나치게 엄격한 규제로 인한 접근 제한, 국제 조약상 수출입 보고 절차의 복잡성, 일부 지역에서의 높은 소매가격(도매가격이 아닌), 그리고 의사의 처방 결정을 방해하는 약물 치료 중독(iatrogenic addiction)에 대한 우려 등이 원인으로 꼽혔다. 아이러니하게도, 세계 시장에 공급될 마약 원료를 재배하는 농부들은, 정작 자신이 키운 마약류 작물로 만든 합법적 의약품을 접하기 어려운 상황이었다.[22]

결론

오늘날 인류와 약물의 관계에는 변화와 지속성이라는 상반된 두 요소가 공존하고 있다. 약물 사용 현상은 전례 없는 규모로 확대되어 지구상 사람이 거주하는 거의 모든 지역에 영향을 미쳤다. 이용 가능한 약물

---

22 통계 자료는 World Health Organization, *The World Medicines Situation Report*, www.who.int/medicines/areas/policy/world_medicines_situation/en/index.html 의 여러 부분에서 발췌하였다.

의 종류가 늘어남에 따라 중독의 위험 또한 증가했다. 정부는 약물 거래를 규제하려 노력했고, 규제를 피하려는 사람들의 활동과 맞물려 광범위한 사회적 파장이 일어났다. 하지만 인간의 욕망이라는 근본적인 동력 자체는 거의 변하지 않았다. 현대 향정신성 물질의 보급은 삶에서의 쾌락이라는 문제를 부각시켰는데, 이는 이미 고대인들에게도 익숙했던 주제였다. 자기 통제의 가치는 어떻게 평가할 수 있는가? 지연된 만족(delayed gratification)이란 무엇이며, 건강이란 어떤 상태를 말하는가? 탐닉의 유혹과 책임 있는 행동 사이의 균형은 어떻게 설정할 수 있는가? 현대 약물의 세계(pharmaco-universe)는 인간의 다양한 조건과 속성을 탐구할 수 있는 여러 가지 새로운 관점을 제공해 준다.

더 읽어보기

Andreas, Peter and Ethan Nadelmann. *Policing the Globe: Criminalization and Crime Control in International Relations.* Oxford University Press, 2006.

Bello, David A. *Opium and the Limits of Empire: Drug Prohibition in the Chinese Interior, 1729-1850.* Cambridge, MA: Harvard University Press, 2005.

Berridge, Virginia and Griffith Edwards. *Opium and the People: Opiate Use in Nineteenth Century England.* London: St. Martin's Press, 1981.

Blocker, Jack S., David M. Fahey, and Ian R. Tyrrell, eds. *Alcohol and Temperance in Modern History: An International Encyclopedia.* Santa Barbara, CA: ABC CLIO, 2003.

Brook, Timothy and Bob Tadashi Wakabayashi, eds. *Opium in East Asian History.* Berkeley, CA: University of California Press, 2000.

Christian, David. *"Living Water": Vodka and Russian Society on the Eve of Emancipation.* Oxford: Clarendon Press, 1990.

Courtwright, David T. *Forces of Habit: Drugs and the Making of the Modern World.* Cambridge, MA: Harvard University Press, 2002.

Dikoetter, Frank, Lars Laamann, and Zhou Xuyn. *Narcotic Culture: A History of Drugs in China.* University of Chicago Press, 2004.

Forrest, Beth M. and Thomas F. Glick, eds. "Cacao culture: case studies in history," Special Issue of Carol Counihan and Allen Grieco, eds. *Food and Foodways: Explorations in the History and Culture of Human Nourishment* 15/1 (2007).

Gerritsen, J. W. *The Control of Fuddle and Flash: A Sociological History of the Regulation of Alcohol and Opiates.* Leiden and Boston: Brill, 2000.

Goodman, Jordan, Paul E. Lovejoy, and Andrew Sherratt, eds. *Consuming Habits: Drugs in History and Anthropology.* London: Routledge, 1995.

Grivetti, Louis E. and Howard Shapiro, eds. *Chocolate: History, Culture and Heritage.* Hoboken, NJ: Wiley, 2009.

Gootenberg, Paul, ed. *Cocaine: Global Histories.* London: Routledge, 1999.

International Harm Reduction Association, report entitled "Partners in Crime: International Funding for Drug Control and Gross Violations of Human Rights," June 2012, www.ihra.net/files/2012/06/20/Partners_in_Crime_web1.pdf (accessed June 13, 2013).

International Smoking Statistics, Web Edition, www.pnlee.co.uk/ISS.htm

Journal of Drug Issues, special issue on drugs on Colombia 35/1 (Winter 2005).

Kleiman, Mark A. R. and James E. Hawdon, eds. *Encyclopedia of Drug Policy.* Los

Angeles and Washington: Sage, 2011.

Korsmeyer, Pamela and Henry R. Kranzler, eds. *Encyclopedia of Drugs, Alcohol, and Addictive Behavior*. Detroit, Michigan: Macmillan, 2008.

Marshall, Jonathan. *The Lebanese Connection: Corruption, Civil War, and the International Drug Traffic*. Stanford University Press, 2012.

McAllister, William B. *Drug Diplomacy in the Twentieth Century: An International History*. London and New York: Routledge, 2000.

McCoy, Alfred W. *The Politics of Heroin: CIA Complicity in the Global Drug Trade*. Chicago: Lawrence Hill, 2003.

Matthee, Rudi. *The Pursuit of Pleasure: Drugs and Stimulants in Iranian History, 1500-1900*. Princeton University Press, 2005.

Mills, James H. *Cannabis Britannica: Empire, Trade, and Prohibition 1800-1928*. Oxford University Press, 2003.

Nadelmann, Ethan. *Cops Across Borders: The Internationalization of U.S. Criminal Law Enforcement*. University Park: Penn State University Press, 1993.

Parssinen, Terry and Katherine Meyer. *Webs of Smoke: Smugglers, Warlords, Spies, and the History of the International Drug Trade*. Lanham, MD: Rowman and Littlefield, 1998.

Porter, Roy and Mikulas Teich. *Drugs and Narcotics in History*. Cambridge University Press, 1995.

Proctor, Robert N. *Golden Holocaust: Origins of Cigarette Catastrophe and the Case for Abolition*. Berkeley, CA: University of California Press, 2012.

Rush, James. *Opium to Java: Revenue Farming and Chinese Enterprise in Colonial Indonesia, 1860-1910*. Ithaca: Cornell University Press, 1990.

Spillane, Joseph. *Cocaine: From Medical Marvel to Modern Menace in the United States, 1884-1920*. Baltimore: Johns Hopkins University Press, 2000.

Studlar, Donley T. *Tobacco Control: Comparative Politics in the United States and Canada*. Peterborough, Ontario: Broadview Press, 2002.

Thoumi, Francisco. *Illegal Drugs, Economy, and Society in the Andes*. Washington, DC: Woodrow Wilson Center, 2003.

Trocki, Carl. *Opium and Empire: Chinese Society in Colonial Singapore, 1800-1910*. Ithaca: Cornell University Press, 1990.

United States, Centers for Disease Control and Prevention, *Smoking and Tobacco Use, Consumption Data*, www.cdc.gov/tobacco/data_statistics/tables/economics/consumption/index.htm.

Wallis, Patrick. "Exotic drugs and English medicine: England's drug trade, c. 1550-c.

1800," *Social History of Medicine* 25/1 (2011), 20-46.

Walker, William O. *Opium and Foreign Policy: The Anglo-American Search for Order in East Asia*. Chapel Hill: University of North Carolina Press, 1991.

Wiemer, Daniel. *Seeing Drugs: Modernization, Counterinsurgency, and U.S. Narcotics Control in the Third World, 1969-1976*. Kent State University Press, 2011.

World Health Organization, *Prevalence of Tobacco Use Among Adults and Adolescents*, http://gamapserver.who.int/gho/interactive_charts/tobacco/use/atlas.html.

Zheng, Yangwen. *The Social Life of Opium in China*. Cambridge University Press, 2005.

Zimring, Franklin E. and Gordon Hawkins. *The Search for Rational Drug Control*. Cambridge University Press, 1992.

CHAPTER 20

자동차

베른하르트 리허
bernhard rieger

1955년 10월 파리 모터쇼에서 시트로엥(Citroën)은 신형 DS 19를 선보였다. 이를 본 프랑스의 평론가 롤랑 바르트(Roland Barthes)는 자동차를 중세의 위대한 종교 건축에 비유했다.

"오늘날의 자동차는 웅장한 고딕 성당과 비슷한 존재다. 이름 없는 예술가들이 열정으로 만들어낸 당대 최고의 걸작이라는 점에서 그렇다. 사람들은 자동차의 실용성보다는 그것이 주는 이미지에 매료되어 마치 마법 같은 대상으로 받아들인다."

길고 세련된 차체, 커다란 창문, 그리고 당시로서는 획기적인 에어 서스펜션까지 갖춘 DS(프랑스어로 '여신'을 뜻하는 'déesse'와 발음이 같다)는 마치 외계에서 날아온 듯한 미래적인 모습을 보여주며 즉시 모터쇼의 주인공이 되었다. 시트로엥은 모터쇼 첫날에만 무려 1만 2,000대의 주문을 받았다. DS 19는 여전히 클래식 자동차의 대표적인 상징으로 손꼽히며, 이 차를 향한 열광은 20세기 이후 자동차가 지닌 매력을 가장 잘 보여주는 사례 중 하나로 기억되고 있다.[1]

자동차 기술의 선구자들은 19세기 말 내연기관으로 움직이는 도

---

1 Roland Barthes, "The new Citroën," in *Mythologies* (London: Virago, 2009), pp. 101–103.

로 주행 차량을 실험했다. 그들은 훗날 자신의 실험이 불러올 발전상을 전혀 예측하지 못했다. 빌헬름 마이바흐(Wilhelm Maybach), 고틀리프 다임러(Gottlieb Daimler), 카를 벤츠(Carl Benz), 아르망 푸조(Armand Peugeot), 에밀 르바소르(Emile Levassor)와 같은 초기 개발자들이 만든 자동차는 작고 투박한 물건이었다. 고장도 잘 나고 엔진 냄새도 심했으며 출력도 약했다. 평균 속도는 시속 32킬로미터에 불과했다. 당시만 해도 내연기관 자동차가 미래의 주력 교통수단이 될 거라고 확신하는 사람은 없었다. 당시 사람들은 더 빠르고 강력한 자동차를 원했다. 소비자들은 이미 성능이 검증된 '증기 자동차'를 더 선호했다. 1906년까지만 해도 증기 자동차는 최고 시속 206킬로미터를 기록했다. 그러나 '증기 마차'는 출발 전에 오랜 시간 가열을 해야 하는 불편함이 있어서, 필요한 즉시 사용하기에 적합하지 않았던 것이다. 한편 전기자동차는 20세기 초까지 미국과 유럽의 도시 지역에서 상당한 인기를 끌었다. 전기차는 소음이 없고 배기가스도 배출하지 않았으며, 변속기가 필요 없어서 운전이 편리했다. 그러나 충전 후 최대 주행거리가 80~130킬로미터에 불과한 것이 문제였다. 당시로서는 결국 이 한계를 극복하지 못했다. 내연기관 자동차가 인기를 얻은 이유는 엔진 성능 향상이 아니라 편의성 개선 덕분이었다. 특히 전기 스타터 장착으로 시동이 쉬워졌고, 미국에서 대규모 석유 매장지가 발견되어 저렴한 연료 공급이 가능해졌다. 이제 자동차는 운전자가 원하면 언제든, 단거리와 장거리를 막론하고 마음 편히 이용할 수 있는 교통수단으로 자리잡게 되었다.

지난 100년간 자동차는 인류의 삶에 커다란 변화를 가져왔다. 2008년 전 세계에서 운행 중인 승용차는 약 8억 5,000만 대에 이르렀다.

2035년이면 16억 대 이상으로 두 배 가까이 늘어날 것으로 예상된다. 이렇게 많은 차량이 생산될 수 있었던 것은 자동차 산업이 세계적으로 발달했기 때문이다. 2011년 자동차 산업 분야에서 일하는 사람은 약 5,000만 명이었다. 그리고 같은 해 그들이 생산한 자동차는 승용차 6,000만 대, 트럭 및 버스 2,000만 대였다. 자동차는 이미 보편적인 기술이 되었지만, 자동차 제조사들은 제품과 생산 설비를 개선하기 위해 꾸준히 노력하고 있다. 실제로 2010년에만 약 900억 달러가 연구개발(R&D)에 투자되었다. 자동차 분야의 투자 규모는, 제약이나 반도체 등 기술 하드웨어(technology hardware)에 이어 3위를 기록했다. 이는 대개 혁신을 주도하는 것으로 알려진 컴퓨터나 가전 산업을 크게 앞지른 수치였다. 한편 자동차는 엄청난 양의 석유를 소비한다. 2010년 기준 전 세계에서 하루에 소비되는 석유가 약 8,500만 배럴인데, 이 중 자동차와 트럭이 사용하는 비율이 전체의 40퍼센트를 넘었다. 이렇게 자동차 수요가 계속 높아지면서, 2010년 세계 매출 상위 25개 기업 중 5분의 1이 자동차 제조사였던 것은 결코 놀라운 일이 아니다.[2]

 자동차의 확산과 그 결과를 단지 기술의 진보로만 축소할 수는 없다. 물론 1900년 이후 자동차는 차체 디자인, 엔진 성능, 속도, 연비, 서스펜션, 안전 기술, 그리고 여러 액세서리 등에서 많은 발전을 이루었다. 하

---

2 이 수치는 다음을 참조. OPEC, *World Oil Outlook 2011* (Vienna: OPEC, 2011), pp. 77-84; International Organization of Vehicle Manufacturers, "Production statistics," http:// oica.net, last accessed August 9, 2012; Department of Business, Industry and Skills, *R andD Scoreboard 2010: Summary of G* 1000, http:// webarchive.nationalarchives.gov.uk/ (last accessed August 9, 2012).

지만 이러한 기술적 변화는 대부분 새로운 혁신이라기보다는 점진적 개량에 불과했다. 내연기관, 네 개의 공기 주입식 바퀴, 운전석의 스티어링 휠, 전기식 시동장치와 같은 기본적인 구조는 1920년대 초에 이미 완성되었다. 사회과학자들은 자동차를 단지 물리적인 기계로 보지 않고, 더 큰 체계인 '자동-이동성(automobility)'의 일부로 이해했다. 여기에는 자동차뿐 아니라 운전자와 도로, 석유 공급망, 그리고 관련된 신기술과 사람들의 취향까지 포함된다.[3] 정치적·사회적·경제적 관계 속에서 자동차를 바라보면 자동차 사용 방식이 사회적으로 형성되고 결정되는 과정을 이해할 수 있다. 또한 이를 통해 자동차가 바꾸어놓은 사회의 다양한 방식들을 조명해볼 수도 있다. 많은 사회과학자들이 "체계(systems)"에 연구의 초점을 맞추고 있지만, '자동-이동성'을 연구하는 학자들은 운전자 개인의 행동에 더욱 관심을 두는 편이다. 이들은 재정적 부담, 사회적 문제, 환경 문제, 공중보건 위험 등의 비용에도 불구하고 자동차가 왜 오랫동안 사람들에게 매력적인 존재였는지를 밝히고자 한다. 이는 역사학이나 인류학에서 제기한 질문과도 밀접하게 연결되어 있다. 세계적으로 자동차 수요가 꾸준히 늘어난 이유 중 하나는 강한 정서적 애착이다. 즉 사람들이 자동차를 개인적이면서 집단적 상징으로 여기기 때문이다. 기존의 연구는 자동차의 이동성이나 소비 욕망의 대상이라는 측면에 대해서 많은 성과를 축적해 왔지만, 대규모 자본집약적 생산 시스템은 그만큼 주목을 받지 못했다. 20세기 초부터 전 세계에서 수억 대의 자동차가

---

[3] John Urry, "The 'system' of automobility," *Theory, Culture & Society* 21:4/5 (2004), 27.

등장할 수 있었던 배경에는 바로 이러한 생산 시스템이 존재했고, 이 시스템은 자동차 산업을 넘어 경제와 문화 전반에 걸쳐 큰 영향을 미쳤다. 따라서 자동차의 문화적 의미와 경제적 영향력을 함께 살펴보면, 자동차 역사의 더 입체적이고 풍부한 글로벌 히스토리(global history)를 이해할 수 있다. 이 글에서는 자동차의 생산 및 소비 시스템이 어떻게 변화해 왔는지를 중심으로, 세계의 사람들이 자동차에 열광하게 된 이유와 이를 뛰어넘는 더 넓은 의미를 함께 살펴보고자 한다.

생산 체제

자동차는 대단히 복잡한 기계다. 망가지기 쉬운 수천 개의 부품이 자동차를 구성하고 있다. 그래서 자동차를 만들고 유지보수하는 일은 늘 어려운 과제로 여겨졌다. 이런 제품을 대량 생산하려면 이전과는 다른 새로운 방식의 산업 조직이 필요했다. 그 결과 자동차 산업이 가져온 변화는 전 세계 노동 환경에 큰 영향을 끼쳤다. 즉 자동차를 사용하는 행위뿐만 아니라 자동차를 만드는 과정 자체가 20세기 이후 여러 사회에 지울 수 없는 흔적을 남긴 것이다.

1900년 무렵, 자동차는 사회적으로 극소수만이 누릴 수 있는 사치품이었다. 가격이 높은 이유는 뛰어난 기술자와 장인들이 팀을 이루어 자동차 한 대를 처음부터 끝까지 직접 수작업으로 조립했기 때문이다. 당시에는 부유한 고객들의 다양한 요구를 반영하여 맞춤형 자동차를 만들 수 있었다. 그러나 수작업 위주의 노동 집약적인 생산 방식 탓에 가격을 낮추기가 어려웠고, 시장 확대도 불가능했다. 구매 비용뿐만 아니라 유지보수와 운행에도 비용이 많이 들었다. 그래서 자동차는 여러 모로 대표적인 사치품으로 여겨졌다. 게다가 운전도 너무 어려워 전문 운전사(chauffeur)를 따로 고용해야 했다. 자동차를 뜻하는 프랑스어(automobile, 스스로 움직임, 즉 내가 운전하는 물건이 아님—옮긴이)가 세계 여러 나라의 언어에 수용된 것도 그 의미를 생각하면 우연이 아니었다. 당시 사치품 제조업의 중심지였던 프랑스 파리가 자동차 생산의 주요 거점이었다.

헨리 포드의 꿈은 이런 상황을 대대적으로 바꾸어 놓았다. 일반 대중의 요구(wants of the multitudes)에 부응하는, 누구나 이용할 수 있는 자동차(universal car)를 만드는 것이 그의 꿈이었다. 1908년 처음 출시된 전설적인 자동차 '모델 T'(Model T)의 가격은 1,000달러 이하였음에도 우수한 성능과 내구성으로 큰 인기를 얻었다. 곧이어 포드의 자동차는 일반 사람들의 개인적 이동 수단으로 자리잡았으며, 예전에 상류층만 자동차를 구매하던 시절에 비해 엄청난 수요를 만들어냈다. 급증하는 수요를 감당할 수 있었던 이유는 설계의 간소화와 노동 조직의 새로운 방식 덕분이었다. 그 결과 연간 생산량이 1911년의 3만 5,000대에서 1919년에는 약 53만 4,000대로 급증했다. 가격도 825달러에서 450달러까지 크게 낮출 수 있었다. 1921년에는 미국 도로 위를 달리는 자동차의 3분의 2가 모델 T였고, 전 세계적으로도 그 비중이 절반 이상이었다. 19세기 말 미국의 급속한 경제성장에 발맞추어 포드는 세계 최초로 자동차의 대중 시장(mass market)을 성공적으로 만들어냈다. 그의 성공으로 포드라는 이름은 새로운 생산 및 소비 체제의 상징이 되었고, 전 세계적 모범 사례로 인정받았다. 1960년대까지 미국은 세계에서 개인 자동차 보급률이 가장 높은 나라였다. 이는 또한 미국 경제의 우월성을 보여주는 강력한 상징이었다. 서유럽과 일본에서는 제2차 세계대전이 끝난 이후 경제 호황이 오고 나서야 자동차가 일반 대중에게 널리 보급되기 시작했다.[4]

포드의 기업 급성장 비결은 생산성 향상이었다. 1910년대 미시간주 하이랜드 파크 공장에서는 생산량 확대를 위해 노동자 수를 7,000명에서 30,000명까지 늘렸다. 그러나 생산량이 15배 이상 늘어난 진짜 이유는 혁신적인 분업 방식이었다. 포드 경영진은 총기나 재봉틀 혹은 자전거를 제작하던 정밀공학 공장의 생산 방식을 참고하여 자동차 조립 과정을 수천 개의 간단한 작업으로 나누었다. 또한 표준화된 부품을 효율적으로 생산하기 위해 이전에는 볼 수 없었던 규모로 특화된 기계를 도입했다. 포드 제조 시스템에서 핵심은 물류 관리 방식이었다. 즉 작업장 간 부품이 중단 없이 이어지도록 한 것이다. 각 작업장의 노동자들은 정해진 부품을 만들거나 모델 T를 조립하는 역할만 맡았다. 이 방식은 도축장에서 아이디어를 얻었다고 한다. 즉 시카고 도축장에서 가축이 천장 레일을 따라 이동하며 빠르게 처리되던 '해체 라인(disassembly lines)'의 원리에 착안한 것이었다. 포드의 경영진은 다소 끔찍한 도축장의 작업 방식을 그대로 자동차 공장에 적용했다. 1913년부터 도입된 조립 라인(assembly line)은 포드 생산 시스템의 중심이 되었다. 이를 통해 포드는 표준화된 모델 T를 점점 더 많이 생산하고 가격도 낮출 수 있었다.

노동자들은 새로운 형태의 공장에서 극도로 소외된 환경을 경험했

---

[4] Henry Ford with Samuel Crowther, *My Life and Work* (Garden City: Doubleday, 1922), p. 67; Douglas Brinkley, *Wheels for the World: Henry Ford, His Company, and a Century of Progress, 1903-2003* (New York: Penguin, 2003), pp. 113-160.

다. 고도로 발전한 분업 체제, 기계화, 그리고 조립 라인(assembly line)이 결정하는 작업 속도는 단조롭고 숙련을 필요로 하지 않는(de-skilled), 극도로 스트레스를 유발하는 노동 환경을 만들어냈다. 노동자들은 생산 현장에서 일상의 통제권을 거의 행사할 수 없었다. 1913년, 하이랜드 파크 공장의 직원 이직률은 370퍼센트까지 치솟아 생산에 심각한 차질을 빚었다. 이러한 추세를 뒤집기 위해 포드는 1914년 1월 일당을 두 배인 5달러로 인상했다. 또한 이후 스포츠 시설, 병원, 야간학교를 포함한 다양한 복지 제도를 도입했다. 후한 급여 체계와 저축과 대출 혜택은 포드의 명성을 더욱 높였다. 포드 공장의 노동자들은 다른 산업 분야의 노동자들이 꿈꿀 수 없던 번영의 기회를 누릴 수 있었다.[5]

비교적 관대했던 포드식 복지 정책의 이면에는 뿌리 깊은 가부장적 욕망이 자리잡고 있었다. 회사는 노동자에 대하여 포괄적이고 절대적인 권위를 유지하고자 했다. 1930년대까지 노동조합 설립이 탄압받았고, 작업장에서 노동자들을 철저히 감시했을 뿐만 아니라, 초기에는 사적인 영역까지 개입하기도 했다. 1913년-20년 포드 자동차에는 사회관리 부서(sociological department)가 있었다. 이 부서에서는 노동자의 집안 청결 상태, 가정생활, 심지어 성적인 품행까지 감시하고 단속했다. 이러한 완벽한 통제 욕구는 포드가 수직 통합(vertical integration)을 추진한 또 다른 이유였다. 포드는 시장 변화와 외부 공급의 불확실성을 없애기 위해 원자재 채굴에서 부품 제조, 최종 자동차 생산까지 모든 생산 과정을 직

---

[5] Stephen Meyer III, *The Five Dollar Day: Labor Management and Social Control at Ford Motor Company, 1908-1921* (Albany: SUNY Press, 1981), pp. 123-148.

접 통제하려고 했다. 1920년대 중반까지 포드 자동차는 조립 공장뿐 아니라 광산, 산림, 제재소, 제철소, 단조 공장, 공구 공장, 철도까지 직접 소유하고 운영했다. 심지어 천연고무 수입을 벗어나려 브라질 열대우림 깊숙한 곳에서 자체적으로 고무 농장을 운영하려 했으나, 이는 결국 실패로 끝났다.

1920년대 중반이 되자 포드는 가끔 어려움을 겪기는 했지만 이미 세계적인 유명 인사로 확고하게 자리 잡았다. 1917년부터 1928년 사이에 세워진 포드 자동차의 거대한 리버루지(River Rouge) 공장은 많은 관광객과 기자, 기술자들을 끌어들였다. 방문객들은 자동차 생산이라는 현대의 기적을 세계 각지에 알리는 역할을 했다. 1922년에 출간된 베스트셀러 《나의 삶과 일(My Life and Work)》에서는 포드의 확고한 신념뿐 아니라 악명 높은 반유대주의(anti-Semitism) 성향까지 드러났다. 이 책 덕분에 포드의 이름은 세계적으로 더욱 널리 알려졌다. 외국의 학자들은 포드의 생산 방식을 연구하기 시작했고, 이는 곧 '포디즘(Fordism)'이라는 개념으로 정리되었다. 포디즘은 자동차 산업뿐 아니라 다양한 산업 분야에서 널리 활용된 경영 원칙으로, 표준화된 대량생산을 통해 높은 생산성을 달성하고 노동자들에게는 넉넉한 임금을 지급하는 기업 모델이었다. 당시 많은 사람들은 포드가 대량생산과 대량소비라는 시대적 성공의 공식을 정확히 찾아냈다고 믿었다. 이 같은 시나리오는 정치적 성향을 막론하고 광범위한 인기를 얻었다. 기업 진영에서는 기계화(mechanization), 표준화(standardization), 생산성(productivity)을 강조할 수 있었고, 좌파 진영은 노동자들에 대한 관대한 보상의 중요성을 부각시킬 수 있었다. 스탈린과 히틀러도 모두 열렬한 포디즘 지지자였다. 실제로 히틀러는 포드에게 나치 독일(제3제국)의 최고 훈장을 수여했다. 히틀러가 추진했던 비현실적인 대중 자동차 보급 계획에 포드가 조언을 제공했기 때문이었다.

아이러니하게도 포드의 국제적 명성이 최고조에 달한 바로 그 시기에, 미국 내 시장에서 포드 자동차는 오히려 지배적 지위를 잃어가기 시작했다. 포드는 창업자 헨리 포드(Henry Ford)의 독단적인 경영 방식과 표준화에 대한 지나친 집착, 모든 생산과정을 직접 통제하려는 수직계열화(vertical integration) 전략, 그리고 당시 주력 상품이었던 모델 T의 업그레이드를 꺼리는 태도 등으로 1925년 이후 제너럴 모터스에 시장 점유율을 빼앗기게 되었다. 알프레드 슬론(Alfred Sloan)이 이끌던 제너럴 모터스(GM)는 시장 공략을 위한 혁신 전략을 펼쳤다. 1923년부터 매년 새로운 디자인을 선보이고 스타일링을 강조했으며, 소비자 신용 제도와 참신한 마케팅 기법을 도입했다. 제너럴 모터스의 시장 점유율이 빠르게 올라갔다. 또한 "모든 예산과 용도에 맞는 자동차(a car for every purse and purpose)"라는 전략 아래 다양한 소비자층을 겨냥했다. 고객들은 제너럴 모터스의 다양한 브랜드를 오가며 자신에게 맞는 차를 선택할 수 있었다. 알프레드 슬론은 포드의 획일적 방식을 비꼬며, 포드의 태도는 "소비자는 어떤 색상이든 선택할 수 있다, 단 검정색이라면"이라고 하는 것과 마찬가지라 말했다. 제너럴 모터스는 대량 생산 체계를 보다 유연하고 소비자 친화적으로 바꾸어 나갔다.[6] 1945년 이후 제너럴 모터스는

---

6 Alfred Sloan, *My Years with General Motors* (Garden City: Doubleday, 1964), pp. 65-70, 155-160; Ford, My Life, p. 72.

노동력 절감을 위해 최신 자동차 기술을 적극 도입했다. 자동화된 기계 설비를 활용하여 한 사람이 여러 공정을 감독할 수 있게 했다. 이로써 상업적 우위는 더욱 강화되었다. 그 결과 제너럴 모터스는 1950-60년대에 걸쳐 세계 최대 기업으로서 압도적 위치를 차지하게 되었다.

전후의 경제 호황은 자동차 산업을 비롯한 다양한 산업 분야에서 포드식 생산 방식이 빠르게 퍼지는 계기가 되었다. 1950년대 서유럽의 자동차 기업들은 점차 자금을 확보하여 생산 과정을 기계화하고 자동화했는데, 이 과정은 대부분 미국식 모델을 모방했다. 그러나 일본은 다른 길을 걸었다. 일본의 자동차 기업들은 포드 자동차의 방식을 그대로 따르지 않고, 오랜 기간에 걸쳐 이를 일본 실정에 맞게 변형하여 자신만의 생산 방식을 만들어냈다. 결국 그 방식은 본래의 미국 방식보다 더 뛰어난 것으로 입증되었다. 1980년대가 되자 일본식 생산 방식이 다시 미국을 비롯한 세계 여러 나라로 퍼져나갔다. 이 새로운 방식은 자동차 제조 과정 자체를 완전히 바꾸어 놓았고, 이전의 포디즘과 마찬가지로 다양한 산업 분야에서 새로운 효율성의 기준으로 자리 잡게 되었다.

제2차 세계대전 직후, 디트로이트를 방문한 일본 기업 경영자들은 자동차 가격을 낮추기 위해서는 포드 자동차 방식의 효율적인 생산이 필수적이라고 판단했다. 그러나 전쟁 이후 일본의 경제적 환경은 20세기 초의 미국과는 완전히 달랐다. 미국의 포디즘은 풍요로운 경제 환경에서 탄생했다. 그래서 특정 자동차 모델을 대량 생산하는 방향으로 달려갔다. 그러나 일본의 자동차 산업은 전쟁 이후의 빈곤과 복구 상황 속에서 출발해야 했다. 당시 일본은 전쟁 피해를 극복하는 과정에서 자본이 매우 부족했기 때문에 비싼 생산 설비에 투자하기 어려웠다. 또한 시장 규모가 작아 개별 모델을 대량으로 생산하기 힘들 것으로 보였다. 이런 배경 때문에 일본 자동차 기업들은 새로운 생산 방식을 선택했다. 이는 생산 모델이 바뀔 때마다 장비를 교체(retooling)하는 대신, 하나의 생산 라인에서 여러 모델을 유연하게 조립하는 방식이었다. 이와 같이 유연성과 효율성은 일본 자동차 산업 초기부터 핵심적인 특징이 되었다.

일본의 자동차 생산 시스템은 높은 생산성으로 유명했다. 대표적인 기업은 토요타(Toyota)였다. 원래 직물을 짜는 직조기 관련 장비를 생산하던 토요타는 1930년대부터 트럭 제조로 방향을 바꾸었다. 이후 1950년대부터 1970년대 사이에 독자적인 자동차 제조 시스템을 개발했다. 1953년부터 토요타의 생산 현장 관리자였던 오노 타이이치(大野耐一)는 다양한 차종을 생산할 때 빠르게 장비를 바꿀 수 있도록 설비를 조금씩 개량했다. 이를 통해 비용이 많이 드는 첨단 설비 투자를 최소화할 수 있었다. 덕분에 토요타의 작업자들은 한 가지 기능만이 아니라 여러 기능을 가진 설비를 능숙하게 다룰 수 있어야 했다. 이는 단순히 한 가지 작업만 반복하던 미국 포드 자동차의 노동자들과는 분명히 다른 모습이었다. 또한 오노 타이이치는 미국 자동차 회사들이 부품을 미리 많이 쌓아두는 방식이 비용 낭비의 큰 원인이라고 생각했다. 당시 미국 디트로이트의 자동차 회사들은 '완충 재고(buffer inventories)'를 가지고 있었다. 부품이 부족해 생산이 중단되는 일을 막으려는 예비 조치였다. 그러나 오노는 이런 방식을 버리고, 하루 생산 목표에 꼭 필요한 만큼의 부품만 공급받아 조립 라인을 운영하는 독자적인 방식을 개발했다. 이것이 바로 '적시생산(just-in-time)' 또는 '칸반(看板, 표지판)' 시스템이다.

초기에는 오노 라인(Ohno line)의 운영에 어려움도 있었다. 병목현상이 많이 발생했기 때문이다. 그러나 시간이 지나면서 문제는 점차 개선되었다. 그래서 비싼 재고를 대량으로 쌓아두지 않고도 원활하게 생산이 돌아가는 일본식 시스템이 정착되었다. 토요타 자동차는 안정적 부품 공급을 위해 중소기업과 장기적이고 지속적인 관계망을 만들었다. 엔진과 차체는 토요타 자동차에서 직접 개발했지만, 서스펜션, 브레이크, 배기 시스템과 같은 여러 부품은 전문 하청업체가 설계하고 생산하도록 맡겼다. 본사와 하청 업체가 긴밀히 협력하고 때로는 본사가 하청업체의 지분까지 인수하기도 했으나, 미국 자동차 산업에서 선호하던 수직적 통합(vertical integration)은 추구하지 않았다. 그 결과 일본 자동차 제조업체들은 협력업체 네트워크의 중심에 서서 일정한 품질과 수량의 부품을 공급받을 수 있게 되었다. 이는 훗날 '아웃소싱(outsourcing)'이라 불리는 생산 방식의 시초가 되었다.

일본 자동차 생산 활성화의 배경에는 시장 환경과 수요 증가도 있었지만, 카이젠(改善) 정신이라는 것이 있었다. 이는 끊임없이 더 나은 방향으로 변화하려고 하는 자세를 의미한다. 토요타 자동차는 인센티브나 급여 인상을 통해 생산성과 품질 향상을 위한 적극적인 제안을 유도했다. 또한 조립 라인을 구역별로 팀으로 묶어, 각 팀에서 수행한 작업은 공동 책임을 지도록 했다. 팀원 개인이 팀 내에서 맡는 업무는 매일 바뀔 수 있었지만, 팀의 전체적인 업무는 명확했다. 팀은 생산 작업뿐만 아니라 필요한 부품의 결함까지 직접 점검했고, 문제가 확인되면 다음 공정으로 넘어가지 못하도록 관리했다. 서유럽이나 미국의 기업들은 주로 생산 공정의 마지막 단계에서 따로 검사 부서를 두어 품질을 관리했지만, 일본 기업들은 품질 관리를 생산 공정 자체에 포함시키고자 노력했

다.[7]

아웃소싱, 적시 조립(just-in-time), 팀 작업, 품질 관리 등의 요소가 결합하여, 일본의 제조업체들은 1980년대까지 수직적 통합 없이도 간결하고 효율적인 대량생산 체계를 만들어냈다. 이는 일본 기업들에 상당히 유리한 경쟁 우위를 가져다주었다. 1970년대 석유 위기 이후 세계적으로 연비가 좋은 소형 자동차 수요가 증가하자, 일본 자동차가 해외시장에서 성공을 거두었다. 1983년에는 미국에서 판매된 신차 4대 중 1대는 일본차였다.[8] 아시아의 새로운 경쟁자가 두각을 나타내자, 서유럽과 북아메리카의 기존 자동차 제조업체들도 포디즘 생산 방식을 재검토했다. 그 결과 생산 공정에서 일본식 적시생산, 팀 작업, 아웃소싱 등을 적극적으로 받아들였다. 산업용 로봇과 디지털 데이터 기술의 발전이 결합되는 등 일본식 생산 방식은 계속 발전했다. 1990년대에는 일본식의 유연한 대량생산 방식이 산업의 새로운 표준이 되었다. 특히 토요타 자동차의 성공 사례는 자동차 산업을 넘어 다른 산업 분야에도 널리 확산되었다. 많은 비즈니스 스쿨과 경영 전문가들이 일본에서 발전한 노동 조직 방식을 높이 평가했다. 21세기 초엽에는 효율성(leanness)과 유연성(flexibility)이 신자유주의적 자유시장 원칙과 함께 경제의 핵심 가치

---

7 Eisuke Daito, "Automation and the organization of production in the Japanese automobile industry: Nissan and Toyota in the 1950s," *Enterprise & Society* 1 (2000), 145-156; James P. Womack, Daniel T. Jones, and Daniel Ross, *The Machine that Changed the World: How Lean Production Revolutionized the Global Car Wars* (London: Simon & Schuster, 2007 [1990]), pp. 47-69.
8 US Bureau of the Census, *Statistical Abstract of the United States 1985* (Washington, DC: US Government Printing Office, 1984), p. 595.

로 떠오르게 되었다.

일본식 생산방식의 세계적 확산은 20세기 후반 자동차 산업의 글로벌화라는 큰 흐름을 명확히 보여준다. 자동차 기업은 단순히 수출량을 늘리는 데 그치지 않고, 오래도록 국제적인 생산 네트워크를 만들기 위해 노력해 왔다. 그러나 20세기 전반기까지는 무역 장벽, 제한적인 국제 수요, 부족한 투자 자금 등의 이유로 이런 시도는 별 성과를 내지 못했다. 이 시기에 해외 자회사를 유지할 만한 재정 능력을 가진 기업은 미국의 대기업들이 거의 유일했다. 그들 역시 대개는 보호무역 정책을 피하기 위한 수단으로 해외에 진출했었다. 피아트(FIAT), 폭스바겐(Volkswagen), 닛산(Nissan), 토요타(Toyota) 등 서유럽과 일본의 자동차 기업들이 세계 시장에 본격적으로 진출한 시기는 제2차 세계대전 이후였다. 1950-60년대에는 대부분의 자동차 기업들이 내수 시장에 주력했다. 일부 성장 지향성이 높은 기업들만 라틴 아메리카와 아프리카에 생산시설을 세우기 시작했다. 그 과정에서 자동차 기업들은 미래 시장에 대응할 기반을 마련하고 다국적 기업으로 성장할 수 있었다. 그러나 개발도상국 시장은 그들에게 어디까지나 부차적인 문제였다. 현지 자회사는 노후화된 설비를 가져다 구식 모델을 생산하는 방식이었다. 대표적인 사례가 멕시코에 진출한 폭스바겐이었다. 1950-60년대 멕시코가 안정적으로 경제 성장을 이루자 폭스바겐은 1967년 멕시코의 푸에블라(Puebla)에 공장을 건설했다. 그리고 서독에서 사용하던 중고 설비를 그곳으로 옮겨와 구형 비틀(Beetle) 모델을 생산했다. 이러한 방식은 2000년대 초반까지도 계속되었다.[9]

다른 산업도 그렇지만 자동차 산업 역시 1980년대 이후 빠르게 진행된 세계화의 영향을 크게 받았다. 유럽연합(EU)이 확대되고 북미자유무역협정(NAFTA)이 체결되었으며, 세계무역기구(WTO)가 중재한 여러 무역협정 덕분에 국제 무역의 장애물들이 급속히 사라졌다. 그에 따라 자동차를 비롯한 여러 상품들의 국가 간 무역이 더욱 활발해졌다. 자동차 기업들도 주요 시장과 가까운 곳, 동시에 생산비가 낮은 국가에 더 많은 투자를 하게 되었다. 대표적인 사례가 멕시코였다. 미국과 캐나다에 인접한 지리적 이점 덕분에 1990년대부터 멕시코에 투자하는 기업들이 많았다. 특히 폭스바겐은 푸에블라 공장에서 기존의 비틀 모델 생산을 이어가는 한편, 1990년대에 공장을 대대적으로 증설하여 미국 수출용 중형차를 생산하기 시작했다.

  브라질, 러시아, 인도, 중국 등 인구가 많은 국가들의 경제가 빠르게 성장하면서 자동차 산업의 세계화는 더욱 가속화되었다. 글로벌 자동차 기업들은 신흥 대규모 시장에 생산 공장을 세워 현지 정치 지도자들의 요구에도 부응했다. 특히 중국과 인도의 정치권은 외국 기업이 자국의 신생기업과 함께 합작기업(joint venture)을 세우기를 원했다. 또한 현지 공장을 세우면 환율 변동 위험도 줄일 수 있고, 각국별 소비자의 기호와 요구에 맞는 설계에도 유리한 면이 있었다. 2000년대 들어 몇몇 자동차 기업들은 기존의 다국적기업(multinational corporation)을 넘어 초국적기업(transnational corporation)으로 변모하기 시작했다. 본사가 위치한 중심 시장과 그에 딸린 부차적인 시장이라는 구분 자체가 그들에게는 별 의

---

9 Bernhard Rieger, *The People's Car: A Global History of the Volkswagen Beetle* (Cambridge, MA: Harvard University Press, 2013), pp. 256–291.

미가 없었다. 그 대신 전 세계에 분산된 생산 공장을 유연하게 관리했으며, 각 지역 소비자의 특성을 신속하게 반영한 상품을 생산했다.[10] 대표적인 사례가 폭스바겐이었다. 폭스바겐은 2011년 기준으로 세계 최대의 자동차 제조 기업이었다. 전 세계 26개국에 폭스바겐의 공장이 가동되었고, 각각의 시장에 맞는 고유 모델을 생산했다. 전체 직원 50만 명 중 28만 명이 독일 이외의 다른 국가에서 근무했다. 2011년 폭스바겐의 판매량은 약 850만 대였다. 그 중 중국 시장에서 225만 대, 서유럽 시장에서 198만 대, 독일 내수 시장에서 115만 대가 팔렸다.[11]

세계 산업계에서는 오래도록 자동차 기업들이 두각을 나타냈다. 그러나 공장에서 일하는 노동자들에게 자동차 생산은 축복이면서도 동시에 고된 일이었다. 포드 자동차에서 대량 생산이 시작된 이후, 자동차 공장에서는 지역과 국적, 민족을 가리지 않고 기술 수준이 서로 다른 다양한 노동자들을 끌어들였다. 1914년 포드 자동차 공장의 조립 라인에서는 주로 남유럽이나 동유럽에서 온 이민자 노동자들이 일했다. 1930-40년대가 되자 미국 남부에서 다수의 흑인 노동자들도 이들과 함께 일했다. 제2차 세계대전 이후 경제가 빠르게 성장하던 시기에는 서독의 자동차 회사들이 남유럽과 터키 출신 노동자들을 대거 고용했다. 프랑스의 르노 자동차는 파리 근교 빌랑쿠르(Billancourt) 공장에서 주로 알

---

10 Michel Freyssenet, "Wrong forecasts and unexpected changes: the world that changed the machine," in Michel Freyssenet (ed.), *The Second Automobile Revolution: Trajectories of the World Car Makers in the 21st Century* (Houndmills: Palgrave Macmillan, 2009), pp. 17-22.
11 *The Economist*, July 7, 2012, 63-64.

제리 출신 노동자들을 고용했다. 이민 노동자들은 대부분 특별한 기술이 필요치 않은 단순반복의 고된 작업을 맡았다. 그러나 높은 임금과 좋은 복지 혜택 때문에 사람들은 기꺼이 자동차 산업으로 몰려들었다. 자동차 산업의 임금 수준이 높았던 이유는 초창기 포드 자동차가 파격적으로 높은 임금을 제시한 영향도 있었지만, 주로 노동조합이 임금 인상과 복지 향상을 적극적으로 요구한 덕분이었다. 1930년대 미국에서는 전미자동차노조(UAW)가 연방 법률의 힘을 빌려 회사 측의 폭력적 탄압을 극복하고 디트로이트 지역에서 노동자의 권리를 지키는 강력한 조직으로 자리 잡았다. 전쟁 이후 서유럽에서도 노동조합의 적극적인 활동 덕분에 자동차 공장의 노동자들이 임금 인상과 법적인 보호를 받을 수 있었다. 그 결과 1950년대부터 1970년대까지 미국과 서유럽의 자동차 공장 노동자들은 전 세계 블루칼라 직종 중 가장 높은 수준의 보수를 받았다.

그러나 1980년대 이후 기업의 세계화 전략이 확산되면서 노동조합의 힘은 점점 약해졌다. 기업들은 비용 절감을 위해 임금이 싼 지역으로 공장을 옮겼다. 노동운동가들은 생산 시설의 이전뿐만 아니라, 이 시기 확산된 새로운 생산 방식(post-Fordism) 자체도 노동자에게 위협이 된다고 지적했다. 사측에서는 일본식의 집단 작업과 유연한 생산 방식이 노동자들의 반복 업무에서 오는 소외감을 해소할 수 있는 훌륭한 대안이라고 주장했다. 그러나 노동조합은 이런 낙관적인 주장에 강하게 반발했다. 실제 새로운 생산 방식의 공장에서는 낮은 임금과 긴 노동 시간, 높은 스트레스가 흔히 나타났기 때문이다. 사실 유연성을 강조한 생산 방식은 처음 도입될 때부터 노동자들의 강한 저항에 부딪혔다. 1950년대 초 일본의 토요타와 닛산 자동차는 노동조합이 여러 차례 파업을 일으키며 경영진과 충돌하자, 노동조합을 해체한 뒤에야 새로운 방식을 도입할 수 있었다. 이후 약 20년간 일본 자동차 노동자들은 고용 안정은 보장받았지만, 북아메리카나 서유럽의 노동자보다 낮은 임금을 받고 긴 시간 동안 일해야 했다. 휴가도 훨씬 더 적었다.[12] 21세기로 접어들면서 자동차 기업은 노동법이 약한 국가로 점차 옮겨갔다. 제2차 세계대전 이후 미국이나 유럽에서 볼 수 있었던, 노동조합의 보호를 받는 풍요로운 노동자의 모습은 더 이상 흔치 않았다. 세계 각지로 자동차 공장이 분산되면서 저임금 국가의 소득 수준이 어느 정도 높아지기도 했다. 그러나 자동차 기업의 미래 시장으로 주목되는 나라에서 노동자의 법적 지위는 여전히 불안정한 상태였다. 노동자의 시각에서 보면, 생산성과 세계화의 발전이 단지 긍정적이기만 한 것은 아니었다. 세계화로 국가 간 노동의 분업 구조가 변화하면서 오히려 사회적 불평등이 심화되었다. 이러한 비판은 그동안 주로 섬유 산업이나 전자제품 조립 같은 저임금 업종에 집중되었지만, 자동차 산업에서도 유사한 현상이 나타난 것이다. 실제로 자동차 제조업은 글로벌 생산 체제를 변모시킨 수많은 경영 개념을 탄생시켰다. 그러나 이러한 변화는 20세기 후반 이후 현장 노동자들에게 긍정적 영향과 부정적 영향을 동시에 가져왔다.

---

12 Steve Babson, "Lean production and labor: empowerment and exploitation," in Steve Babson (ed.), *Lean Work: Empowerment and Exploitation in the Global Auto Industry* (Detroit: Wayne State University Press, 1995), pp. 14-21.

소비 체제

자동차 산업의 발전과 성공은 자동차가 가진 매력이 얼마나 크고 지속적인지 잘 보여주었다. 자동차는 전 세계 수많은 사람들의 마음을 사로잡으면서, 사람들을 이동시키는 단순한 교통수단 이상의 존재가 되었다. 자동차는 개인뿐 아니라 사회 전체에 강력한 영향을 미치며, 20세기를 상징하는 대표적 물건 중 하나가 되었다.

자동차는 구입과 유지에 많은 돈이 들기 때문에, 대중이 자동차를 널리 사용하려면 소득이 일정 수준 이상으로 올라가야 했다. 20세기 전반까지 자동차가 대중적으로 보급된 나라는 미국이 유일했다. 1920년대 후반, 전 세계 자동차의 80퍼센트가 미국에 있었고, 미국 가정의 절반 이상이 자동차를 가지고 있었다. 제2차 세계대전 이후 서유럽과 일본, 라틴 아메리카, 인도, 중국 등에서도 경제가 발전하면서 자동차 보급이 일반화되기 시작했다. 사람들은 경제적 여유가 생기면 이동의 범위를 넓히고, 원하는 때에 원하는 장소로 편하게 이동하기 위해 자동차를 구매했다. 또한 자동차는 사람들의 경제활동을 돕는 중요한 수단으로 인식되었다. 이동성이 높아지면 개인의 소득 창출 기회도 늘어나기 때문이다. 예를 들어, 20세기 초 미국 농부들은 자동차(Model T)를 구입하여 외딴 시골에서 고립되지 않고 농장의 일을 수월하게 처리하며, 농산물을 시장까지 운반할 수 있었다. 도시의 중산층 역시 자동차가 경제적 활동에 도움이 된다는 사실을 깨달았다. 의사나 변호사와 같은 전문직 종사자나 기업가들은 고객을 만나기 위해 자동차를 적극 활용했다.

대중적으로 자동차가 보급되던 초기에는 자동차를 사는 가장 큰 이유가 실용성이었다. 하지만 얼마 지나지 않아 자동차는 단순히 이동 수단을 넘어 소유자들에게 특별한 의미를 지닌 물건이 되었다. 많은 운전자들이 자동차를 자신의 정체성을 드러내는 상징으로 여겼고, 마치 애정을 쏟는 대상처럼 소중히 여기기 시작했다. 자동차의 가치는 경제적 효용성에 머물지 않았다. 저녁에 가볍게 드라이브를 하거나 주말 나들이, 긴 휴가 여행을 떠나는 등 자동차는 여가 생활을 더욱 풍요롭게 만들어 주었다. 자동차는 단순히 소유자의 사회·경제적 성공뿐 아니라, 개인의 문화적 취향이나 관심사까지 드러내주는 수단이 되었다. 이 과정에서 다양한 자동차 문화를 형성하는 사람들이 생겨났다. 자동차를 자신의 취향에 따라 개조(customizing)하는 문화가 등장했고, 특정한 자동차 모델이나 스타일을 중심으로 그들만의 규칙과 의식, 축제 같은 행사를 통해 공동체가 만들어졌다. 예를 들면 화려한 색상과 독특한 서스펜션으로 꾸민 자동차인 '로우라이더(lowrider)'를 즐기는 치카노(Chicano) 남성들, 일본과 한국산 수입차를 개조하는 젊은 아시아계 미국인들, 그리고 롤스로이스(Rolls Royce), 폭스바겐 비틀(VW Beetle), 모리스 마이너(Morris Minor), 시트로엥 2CV, 피아트 친퀘첸토(Fiat Cinquecento), 라다(Lada)와 같은 오래된 차량의 복원과 유지에 열정적으로 시간과 돈을 쏟는 수많은 사람들이 있다.

무엇보다도 운전이라는 행위는 자동차와 운전자 사이에 깊은 유대감을 형성한다. 자동차가 보편화된 많은 사회에서 운전을 배우는 일은 어른이 되는 중요한 통과의례로 여겨진다. 운전을 배우는 과정은 긴 시간이 걸리며, 사람들은 다양한 감각을 동시에 사용하여 복잡하면서도 조화로운 기술을 익히게 된다. 물론 모두가 이 기술을 잘 습득하는 것은 아니다. 하지만 시간이 흐르면서 반복학습을 통해 처음에는 어렵고 복

잡했던 동작들이 자연스럽고 직관적인 동작으로 바뀐다. 그 결과 운전자들은 자동차와 자신이 마치 하나가 된 듯한 일체감을 경험하게 된다. 즉 운전을 배운다는 것은 개인의 정체성에 새로운 면을 더하는 일이다. 한 인류학자는 이를 이렇게 표현했다. "운전이란 기계를 통해 일상적 자아가 새로운 행동과 상상의 세계로 확장되는 것이다. 이를 통해 숨겨져 있던 개인의 개성이 드러난다." 20세기를 거치는 동안 자동차가 개인의 정체성을 강화하는 현상은 서구 사회뿐만 아니라 다른 지역에서도 나타났다. 예컨대 제2차 세계대전 이후 자동차가 빠르게 퍼진 일본 사회는 운전을 통해 생겨난 새로운 자아감을 표현하기 위해 영어에서 온 신조어를 사용했다. 예컨대 마이카 시대(マイカー時代) 같은 표현에 사용된 '마이카(マイカー)'라는 어휘는 영어 표현 'my car(나의 자동차)'를 음차 표기한 것이다.[13]

자동차 소유자들은 운전을 하면서 대단한 해방감을 느꼈다. 처음부터 사람들은 자동차를 '자유'와 연결지어 생각했다. 1910년대에 헨리 포드는 미국의 농부들로부터 감사 편지를 많이 받았다. 자동차 덕분에 시골에서 외롭게 지내던 농부들이 고립에서 벗어날 수 있었기 때문이다. 포드의 초기 자동차 모델 T(일명 Tin Lizzie)를 좋아했던 어떤 사람은 "당신의 차 덕분에 우리는 진흙탕 생활에서 벗어났고, 삶에 기쁨을 되찾았습니다"라는 편지를 남겼다.[14] 역사가 에릭 포너(Eric Foner)는 냉전이 가장 심각했던 1950년대 미국 사회에서도 자동차는 자유의 상징이었다고

---

13 David D. Plath, "My-car-isma: motorizing the showa self," *Daedalus* 119/3 (1990), 231.
14 Brinkley, *Wheels for the World*, p. 118.

설명했다. 당시 사람들은 광고, 텔레비전 프로그램, 대중가요 등을 통해 "진정한 자유는 운전할 때 비로소 느낄 수 있다"는 메시지를 접했다. 자동차가 주는 해방감을 칭송한 사람들은 정치적으로 진보적인 이들뿐만이 아니었다. 심지어 1933년에 아돌프 히틀러는 연설에서 자동차를 찬양하며, 기차 여행자는 시간표를 따라야 하지만, 자동차는 "인간의 의지를 따르기 때문"에 진정한 자유를 준다고 평가했다.[15]

자동차가 가진 자유와 암묵적인 권력은 많은 갈등을 불러왔다. 이는 단지 자녀가 부모의 통제를 벗어나려고 가족 차량을 이용할 때 벌어지는 가정 내 문제에만 국한되지 않았다. 자동차가 자유의 상징이었기에 자동차 소유권을 둘러싼 논쟁은 흔히 특정 사회가 누구의 자유 요구를 정당한 것으로 인정하는지에 초점이 맞추어졌다. 그래서 자동차를 운전하거나 소유하는 일은 종종 정치적인 의미까지 내포하게 되었다. 이는 사회적 또는 정치적으로 소외된 사람들과 그렇지 않은 사람들 간의 경계를 더욱 뚜렷하게 만들었다. 20세기의 자동차는 단순히 이동수단을 넘어 시민의 권리를 얻는 수단이자, 억압적인 사회에서 개인이 자율성을 느낄 수 있는 공간이 되었다.

특히 여성들은 운전할 권리를 얻기 위해 오랜 투쟁을 거쳐야 했다. 이는 가정이 여성의 영역이라는 관념과 기계적 능력을 남성성과 연결 짓는 사회적 통념 때문이었다. 이러한 사회적 편견 때문에 20세기 초 미국의 많은 여성 운전자들은 "여성의 운전이 공공의 안전을 위협하고, 남

15　Eric Foner, *The Story of American Freedom* (New York: W.W. Norton, 1999), p. 265; *Parole Motorisierung: Ein Jahr nationalsozialistische Kraftverkehrsförderung* (Berlin: n.p., 1934), p. 7.

성과 여성 간의 '자연스러운 위계질서'를 깨뜨린다"는 여성 혐오적 비난을 자주 들어야 했다. 미국의 페미니스트들은 이에 맞서 오히려 운전이 여성의 가사 업무 효율성을 높인다고 주장했다. 또한 시간이 흐르면서 여성 운전자의 수가 증가하자 여성의 운전 기술이 남성보다 뛰어나다는 사실까지 입증되었다. 특히 여성 운전자가 남성 운전자보다 사고율이 낮다는 사실은 이들의 주장을 더욱 강력히 뒷받침해주었다. 여성들이 운전에 뛰어난 모습을 보이면서 기존에 남성과 여성의 차별을 뒷받침하던 핵심적 편견이 무너졌다. 이를 통해 미국의 페미니스트들은 성 평등 주장과 더불어 여성의 완전한 정치적 권리를 요구할 근거를 더욱 확고히 할 수 있었다. 이러한 맥락에서 자동차는 말 그대로 여성 해방의 상징적 도구가 되었다. 21세기에도 같은 흐름이 이어졌다. 사우디아라비아의 페미니스트들은 여성 운전을 금지한 법적 규제에 맞서, 직접 운전대를 잡고 시위를 한 적이 있었다.[16]

젠더뿐만 아니라 인종 역시 자동차 이용에서 포용과 배제의 중요한 기준이 되었다. 1938년 나치 정권은 독일에 거주하는 모든 유대인이 자동차를 소유하지 못하게 했다. 이는 자동차에 대한 규제가 인종적 차별과 배제라는 더 넓은 정책의 일환임을 명확히 보여주는 사례였다. 인종에 따른 운전자의 차별 문제는 자유민주주의 국가에서도 나타났다. 20세기 대부분의 기간 동안 미국 백인들은 흑인이 운전을 하는 행위 자체를 도발적이라고 간주했으며, 이를 "흑인의 운전(driving while black)"이

---

16 Tracey McVeigh, "Saudi Arabian women risk arrest as they defy ban on driving," *The Observer*, June 19, 2012.

라 불렀다. 다만 흑인이 백인의 운전기사로 명확히 식별될 때는 예외였다. 1948년 조지아주에서는 한 흑인 남성이 가족과 함께 자동차로 이동했다는 이유로 백인 폭도에게 공격받아 살해되는 사건이 있었다. 그의 자동차가 "너무 고급스러워서" 그가 "흑인답지 않다"는 것이 이유였다.[17] 미국과 영국 같은 자유민주주의 국가에서도 법적으로는 평등을 약속했지만, 20세기 내내 실제로는 인종차별이 지속되었다. 특히 백인이 아닌 운전자들에 대한 도로 위 경찰 검문 비율이 매우 높았다. 한편 인권법이 등장하면서 인종적 소수자들은 이런 차별에 맞서 자신의 권리를 점점 더 적극적으로 주장할 수 있게 되었다.

자동차에 대한 소련의 입장은 모순적이었다. 소련 정부는 사회주의 국가로서 기술 혁신의 선두에 서고자 했지만, 개인의 자동차 소유에는 대단히 소극적이었다. 집단주의 사회와 정치 체제를 중시한 소련의 관료들은 자동차보다는 기차, 버스, 모스크바 지하철과 같은 대중교통을 발전시키는 데 집중했다. 1930년대 소련에서 일반 시민이 자동차를 가질 수 있는 유일한 방법은 복권 추첨에 당첨되는 것뿐이었다. 당시 자동차는 주로 정치적으로 특권을 가진 사람들만 이용할 수 있었다. 역사학자 루이스 시걸바움(Lewis Siegelbaum)은 이를 두고 "길 위에 자동차가 나타났다는 것은 곧 높은 관리가 지나간다는 표시였다"고 설명했다. 수십만 명이 목숨을 잃었던 '대숙청' 시기에는 자동차가 체포 작전에도 자주 이용되었다. 길거리에서 자동차를 보기만 해도 사람들은 공

---

17 Cotten Seiler, *Republic of Drivers: A Cultural History of Automobility in America* (University of Chicago Press, 2008), pp. 114-115.

포에 떨었다. 자동차가 이처럼 국가 권력과 긴밀하게 연결되어 있었음에도, 자동차를 향한 소련 사람들의 열망은 결코 줄어들지 않았다. 만성적인 소비재 부족으로 국민들의 불만이 커지자, 소련 당국은 이를 완화하기 위해 1966년 자동차 생산량을 네 배로 늘렸다. 그러나 서방 국가들에 비하면 자동차 보급률은 여전히 낮았고, 차량을 받기까지 걸리는 시간은 짧게는 4년에서 길게는 10년이 걸렸다. 어렵게 자동차를 갖게 된 사람들은 주로 대학 교육을 받은 지식층이었으며, 이들은 소중한 차를 유지하기 위해 많은 시간과 노력을 들여야 했다. 부품과 수리 서비스가 늘 부족했기 때문에 자연스럽게 암시장이 형성되었고, 수백만 명의 시민들이 소련의 공식적인 이념과 맞지 않는 사적이고 비공식적인 관계망에 얽혀 들어가게 되었다. 소련 당국은 초기에는 개인의 자동차 소유를 근본적으로 반대했으나 나중에는 입장을 바꾸었다. 하지만 자동차가 사람들에게 "약간의 사생활과 개인의 자율성"을 제공하는 점에서 매우 복잡한 감정을 느꼈다. 이는 집단주의(collectivism)와 공적 소유(public ownership), 국가 통제(state control)를 강조하는 소련의 공식 이념과 정면으로 충돌하는 것이었다.[18]

소련의 사례에서 알 수 있듯이, 국가(정부)는 자동차의 역사에서 매우 중요한 역할을 담당했다. 무엇보다 국가 기관은 도로 위 공공질서를 위해 감독 및 규제 시스템을 도입했다. 자동차의 대중화에 따라 교통 흐름을 원활하게 유지하는 것이 주요 목적이었지만, 강력한 기계력을 지

---

18 Lewis Siegelbaum, *Cars for Comrades: The Life of the Soviet Automobile* (Ithaca: Cornell University Press, 2008), pp. 189, 213, 248.

닌 자동차가 공공장소에서 초래할 위험과 혼란을 최소화하는 데에도 초점을 맞추었다. 최초로 운전면허시험을 도입한 국가는 1903년의 프로이센이었다. 1909년에는 독일 전역으로 면허시험이 확대되었고, 1910년 이후 미국에서도 각 주 정부가 서서히 이를 도입하기 시작했다. 시간이 흐르면서 의무 차량 검사, 속도 및 음주 제한, 운전자 시민의식을 위한 교육, 도로 표지판 설치 등 수많은 정책들이 시행되었다. 좌측 통행 또는 우측 통행은 국가마다 차이가 있지만 세계적으로 상당한 정도의 유사성을 보이고 있다. 이러한 점에서 자동차는 세계화의 대표적 사례라 할 수 있겠다. 자동차는 각 대륙 간에 대개 비슷한 일상 규칙과 문화를 확산시켰으나, 지역별 특성에 따라 그것이 부분적으로 다르게 나타나기도 했다.

국가는 단순히 규제의 차원을 넘어 자동차 산업을 적극적으로 육성했다. 헨리 포드가 글로벌 자동차 제국을 세우고 자동차 산업의 경제적 가능성을 입증한 이후, 각국 정부는 앞다투어 자동차 기업을 유치하려 했다. 정책 입안자들에게 자동차 산업은 투자, 기술, 일자리를 국내로 끌어들여 국가 경제 성장을 이끄는 중요한 산업이라는 인식이 확산되었다. 1950년대와 1960년대에는 브라질, 멕시코, 아르헨티나를 비롯한 라틴 아메리카 국가들은 자국에서 생산된 부품과 구성품의 비율이 일정 기준을 충족하는 자동차만 판매할 수 있도록 제한했다. 최근에는 중국과 인도가 북아메리카, 유럽, 일본의 기업들을 상대로, 현지 업체와 합작 회사를 설립해야만 진출을 허용했다. 이는 자국의 자동차 산업 육성 전략의 일환이었다. 각국 정부는 자동차 산업의 성장을 장려함으로써 제조업 기반을 강화하는 한편, 일반 국민들의 자동차 소유가 복지 향상에도 기여한다고 홍보했다.

정치 성향을 막론하고 도로 사업은 국가 기반 시설을 강화하기 위한 정부 정책의 우선순위에 들어갔다. 도로를 건설하면 이동성을 높이고 상품 교역이 활발해지며 경제 성장이 촉진된다는 주장은 오래 전부터 일반적인 이론으로 인정되었다. 자동차가 등장하기 훨씬 전부터 정치 지도자들은 도로 건설이 국가 통합에 중요한 역할을 한다고 생각했다. 히틀러와 무솔리니도 이 같은 생각을 적극적으로 받아들여 대규모 도로 건설 사업을 추진했다. 고속도로 건설을 통해 사람들이 먼 지역을 방문함으로써 국가에 대한 소속감을 더 강하게 느낄 수 있다는 것이 그들의 주장이었다. 1950년대 후반 미국에서도 비슷한 논리가 제기되었다. 당시 각 주를 연결하는 고속도로(interstate highways) 사업이 추진되었다. 독일, 이탈리아, 미국에서 도로 건설은 이미 19세기부터 국가 건설의 일환이었지만, 브라질에서는 20세기 국민 통합의 의식 강화에 도로가 핵심적인 역할을 했다. 브라질의 철도는 외국 자본의 지원으로 건설되었으며, 농업 지역을 세계 시장과 연결하는 것이 주요 목적이었다. 20세기 초, 브라질의 철도망은 항구 도시와 커피, 설탕, 고무 등의 환금 작물이 재배되는 내륙 지역을 연결하는 수준에 그쳤다. 그래서 철도는 강을 통한 수운의 보조 수단으로만 기능했고, 브라질 내륙, 특히 중앙 지역과의 소통에는 큰 도움이 되지 못했다. 이를 해결하기 위해 브라질 정부는 1950년대부터 도로 건설을 본격화했고, 그 결과 고립된 내륙 지역들이 서로 연결되기 시작했다. 브라질의 경우 철도가 아니라 도로 건설이, 분산되어 있던 다양한 민족적 배경을 가진 지역들을 하나의 국민국가(national entity)로 통합하는 데 결정적인 역할을 했다.[19]

인프라 구축 사업은 자동차가 가진 정치적, 경제적 중요성을 잘 보여준다. 그러나 동시에 자동차가 널리 보급되면서 생겨난 환경 문제에도 관심을 가지게 만든다. 자동차와 버스, 트럭이 다닐 수 있도록 도로 환경을 만드는 데는 정부의 광범위한 개입이 필요했지만, 이 과정에서 예상하지 못한 여러 부작용이 발생했다. 환경적 측면에서 볼 때, 자동차가 미친 영향은 특히 도심과 그 주변 지역에서 심각했다. 자동차 사용의 확대는 도시 외곽 지역의 급속한 확장(suburbanization)을 촉진한 주요 원인이었다. 도심과 교외를 오가는 만성적인 교통 체증은 물론이고, 세계의 많은 도시들은 자동차 중심 교통 정책 때문에 심각한 환경 문제를 겪었다. 아스팔트로 덮인 도로가 크게 늘면서 도심 지역의 지표면이 완전히 밀폐되었고, 이는 홍수의 위험을 점점 증가시켰다. 또한 교통량이 많은 도로나 고속도로 주변에 사는 주민들은 지속적인 소음에 노출되어 건강이 나빠지는 경우도 많았다. 1960년대부터 1980년대까지 북아메리카와 서유럽 국가들은 휘발유에 납 성분 첨가를 금지했다. 이는 납이 인체에 쌓이면서 생기는 건강 피해와 산성비를 막기 위한 시민 운동의 영향 때문이었다.

자동차가 초래한 환경 문제 가운데 가장 극적인 사례가 대기오염이었다. 1950년대 초 캘리포니아의 과학자들은 자동차 배기가스가 햇빛과 만나 화학반응을 일으키면 오존으로 바뀐다는 사실을 발견했다. 고농도의 오존은 식물의 성장을 방해하고, 사람의 눈을 자극하며, 호흡기

---

19 Joel Wolfe, *Autos and Progress: The Search for Brazilian Modernity* (Oxford University Press, 2010), pp. 91-112.

질환을 악화시킨다. 특히 일조량이 풍부하고 자동차가 밀집한 도시 지역에서는 기온 역전 현상까지 겹치면서 갈색빛의 독특한 안개가 자주 발생했다. 이것이 바로 악명 높은 '스모그(smog)'였다. 스모그는 1940년대 로스앤젤레스에서 처음 나타났고, 1970년부터 1990년까지는 멕시코시티가 언론의 '종말론적' 보도에 자주 등장했다. 급속한 인구 증가와 경제 발전으로 멕시코시티의 자동차 수는 폭발적으로 늘어나, 1950년 약 10만 대였던 것이 1980년에는 무려 200만 대나 되었다. 멕시코시티의 대기오염 물질 중 85퍼센트가 자동차 배기가스에서 나왔다. 특히 국영 석유회사가 공급하는 저렴한 휘발유는 자동차 증가를 더욱 부추겼고, 지하철과 같은 대중교통 이용에 대한 사회적 편견도 자동차 사용 증가에 영향을 미쳤다. 1970년 멕시코의 어느 의사는, 과거 "세상에서 가장 맑은 공기를 자랑했던 도시"가 이제는 "운전자가 시동을 켜둔 채 문을 닫아놓은 거대한 차고지"로 변했다며 도시의 심각한 오염 상태를 비판했다.[20] 여름철에는 학교가 휴교할 정도였고, 시민들에게는 외출을 자제하라는 권고가 내려졌다. 심지어 오염된 공기 탓에 새들이 하늘에서 떨어지는 일도 있었다. 1990년대 초반까지만 해도 멕시코시티에서는 매년 약 12,500명이 대기오염으로 목숨을 잃었다. 그러나 이후 도시의 대기질은 크게 개선되었다. 도시 외곽의 나무 심기 운동, 공장을 지방으로 이전하는 정책, 자동차 배출가스 점검 의무화, 촉매 변환기 도입, 일주일에 하루씩 차량 운행을 제한하는 제도 등 다양한 대책이 시행된 덕분이다. 이러한 노력으로 멕시코시티는 다른 많은 자동차 중심 도시들

---

20 Abelardo Arriago, "Smog, desafio de la decada," *Automundo*, October 1970, 15.

과 마찬가지로 이전보다 훨씬 깨끗하고 살기 좋은 도시가 되었다.

자동차는 환경오염의 주범으로 인식되었다. 20세기 후반 환경문제에 대한 관심이 높아졌는데, 여기에는 자동차가 중요한 계기가 되었다. 미국에서는 스모그와 대기 오염 때문에 시민들의 불만이 커졌고, 결국 1970년에 청정대기법(Clean Air Act)이 제정되었다. 또한 이 법은 환경보호청(Environmental Protection Agency, EPA)을 설립하는 계기가 되었다. 1980년대 말엽부터는 환경 담론이 자동차 대기오염에서 에너지 사용과 기후변화 문제로 넘어갔다. 논의의 초점이 지역 차원에서 전 지구적 차원으로 이동한 셈이다. 1990년대 자동차는 세계 온실가스 배출량의 12퍼센트를 차지했다. 1990년에서 2010년 사이 차량 등록 건수는 급증했으나 오염물질 배출량이 같은 비율로 증가하지는 않았다. 촉매변환기(대기오염 저감장치) 성능 개선과 엔진의 연비 향상 등의 영향이었다. 산업에 우호적인 입장에서는 이러한 흐름을 낙관적으로 받아들였다. 그러나 운행 과정의 오염물질 배출량만으로 환경영향 평가를 다 할 수는 없다. 자동차 생산 과정에서도 막대한 에너지가 소비되기 때문이다. 어느 환경사 연구자에 따르면, 1990년대 초엽 독일에서 자동차 한 대를 생산할 때 발생한 대기오염 물질이 자동차를 10년간 운행하면서 발생하는 배출량과 맞먹는다고 한다.[21] 또한 자동차 때문에 교외로 주거지가 확장되면서 그에 따른 오염물질 배출량도 늘어났다. 단순히 자동차를 많이 사용해서가 아니라, 교외 주택의 규모가 점점 더 커지고, 그

---

21 John McNeill, *Something New Under the Sun: An Environmental History of the Twentieth Century* (London: Penguin Books, 2000), p. 311.

에 따라 에너지 소비량도 증가했기 때문이다. 결국 환경에 해를 덜 주면서 개인의 이동 욕구를 충족하는 문제는 여전히 인류가 해결하지 못한 숙제로 남아 있다. 2000년대 이후 자동차의 환경 영향을 줄일 수 있는 대안으로 전기차가 자주 언급되었지만, 배터리 기술의 한계로 주행거리 문제를 극복하지 못했다. 더구나 앞으로 충분한 실용성을 갖춘 전기차가 나오더라도, 그 전기 생산의 친환경 문제는 여전히 해결되지 않은 채로 남아 있을 것이다.

대중적인 자동차 보급의 여파는 환경문제만이 아니었다. 보행자를 위협하는 신체적 위험도 적지 않은 문제였다. 선진국들은 이를 효과적으로 통제하기 위해 노력했다. 제1차 세계대전 이전, 고속의 기계장치가 등장하자 유럽과 미국에서 반대의 목소리가 높았다. 때로는 폭력적인 양상이 동반되기도 했다. 머지않아 반감이 매력과 호기심으로 바뀌었지만, 초기의 우려가 결코 과장은 아니었다. 1960년에서 1972년 사이 미국의 자동차 수는 7,300만 대에서 1억 1,800만 대로 크게 늘었다. 같은 기간 도로에서 교통사고 사망자는 연간 3만 8,000명에서 5만 6,000명으로 급증했다. 서독에서도 1950년대 자동차가 대중화되면서 교통사고 사망자는 연간 8,800명에서 1만 4,400명으로 늘었다. 특히 이사도라 던컨(Isadora Duncan), 제임스 딘(James Dean), 그레이스 켈리(Grace Kelly), 알베르 카뮈(Albert Camus), 다이애나 왕세자비(Princess Diana) 같은 유명 인사들이 자동차 사고로 숨지면서 대중적 관심과 경각심이 높아졌다. 그러나 1970년대 이후 선진국에서는 차량이 계속 증가했음에도 자동차 사고 사망자는 오히려 줄었다. 2011년 미국의 자동차 사고 사망자는 약 3만 2,310명, 독일은 약 4,009명이었다. 자동차 사고가 줄어든 데

네덜란드	4.8
영국	5.2
독일	6
미국	13.7
중국	16.5
인도	16.8
브라질	18.3
파키스탄	25.3
세네갈	32.5
에리트레아	48.4

[표 20-1] 인구 10만명당 교통사고 사망자 추정치(2006/7년)
출처: *Global Status Report on Road Safety: Time for Action* (Geneva: World Health Organization, 2009)

는 여러가지 이유가 있었다. 시민단체의 지속적인 캠페인과 도로 건설 기술의 발전, 속도 제한 규제와 운전자 안전교육 강화 등이 그 이유였다. 또한 안전벨트, 에어백, 제동장치가 개발되고 튼튼한 차체를 통해 탑승자를 보호하는 기술이 향상되었다. 응급의료 서비스가 확충되고, 음주운전 단속 법규 역시 중요한 역할을 했다.

그러나 세계적으로 볼 때 자동차는 여전히 많은 위험을 품고 있다. 2009년 세계보건기구(WHO)의 보고서에 따르면, 매년 약 120만 명이 교통사고로 목숨을 잃고 있으며, 그중 상당수가 가난한 나라에서 발생하고 있다고 지적했다. 실제로 2007년 한 해 동안 인도에서는 10만 5,000명 이상이 도로에서 사망했다. 아프리카와 아시아, 라틴 아메리카의 여러 지역에서는 낡은 자동차, 제대로 관리되지 않은 도로, 부족한 안전 규제, 열악한 의료 서비스, 위험한 운전 습관 등이 맞물려 도로는 여전히 매우 위험한 곳이다. 운전자뿐 아니라 버스 승객, 보행자, 자전거 이용자, 오토바이 운전자 모두가 심각한 위험에 노출되어 있다. 따라서 21세기 초엽의 세계적 불평등 문제는 자동차 보급의 격차뿐만 아니라, 교통사고라는 물리적 위험이 지역에 따라 크게 다르게 나타난다는 점에서도 분명히 드러나고 있다.

결론

자동차 운전에는 신체적·환경적 위험이 따른다. 그럼에도 불구하고 자동차에 대한 인류의 열정은 20세기 초반 이후 전 세계적으로 여전히 식지 않고 있다. 자동차는 단순히 편리한 교통수단이나 사회적 지위와 정체성을 나타내는 수단만이 아니었다. 무엇보다도 '자유'라는 이상을 상징하는 존재였다. 이러한 상징성 때문에 자동차는 때로 사회정치적 갈등의 중심에 놓이기도 했다. 그러나 자유주의 체제와 권위주의 체제를 막론하고 각국 정부는 자동차를 적극적으로 장려했다. 각국 정부는 자동차 친화적인 정책을 통해 국민의 복지 향상에 관심을 보였다. 또한 국민적 소속감을 높이고 주요 산업을 발전시키기 위해 자동차 보급에 힘을 기울였다. 한편 운전 문화 못지않게 자동차 제조 산업 자체가 20세기 세계화를 촉진하는 데 중요한 역할을 했다. 미국에서 처음 대량생산 방식이 등장했고 일본에서 그것이 더욱 발전했다. 이 방식은 자동차 산업의 노동 환경을 바꿨을 뿐만 아니라 다른 산업 분야에도 큰 영향을 미쳤다. 20세기 후반에는 많은 기업들이 다국적 기업(multinational corporation)에서 초국적 기업(transnational corporation)으로 발전하고자 노력했다. 이러한 흐름 속에서 자동차 산업은 다시 한번 세계화의 주요 원동력으로 작용했다. 자동차 산업은 생산성을 크게 높였고, 제2차 세계대전 이후 다국적·다민족 노동자들은 높은 임금과 복지 혜택을 누렸다. 이는 주로 노동조합의 노력 덕분이었다. 하지만 20세기 후반으로 갈수록 노동조합은 점점 더 큰 압박을 받게 되었다. 자동차는 새로운 생산 방식과 소비 방식을 만들어 냈다. 자동차가 만들어낼 생태적·물리적 결과를 명확히 예측하기에는 아직 이른 편이다. 또한 자동차는 전 세계적으로 노동과 여가의 개념 자체를 근본적으로 변화시키는 데 큰 역할을 했다. 이러한 변화는 카를 벤츠(Carl Benz)와 그 시대 사람들이 자동차를 도로 위에 처음 올려놓았던 그 순간부터, 의도치 않게 이미 시작된 과정이었다.

더 읽어보기

Babson, Steve, ed. *Lean Work: Empowerment and Exploitation in the Global Auto Industry*. Detroit: Wayne State University Press, 1995.

Brinkley, Douglas. *Wheels for the World: Henry Ford, His Company, and a Century of Progress, 1903-2003*. New York: Penguin, 2003.

Bruegmann, Robert. *Sprawl: A Compact History*. Chicago University Press, 2005.

Clarke, Sally H. *Trust and Power: Consumers, the Modern Corporation, and the Making of the United States Automobile Market*. Cambridge University Press, 2007.

Daito, Eisuke. "Automation and the organization of production in the Japanese automobile industry: Nissan and Toyota in the 1950s," *Enterprise & Society* 1 (2000), 139-178.

Dreyfus-Armand, Geneviève, Jacqueline Costa-Lascoux, and Emile Témime, eds. *Renault sur Seine: Hommes et lieux mémoires de l'industrie automobile*. Paris: La Découverte, 2007.

Flink, James J. *The Automobile Age*. Cambridge, MA: MIT Press, 1988.

Ford, Henry with Samuel Crowther. *My Life and Work*. Garden City: Doubleday, 1922.

Freyssenet, Michel, ed. *The Second Automobile Revolution: Trajectories of the World Car Makers in the 21st Century*. Houndmills: Palgrave Macmillan, 2009.

Grandin, Greg. *Fordlandia: The Rise and Fall of Henry Ford's Forgotten Jungle City*. New York: Metropolitan Books, 2009.

Johnson, Amy. *Hitting the Brakes: Engineering Design and the Production of Knowledge*. Durham, nc: Duke University Press, 2009.

Huberto Juáez Nuñez, Arturo Angel Lara Rivero, and Carmen Bueno, eds. *El auto global: desarollo, competencia y cooperación en la industria del automóvil*. Puebla: Consejo Nacional de Ciencia y Tecnología, 2005.

Ladd, Brian. *Autophobia: Love and Hate in the Automotive Age*. University of Chicago Press, 2008.

McCarthy, Tom. *Auto Mania: Cars, Consumers, and the Environment*. New Haven: Yale University Press, 2007.

McNeill, John. *Something New Under the Sun: An Environmental History of the Twentieth Cenutry*. London: Penguin Books, 2000.

Meyer, Stephen III. *The Five Dollar Day: Labor Management and Social Control in the Ford Motor Company, 1908-1921*. Albany: SUNY Press, 1981.

Miller, Daniel, ed. *Car Cultures*. Oxford: Berg, 2001.
Mom, Gijs. *The Electric Vehicle: Technology and Expectations in the Automobile Age*. Baltimore: The Johns Hopkins University Press, 2004.
Moran, Joe. *On Roads: A Hidden History*. London: Profile, 2009.
O'Connnell, Sean. *The Car in British Society: Class, Gender and Motoring, 1896-1939*. Manchester University Press, 1998.
Ohno, Taiichi. *Toyota Production System: Beyond Large-Scale Production*. Boca Raton: CRC Press, 1988.
Plath, David D. "My-car-isma: motorizing the showa self," *Daedalus* 119/3 (1990), 229-244.
Rieger, Bernhard. *The People's Car: A Global History of the Volkswagen Beetle*. Cambridge, MA: Harvard University Press, 2013.
Rinehart, James, Christopher Huxley, and David Robertson. *Just Another Car Factory? Lean Production and Its Discontents*. Ithaca: Cornell University Press, 1997.
Sachs, Wolfgang. *For Love of the Automobile: Looking Back into the History of Our Desires*. Berkeley, CA: University of California Press, 1992.
Scharff, Virginia. *Taking the Wheel: Women and the Coming of the Motor Age*. New York: Free Press, 1991.
Seiler, Cotton. *Republic of Drivers: A Cultural History of Automobility in America*. Chicago University Press, 2008.
Siegelbaum, Lewis. *Cars for Comrades: The Life of the Soviet Automobile*. Ithaca: Cornell University Press, 2008.
　ed. *The Socialist Car: Automobility in the Eastern Block*. Ithaca: Cornell University Press, 2011.
Sloan, Alfred P. *My Years With General Motors*. Garden City: Doubleday, 1964.
Sperling, Daniel and Deborah Gordon. *Two Billion Cars: Driving Towards Sustainability*. Oxford University Press, 2009.
Theory, Culture & Society 21:4/5 (2004), special issue on "Automobilities."
Vanderbilt, Tom. *Traffic: Why We Drive the Way We Do (and What It Says About Us)*. London: Penguin, 2009.
Volti, Rudy. *Cars and Culture: The Story of a Technology*. Baltimore: The Johns Hopkins University Press, 2004.
Wolfe, Joel. *Autos and Progress: The Search for Brazilian Modernity*. Oxford University Press, 2010.
Womack, James P., Daniel T. Jones, and Daniel Ross. *The Machine That Changed*

the World: How Lean Production Revolutionized the Global Car Wars. New York: Scribner, 1990.

CHAPTER 21

세계화,
앵글로-아메리칸 스타일

토머스 자일러
Thomas W. Zeiler

세계화(globalization)라는 용어는 주로 냉전 이후에 널리 쓰이기 시작했다. 그러나 실제 세계화의 역사는 그 기원이 오래되었다. 거슬러 올라가자면 인류가 최초로 정착 생활을 시작했던 시기까지도 여기에 포함된다. 국가와 제국이 탄생한 이후 사람들의 교류는 더욱 강화되었다. 소통과 이주, 교역과 사상의 교류가 더 넓고, 촘촘하며, 빠르고 긴밀하게 이루어졌다. 통합의 과정은 지구 곳곳에서 나타났기 때문에, 이것 역시 일종의 전 지구적(global) 현상이었다. 그러나 1800년 이전까지는 아직 진정한 의미에서 세계적인 통합은 이루어지지 않았다. 당시 세계 시장에서 거래되는 상품은 일부에 불과했다. 정치 지도자들은 지구 반대편에 누가 사는지 정도는 알고 있었겠지만, 정책 결정 과정에서 그들의 존재를 고려할 필요는 거의 없었다. 병원균이 바다를 건너 전염병을 일으킨 사례도 있었지만, 1918년의 스페인 독감처럼 지구 전체를 휩쓴 진정한 의미의 팬데믹은 아직은 없었다. 당시로서는 그러한 팬데믹이 일어나기도 힘들었다. 그러나 19세기 후반부터는 상황이 크게 달라졌다. 오랜 시간 이어진 국가 간 갈등, 전 세계를 향한 탐험과 팽창주의의 확산, 산업 자본주의의 성장, 그리고 기술 발전에 따른 생산과 운송, 통신의 근대화가 한꺼번에 이루어졌다. 이런 변화는 지구의 공간 자체를 완전히 재구성하기 시작했다. 변화의 힘은 정치적 경계와 지리적 거리를 뛰어넘었다. 어떤 의미에서는 경계와 거리라는 개념 자체가 거의 사라질 정도로 강력했다.

19세기는 이전 시대와는 확연히 다른 새로운 변화의 시기였다. 세계화가 본격적으로 진행되었고, 지역 간 국가 간의 통합이 더욱 빠르게 진행되었다. 전 세계의 사람, 국가, 기관들이 서로 연결되기 시작했다. 그에 따라 각국의 행동 방식과 관점이 바뀌었고, 결과적으로 서로의 차이가 줄어들었다. 금융, 무역, 전쟁 등 다양한 분야에서 전 지구적 연결이 만들어낸 변화였다. 이러한 변화는 1800년대 이후 세계사의 중요한 특징이 되었고, 우리가 흔히 말하는 '근대 세계'의 모습이 비로소 갖추어졌다.

개인, 기업, 정부 등 다양한 주체는 저마다 각자의 방식으로 세계화를 경험했다. 어떤 주체는 세계화를 촉진했지만, 어떤 주체는 오히려 이를 억제했다. 같은 주체라 하더라도, 어떤 형태의 세계화는 지지하면서 다른 형태의 세계화를 가로막기도 했다. 예를 들면 자유무역을 장려하면서도 자유로운 이민은 제한하거나, 외국인 기술자는 환영하면서 선교사는 거부하는 경우가 있었다. 근대의 세계화가 진행될 당시, 국제사회에서는 먼저 영국이, 나중에는 미국이 경제, 정치, 군사적으로 막강한 영향력을 행사하던 시기였다. 그 과정에서 영미 문화의 영향이 컸기 때문에 근대 세계화는 영미식 스타일(Anglo-American style)을 띠게 되었다. 세계화가 영국과 미국의 힘을 키워주기도 했지만, 그보다는 영국과 미국의 압도적인 힘이 세계화를 강력히 추진한 측면이 더 컸다. 그래서 경제적 이상과 현실은 자유무역을 향해 나아갔고, 정치적 이상과 현실은 의회제 민주주의나 대통령제로 정착되었다. 문화적으로는 축구가 세계인의 스포츠가 되었으며, 언어적으로는 영어가 글로벌 언어가 되었다. 음악은 록 음악과 그로부터 파생된 장르가 인기를 얻었고, 야구 모자는 전 세계 남성들의 보편적인 패션 아이템이 되었다. 영국과 미국의 힘이 그렇게 강력하지 않았다면, 이 모든 양상은 크게 달라졌을 것이다. 물론 이 모든 특징이 전적으로 영국이나 미국의 산물이라는 뜻은 아니다. 예를 들어 록 음악의 뿌리는 서아프리카에 있다. 그러나 이런 특징들은 세계화 과정에 편입되기 전에 먼저 영국이나 미국을 통해 주류화 과정을 거쳤다. 따라서 우리의 논의에서는 세계화가 여러 곳에서 출발했음을 부정하지 않지만, 그럼에도 특히 영미적(Anglo-American) 측면에 초점을 맞추고자 한다.

이러한 변화가 처음 시작되던 19세기에 가장 막강했던 세력은 대영제국이었다. 그들의 영향력은 이후 독일과 같은 산업 강국을 거쳐 결국 미국으로 확산되었다. 영국과 미국은 법 체계, 가치관, 역동적인 자본주의의 역사를 공유했다. 19세기 후반에 이들은 함께 세계화의 물결에 참여했다. 제1차 세계대전으로 유럽에서 세계화가 잠시 주춤하기도 했으나, 이후 곧바로 다시 활성화되었다. 1945년 이후에는 미국이 다른 어느 국가보다 적극적으로 세계화를 주도했다. 팍스 아메리카나(Pax Americana, 미국 주도의 세계 평화 체제) 하에서, 무역과 투자를 통해 자본주의 세계를 확대했고, 이를 통해 자금과 상품의 유통을 촉진했다. 세계의 문화, 비즈니스, 이념적 유대는 한층 더 강화되었다.

냉전 후반기에 이르자 '세계화(globalization)'는 일종의 유행어가 되었다. 당시 미국의 정치는 로널드 레이건(Ronald Reagan) 행정부의 보수파가 이끌고 있었다. 그들은 기업의 자유, 시장 개방, 첨단 기술을 세계 경제를 이끄는 이상적 가치이자 원동력으로 내세웠다. '세계화'라는 단어는 〈시장의 세계화(Globalization of Markets)〉라는 기고문을 통해 널리 알려졌다. 하버드 경영대학원의 마케팅 전공 교수였던 시어도어 레빗(Theodore Levitt)이 1983년 《하버드 비즈니스 리뷰(Harvard Business Review)》에 발표한 글이었다. 1990년대 초반에 들어서자 세계화는 미국을 비롯한 여러 나라에서 뜨거운 논쟁거리로 떠올랐다. 자유시장을 옹호하는 진영은 세계화가 미국 또는 세계를 구원할 열쇠라고 주장했다. 반면 비판적 진영에서는 세계화의 어두운 면을 경계했다. 논쟁의 핵심은 결국 '세계화'를 어떻게 정의하느냐에 따라 달라졌다. 따라서 근대적 의미의 세계화를 살펴보기 전에 '세계화'라는 용어 자체, 특히 그것을 개념화한 사상가와 기업 엘리트, 정책 입안자들의 시각을 먼저 짚어보는 것이 필요하다.

세계화의 개념

세계화의 결과와, 구체적이고 다양한 세계화의 과정들은 서로 구분해서 살펴볼 필요가 있다. 세계화의 결과는 과거에도 그랬듯 지금도 논란의 대상이다. 한편에서는 칭송받지만 다른 한편에서는 강한 비판을 받고 있다. 지지자들에게 세계화는 시장 자본주의를 완성하고 번영을 촉진하며 현대적 생활을 누릴 수 있는 기회를 제공했다. 또한 수십억 명의 사람들에게 보다 투명하고 민주적인 정치의 희망을 심어주었다. 한편 비판론자들은 세계화 때문에 경제적·문화적 관행이 획일화되었다고 주장한다. 이들은 토착 문화의 해체, 권력의 집중과 주권의 약화, 1990년대 이후 지속된 통화 위기가 빚어낸 자본주의 경제의 불안정성도 결국은 세계화 탓이라 생각한다. 또한 환경 파괴, 공공 안전과 건강에 대한 위협, 노동 조건의 하향 경쟁(race to the bottom), 그리고 정부의 책임성과 투명성 약화 등도 주요 비판 요소로 지적된다.

세계화는 복잡하고 논란이 많은 과정이었다. 기술(특히 통신 및 교통)의 발전과 시장 규제 완화 및 국경 개방 정책이 맞물리면서, 사람과 돈, 상품, 서비스, 정보, 문화의 교류가 크게 증가했다. 최근 세계화 현상의 대표적인 예로는 인터넷의 급속한 성장을 들 수 있다. 온라인을 통한 상품과 서비스, 투자 자금의 글로벌 이동 규모는 현재 수조 달러에 이르며, 여전히 빠른 속도로 성장하고 있다. 2005년부터 2012년 사이 국경을 넘는 인터넷 트래픽은 7년 만에 18배가 증가했다. 그에 따라 고용과 수익도 늘었고, 사람과 조직 간 국경을 초월한 교류 역시 크게 확대되었다.[1] 새로운 디지털 세계 경제 환경에서는 모든 참여자가 전 세계 어디에서든 다른 참여자들과 상호작용하며 전략을 세워야 하는 상황에 놓이게 되었다.

오늘날 세계화의 형태와 성격은 지난 200년 동안 진행된 세계화 과정에서 그 뿌리를 찾을 수 있다. 세계화가 역사적 궤도에 오르는 데 가장 큰 역할을 한 국가는 영국과 미국이었다. 자유 시장 원리와 기술, 경제 관행, 그리고 이를 뒷받침하는 법률과 규범의 체계는 현대적 세계화의 기반이 되었다. 대서양 경제권(transatlantic economy)은 대영제국 체제에서 가장 역동적이었고 결국 가장 번성했다. 영국은 이론적으로는 자

---

[1] See Gordon M. Goldstein, "The end of the Internet?," *The Atlantic* (July/August 2014), 24.

유무역을 추구했으나 실제로는 자국의 자치령 및 식민지와 상호의존적인 관계를 유지했다. 이를 바탕으로 무역과 투자 네트워크를 구축하여 세계 경제를 세계화로 이끌었다. 미국은 세계적 강국으로 떠오르며 영국 중심의 경제 체제에 편입됐고, 제1차 세계대전을 거치며 유럽의 경제력이 약화되자, 결국 영국을 대신하여 세계 경제의 주도권을 장악하게 되었다.

영국의 시대, 1914년까지

냉전 이후의 세계화와 19세기의 세계화를 비교해 보면, 19세기의 세계화는 일반 대중에게까지 폭넓게 영향을 미치지는 못했다. 그러나 미국의 남북전쟁 이후 상황이 달라졌다. 미국과 영국의 엘리트들은 글로벌 생산의 규모를 한 단계 더 끌어올렸고, 기술의 발전과 국제 경제 교류의 확대가 이를 뒷받침했다. 영국과 특히 미국의 정책 결정자들은 여전히 보호무역의 정치적 압박 때문에 이러한 세계적 변화를 제대로 인식하지 못했다. 그럼에도 불구하고 변화는 꾸준히 진행되고 있었다. 어느 역사학자의 표현을 빌리자면, 1870년대에 이르러 "문명 세계는 크게 바뀌었다. 혁명 때문이 아니라 강력한 지도자들이 변화를 이끌었기 때문이다. 그들은 철도, 자산, 경제 성장, 국력, 국가 간 경쟁과 갈등의 불가피성을 신봉하는 현실주의자들이었다." 영국과 미국뿐만 아니라 브라질, 캐나다, 이탈리아, 포르투갈, 일본에서도, 국가 간 전쟁과 영토 획득이 굳이 새로운 일은 아니었지만, 그러나 같은 시기 "과학자, 전문가, 자산가 같은 새로운 세력의 손에서" 권력이 자라나고 있었다.[2]

당시의 지도자들과 과학자들은 스스로의 임무가 국가 건설 내지는 사회 개혁 같은 것이라 생각했다. 그러나 결과적으로 그들의 행동은 글로벌화(globalization)를 향한 발걸음으로 이어졌고, 세계는 더욱 긴밀히 연결되었다. 19세기의 세계화는 막대한 자본과 상품과 사람이 국경을 넘어 이동하는 것을 의미했다. 그 과정은 각국의 이익을 충족시키는 동시에 자유주의 국가 건설 사업에도 도움이 되었다. 영국의 투자, 그리고 영국에서 건너 간 이민자들은 미국과 아르헨티나를 포함한 여러 국가에서 기반시설과 경제 시스템 구축에 도움을 주었다. 예컨대 외국인 투자자는 각국의 국가 체제 안정화에 기여했다. 국가 시스템은 그 대가로 투자자들의 재산을 보호해주는 등 서로가 이익이 되는 관계를 유지했다. 20세기 후반부터는 정치적으로 국경을 넘나드는 자본이나 인력을 통제하기가 훨씬 더 어려워졌다.

이 무렵 미국은 경제 강국으로 빠르게 성장하여 영국과 경쟁하게 되었다. 이미 1870년경에는 미국의 국내총생산(GDP)이 영국을 넘어섰다. 그러나 두 나라는 경쟁만 한 것이 아니라 서로 협력하면서 세계화를 촉진했다. 세계화 과정에서 민간기업의 역할도 컸다. 이 기업들은 특정 국가의 이익보다는 기업 자체의 이익을 우선시했다. 이들은 한 나라에만 머물지 않고 여러 나라에서 활동하며 이익을 추구한 다국적기업들이었다. 이들의 해외 진출도 정부의 적극적인 지원을 받았다. 특히 미국과 영국 정부는 해외 시장 개척과 기술 개발, 그리고 이주를 장려하는 정책을 펼쳤다. 또한 일부 시민과 외교관들은 국제적으로 상업 관련 법과 관행

---

2 Charles S. Maier, "Leviathan 2.0: inventing modern statehood," in Emily S. Rosenberg (ed.), *A World Connecting, 1870-1945* (Cambridge, MA: Belknap Press, 2012), pp. 148-149.

을 통일시키기 위해 노력했으며, 그들 중 상당수는 미국인과 영국인이었다. 이런 노력 덕분에 미국의 수출이 크게 늘었고, 미국의 다국적기업들도 번창하게 되었다. 당시 미국은 여러 핵심 기술 분야에서 경쟁력을 확보하고 있었다. 또 선교사와 상인들, 때로는 군대가 이끈 비공식적인 제국주의 활동 역시 미국의 성장에 큰 도움이 되었다. 특히 1870년부터 1929년 사이에 미국의 해외 투자는 전례 없이 빠르게 증가했다. 제1차 세계대전 이전까지 세계 금융의 중심은 영국이었고, 미국은 멕시코와 카리브해 지역에 주로 자본을 공급하는 역할에 머물렀다. 그러나 1914년 이후 미국의 국제적 영향력이 급속히 확대되었고, 1920년대에 이르면 미국은 영국과 함께 글로벌 금융을 이끄는 나라가 되었다.

세계화 과정에서 사람들의 이동(이주) 또한 활발하게 이루어졌다. 특히 1830년부터 1914년까지 전 세계적으로 대규모 인구 이동이 있었다. 이는 주로 대서양 연안 지역에서 산업이 발달하고 일자리가 많아지면서 노동자들이 몰려들었기 때문이다. 이 시기 북미와 남미 지역은 유럽에서 건너온 엄청난 수의 이민자들을 받아들였다. 한편 중국과 인도에서도 많은 사람들이 다른 지역으로 이주했다. 이들은 주로 농장이나 광산, 철도 건설 현장에서 일할 목적으로 동남아시아, 태평양 제도, 카리브해, 남미 등지로 이동했다. 또한 교통비가 저렴해지면서 농장에서 일하는 노동자들이 계절에 따라 북반구와 남반구를 오가며 일 년 내내 일을 하게 되었다. 영국의 식민지 사이에서도 카리브해와 아시아 지역의 농장, 광산, 고무 생산, 임업 분야에서 노동자들이 대규모로 이동했다. 이들 중 일부는 본인의 의사와 상관없이 강제 노동에 가까운 환경에서 일하기도 했다.

물론 이주에도 한계는 있었다. 너무 가난해서 떠날 엄두조차 낼 수 없는 사람들이 많았고, 고향에 대한 애착이 너무 커서 떠나기를 주저하는 사람들도 있었다. 또 어떤 사람들은 낯선 지역에 대한 정보가 부족해 아예 이주를 생각조차 하지 못했다. 1870년대가 되자 미국과 캐나다에서 동아시아인을 차별하는 법률이 제정되면서 이주의 흐름은 한동안 주춤하기도 했다. 그러나 이와 같은 어려움에도 불구하고, 19세기 후반 수천만 명이 바다를 건너 다른 곳으로 향했다. 세계에 대한 인식이 확대되면서 멀리 떨어진 지역에 관해서도 알게 되었고, 이를 바탕으로 새롭게 인생 설계를 하는 사람들이 나타났기 때문이다.

미국과 영국이 주도한 세계화에서 기술은 대단히 큰 영향을 미쳤다. 유럽의 제국들은 이미 활발한 무역과 통신, 운송망을 만들고 유지하는 데 중요한 역할을 담당하고 있었다. 여기에 증기선의 발전과 수에즈 운하, 파나마 운하의 개통이 더해지면서, 유럽과 아시아를 비롯한 전 세계의 무역 속도가 크게 높아졌다. 수에즈 운하는 원래 프랑스가 건설했으나 나중에 영국이 주도권을 잡았다. 이후 20세기 중반 이집트가 통제권을 되찾기 전까지 이 운하는 유럽과 미국 동부에서 남아시아, 동남아시아, 동아시아로 향하는 새로운 무역로를 열었다. 그 결과 운송 시간이 대폭 줄어들었으며, 프랑스를 비롯한 여러 나라에서 추가로 해운 회사가 설립되어 항로를 확대했다. 이러한 움직임은 유럽과 미국뿐만 아니라 일본에서도 나타났다. 1900년대 이후 일본에서 해운업이 크게 성장했으며, 철도와 전신망도 함께 확장되었다. 러시아 역시 비슷한 발전을 이루었다. 그 결과 항구와 철도를 중심으로 하는 통신 네트워크가 동아시아와 남아시아를 연결했고, 태평양을 넘어 유럽까지 이어지는 세계적 연결망이 형성되었다. 강대국들과 신흥 국가들은 원래 자신의 이익을 지키기 위해 교통과 통신망을 만들었지만, 결과적으로는 더 촘촘한 글로벌 네트워크가 형성되는 데 기여한 셈이었다.

새로운 통신 기술은 미국 기업의 기술 수출에 큰 도움이 되었다. 미국에서 카리브해를 거쳐 라틴 아메리카까지 해저 케이블이 연결되자, 미국 투자자들의 라틴 아메리카 진출이 활발해졌다. 또한 영국의 통신망(1866년 대서양 횡단 케이블이 설치되어 영국과 북아메리카가 연결되었고, 1870년대에는 영국에서 인도, 싱가포르, 홍콩, 오스트레일리아까지 해저 케이블이 설치되었다. ─ 옮긴이)을 활용하여 아시아까지 활동 영역을 넓혔다. 덕분에 통신 속도는 더욱 빨라졌고, 미국 기업은 해외 시장에서 더욱 신속하고 효과적으로 제품을 판매할 수 있었다. 대표적인 예로 필라델피아에 있던 볼드윈 기관차(Baldwin Locomotive Works)를 들 수 있다. 이 회사는 힘과 속도가 뛰어난 기관차를 생산하여 1900년 이후 하루 평균 한 대씩 해외로 수출했으며, 전 세계 모든 대륙에 고객을 확보했다. 그들이 만든 기관차는 미국의 험준한 파이크스 피크(Pike's Peak)를 오르는가 하면, 러시아의 시베리아와 아르헨티나의 팜파스 초원을 가로질러 달렸다. 미국산 농업 기계 역시 기술 세계화의 또 다른 사례였다. 1893년부터 1904년까지 시카고, 오마하, 버팔로, 세인트루이스를 비롯한 미국 각지에서 박람회가 열렸고, 이를 통해 미국 기술의 우수성이 전 세계에 널리 알려졌다. 미국의 박람회에 참여한 사람들은 세계가 하나의 거대한 글로벌 시장(global marketplace)으로 변화하고 있다는 사실을 더욱 분명하게 느꼈다.

산업화 시대에 기술이 발전하고 경제 교류가 활발해지면서, 나라 간

문화적 공감대도 늘어나게 되었다. 그 대표적인 사례가 올림픽 경기였다. 1890년대부터 시작된 올림픽에서는 각국의 대표 선수들이 경쟁했지만, 동시에 올림픽은 서로의 이해를 높이고 민족 간 차이를 뛰어넘는 행사였다. 모든 선수는 자국의 국기를 들고 출전했지만, 결국에는 국경을 넘어 스포츠의 가치를 알리는 계기가 되었다. 축구와 야구의 전파도 비슷한 예이다. 영국 이주민들이 아르헨티나에 축구를 전하면서 아르헨티나에서는 축구가 국민 스포츠로 자리 잡았다. 또 미국인 교사와 학생들이 일본에 야구를 소개했는데, 일본은 이를 독특한 일본식으로 발전시켰다. 이렇게 생겨난 일본식 야구는 나중에 한국과 대만으로 전파되어 인기를 얻었다. 한편 기술이 발전하면서 국제적인 관광이나 다양한 엔터테인먼트 행사도 크게 늘었다. 예를 들어 미국의 '버팔로 빌의 와일드 웨스트 쇼(Buffalo Bill's Wild West Show)'나 미국과 일본 야구팀의 세계 순회 경기가 큰 인기를 끌었다. 이와 같은 활발한 국제 교류 덕분에 심지어 국제결혼 역시 예전보다 훨씬 더 쉬워졌다.

박애주의와 사회 운동 역시 세계적인 규모로 확장되었다. 대표적인 예로 앤드류 카네기와 존 D. 록펠러를 들 수 있다. 그들은 냉혹하고 잔인한 기업가라는 이미지를 벗어나 해외에서 자선 활동을 벌였다. 또한 사회적으로 심각한 문제들을 해결하는 데에도 힘썼다. 카네기는 2,500개가 넘는 도서관을 세워 영어권 국가에서 문맹 퇴치에 큰 공헌을 했다. 한편 록펠러 부자는 과학, 의학, 공중보건 분야의 발전을 위해 10억 달러가 넘는 개인 재산을 기부했다. 이들의 지원은 중국과 미국 남부, 라틴 아메리카를 포함한 다양한 지역에 퍼져 있었다. 특히 록펠러 재단은 여러 국제회의와 학술 교류를 지원하며 전 세계 인물들의 소통과 교류를 촉진했다. 이외에도 제이콥 쉬프(Jacob Schiff)와 같은 유명 은행가들도 인권 증진에 기여했다. 쉬프는 국내외에서 유대인들이 당하는 박해를 줄이기 위해 적극적으로 활동했다. 또한 정치인과 시민단체, 법률가들은 인류의 고통을 덜기 위한 최초의 국제적 중재 구조와 법적 기준들을 만들었다. 1906년 칠레 발파라이소(Valparaiso) 지진과 같은 대규모 자연재해가 발생했을 때도 상업은행, 광산기업, 수출업체와 부유한 개인들이 적극적으로 구호금을 지원했다. 이들은 스스로 중요하다고 여긴 사회적 문제에 대응하며 정책 결정에도 영향을 미쳤다. 기독교 선교사들, 금주운동가들, 여성 인권 운동가들도 비록 카네기나 록펠러처럼 많은 재산을 갖고 있지는 않았지만 세상을 바꾸기 위해 힘썼다. 새로운 통신과 교통 기술을 효과적으로 활용한 이들의 노력은 국경을 초월했다. 이러한 노력과 열망이 완전히 새로운 것은 아니었고, 그 성과 역시 한계가 있었다. 그러나 이전보다 훨씬 더 쉽게 국제 활동이 가능해졌기 때문에 더 많은 활동가와 더 큰 규모의 지원이 등장할 수 있었다.

민간 자선활동의 확대에 발맞추어, 국가적 차원에서도 이전과 다른 방식으로 인권 문제에 개입하기 시작했다. 과거 수백 년 동안 교황이나 칼리프가 먼 지역에 사는 같은 종교인들을 보호했던 것처럼, 19세기의 국가도 국내 압력단체의 요구를 받아들여, 해외에 거주하는 같은 종교인들을 보호하려 했다. 예컨대 영국, 미국, 러시아의 기독교인들은 오스만 제국 치하의 정교회 또는 아르메니아계 기독교 신도들에 관심을 가졌다. 그 영향으로 서방 각국이 오스만 제국의 외교에 개입했고, 때로는 강력한 압력을 행사하기도 했다.

전쟁과 평화, 그리고 세계화의 중단, 1950년대까지

제1차 세계대전이 시작되면서 세계화의 흐름도 잠시 멈추었다. 대공황과 제2차 세계대전을 거쳐 1950년 한국전쟁이 일어날 때까지 이러한 기조가 계속되었다. 국제적인 통합이나 교류가 완전히 사라진 것은 아니었지만, 전체적으로 보면 세계화가 퇴보했던 시기였다. 제1차 세계대전으로 국제사회가 크게 분열되었고 세계 경제 질서 또한 산산이 무너졌다. 그 결과 러시아와 이탈리아, 나중에는 독일에서도 자본주의와 자유민주주의에 반대하는 공산주의나 파시즘이 권력을 잡았다. 공산주의나 파시즘이 그보다 약했던 나라들도 국제무역보다는 자국 내에서 필요한 물자를 스스로 해결하는 정책을 추구했다. 1920년대와 1930년대에는 해외 이민도 엄격히 제한되었다. 특히 1929년 경제 대공황이 닥치자, 이전까지 자유무역을 적극적으로 지지했던 영국 같은 나라들마저 무역장벽을 높이고 통제를 강화했다. 제2차 세계대전이 끝난 후에는 냉전의 시대가 시작되었고, 세계는 이념 대립으로 나뉘어지게 되었다.

한마디로 각국 정부는 경제적 측면에서 세계화의 속도를 늦추는 데 성공했다. 그러나 전쟁 중에도 일부 문화적 유대는 지속되었다. 1910-40년대 전체를 놓고 보면 그것이 오히려 더 강해졌을 가능성도 있다. 오늘날 많은 전문가들은 세계화가 피할 수 없는 흐름이라고 믿고 있지만 반드시 그렇지만은 않다. 정치경제적 결정과 패턴이 세계화의 흐름을 충분히 가로막을 수도 있다. 과거에도 두 차례의 세계대전과 자본주의 역사상 최악의 경제 위기(대공황), 그리고 냉전 등 격동의 시기에는 실제로 그런 일이 일어났었다.

미국은 제1차 세계대전과 1920년대의 경제 호황을 거치며 해외 진출을 더욱 빠르게 확대했다. 특히 중남미 시장에서는 기존에 자리 잡고 있던 영국의 은행과 기업들을 미국이 대신하게 되었다. 아시아 시장에서도 미국은 영국의 지위에 본격적으로 도전하기 시작했다. 미국은 수마트라의 고무 농장처럼 중요한 원자재 생산지를 확보했고, 중남미의 설탕, 담배, 육가공 산업에서도 입지를 넓혀갔다. 또한 구리, 철, 질산염, 석유와 같은 광물자원을 확보하기 위해 미국 기업들이 중국, 네덜란드령 동인도, 멕시코 등지로 진출하여 기반을 다졌다. 하지만 당시 방대한 영국과 프랑스의 식민 제국이나 급속히 힘을 키워가던 일본 제국에 비하면, 미국의 해외 투자는 여전히 규모가 작은 편이었다. 게다가 멕시코와 러시아에서 일어난 혁명, 제1차 세계대전 등으로 미국의 경제적 팽창은 여러 차례 중단되거나 둔화될 수밖에 없었다.

제1차 세계대전 당시 미국의 대통령이었던 우드로 윌슨(Woodrow Wilson)과 세계의 지도자들은 전쟁 이후 세계 질서를 새롭게 구상했다. 국가 간 협력을 중시하는 국제주의(internationalism)를 강조하고, 식민지 국가들의 독립을 위해 민족자결권을 주장했다. 또한 집단안보 체제를 만들어 군국주의를 막으려 했다. 그러나 이러한 계획은 여러 가지 문제로 현실화되지 못했다. 미국 내부의 정치적 혼란과 다양한 정치적 견해 차이, 그리고 고립주의를 강력히 주장하는 세력들을 극복하지 못했기 때문이다. 1920년대 초 미국 정부는 출신 국가별로 이민자 수를 제한하는 쿼터제(Quota Act)를 시행했다. 또한 우드로 윌슨이 주도하여 만든 국제연맹(League of Nations)에 정작 미국은 가입하지 못했다. 미국 상원이 가입을 거부했기 때문이다.(더 구체적으로 말하자면 국제연맹의 설립 근거가 되었던 베르사유 조약의 비준을 미국 의회가 거부했다. — 옮긴이)

이후 미국은 외교적으로 고립주의 노선을 선택했다. 한편 소련에서는 공산주의가 강력히 떠오르고 있었다. 이는 자본주의 체제의 확장에 반대하는 움직임이었다. 특히 스탈린이 주장한 '일국사회주의(socialism in one country)'는 소련의 공식적인 국가 정책이 되었다. 소련은 내부 발전에 집중했고, 자본주의 시장 경제와는 거리를 두었다. 동시에 소련은 자체적으로 세계화를 추구하는 경향이 있었다. 이는 모스크바를 중심으로 마르크스-레닌주의를 확산하려는 움직임이었다.

비록 우드로 윌슨의 이상이 완전히 실현되지는 못했지만, 초국적 기업가나 일부 정책 입안자들은 세계화를 적극적으로 받아들였다. 특히 이 시기는 미국이 세계 경제에서 가장 강력한 국가로 계속 성장하던 때였다. 미국은 국제연맹에 가입하지 않았지만, 1920년대 유럽 경제 안정을 위한 국제 협력에는 부분적으로 참여했다. 그 대표적인 사례가 바로 1924년의 도스 플랜(Dawes Plan, 독일의 제1차 세계대전 배상금 문제를 해결하기 위해 1924년 미국 주도로 수립한 계획 — 옮긴이)이었다. 또한 당시 미국 정치 지도자들은 군사력을 줄이기 위한 국제 협상에도 지속적으로 관심을 보였다. 항공 산업에서도 미국은 세계적으로 영향력을 키우기 시작했다. 1927년, 독일 기업에 맞서기 위해 팬아메리칸 월드항공(Pan American World Airways, 줄여서 팬암)이 설립되었다. 팬암은 미국과 라틴 아메리카 간의 우편물과 승객 운송권을 획득했다. 이후 1930년대에 팬암은 유럽과 아시아까지 운항 범위를 확대하며 본격적인 국제 항공 시대를 열었다.

평화와 번영이 국제교류에 달려 있다고 믿는 미국인들이 늘어나면서 미국 문화의 세계적 교류가 더욱 확대되었다. 특히 영화는 전 세계 사람들이 함께 즐기는 대표적인 문화였다. 미국 배우 더글러스 페어뱅크스(Douglas Fairbanks)와 메리 픽퍼드(Mary Pickford) 같은 사람들은 전 세계적으로 유명한 스타가 되었다. 더불어 박물관, 음악계, 학술계를 중심으로 국제 단체와 기구도 빠르게 증가했다. 예를 들어 1925년에 설립된 태평양문제연구소(Institute of Pacific Relations)는 기자와 학자, 기업인들이 참여하는 국제 단체였다. 이 단체는 태평양 연안 국가들이 직면한 다양한 문제를 함께 이해하고 해결하자는 취지를 가지고 있었다. 또한 구겐하임 재단(Guggenheim Foundation)이나 국제교육협회(Institute of International Education) 같은 기관들도 국제적 연구를 지원하고, 외국 학생들이 미국 대학에서 공부할 수 있도록 재정적 도움을 제공했다. 이런 지원을 통해 아시아, 라틴 아메리카, 유럽에서 온 많은 젊은이들이 미국으로 유학을 갔다. 이들 유학생들은 국가 간 교류의 주역이 되었으며, 학업을 마친 뒤 고국으로 돌아가 미국의 문화와 가치를 널리 전파하는 데 중요한 역할을 했다.

대공황이 닥치자, 많은 기업가와 정책 입안자, 자선가들의 노력에도 불구하고, 이데올로기와 정치가 세계화를 가로막았다. 국제 체제보다는 자국 경제를 우선시하는 국가들이 많았다. 전반적으로 보호무역이 강화되었다. 미국은 수입 상품에 고율의 관세를 부과했고, 영국 연방은 제국 내 시장을 회원국들에게 우선 배정하는 한편, 무역 특혜 제도를 도입해 외부 국가를 차별했다. 소련은 사회주의 체제를 완성하는 데 집중했고, 나치 독일과 일본 역시 각자의 힘만으로 경제를 유지하는 '자력갱생 경제'를 추진하며 국제 경제와 거리를 두었다. 특히 일본은 세계 경제 체제에서 벗어나 동아시아에 자신들 중심의 '대동아공영권(大東亞共榮圈)'

을 구축하려 했다. 한편 제1차 세계대전 당시 발생한 전쟁 부채는 전후에도 국제 금융 시스템을 압박했다. 설상가상으로 대공황이 세계 경제를 덮쳤다. 전쟁 부채 해결이나 보호무역 문제 해결을 위한 국제 협력은 더욱 어려워졌다. 리더십의 부재로 사람들의 경제적 고통은 더욱 심화되었고, 세계화 흐름 또한 크게 후퇴했다. 그럼에도 교통과 통신 기술이 발전하고, 영화처럼 전 세계가 함께 즐길 수 있는 대중문화가 인기를 얻으면서 일부 분야에서는 세계화의 흐름이 유지될 수 있었다. 국제 협력과 통합을 지지하는 소수의 정치 및 경제 지도자들도 있었다. 예를 들어 미국의 국무장관이었던 코델 헐(Cordell Hull)은 자유무역과 무역 장벽 철폐를 강하게 주장했다. 또한 국제상공회의소와 IBM(International Business Machines)의 대표였던 토머스 왓슨(Thomas J. Watson)은 헐 장관의 의견을 지지하며, 개방적이고 자유로운 세계 경제가 세계 평화를 가져올 것이라고 강조했다. 그러나 독재국가들은 이러한 희망과 정반대로 나아갔다. 결국 아시아에서 1937년에 시작된 제2차 세계대전이 2년 후 유럽까지 확산되면서, 세계화는 더욱 심각한 위기를 맞게 되었다.

　독일, 이탈리아, 일본 등 추축국(Axis powers)은 군사력을 사용해서 국제 질서를 깨뜨리고 각자 폐쇄적인 경제 구조를 만들려고 했다. 반면 연합국(Allied powers)은 개방적이고 안정적인 세계 질서를 추구하며 이들과 맞섰다. 그러나 연합국도 전쟁에 참여한 나름의 목적과 계산이 있었다. 소련은 동유럽 지역에 대한 영향력 확장을 원했고, 영국과 프랑스, 네덜란드는 자신들이 이미 가지고 있던 식민지를 유지하고 보호하는 것이 목표였다. 중국의 총통 장개석(蔣介石, 장제스)은 중국 내부에서 자신의 권력을 확고하게 다지려 했다. 한편 미국은 전쟁 중에 성장한 경제가 전쟁이 끝난 뒤 다시 위축되는 것을 막기 위해 새로운 시장이 필요했다. 자유시장 경제를 유지했던 연합국조차도 전쟁이라는 특수한 상황에서 강력한 정부 통제 정책을 도입할 수밖에 없었다. 산업과 군사 동원을 효과적으로 통제하기 위해서였다. 전쟁이 진행되면서 시장 중심의 경제가 정부 주도의 배급과 할당 방식으로 바뀌었고, 국가가 경제를 직접 계획하고 통제하는 방식이 일반화되었다. 국가의 경제 통제는 전쟁 승리를 위한 불가피한 선택이었다.

제2차 세계대전 중의 세계화는, 비유적으로 표현하자면 레이더에 걸리지 않고 그 아래에서 전개되었다. 여기서 레이더가 상징하는 바는, 오히려 전쟁 때문에 더 빨리 확산된 세계화의 어떤 과정을 의미할 수도 있겠다. 특히 과학과 신기술 분야가 빠르게 확대되었다. 예컨대 페니실린과 같은 의학의 발전이 세계적으로 확산되었다. 컴퓨터 또한 적군의 암호를 해독하기 위해 군사 목적으로 처음 개발되었다. 당시의 컴퓨터는 진공관을 사용했는데 크기가 너무 커서 일반 가정에서는 쓸 수 없었다. 한편 전쟁 기간에 미국의 벨 전화연구소(Bell Telephone Laboratories)에서는 실리콘과 게르마늄에 관한 연구를 활발히 진행했다. 그 결과 1947년 트랜지스터(transistor)가 탄생했다. 트랜지스터의 발명은 전자공학 분야에 혁신을 가져왔다. 이를 이용해서 작고 값싼 라디오와 계산기가 만들어졌고, 결국 개인용 컴퓨터 보급의 기반이 마련됐다. 이는 오늘날의 정보화 시대를 가능하게 한 중요한 계기가 되었다. 항공 기술 역시 전쟁을 계기로 크게 발전했다. 영국과 미국이 전쟁 중 대형 폭격기를 개발하면서 탄생한 B-29는 전쟁 이후 고급 여객기 개발의 토대가 되었다. 이후 1954년 보잉사에서 보잉-707 여객기를 출시했는데, 이 항공기의 뿌리는 제2차 세계대전 당시의 제트 추진 공중급유기와 제트 엔진 기술에서 찾을 수 있다. 미국 기업인 더글러스(Douglas), 보잉(Boeing), 록히드(Lockheed)는 팬암(Pan Am)과 함께 전쟁 이후 급속도로 확장된 세계 항공 시장을 주도했다.

과학기술 외에도 세계화를 촉진한 요인들이 더 있었다. 유럽과 아시아에 주둔한 미군을 통해 코카콜라와 같은 미국 제품이 전 세계로 퍼지면서 사람들의 입맛과 취향도 변화했다. 또한 전쟁과 국경선의 변화로 많은 사람들이 고향을 떠나 난민이 되었고, 이들이 이동하면서 그들의 아이디어와 기술, 노동력이 세계 곳곳으로 퍼져나갔다. 특히 전쟁 중이거나 직후에 약 25만 명의 여성들이 미국이나 캐나다 군인과 결혼해 국제적인 가정이 생겨났다. 이 여성들은 주로 유럽, 호주, 필리핀 출신이었다. 캐나다 정부는 이 여성들을 데려오기 위해 특별히 '전쟁신부선'을 유럽으로 보냈다. 미국 역시 1945년에 제정된 '전쟁신부법(War Brides Act)'을 통해 미군의 배우자와 자녀들에게 무료로 미국 이민을 지원했다. 이 법 덕분에 미군의 아내와 친자녀, 입양된 자녀들은 일반적인 이민 쿼터의 제한과 상관없이 미국에 입국할 수 있었다. 다만 필리핀을 제외한 아시아 국가 출신은 이 혜택을 받을 수 없었다.[3] 이처럼 세계대전은 여러 방면에서 평범한 사람들의 삶을 이전보다 훨씬 더 세계화된 방향으로 이끌었다.

제2차 세계대전과 마찬가지로 냉전도 전 세계를 정치적으로 갈라

---

3 Susan Zeiger, *Entangling Alliances: Foreign War Brides and American Soldiers in the Twentieth Century* (New York University Press, 2010).

놓았다. 하나로 통합된 세계를 만들고자 했던 꿈에도 금이 갔다. 하지만 서로를 파괴하려 했던 국가들조차도 특정 분야에서는 협력의 가능성을 찾았고, 국제 질서를 유지하기 위한 규칙과 법을 만드는 데서도 진전을 이루었다. 그 중심에 유엔과 여러 산하기관들이 만들어졌다. 예를 들어 1947년에 설립된 국제민간항공기구(ICAO)는 항공 운송과 여행에 관한 규정을 만들고, 항공 노선을 안전하고 효율적으로 관리하는 역할을 맡았다. 또한 서로 다른 국가별 항공 규정을 통일하고, 관련된 갈등을 해결하면서 세계 시장을 이어주는 데 기여했다. 설립된 지 20년 만에 회원국 수는 116개국으로 늘어났다. 보건, 농업, 노동과 같은 다양한 분야에서도 여러 국제기구들이 정책 조율을 통해 세계화를 촉진했다. 이러한 협력에도 불구하고 국가 간에는 오랜 갈등과 견해 차이가 끊이지 않았다.

냉전 시대에 형성된 두 진영을 결국 하나로 연결하지는 못했지만, 각 진영 내에서는 국가 간 통합을 돕는 국제기구들이 생겨났다. 1944년 미국 뉴햄프셔주의 브레튼우즈에서 설립된 국제통화기금(IMF)과 세계은행(World Bank)은 서방 진영 국가들 사이에서 환율을 안정시키고 금융 위기를 막는 국제 금융 체제를 만들었다. 처음에 소련도 브레튼우즈 체제에 참여하기로 했지만, 나중에 입장을 바꿔 참여하지 않았다. 미국은 동맹국들이 전쟁에서 빠르게 회복할 수 있도록 많은 원조를 제공했다. 특히 마셜플랜(Marshall Plan)과 독일 및 일본에 대한 미군의 점령 통치는, 도시와 경제를 재건하는 과정에서 자유주의적 이념을 심어주는 역할을 했다. 냉전 시기 미국의 봉쇄 정책을 만든 인물인 조지 케넌(George Kennan)은 독일과 일본의 미군정이 "서양과 동양에서 가장 거대한 양대 산업 지역을 서로 연결하면서, 두 나라를 반공 진영의 핵심 거점으로 만드는 데 기여했다"고 평가했다.[4] 전쟁 후 자본주의 세계에서는 이전보다 자금의 이동이 훨씬 원활해졌다. 1947년에는 GATT(관세 및 무역에 관한 일반협정)가 만들어져 무역 자유와 무역 규칙 제정을 위한 협의가 시작되었으며, 약 20개 국가의 관세 협상을 주도했다. 이후 약 50년 동안 여러 차례 협상을 통해 관세 장벽이 점차 낮아졌다. 1995년에는 GATT가 더 폭넓은 역할을 하는 세계무역기구(WTO)로 대체되었다. 이러한 국제기구들의 노력 덕분에 자본주의 국가들 사이의 무역이 더욱 활발해졌고 국가 간의 협력도 한층 강화되었다.

미국은 공산 진영의 확대를 막기 위해 무역을 제한하는 봉쇄 정책을 실시했다. 하지만 미국의 동맹국들이 항상 이를 지킨 것은 아니었다. 결과적으로 무역 제한 조치는 공산권에 피해를 주기보다는 유럽의 분단을 더욱 고착화시켰다. 즉 동서 진영과 사회주의-자본주의 간의 구분을 공식화하는 계기가 된 것이다. 소련은 미국의 마셜 플랜과 서방의 무역 봉쇄에 대응하여 자체 경제 협력기구인 코메콘(COMECON)을 만들었다. 이 경제 협력기구는 베를린에서 블라디보스토크까지 동유럽과 소련 전역을 아우르는 거대한 경제 블록이었다. 코메콘은 사회주의 국가 간 경제 통합을 이끌었고, 일종의 '사회주의식 세계화' 역할을 했다. 이 조직은 1991년까지 지속되었으며, 나중에는 중국, 쿠바, 베트남 등이 옵서버(참관국)로 참여했고, 이라크, 니카라과, 핀란드, 모잠비크 등은 간접적으로 협력하게 되었다. 결국 냉전 시대의 봉쇄 정책과 이에 맞선 대응

---

4 Thomas W. Zeiler, "Opening doors in the world economy," in Akira Iriye (ed.), *Global Interdependence: The World After 1945* (Cambridge, MA: Belknap Press, 2014), p. 231.

정책은 전 세계적인 통합을 막는 장벽이 되었다. 그러나 동시에 각 진영 내부에서는 오히려 국가 간의 긴밀한 협력과 통합을 촉진하는 원동력이 되었다는 역설적인 결과도 낳았다.

냉전 시기 세계는 경제적으로 분리되어 있었지만, 이때 이미 훗날 세계화가 빠르게 퍼질 수 있는 기반이 어느 정도 마련되었다. 당시 미국은 냉전에서 소련을 반드시 이기겠다는 목표 아래, 모든 수단을 동원해 '초강대국'으로서 경쟁을 벌였다. 미국은 거의 모든 분야에서 소련보다 앞선 기술력을 보유했고, 특히 통신과 운송 분야에서는 경쟁국들을 크게 앞질렀다. 또한 개인주의, 민주주의, 자유시장경제와 같은 가치관을 내세웠으며, 풍요로운 소비 생활을 통해 전 세계 사람들의 마음을 사로잡았다. 소련은 이 점에서 미국만큼 사람들의 마음을 끌지 못했다. 결과적으로 미국의 이러한 전략과 준비는 냉전 이후 활발하게 진행된 세계화 시대의 토대를 마련하는 데 중요한 역할을 했다.

수면 아래의 흐름, 1951년 – 1989년

냉전 시대에는 미국과 소련 같은 초강대국과 그 동맹국들의 안보 체제가 만들어졌다. 그 체제 안에서 세계화의 싹이 자랐다. 대표적으로 한국전쟁(1950-1953)은 일본의 토요타나 대만 제조업체들이 크게 성장하는 기회가 되었다. 이후 베트남 전쟁에서도 비슷한 일이 일어났다. 미국이 군사용으로 막대한 양의 물자를 사들이자 일본과 대만뿐만 아니라 한국의 산업도 큰 혜택을 보았다. 예를 들어 일본산 철강 제품은 군사용 통신 장비 생산에 쓰였다. 한국전쟁 이후 이들 제조업체는 트랜지스터 라디오와 카메라 같은 민간 소비재 생산으로 방향을 전환했다. 따라서 일본의 가전 산업은 냉전 덕분에 탄생했다고 볼 수 있다. 이후 일본은 가전 제품 시장에서 세계적인 강국으로 성장했다. 과학과 공학 분야의 연구 개발 역시 냉전 시대에 정보 수집, 무기 개발, 전자공학의 발전과 함께 본격화됐다. 이 분야에서 특히 미국이 앞장섰다. 1960년대 미국 국립과학재단(NSF)과 국방부 등 정부 기관이 연구중심 대학과 적극적으로 협력하면서 대학 내에 다양한 연구소와 프로젝트가 늘어났다. 이로써 정부와 대학 간의 긴밀한 협력 관계가 형성되었고, 미국의 고등 교육 수준이 크게 향상됐다. 대학들은 글로벌 시장에 적합한 우수한 인재들을 양성할 수 있었다. 미국 기업들은 활발한 연구 개발 덕분에 외국 기업보다 약 5배나 더 많은 특허를 보유하게 됐다. 특히 IBM은 정보 처리 기술 분야에서 시장을 주도했다. 결국 냉전 당시 자유 진영의 다양한 문제를 해결하기 위해 추진된 연구 개발(R&D)은 이후 본격적으로 펼쳐진 정보화 시대를 가능하게 한 씨앗이 되었다.

교통수단 또한 세계화를 이끈 중요한 요인 중 하나였다. 특히 냉전 시대에 교통수단은 단지 버텨낸 정도가 아니라 오히려 크게 발전했다. 제2차 세계대전과 냉전 시기에 개발된 군사 기술이 미국 남서부(일명 sun belt 지역)의 경제 성장을 이끌었다. 이 지역의 수백만 인구가 직간접적으로 방위 산업에 종사했고, 그 결과 축적된 기술과 인프라 덕분에 민간 항공 산업이 빠르게 발전할 수 있었다. 항공 여행 수요는 국내외를 가리지 않고 폭발적으로 증가했다. 특히 국제선은 1957년 탑승객이 450만 명으로, 1945년에 비해 10배나 늘었다. 그리고 1970년에는 다시 4배가 더 뛰었다. 1950년대 후반 보잉사는 장거리 여객기 개발에 과감히 투자했고, 결국 큰 성공을 거두었다. 덕분에 대서양 횡단 시간이 절반으로 줄었다. 1973년부터 저렴한 관광석이 도입되면서 비행기 여행은 일반 대중에게 더욱 가까워졌다. 1969년에 처음 선보인 광폭 동체 대형 여객기 보잉 747은 더 많은 승객을 태울 수 있게 되었고, 덕분에 항공권 가격은 더욱 저렴해졌다. 이후 전세기(charter flights) 시대가 열리면서 뉴욕에서 런던까지 가는 항공편 가격이 한때 200달러 이하로 떨어졌다. 이렇게 저렴한 비용 덕분에 특히 대학생들의 해외 관광이 크게 늘었다. 대학생들은 여러 나라를 여행하며 다른 나라의 문화와 삶을 경험했고, 자연스럽게 국제 정세와 글로벌 문화에 관심을 갖게 되었다. 또한 항공기는 화물과 컨테이너 수송에도 널리 쓰이기 시작했다. 항공기는 컨테이너 선박과 함께 세계 무역을 가속화하고 규모를 확대하는 데 큰 역할을 했다. 1957년부터 1973년까지 항공 화물 수송량은 무려 866퍼센트나 증가했다. 1980년대가 되자 이러한 물류 혁신이 시장 전반에 완전히 뿌리를 내렸다. 엔진의 성능이 좋아지고 항공기 무게가 가벼워지는 기술적 발전을 거듭한 결과, 1989년에는 최대 412명의 승객을 태우고 최대 20시간까지 비행할 수 있는 보잉 여객기까지 등장하게 되었다.

해상 운송은 특히 컨테이너의 등장으로 획기적으로 발전했고, 이는 항공 운송의 발달과 맞물려 시너지 효과를 만들어냈다. 표준 크기의 컨테이너를 트럭에서 그대로 선박으로 옮겨 싣는 방식이 도입되면서, 항만 노동자 한 사람이 처리할 수 있는 화물량이 크게 늘었다. 1956년 시간당 15톤에 불과했던 화물 처리량이 1973년에는 시간당 700톤으로 증가한 것이다. 그 결과 배가 항구에 머무는 시간이 줄었고, 운송 체계가 훨씬 효율적으로 개선되었으며, 비용도 크게 절감되었다. 1960년대에는 베트남 전쟁으로 인해 해상 운송 수요가 급격히 늘면서 컨테이너 운송 방식이 더욱 빠르게 확산되었다. 베트남 전쟁은 냉전 시기에 글로벌화가 촉진되는 또 다른 중요한 계기가 되었다. 한편 1973년 제4차 중동 전쟁(욤키푸르 전쟁)이 일어나 석유 가격이 급등하자, 국제 해운업계는 이에 대응하기 위해 자동차 전용선과 액화천연가스(LNG) 전용선을 개발하여 운송 비용 상승을 극복하고자 했다.

냉전 시대의 통신 기술은 세계화에 큰 역할을 했다. 1927년에 약 1만 건에 불과했던 대서양 횡단 전화 통화가 30년 만에 25만 건으로 급증했다. 당시의 무선 전화는 잡음이 심하고 불편했으며 요금도 비싸서 소수 엘리트만 사용할 수 있었다. 이런 불편한 통신 방식은 1956년에 끝이 났다. 그해 미국의 AT&T가 마이크로파 증폭 기술을 이용하여 최초의 대서양 횡단 전화 케이블을 설치했다. 이후 포드와 같은 대기업들도 해외 사업을 운영하며 자체 전화 케이블을 설치하기 시작했다. 1980년대 후반에는 위성 통신망이 크게 확장되면서 전 세계 대부분 지역에서 누구나 손쉽게 장거리 전화를 이용할 수 있게 되었다. 이러한 발전 덕분에 지역 간의 고립이 해소되었고, 세계가 하나로 연결되는 '지구촌(Global Village)'이 실현되었다. 그리고 머지않아 인터넷과 정보통신의 시대도 열리게 되었다.

정치경제의 전체적인 판도에서 보면 세계화는, 위기와 지역주의에도 불구하고 꾸준히 진행되었다. 1957년 유럽에서는 유럽공동시장(European Common Market)이 설립되어 미국의 대대적인 투자를 이끌어 냈다. 이로써 서유럽은 강력하고 안정된 무역 공동체로 발전할 수 있었다. 1980년대 들어 유럽공동시장은 새로운 회원국을 적극적으로 받아들였다. 또한 공동 화폐를 도입해 유럽 내 결속력을 높이고, 대외 경쟁력을 강화하고자 했다.

이러한 지역화의 움직임은 세계화에 큰 영향을 주었다. 일부 지역은 내부적으로는 더 밀접하게 통합되었지만, 외부로는 무역 장벽을 세워 지역 간 교류를 제한하기도 했다. 따라서 세계화의 속도와 방향은 지역에 따라 달랐다. 냉전 시기에 유럽공동시장은 미국과 캐나다를 제외하면 세계에서 가장 강력하게 통합된 지역이었다. 세계 곳곳에서 지역별 무역 협정과 안보 협약 같은 다양한 형태의 통합이 등장하면서, 세계화는 마치 여러 조각이 모인 모자이크처럼 다채로운 양상을 보였다.

캐나다의 사회이론가 마셜 맥루한(Marshall McLuhan)이 말한 것처럼, '지구촌(global village)'이라는 개념은 냉전 시대에 등장했다. 당시 문화 교류는 미국에서 다른 나라로 일방적으로 흘러간 것이 아니었다. 그 대표적인 예가 바로 비틀즈(The Beatles)였다. 비틀즈는 문화적 세계화의 상징이었다. 그들은 새로운 소통과 여행의 시대를 십분 활용하여 미국 흑인 음악인 로큰롤(rock n' roll)을 영국 리버풀(Liverpool)에서 자신의 방식으로 재해석했다. 비틀즈의 음악은 1960년대 초엽 세계적으로 비틀매니아(Beatlemania) 열풍을 불러일으켰다. 그들의 히트곡은 먼저 영어권 나라를 휩쓴 뒤, 곧 비영어권 국가로 빠르게 퍼져 나갔다. 미국에서도 비틀즈의 인기는 대단했다. 1964년 비틀즈가 미국의 '에드 설리번 쇼(Ed Sullivan Show)'에 출연했을 때는 미국 전체 시청자의 60퍼센트가 이 방송을 지켜봤다. 비틀즈는 전 세계 스포츠 경기장을 가득 채운 최초의 밴드였으며, 그 인기는 영국 무역수지에도 영향을 줄 정도였다. 이 같은 공로를 인정받아 1965년 비틀즈는 영국 여왕으로부터 훈장을 받았다. 전 세계의 젊은이들이 비틀즈에 열광했다. 또한 1967년 세계 최초로 대륙간 글로벌 위성 생방송이 송출되었는데, 그 때 송출했던 특별 음악 프로그램이 바로 비틀즈의 공연이었다. 비틀즈는 적어도 일정 기간 동안 전 세계 대중문화를 하나로 통합했으며, 이는 영국의 문화 상품이 국경을 넘어 상업적, 문화적으로 흘러간 대표적 사례였다.

영국과 미국이 주도한 세계화는 1970년대 후반부터 다시 한번 탄력을 받기 시작했다. 이전처럼 새롭게 등장한 통신과 운송 기술이 중요한 역할을 했다. 여기에 미국과 영국이 추진한 규제 완화 정책도 큰 영향을 끼쳤다. 이러한 흐름은 동아시아 지역의 정치경제적 자유화 분위기와 맞물려 더욱 속도를 냈다. 영국 노동당 정부와 미국 뉴딜 정책이 수십 년 동안 유지해온 규제 체제가, 국내 정치 상황 변화로 서서히 무너지기 시작했다. 또한 고정환율 체제가 끝나고 변동환율 체제가 도입되면서 국제 투자자들의 영향력도 점점 더 커졌다. 한편 이른바 '금융화(financialization)'의 시대가 뿌리를 내렸다. 금융이 상품의 생산과 소비 과정에 점점 더 깊숙이 관여했다. 예전에는 금융이 개입하지 않던 분야에까지 영향력을 넓혀 수익을 얻기 시작했다. 금융화 현상은 먼저 국내 분야에서 주로 나타났다. 예를 들어 미국에서는 임금 인상이 오래도록 지체되면서 학자금 대출이 크게 늘어났고, 소비를 늘리기 위한 주택담보대출도 급격히 증가했다. 이러한 자본시장은 결국에는 국경을 넘어 전 세계로 연결되었다. 동네에서 주택담보 대출을 해주던 지역 은행도 글로벌 금융기관과 직간접적으로 연결되었다. 이러한 금융화로 우리의 일상생활 속 더 많은 부분이, 멀리 떨어진 세계 금융 환경과 서로 영향을 주고받게 되었다. 미국에서 자동차, 철강, 공작기계와 같은 산업은 한때 안정적인 분야로 여겨졌다. 하지만 시간이 흐르면서 새로운 경쟁자들이 시장에 들어와 치열한 경쟁을 벌였다. 초창기에는 주로 일본 기업들이 미국 시장에서 강력한 경쟁자로 떠올랐다. 반대로 미국 기업들도 다른 산업 분야에서는 국내외로 넓게 분산된 시장을 적극 활용하여 성과를 거두었다. 1980년대 들어 국제 비즈니스 환경은 더욱 개방되었고, 이에 따라 승자와 패자가 동시에 나타났다. 여러 국가들이 세계 시장으로 나서면서 각국의 산업 간에도 명암이 뚜렷하게 엇갈렸다. 이처럼 세계화가 급속히 진행될 때는 항상 국제 정세를 정확히 읽고 대응한 국가와 기업이 유리한 위치를 차지했다. 더불어 자산의 이동성이 높아지면서, 수익성이 높은 지역을 찾아 빠르게 움직일 수 있었던 개인 혹은 기업이 큰 혜택을 얻었다.

    정치가 자유시장을 이끌 수 있었던 데는 사상적 배경이 있었다. 외교나 국내 정치에서 민족주의는 여전히 중요한 요소였지만, 점차 국제 자본의 영향력이 더 커지면서 그 입지가 줄어들었다. 이런 변화는 사실상 19세기의 자유방임주의(laissez-faire)로 돌아가는 흐름이었다. 밀턴 프리드먼(Milton Friedman)과 같은 경제학자들은 이 흐름을 적극적으로 옹호했다. 1970년대에 미국과 서유럽, 일본의 기업인, 정치인, 법률가, 학자들이 모여 삼극위원회(Trilateral Commission)를 만들었다. 이 위원회는 정부의 직접 통제를 벗어난 영역에서 국제 협력을 강화하기 위해 결성된 단체였다. 또한 1982년부터는 스위스 다보스에서 세계 주요 기업 리더들이 모이기 시작했다. 이 모임은 빠르게 확장되어 세계 지도자들까지 참여하는 세계경제포럼(World Economic Forum)으로 발전했다. 이 자리에서 매년 국제적 정책 문제가 논의되었다. 미국에서는 기업들의 로비 활동이 급격히 증가했다. 이들은 노동조합의 힘을 약화시키고, 세금을 낮추며 정부의 규제를 완화하는 방향으로 움직였다. 한때 적극적인 정부 개입을 주장했던 '워싱턴 컨센서스(Washington Consensus)'도 이 시기부터 신자유주의 경제를 지지하면서 케인스주의(Keynesianism)를 비판하는 방향으로 변했다. 기업가 정신, 경쟁, 자유무역, 노동 시장의 경쟁 원리는 이 시대를 상징하는 핵심 가치가 되었다. 레이건 대통령은 이러한 가치를 적극적으로 지지하며, 가능한 한 정부의 역할을 민영화하거나 축소하고 자유무역을 확대하는 방향으로 정책을 추진했다.

미국식 세계화, 1990년부터 현재까지

1989년 로널드 레이건이 대통령직에서 물러났다. 그가 후임자들에게 넘겨준 것은 경제와 정치, 문화 전반에 걸친 커다란 변화였다. 이 변화의 핵심에는 세계화라는 흐름이 놓여 있었다. 국가 간의 상품과 자본, 문화의 교류가 이전보다 훨씬 자유로워졌고, 이를 촉진하기 위해 새로운 국제기구들이 속속 등장했다. 이들 국제기구 덕분에 각국 간의 교류는 빠르고 광범위하게 확산되었다. 특히 1990년대 중반에 등장한 북미자유무역협정(NAFTA)과 세계무역기구(WTO)는 무역 자유화를 촉진하고, 국제 거래의 규칙을 통합하는 등 규칙 중심의 글로벌 경제 체제를 만들어가는 데 앞장섰다. 레이건 행정부의 뒤를 이은 빌 클린턴 행정부는 세계화를 중요한 외교정책 목표로 삼았다. 당시 클린턴 정부는 세계 각국의 경제적 관행과 경제적 발전, 그리고 민주주의가 조화를 이루면 인류가 더 큰 번영을 누릴 수 있을 것이라 믿었다. 세계화 흐름 속에서 미국은 핵심적인 역할을 담당했다. 이른바 '워싱턴 컨센서스(Washington Consensus)'를 통해 시장 중심의 세계화 흐름을 이끌었고, 이 과정에서 막대한 이익을 얻었다. 특히 자유시장 원칙을 기반으로 개발된 신기술이 빠르게 확산하면서 세계화는 피할 수 없는 흐름으로 여겨졌다. 하지만 이런 흐름에는 상당한 대가도 뒤따랐다. 세계화가 과연 좋은 방향인가를 두고 논쟁이 끊이지 않았다. 특히 미국 내부에서는, 세계 시장 중심의 자본주의를 지향한다고 하면서, 정부가 얼마나 개입해야 하는가의 문제를 두고 갈등이 심했다. 대체로 기업인들은 세계화를 환영했지만, 노동운동 진영이나 일부 학계, 환경운동가들, 심지어 클린턴 대통령이 속한 민주당 내 일부 정치인들도 세계화에 반대했다. 그러나 1990년대 중반 이후 미국 경제가 회복하면서 정치적 성향과 상관없이 세계화의 장점을 인정하는 분위기가 확산되었다. 이후 인터넷이 급속도로 확산되면서(2000년 전 세계 인터넷 사용자는 약 3억 명을 넘었다) 세계화는 하나의 거대한 유행으로 자리잡게 되었다.

경제 자유화와 국제 교류 확대는 주로 영미권이 주도한 흐름이었다. 그런데 이와 비슷한 움직임이 동아시아에서도 나타났다. 대만, 싱가포르, 한국, 일본 등은 경제를 개방하고 국내외 경쟁을 적극적으로 받아들이면서 세계시장으로 빠르게 뛰어들었다. 동아시아 국가들의 경제 자유화는 영미권의 영향을 일부 받기도 했지만, 각국 나름의 내부적인 필요성도 중요하게 작용했다. 이러한 변화 속에서 동아시아 기업들은 글로벌 시장이 제공하는 많은 기회를 신속하게 잡아낼 수 있었다.

20세기 후반, 동아시아에서 세계화의 혜택을 가장 많이 본 나라는 일본이었다. 1990년대 들어 전 세계 어린이들은 포켓몬 게임에 열광했다. 일본은 미디어와 전자문화 분야에서 독보적인 위치를 차지하게 되었다. 일본의 자본주의 체제는 자유무역 중심의 서구적 방식과 달랐다.

일본은 국가의 산업 계획과 보호무역 정책을 통해 그들만의 독특한 자본주의를 발전시켰다. 기술 혁신은 전통적으로 미국이 앞서나갔지만, 일본 기업들은 이마저 미국을 뛰어넘었다. 그러나 1990년대 초 일본의 부동산 가격이 급격히 폭락하면서 주식시장이 무너졌고, 경제 전반이 심각한 마비 상태에 빠졌다. 그 결과 일본 경제는 이후 10년 넘게 장기 침체에서 벗어나지 못했다. 한편 도쿄에 디즈니랜드가 개장한 것처럼 일본 사람들은 미국 문화와 비즈니스에 적극적으로 뛰어들었다. 일본 자동차 기업들은 미국 시장의 3분의 1을 차지했고, 일본 투자자들은 유니버설 스튜디오, MCA 엔터테인먼트, 록펠러 센터, 컬럼비아 픽처스 같은 미국을 대표하는 유명한 기업과 자산들을 잇달아 사들였다.

인도 역시 세계화의 흐름에 동참하기 시작했다. 인도의 경제성장은 중국보다 상대적으로 더뎠고, 여전히 세계에서 가장 가난한 사람들이 많이 살고 있었지만, 1990년대 들어 인도 정부가 내부의 여러 규제를 풀면서 경제가 빠르게 성장하기 시작했다. 이러한 변화의 중심에는 정보기술(IT) 산업이 있었다. 1981년 인도 남부 도시 방갈로르에서 IT 대기업 인포시스(Infosys)가 설립됐다. 인도에서 가장 우수한 젊은 인재들이 방갈로르로 몰려들었고, 이들은 소프트웨어 개발자와 엔지니어가 되어 정보기술 혁명을 이끌었다. 그 결과 2008년 인포시스의 직원 수는 전 세계에서 10만 명에 달했고, 매출도 40억 달러를 넘었다. 방갈로르에는 글로벌 콜센터들이 세워져 전 세계 고객들에게 휴대전화나 가전제품, 컴퓨터와 관련한 상담 서비스를 제공했다. 영어가 널리 사용되고 인건비가 싼 방갈로르에는 외국 기업들의 연구개발(R&D) 센터도 잇달아 생겨났다. 비용 절감이 필요한 엔지니어링, 연구, 제조 분야에서 인도는 가장 매력적인 아웃소싱 지역이 되었다. 특히 도이체방크, 씨티그룹, 골드만삭스, 바클레이즈와 같은 외국 투자은행들이 막대한 자금을 인도에 투자했다. 인도 내수 소비도 크게 증가했다. 예를 들어 2006년 한 해에만 매달 약 700만 명이 휴대전화 서비스에 새로 가입했다. 이는 중국의 폭발적인 가입자 증가 속도를 뛰어넘는 수준이었다. 또한 인도의 영화산업인 발리우드도 글로벌화에 나섰다. 영화와 뮤직비디오를 제작하여 해외의 인도인 커뮤니티뿐 아니라 세계의 다양한 관객층까지 확보하기 시작했다. 무엇보다 교육받은 인도인들이 가진 뛰어난 영어 능력 덕분에, 인도는 글로벌 경제 속에서 높은 수익성을 가진 틈새시장을 더 쉽게 개척할 수 있었다.

중국은 1990년대 이후 세계화의 가장 대표적인 성공 사례 중 하나로 꼽힌다. 중국은 원래 1950년대부터 1970년대까지 시장경제를 강하게 거부했지만, 1978년을 기점으로 점차 변화하기 시작했다. 특히 1980년대부터는 외국 자본을 적극적으로 받아들이기 시작했다. 처음 들어온 외국 자본은 주로 주변 아시아 국가에서 나왔으며, 화교가 많은 나라들이 주요 투자국이었다. 중국이 점진적으로 시장을 개방하자 중국의 풍부한 노동력과 해외의 유휴 자본이 결합하여 큰 수익을 만들어냈다. 이러한 흐름은 이후 약 25년 동안 중국이 빠르게 성장하는 밑바탕이 되었으며, 이를 통해 중국과 세계의 관계도 새롭게 재편되었다. 중국 정부는 전국적으로, 특히 해안 지역의 도시에 124개의 경제특구를 조성했다. 경제특구에서는 세금 감면이나 투자 수익의 해외 송금 보장과 같은 다양한 혜택이 제공되었다. 그 덕분에 자본주의 국가들의 외국인 투자와 합작 투자가 더욱 활성화되었다. 경제특구에서는 외국 기업들이 독자적으로 설립한 회사(外資独资企业)뿐만 아니라 다양한 형태의 합작투자 기업들이 생겨났다. 1990년대 들어 중국의 외국인 직접투자는 4배 이상 급증했다. 여전히 관료주의적 절차와 무역 및 금융 분야에서 여러 제약들이 남아 있었고, 농촌 지역의 향진기업(乡镇企业)에서 경제특구보다 훨씬 더 많은 일자리를 창출하기도 했지만, 해안 지역을 중심으로 수출 위주의 제조업에 화교 및 다국적 기업의 외국인 투자가 활발하게 유입되었다.

소주(쑤저우) 산업단지(苏州工业园区)는 글로벌 자본주의가 어떻게 확장되는지를 잘 보여주는 사례였다. 1994년에 싱가포르와 중국이 공동으로 설립한 이 산업단지에는 2002년까지 총 103개의 외국 기업이 들어섰고, 투자 규모는 약 160억 달러에 이르렀다. 정부는 기업이 자유롭게 활동할 수 있도록 간섭을 최소화하고, 기업 친화적인 정책을 펼쳤다. 또한 능력 있고 고객 중심으로 일하는 직원들이 많았기 때문에 외국 투자자들의 관심이 집중되었다. 많은 글로벌 기업들이 이곳으로 몰려들었다. 네덜란드의 다국적 기업 필립스 반도체(Philips Semiconductor)도 이 산업단지에 새로운 공장을 세우기로 했다. 결국 소주 산업단지는 국제적인 금융자본과 지역 기업 네트워크의 협력을 보여주는 대표적인 사례가 되었다. 예를 들어 싱가포르의 해운·엔지니어링 대기업인 케펠(Keppel)과 유나이티드 인더스트리얼 쑤저우(United Industrial Suzhou)는 인도네시아 최대 다국적 기업인 살림 그룹(Salim Group)의 자회사인데, 이들 기업은 국가 주도의 자본과 민간 기업 자본의 협력을 바탕으로 운영되고 있다.

미국화라기보다는 세계화(globalization)가 전 세계의 비즈니스, 금융,

정부, 학계, 미디어, 스포츠 분야에서 활동하는 엘리트층을 중심으로 더욱 빠르게 진행되었다. 영어가 국제 비즈니스 공용어가 되면서 이들 사이에는 문화적 동질화 현상이 강화되었다. 각국의 정부와 기업, 미디어의 리더들은 같은 비행기를 타고 이동하며 비슷한 정장을 입었고, 같은 호텔에 묵으며 주로 〈월스트리트 저널〉이나 〈파이낸셜 타임스〉와 같은 신문을 읽었다.

중산층과 빈곤층도 세계화의 흐름에 동참했다. 전 세계 중산층 가운데 일정 수준의 교육을 받은 평범한 사람들도 기술이 선도하는 혁명적 변화에 참여하기 시작했다. 처음에는 팩스나 휴대전화, 이메일을 통해 소통하던 사람들이 나중에는 트위터나 페이스북 같은 소셜미디어로 교류를 확장했다. 2000년쯤에는 위성 통신으로 동시에 100만 건이나 되는 대화가 오갔으며, 2010년 무렵에는 세계 인구 약 70억 명 가운데 46억 명이 휴대전화로 소통하고 일을 할 수 있게 되었다. 물론 이 모든 소통이 국제적이었던 것은 아니다. 페이스북에서 친구로 연결된 사람들이 같은 동네에 사는 경우도 많았지만, 일부는 국경을 넘나들었다.

1950년대 중반 이후 배를 이용한 수송량은 6배나 늘어났다. 비행기를 이용한 화물 수송량은 그보다 더 빠르게 증가했는데, 이는 초기 항공 화물 규모가 워낙 작았기 때문이다. 운송 비용 역시 크게 낮아졌다. 2000년쯤에는 하루 평균 약 200만 명이 국경을 넘어 다른 나라로 이동했다. 당시 전 세계 인구의 약 2.5퍼센트는 자신이 태어난 나라가 아닌 다른 나라에서 살고 있었는데, 이 수치는 1913년의 최고 기록(2.3퍼센트)을 약간 넘어선 것이었다. 미국 내 이민자 수도 1970년부터 1998년 사이에 3배로 증가했다.

1970년경 전 세계에는 약 7,000개의 다국적 기업이 있었다. 30년이 지난 후 모회사의 수는 6만 3,000개로 늘어났고, 해외 자회사는 70만 개에 가까워졌다. 기업들 간의 협력 관계도 크게 증가했다. 이렇게 다국적 기업이 성장하면서, 일부 기업의 생산량은 웬만한 나라 전체의 생산량을 넘어섰고, 성장 속도 역시 대부분 나라의 GDP 증가 속도보다 훨씬 빨랐다. 전 세계적으로 유명 브랜드가 자리 잡으면서 기업들의 수익도 크게 늘었다. 말보로 담배나 나이키 운동화 같은 기업들은 글로벌 시장에서 상당한 점유율을 확보했다. 또한 농구팀 시카고 불스와 축구팀 맨체스터 유나이티드 같은 스포츠 구단들이 전 세계적인 인기를 끌기 시작했다. 미국의 프로 농구(NBA), 아이스하키(NHL), 야구(메이저리그) 리그들도 외국 선수들을 적극적으로 영입하며 세계적 관심을 얻었다. 그 결과 스포츠 경기는 수많은 나라에 방송되었으며, 특히 NBA는 강력한 글로벌 브랜드가 되었다. 당시 미국 메이저리그 야구 선수의 약 25퍼센트가 외국 출신이었다. 또한 일본 기업인 닌텐도의 사장 야마우치 히로시(山內 溥)는 미국 야구팀인 시애틀 매리너스(Seattle Mariners)를 인수했으며, 나중에는 닌텐도 기업이 직접 이 구단을 소유하게 되었다.

1990년 이후 빠르게 진행된 세계화의 또 다른 특징은 금융 시장의 세계화였다. 주식시장과 채권시장이 국가 간 장벽을 넘어서 하나로 통합되었다. 중산층과 상류층은 저축한 자금을 해외에 투자하는 비율을 점점 높여갔고, 미국의 글로벌 뮤추얼 펀드 시장 규모는 1986년 160억 달러에서 1997년에는 무려 3,210억 달러까지 급증했다. 외환 거래 시장도 엄청난 속도로 커졌다. 1973년 하루 평균 거래 규모가 150억 달러였던 글로벌 외환 시장은 1998년 하루 1조 5,000억 달러를 기록했고,

2013년에는 하루 약 5조 달러까지 증가했다. 전자 거래가 도입되면서 수십억 달러의 자금이 순식간에 시장에 들어오고 나가는 것이 가능해졌다. 2006년 미국의 주택 가격이 떨어지기 시작하면서 특히 신용등급이 낮은 서브프라임 대출자들이 주택담보대출을 갚지 못하는 경우가 급격히 늘어났다. 그 결과 전국에서 수많은 주택이 압류되는 위기가 발생했다. 서브프라임 대출을 기초로 만들어졌던 금융 상품과 증권의 가치가 폭락하면서 미국의 은행과 보험회사는 심각한 타격을 입었고, 이러한 충격은 전 세계 금융 시장으로 퍼져나갔다. 결국 전 세계 금융 시장은 돈을 빌리거나 빌려주는 것이 매우 어려워지는 신용 경색 상황에 빠졌다. 위험한 투자에 적극적으로 뛰어들었던 베어스턴스, 아메리칸 인터내셔널 그룹(AIG), 리먼 브라더스, 메릴린치, 씨티그룹 같은 대기업들이 파산하거나 다른 기업에 헐값으로 팔렸다. 영국과 아일랜드에서는 은행 파산을 막기 위해 정부가 은행의 지분을 대규모로 인수했다. 중앙은행들은 얼어붙은 금융 시장에 긴급 자금을 공급했고, 국제통화기금(IMF)은 미국과 스페인에서 시작된 주택 경기 침체가 선진국뿐만 아니라 개발도상국의 경제까지 위축시킬 것이라고 경고했다.

    2009년 3월 무렵, 전 세계의 경제 전망은 매우 암울했다. 일부 전문가들은 미국을 포함한 전 세계가 장기적인 불황에 빠지면서 자본주의 체제 자체가 붕괴할 수도 있다고 경고했다. 세계화 현상이 오히려 위험한 문제를 초래한 듯 보였다. 노벨 경제학상을 수상한 미국의 경제학자 폴 크루그먼(Paul Krugman)은 국제 협력이 시급하다고 강조했다. 그는 "플로리다의 아파트와 캘리포니아의 초대형 저택에서 시작된 부동산 거품이 아이슬란드에서까지 금융 위기를 초래했다. 우리는 모두 하나로

연결되어 있으며, 함께 해결책을 찾아야 한다"고 주장했다.[5]

세계 경제는 정부의 적극적인 개입 덕분에 결국 안정세를 되찾았다. 그러나 회복은 느리고 불완전했으며, 지역별로 편차도 컸다. 세계화 비판이 다시 힘을 얻기 시작했다. 빠르고 광범위한 경제 통합이 오히려 심각한 경제적 불안을 초래했고, 그 결과 세계 경제는 반복적으로 위기를 겪었다. 2008년의 세계 금융위기 이전에도 국제 금융시장은 여러 차례 심각한 위기를 겪었다. 대표적으로 1995년 멕시코 페소화 폭락, 1997-98년 아시아 금융 위기, 그리고 2001년 닷컴 버블 붕괴가 있었다. 이처럼 잦은 경제 위기를 경험하면서 개발도상국과 빈곤국은 특히 세계화에 대한 비판의 목소리를 높였다. 미국과 다국적 기업, 개인 투자자들이 자본시장을 개방하고 외국 투자를 적극 받아들일 것을 권장하면서, 이들 국가가 세계 경제 흐름과 외부 압력에 더 취약해졌기 때문이다. 한 국가의 경제 문제는 주변 국가 모두에 영향을 주었다. 대표적인 사례가 1997년 태국의 바트화 폭락이었다. 당시 바트화 폭락이 외환 위기라는 일종의 '전염병'을 주변국으로 빠르게 확산시켰다. 그러나 세계화와 자유화를 지지하는 '워싱턴 컨센서스(Washington Consensus)' 측은 이런 경제 위기의 책임이 각국 정부의 부정부패, 비효율성, 관리 감독 부실에 있다고 주장했다. 또한 낙관론자들은 세계화가 신흥 국가의 발전을 돕고 있으며, 이미 거스를 수 없는 시대적 흐름이 되었다고 강조했다. 이들은 "세계화가 가져다주는 막대한 혜택을 포기할 이유가 있느냐"고 되물었다.

---

5 Paul Krugman, "Moment of truth," *New York Times*, October 10, 2007, www.nytimes.com/ 2008/10/10/opinion/10krugman.html?scp=1&sq=Moment%20of%20Truth&st=cse.

세계화를 비판하는 사람들은 주로 노동 문제, 환경 문제, 국가 주권 문제 등을 이유로 반대 의견을 펼쳤다. 예를 들어, 세계 최대의 유통업체인 월마트는 직원들에게 낮은 임금을 지급하고 보험 혜택을 제대로 제공하지 않아 비판을 받았다. 이러한 비판은 월마트뿐 아니라 다른 많은 기업에도 공통적으로 제기되었다. 비판자들은 자본주의 기업들이 값싼 노동력을 찾아 세계 곳곳으로 이동하면서, 결과적으로 열악한 근로 환경을 조성하고 '스웨트샵(sweatshop, 노동착취 공장)'을 증가시킨다고 지적했다. 세계화는 환경 문제에서도 비난을 피하지 못했다. 외국 기업 투자를 유치하기 위해 여러 나라가 경쟁적으로 환경 규제를 낮추고 있기 때문이다. 이를 흔히 '바닥을 향한 경쟁(race to the bottom)'이라고 부른다. 즉, 국가들이 서로 경쟁하며 환경 보호 기준을 약화시키는 현상을 말한다. 또한 비판론자들은 세계무역기구(WTO)나 북미자유무역협정(NAFTA)과 같은 국제기구와 협정들이 자유무역을 촉진하는 과정에서 노동자 권리와 환경 보호와 같은 중요한 가치를 희생했다고 지적한다. 이들 기구가 무역 활성화를 위해 규제를 풀고 시장 개방을 우선시하면서, 정작 충분한 노동 및 환경 기준을 마련하지 못했다는 것이다. 정부의 역할과 책임 문제도 함께 제기됐다. 특히 세계무역기구(WTO)와 국제통화기금(IMF)의 소수 관료들이 지나치게 많은 권력을 갖게 된 점이 문제가 되었다. 민주적으로 선출되지 않은 소수의 관료들이 시민의 의견과 상관없이 강력한 권한을 행사할 수 있게 된 점이 논란을 일으켰다. 세계화에 반대하는 사람들은 다국적 기업과 금융 투자자들이 국가 경제와 시장을 불안정하게 만들고, 민주적으로 합의된 노동과 환경 관련 규제까지 약화시킬 정도로 지나친 영향력을 행사하고 있다고 우려를 표했다.

새천년을 맞아 세계화에 반대하는 시위가 빠르게 확산되었다. 처음으로 세계화 반대 운동이 본격적으로 등장한 것은 1999년 미국 시애틀에서였다. 당시 세계무역기구(WTO)는 새로운 무역 협상을 준비하기 위해 회의를 열고 있었는데, 여기에 반대하는 사람들이 거리로 나선 것이다. 이후 몇 년 동안 세계화 반대 시위는 유엔(UN), 국제통화기금(IMF), 세계은행(World Bank), 다보스 세계경제포럼(World Economic Forum), 아메리카정상회의(Summit of the Americas), 주요 7개국(G7) 정상회담 등 주요 국제회의 때마다 이어졌다. 2008년에서 2010년 사이에 세계 경제가 불황을 겪으면서, 미국에서는 '월가 점령 운동(Occupy Wall Street)'과 같은 전국적인 시위가 벌어졌다. 스페인과 그리스 등 유럽 국가에서는 정부가 경제 위기를 극복하기 위해 내놓은 긴축정책에 대한 항의가 계속되었고, 이 과정에서 시장 중심적이고 세계화를 지지하는 정부나 유럽연합(EU) 같은 지역 기구에 대한 불만이 더욱 커졌다. 2010년에서 2011년에 걸쳐 일어난 '아랍의 봄(Arab Spring)' 시위 역시, 겉으로는 독재적 자국 정부에 대한 저항의 형태를 띠고 있었지만, 그 근본적인 배경에는 세계화된 자본주의 체제가 평범한 사람들에게 불리하고, 소수의 권위주의 지도자들에게만 막대한 이익을 준다는 비판적인 인식이 있었다. 따라서 시위대는 이러한 지도자들의 퇴진을 강하게 요구했던 것이다.

권력 중심부에서도 세계화에 반대하는 목소리가 나오기 시작했고, 이는 곧 일반 시민들의 세계화 반대 움직임과 자연스럽게 합쳐졌다. 국가 안보를 담당하는 정부 관리들도 세계화의 부정적인 영향에 주목하기 시작했다. 특히 9·11 테러범들이 인터넷, 허술한 미국의 입국 심사 제도, 개방적인 금융 시스템을 악용해 테러 계획을 세우고 자금을 조달했다는 사실이 강조되었다. 중국과 이란 같은 국가들은 인터넷을 통해 외국의 민주주의 사상이 자국의 시민들에게 지나친 영향을 미칠 가능성을 우려했다. 각국 정부는 불법 약물과 식품, 전염병, 범죄자 등이 국경을 쉽게 넘나들게 된 현실에 대해 크게 우려했다. 또한, 교황이나 유엔 사무총장 같은 세계적 권위자들이 '공정성' 문제를 들어 세계화를 비판하면서, 세계화에 대한 비판은 더욱 광범위하고 강력해졌다.

결론

세계화를 만들어낸 주체는 국가였다. 그러나 세계화가 실제로 진행되자 국가의 역할은 달라지기 시작했다. 국경을 넘나드는 사람과 사상, 혁신의 움직임이 활발해지고, 전 세계 수십억 명의 사람들이 서로 연결되면서 국가의 역할은 크게 변했다. 국가가 더 이상 세계 경제와 문화를 통제하는 '관문을 지키는 관리인(gatekeeper)'의 역할보다는, 규칙을 지키는 공정한 '심판(umpire)'의 역할로 바뀌게 된 것이다. 어떤 사람들은 세계화를 '역사의 종말(end of history)'이라 부르며, 자유민주주의와 개방형 자본주의가 최종적으로 승리했다고 평가했다. 반면, 다른 이들은 시장의 힘이 국가의 통제력을 약화시키는 현실에 우려를 표했다. 특히 그들은 각 지역의 고유한 음악, 예술, 문학, 음식, 의복 같은 문화적 특색이 사라지고, 전 세계가 똑같은 모습의 글로벌 문화(global culture)로 통일될지도 모른다고 걱정했다. 19세기부터 본격적으로 시작된 현대 세계화는 각국 정부의 대응 방식과 기술 발전의 속도에 따라 때로는 확장되었고 때로는 축소되었다. 하지만 장기적인 흐름은 분명하다. 세계는 계속 통합되고 있으며, 총리부터 평범한 농민에 이르기까지 모든 사람들이 어떤 결정을 내릴 때 세계적 환경(global conditions)을 고려하게 되었다. 이제 세계화는 세계 역사를 이끄는 핵심적인 흐름 중 하나이며, 앞으로도 그러할 가능성이 높다.

더 읽어보기

Appelbaum, Richard and Nelson Lichtenstein. "A new world of retail supremacy: supply chains and workers' chains in the age of Wal-Mart," *International Labor and Working- Class History* 70 (2006), 106-125.

Arrighi, Giovanni. "The World Economy and the Cold War, 1970-1990," in Melvyn P. Leffler and Odd Arne Westad (eds.), *The Cambridge History of the Cold War*, Vol. 2, *Endings*. Cambridge University Press, 2010.

Barber, Benjamin R. *Jihad and McWorld: How Globalism and Tribalism are Reshaping the World*. New York: Ballantine Books, 1996.

Beck, Ulrich. *What Is Globalization?* Cambridge: Polity, 2000.

Becker, William H. and Samuel F. Wells, Jr., eds. *Economics and World Power: An Assessment of American Diplomacy Since 1789*. New York: Columbia University Press, 1984.

Bhagwati, Jagdish. *In Defense of Globalization*. Oxford University Press, 2007.

Chanda, Nayan. *Bound Together: How Traders, Preachers, Adventurers, and Warriors Shaped Globalization*. Yale University Press, 2007.

Eckes, Alfred E., Jr. *Opening America's Market: U.S. Foreign Trade Policy Since 1776*. Chapel Hill: University of North Carolina Press, 1995.

Eckes, Alfred E., Jr. and Thomas W. Zeiler. *Globalization and the American Century*. Cambridge University Press, 2003.

Ferguson, Niall, Charles Maier, Erez Manela, and Daniel J. Sargent, eds. *The Shock of the Global: The 1970s in Perspective*. Cambridge, MA: Belknap Press, 2010.

Frieden, Jeffry A. *Global Capitalism: Its and Rise in the Twentieth Century*. New York: W.W. Norton and Company, 2006.

Friedman, Thomas. *The Lexus and the Olive Tree*, rev. edn. New York: Picador, 2012.

The World Is Flat: A Brief History of the Twenty-First Century. New York: Picador, 2007.

Greider, William. *One World, Ready or Not: The Manic Logic of Global Capitalism*. New York: Simon and Schuster, 1997.

Hay, Colin and David Marsh, eds. *Demystifying Globalization*. Houndsmill: Macmillan Press, 2000.

Held, David and Anthony McGrew, eds. *Governing Globalization: Power, Authority and Global Governance*. Cambridge: Polity Press, 2002.

Hoganson, Kristin. "Stuff it: domestic consumption and the Americanization of the

world paradigm," *Diplomatic History* 30/4 (September 2006), 571-594.
Hopkins, A. G., ed. *Globalization in World History*. New York: W.W. Norton & Company, 2002.
Jones, Geoffrey. *Multinationals and Global Capitalism: From the Nineteenth to the Twenty-First Century*. Oxford University Press, 2005.
Lang, Michael. "Globalization and its history," *Journal of Modern History* 78/4 (2006), 899-931.
LaFeber, Walter. *Michael Jordan and the New Global Capitalism*. New York: W.W. Norton, 1999.
Lechner, Frank J. and John Boli, eds. *The Globalization Reader*, 4th edn. Malden, MA: Wiley-Blackwell, 2011.
Levitt, Theodore. "The globalization of markets," *Harvard Business Review* 61/3 (May-June 1983), 92-102.
Levinson, Marc. *The Box: How the Shipping Container Made the World Smaller and the World Economy Bigger*. Princeton University Press, 2006.
Lynch, Katherine L. *The Forces of Economic Globalization: Challenges to the Regime of International Commercial Arbitration*. The Hague: Kluwer Law Internationa, 2003.
McKevitt, Andrew C. "'You Are Not Alone!' Anime and the globalizing of America," *Diplomatic History* 34/5 (November 2010), 893-921.
Mittelman, James H. *The Globalization Syndrome: Transformation and Resistance*. Princeton University Press, 2000.
Narlikar, Amrita, Martin Daunton, and Robert M. Stern, eds. *The Oxford Handbook on the World Trade Organization*. Oxford University Press, 2012.
O'Rourke, Kevin H. and Jeffrey G. Williamson. *Globalization and History: The Evolution of a Nineteenth-Century Atlantic Economy*. Cambridge, MA: MIT Press, 2001.
Rhode, Paul W. and Gianni Toniolo, eds. *The Global Economy in the 1990s: A Long-Run Perspective*. Cambridge University Press, 2006.
Rosenberg, Emily S. *A World Connecting, 1870-1945*. Cambridge, MA: Belknap Press, 2012.
Sassen, Sakia. *Globalization and Its Discontents: Essays on the New Mobility of People and Money*. New York: The New Press, 1998.
Steger, Manfred B. *Globalization: A Very Short Introduction*. Oxford University Press, 2003.
Stiglitz, Joseph E. *Globalization and Its Discontents*. New York: W.W. Norton,

2002.
Williamson, Jeffrey G. "Globalization, convergence, and history," *Journal of Economic History* 56/2 (1996), 277-306.
Wolf, Martin. *Why Globalization Works*, 2nd edn. Yale University Press, 2005.
Yergin, Daniel and Joseph Stanislaw. *The Commanding Heights: The Battle Between Government and the Marketplace That is Remaking the Modern World*. New York: Touchstone, 1998.
Zachary, G. Pascal. *The Global Me: New Cosmopolitans and the Competitive Edge: Picking Globalism's Winners and Losers*. New York: PublicAffairs, 2000.
Zeiler, Thomas W. "Opening doors in the world economy," in Akira Iriye (ed.), *Global Interdependence: The World After 1945*. Cambridge, MA: Belknap Press, 2014.

케임브리지 세계사 18

생산, 파괴, 접속 4

전쟁과 정보 혁명

2025년 10월 25일 1판 1쇄

존 로버트 맥닐·케네스 포메란츠 편집
류충기 옮김

펴낸곳 : (주)소와당笑臥堂 | 신고 번호 : 제313-2008-5호
주소 : (03994) 서울시 마포구 연남로 13(영상빌딩 3층)
전화 : (02)325-9813
팩스 : (02)6280-9185
전자우편 : sowadang@gmail.com

문준형 님의 제작비 후원에 감사드립니다.

저작권자와 맺은 협의에 따라 인지를 생략합니다.
값은 뒤표지에 적혀 있습니다.
잘못 만든 책은 서점에서 바꾸어 드립니다.

ISBN 978-89-6722-046-4 94900
ISBN 978-89-6722-028-0 94900 (세트)